高等教育财经类核心课程系列教材
高等院校应用技能型精品规划教材
高等院校教育教学改革融合创新型教材

富媒体 智能化

国际货运代理

International Freight Forwarder

(第二版)

应用·技能·案例·实训

李贺 王海涛 ◎ 主编

视频版·课程思政

上海财经大学出版社

图书在版编目(CIP)数据

国际货运代理:应用·技能·案例·实训/李贺,王海涛主编.—2版.
—上海:上海财经大学出版社,2023.8
高等教育财经类核心课程系列教材
高等院校应用技能型精品规划教材
高等院校教育教学改革融合创新型教材
ISBN 978-7-5642-4210-7/F·4210

Ⅰ.①国… Ⅱ.①李…②王… Ⅲ.①国际货运-货运代理-高等学校-教材 Ⅳ.①F511.41

中国国家版本馆CIP数据核字(2023)第122364号

□ 责任编辑　汝　涛
□ 书籍设计　贺加贝

国际货运代理
——应用·技能·案例·实训
(第二版)

李　贺　王海涛　主编

上海财经大学出版社出版发行
(上海市中山北一路369号　邮编200083)
网　　址:http://www.sufep.com
电子邮箱:webmaster@sufep.com
全国新华书店经销
上海叶大印务发展有限公司印刷装订
2023年8月第2版　2023年8月第1次印刷

787mm×1092mm　1/16　19.75印张　544千字
印数:5 001—8 000　定价:59.00元

前　言

　　对应用技能型人才高质量培养模式进行创新驱动,已成为当前高等院校教学改革的主流,本教材依据《国家教育事业发展"十四五"规划纲要》以及育人培养目标和培养模式的要求,实现了理论与实践相结合、思考与辨析相结合、广度与深度相结合,注重提高学生应用能力、实践能力和创新能力的培养。编者凭借多年的教学和实践经验,吸收了国内外的研究成果,以《中华人民共和国民法典》《中华人民共和国海商法》《国际贸易术语解释通则2020》为参照,以校企行共建为依托,并结合学术领域前沿和实践发展现状,依照"原理先行、实务跟进、案例同步、实训到位"的原则,修订了这本《国际货运代理——应用·技能·案例·实训》(第二版)。新版教材既适应了高等院校国际经济与贸易等财经商贸大类专业的教学需要,又兼顾了其他相关专业的必修课程需要,在内容阐释的深浅程度上,尽量考虑不同层次、不同专业的要求;"实践是检验真理的唯一标准",新版教材对接实践教学内容进行了修订,与时俱进,添加了二维码动漫视频,丰富了内容架构和形式载体,体现了富媒体教学特色。

　　本教材共涵盖12个项目、48个任务。在结构安排上,以基于国际货运代理工作过程为导向构建教材体系,采用"项目引领、任务驱动、实操技能"的编写方式,力求结构严谨、层次分明;在表述安排上,力求语言平实凝练、通俗易懂;在内容安排上,尽可能考虑到财经类、经管类专业不同层次的不同需求,项目中设有"知识目标""技能目标""素质目标""思政目标""项目引例""同步案例""拓展阅读""做中学""学中做",课后编排了"应知考核"(包括单项选择题、多项选择题、判断题)、"应会考核"(包括观念应用、技能应用、案例分析)、"项目实训"(包括实训项目、实训情境、实训任务)。课后的应知考核和应会考核结合每个项目的实际工作技能要求而编写,以使学生在学习每一项目内容时做到有的放矢,增强学习效果。

　　作为普通高等教育应用技能型财经类核心课程系列教材,本书具有以下特色:

　　1. 内容全面,体系规范。对国际货运代理的基本内容进行了深入细致的讲解,通过图文并茂地利用二维码技术呈现相关解析,活泼了本书的形式、拓展了本书的载体,使之具备"富媒体"特色。本书以基于工作过程为导向,对实践应用的具体方法做了系统而全面的介绍,以便学生进行比较、分析,增强其分析问题、解决问题的能力。

　　2. 结构新颖,栏目丰富。为便于学生学习,本书力求在结构上有所突破,激发学生的学习兴趣和学习热情,项目中设有清晰的"知识目标""技能目标""素质目标""思政目标""项目引例""提示""注意""同步案例""拓展阅读""做中学""学中做";课后编排了单项选择题、多项选择题、判断题、观念应用、技能应用、案例分析、项目实训,以呼应本书的实践性、应用性的特色。

3. 与时俱进,紧跟政策。本书及时反映关检合一、单一窗口,以及国际货运代理中铁路、集装箱、海运等相关实践操作动态。本书将新的内容融入所涉及的项目及任务,做到了及时与国家的相关政策和规定同步。

4. 学练结合,学以致用。鉴于本书实践应用性较强的特点,为了便于及时复习所学的知识内容,提高学习效率,在课后安排了应知考核、应会考核、项目实训,主要引导学生"学中做"和"做中学",一边学理论,一边将理论知识加以应用,实现理论和实训一体化。

5. 校企合作,接近实际。为培养应用技能型人才,践行知行合一,推动校企共同培养人才的模式,推动校企共同开发课程,共建实训培训,发展创新创业教育,开展校企合作育人,本书对接最新职业标准、行业标准和岗位规范,组织开发融合职业岗位所需知识、技能和职业素养的人才培养方案和课程标准的校企一体化教材。

6. 产教融合,书证融通。本书能满足学生对岗课赛证基础知识学习的基本需要。为夯实学生可持续发展基础,鼓励院校学生在获得学历证书的同时,积极取得多类职业技能等级证书,拓展就业创业本领,缓解结构性就业矛盾,本书与"1+X"证书相衔接,做到考证对接、书证融通、双证融合。

7. 理实一体,素能共育。在强化应用技能型教育特色的同时,本书特别注重学生人文素养的培养。我们力求在内容上有所突破,在注重技能培养的同时,将社会主义核心价值观教育融入教材内容,以课程思政工作全过程,营造全员育人环境,全面提升人文素质,以培养和提高学生在特定业务情境中发现问题、分析问题和解决问题的能力,从而强化学生的职业道德素质。

8. 课程资源,多元立体。为了使课堂教学达到多元立体化,编者开发了教学资源(含有课件、习题答案、教师教案、教学大纲、模拟试卷等);为学生学成技能配备了以"主要的纸质教材为主体,线上学习平台为载体",多种教学资源(课件、教学视频、教学案例等)混合的立体化教学资源体系。

本书由李贺、王海涛主编。赵昂、李明明、李虹、王玉春、李洪福负责全书教学资源包的制作。本书适用于国际经济与贸易、国际商务、商务英语等财经商贸大类专业方向的学生使用,同时适用于外贸行业的培训、职业技能大赛、从事国际交流和对外贸易的从业人员自学等。

本书得到了上海财经大学出版社的出版支持、大连悦丰万鑫国际物流有限公司李纲的实践业务点评,以及参考文献中作者们的贡献,谨此一并表示衷心的感谢!本书在编写过程中参阅了参考文献中的教材、著作、网站等资料,由于编写时间仓促,加之编者水平有限,难免存在一些不足之处,恳请专家、学者批评指正,以便我们不断更新、改进与完善。

编者
2023 年 5 月

目 录

第一篇 理论先行

项目一 国际货运代理总论 ·· 003
    任务一 国际货运代理业务的起源与发展 ·· 004
    任务二 国际货运代理的概念、性质和组织体系 ··· 007
    任务三 国际货运代理人 ·· 010
    任务四 国际货运代理企业 ·· 015
    任务五 国际货运代理企业岗位设置 ··· 023
        应知考核 ··· 026
        应会考核 ··· 028
        项目实训 ··· 029

项目二 国际货运代理协议及计收费 ··· 031
    任务一 国际货运代理协议概述 ·· 032
    任务二 国际货运代理人的权利、义务和责任 ·· 035
    任务三 国际货运代理关系的建立 ·· 038
    任务四 国际货运代理计收费 ··· 040
        应知考核 ··· 042
        应会考核 ··· 043
        项目实训 ··· 044

项目三 国际贸易与货运代理 ·· 046
    任务一 国际贸易术语 ··· 047
    任务二 国际贸易合同条款 ·· 052
    任务三 国际货运代理操作流程与风险防范 ··· 065

应知考核 ·· 066
　　应会考核 ·· 067
　　项目实训 ·· 068

项目四　国际货物运输保险与索赔 ·· 070
　任务一　国际货物运输保险概述 ·· 071
　任务二　国际货运保险合同 ·· 074
　任务三　国际海上货运保险的保障范围 ·· 076
　任务四　我国与英国海上货物运输保险条款 ··· 079
　任务五　国际货物保险事故索赔 ·· 086
　　应知考核 ·· 087
　　应会考核 ·· 088
　　项目实训 ·· 088

第二篇　实务跟进

项目五　关检融合，单一窗口 ·· 093
　任务一　关检融合、统一申报业务准备 ·· 094
　任务二　报检代理业务 ··· 102
　任务三　报关代理业务 ··· 105
　　应知考核 ·· 109
　　应会考核 ·· 110
　　项目实训 ·· 111

项目六　集装箱运输货运代理 ·· 112
　任务一　集装箱运输概述 ··· 113
　任务二　国际标准集装箱的尺寸和分类 ··· 116
　任务三　集装箱主要标记 ··· 122
　任务四　集装箱提单条款 ··· 127
　任务五　集装箱箱管业务操作实务 ·· 130
　　应知考核 ·· 133
　　应会考核 ·· 135
　　项目实训 ·· 136

项目七　国际海上货运代理 ·· 137
任务一　海上运输经营方式 ·· 138
任务二　海上班轮运输 ·· 144
任务三　集装箱海上运输 ·· 152
任务四　集装箱海上运输的主要单证 ····································· 160
任务五　托运业务操作实务 ·· 165
任务六　交付业务操作实务 ·· 168
应知考核 ·· 171
应会考核 ·· 172
项目实训 ·· 173

项目八　租船业务合同 ·· 175
任务一　租船合同概述 ·· 176
任务二　航次租船合同 ·· 180
任务三　定期租船合同 ·· 191
任务四　租船业务洽谈 ·· 195
应知考核 ·· 197
应会考核 ·· 198
项目实训 ·· 199

项目九　国际陆路货运代理 ·· 202
任务一　国际铁路货运代理 ·· 203
任务二　国际公路货运代理 ·· 225
应知考核 ·· 230
应会考核 ·· 231
项目实训 ·· 232

项目十　国际航空货运代理 ·· 233
任务一　国际航空货物运输概述 ·· 234
任务二　国际航空货物运费的计算 ······································· 237
任务三　航空货物托运书与航空货运单 ································· 244
任务四　国际航空进出口货运代理流程 ································· 250
应知考核 ·· 257

应会考核 ·· 259
　　项目实训 ·· 260

项目十一　国际多式联运货运代理 ··· 263
　任务一　国际多式联运与多式联运经营人 ·· 264
　任务二　国际多式联运方案设计 ·· 272
　任务三　国际多式联运业务流程 ·· 275
　　应知考核 ·· 281
　　应会考核 ·· 282
　　项目实训 ·· 283

第三篇　货运创新

项目十二　物流与供应链管理 ··· 287
　任务一　物流概述 ·· 288
　任务二　供应链概述 ·· 295
　任务三　物流管理与供应链管理的关系 ·· 300
　任务四　第三方物流 ·· 302
　　应知考核 ·· 304
　　应会考核 ·· 305
　　项目实训 ·· 306

参考文献 ·· 307

第一篇

理论先行

项目一　国际货运代理总论

● 知识目标

　　理解：国际货运代理企业及其业务范围；国际货运代理企业的组织结构形式、岗位设置；国际货运代理企业业务人员岗位职责和知识、能力、素质的要求。
　　熟知：国际货代理人、国际货运代理企业的相关概念。
　　掌握：国际货运代理企业的分类；国际货运代理企业的设立程序。

● 技能目标

　　能够鉴别国际货运代理企业类型；能够根据国际货运代理企业的经营特点进行企业组织结构和岗位设置；能够办理国际货运代理企业注册申请手续。

● 素质目标

　　运用所学的总论知识研究相关案例，培养和提高学生在特定业务情境中分析问题与决策设计的能力；结合行业规范或标准，运用本项目的知识分析行为的善恶，强化学生的职业道德素质。

● 思政目标

　　正确认知国际货运代理在外贸实践业务中的重要性和主导性；明确学习目的，增强学习信心；通过国际货运代理的基本操作规范，做到学思用贯通、知信行统一；强化工作态度意识，增强社会责任感。

● 项目引例

中外运的国际货运代理范围

　　中国外运长航集团有限公司（以下简称"中国外运长航"）由中国对外贸易运输（集团）总公司与中国长江航运（集团）总公司于2009年3月重组成立，总部设在北京。中国外运长航是招商局集团直属管理的全资子公司，是以综合物流和航运为主营业务的大型国际化现代企业集团。中国外运长航的综合物流业务包括海陆空货运代理、船务代理、供应链物流、快递、汽车运输等，是中国最大的国际货运代理公司、最大的航空货运和国际快件代理公司、第二大船务代理公司。中国外运长航的航运业务包括船舶管理、干散货运输、石油运输、集装箱运输、滚装船运输等，拥有和控制各类船舶运力达1 800余万载重吨,是我国第三大船公司,我国内河最大的骨干航运企业集团,我国唯一能实现远洋、沿海、长江、运河全程物流服务的航运企业。中国外运长航的其他业务还包括船舶制造及修理、燃油贸易、旅游等。

引例导学:常见的货运代理主要有哪些?国际货运代理企业的经营范围有哪些?

● 知识精讲

任务一　国际货运代理业务的起源与发展

一、国际货运代理业务的起源

随着航运科技的进步,航贸一体时代的结束,航运与外贸分离成两个彼此相互独立的行业,不仅提高了专业化程度,实现了利益最大化,而且航运与外贸两者之间的分工日益精细化。由于两部门出现信息不对称、专业知识垄断的局面,而两部门又没必要为跨越这种行业界限而付出成本,因此国际货运代理人应运而生。

国际货运代理人作为促进贸易和航运两个行业交易的中间人,在贸易合同和运输合同的履行中起到纽带作用,为船货双方节省了获取对方专业知识和交易信息的成本。

国际货运代理也随着外贸和海上货物运输量的日益增加而发展。无论是货物进出口贸易还是海上运输,涉及的环节多、业务范围广,任何一个货主或船公司都很难亲力亲为,同时限于人力和物力,也不可能在世界范围广设分支机构,国际货运代理[①]就是适应这种需要而产生的代理行业,他们接受委托人的委托,代办各种运输业务并按提供的劳务收取一定的报酬,即代理费、佣金或手续费。国际货运代理随着国际贸易和运输业的发展而迅速发展起来,当前,货运代理行业已渗透到运输领域的各个方面,已成为外贸和运输业不可或缺的组成部分。

二、国际货运代理业务的发展

(一)我国国际货运代理业的发展历程

我国国际货运代理业出现于1840年鸦片战争后,但至中华人民共和国成立前的100多年间这一行业一直为帝国主义和资本主义国家的洋行所控制和垄断。中华人民共和国成立后,在计划经济体制下,我国的国际货运代理业高度集中,全部由中国对外贸易运输总公司(简称"中外运公司")及其分公司经营。

1988年7月,国务院口岸领导小组18号文件《关于改革我国国际海洋运输管理工作的补充通知》中明确规定:"船舶代理和货运代理业务,实行多家经营和互相兼营。船代、货代业务的使用,分别由船公司、货主自主选择,任何部门不得进行行政干预与限制。"由此,我国的货运代理业引入竞争机制,进入全面开放阶段。

1995年国务院颁布《中华人民共和国国际货物运输代理业管理规定》,其中第二条规定国际货运代理业务是指"接受进出口货物收货人、发货人的委托,以委托人的名义或者以自己的名义,为委托人办理国际货物运输及相关业务并收取报酬的行业",在第十七条国际货运代理企业可办理的业务中包括"国际多式联运"一项。

1998年原对外经济贸易合作部颁布的《中华人民共和国国际货物运输代理业管理规定实施细则(试行)》第二条第一款规定:"国际货物运输代理企业可以作为进出口货物收货人、发货人的代理

---

① 注:本书中国际货运代理有时用简称货代来表示。

人,也可以作为独立经营人,从事国际货运代理业务。"接着,第二款对国际货运代理人作为"代理人"和"独立经营人"做出如下区分:"国际货运代理企业作为代理人从事国际货运代理业务,是指国际货运代理企业接受进出口货物收货人、发货人或其代理人的委托,以委托人名义或者以自己的名义办理有关业务,收取代理费或佣金的行为。国际货运代理企业作为独立经营人从事国际货运代理业务,是指国际货运代理企业接受进出口货物收货人、发货人或其代理人的委托,签发运输单证、履行运输合同并收取运费以及服务费的行为。"

2004年1月,商务部修订后颁布的《国际货物运输代理业管理规定实施细则》关于"国际货运代理业"的概念是对1998年试行规则的重述。

随着国际贸易的进一步发展,集装箱运输的迅速兴起,海上货物运输进入新时代。国际货运代理人不再局限于提供与货物运输有关的服务事项,还开始拓展安排全程运输、接受拼箱业务以收取运费差价,甚至以"准承运人"的身份接受货主的委托签发自己的提单。由此,国际货运代理人介入海上货物运输,成为海上货物运输的当事人。

实践中,无船承运业(Non-vessel Carrier Industry)已经作为一个独立的行业在市场中运行,在运输业中占据一定的地位。但是,有关行政法规和规章以及管理体系中的规定不能适应市场的发展需要,未能很好地对这一市场的运行作出规制,没有区分两者的法律地位、责任承担等一系列问题,给实际业务纠纷解决带来很大的困难。

1978年《汉堡规则》第一条第一款根据新的形势,对"承运人"(Carrier)做出更为宽泛的定义:"承运人是指本人或以其名义与托运人订立海上货物运输合同的任何人。"而之前的《海牙—维斯比规则》中的承运人概念还是局限于经营船舶的人,其概念为:"承运人包括与托运人订有运输合同的船舶所有人或承租人",同时,又引入了"实际承运人"的概念。因此,这一新的规定也为从事无船承运业务的主体在法律地位上的确立提供了一个依据。

在此形势下,国务院于2001年颁布《中华人民共和国国际海运条例》(以下简称《国际海运条例》),随后交通部公布相配套的实施细则。《国际海运条例》及其实施细则的出台明确了无船承运业务性质、从业资格条件,确立了无船承运业务经营者区别于其他经营人和代理人的承运人法律地位,标志着无船承运业务经营者在我国取得市场主体资格。

(二)我国国际货运代理的发展阶段

1. 初期阶段:传统国际货运代理人阶段

该阶段,国际货运代理人仅代表客户为货物办理保险;帮助客户履行进出口手续,如办理海关、商检、卫生检疫等;为货物办理装卸、理货、仓储等业务;对货物进行简单加工、包装;帮助客户交付货物,按照"交货付款"(Cash on Delivery,COD)条件收取相关费用;为客户提供运输和货物分拨方面的建议;等等。但上述业务范围仅限于为了安排货物运输而必须从事的附随义务。国际货运代理人一般不直接参与组织运输和实际运输工作,他们成为维系以发货人或收货人为客户与以各类承运人、海关、商检等部门为另一方之间关系的媒介。

虽然该阶段许多货运代理人可以在一定范围内拥有必需的仓库、小型车队,但其根本目的是为了更好地履行货运代理责任和控制货物,也没有与客户签订除代理合同之外的其他任何合同,因而不是当事人。

【注意】国际货运代理人不从事具体运输工作,一般不经营运输工具,也不经营进出口货物。

2. 发展阶段:货运代理人转化为"货运中间人"

从20世纪60年代开始,集装箱化运输已成为国际贸易的显著特征。集装箱的出现,使货物贸易一体化成为可能,从而显著提高了搬运与运输效率。货运代理人很快适应这一变化,他们与船东签订整箱货(Full Container Load,FCL)运输协议,同时与货方签订拼箱货(Less Container Load,

LCL)运输合同,为其提供门到门(Door to Door)服务。

国际货运代理人向新型运输方式经营转变过程中,其自身的法律地位也悄然发生着变化。货运代理人经营集拼货物运输,成为集拼货物运输业者(Cargo Consolidator),其传统意义上仅充当代理人而不是当事人的法律地位已经面临挑战。当国际货运代理人控制着大量的货物运输,他们可能租用大部分甚至全部的船舶或飞机舱位。尽管有些国际货运代理人仍坚持他们只是代理人的观点,但从法律角度来看,由于他们已经不向其托运人索要一定比例运费,再分别支付实际承运人,而是能够自己决定运费率而成为运输合同的一方,成为运输合同的当事人,从而完成由代理人向承运人的转变。

国际货运代理人成为运输合同的一方,承担运输合同项下的责任,但有时却仅充当代理人,辅助客户安排货物运输,具有混合身份。从该阶段国际货运代理人基本的性质来看,他们主要是联系客户和承运人,提供有关货物运输、转运、仓储、保险,以及与货物运输有关的各种业务的服务机构。国际货运代理是一种中间人性质的运输业者,他们既代表客户,保护客户的利益,又协调承运人进行承运工作,其本质就是"货物中间人",在以发货人和收货人为一方,承运人为另一方的两者之间行事。这些中间人的特征都是在商业实践中发展起来的,它往往不符合法学理论中提出的关于代理的概念。

3. 创新阶段:国际货运代理人拓展物流服务

现代物流为国际货运代理展现了未来的发展方向。从运输领域来看,物流产业能够促进各种运输方式之间的协调发展和运输方式的创新。现代物流从根本上突破了过去由起点到终点两点一线的运输服务空间的局限,将其延伸到从产品生产者向使用者转移的全程服务,掌握了流程系统的运行效能和费用,并通过其高效、可靠的服务,支持客户提高服务水平,促进市场营销战略的实施,提高客户的市场竞争能力。同时,现代物流经营人与客户紧密结合,形成二者利益的共同体,获得了长期稳定的客户,给物流经营人带来利润。国际货运代理以其自身所拥有的运力、仓储和代理网络为其开展现代物流服务提供支持力量,通过为客户提供全程的物流服务,从中获得自身发展所需要的商业利润和市场空间。因此,拓展现代物流服务必将成为国际货运代理今后发展的一个重要增长点。

国际货运代理人打破传统的经营思路,与物流的供应主体和消费主体打成一片,将过去分散的海运、陆运、空运仓储业有机地结合起来,向客户提供更为全面、系统的服务,其业务范围涵盖加工、包装、装卸、仓储、运输、分拨、报关和报验;其信息跟踪的全过程渗透到生产、加工和分销诸环节,包含了物流、商流、资金流和信息流等内容。

目前而言,大多数国际货运代理人一般不具备提供物流服务的基础设施,而是与各种类型的供应商建立多种业务合作关系,具有把不同物流服务项目组合成物流供应链以满足需求的能力。国际货运代理人通过这种虚拟的经营方式,已从当前的货运中间人角色转变为具有自己独立的信息系统、网络系统和管理系统的更广范围的第三方物流供应商。作为物流服务的提供者,货运代理除安排货物运输外,还提供其他服务,如集运、存货管理、分拨服务、加贴商标、订单实现、属地交货、分类和包装(如为零售将产品组装成消费品)以及其他服务等。物流协议的内容也不同于货物运输合同,它有一个时间跨度。随着货运代理不断进行的物流业务操作,物流服务合同关系也被逐步以双方签署的协议正式确认下来,国际货运代理人也转变成为现代物流经营人。

任务二　国际货运代理的概念、性质和组织体系

一、国际货运代理的概念

目前，国际上对于货运代理没有一个统一的定义。

国际货运代理协会联合会（FIATA）所下的定义是：国际货运代理是根据客户的指示，并为客户的利益而揽取货物运输的人，其本身并不是承运人。国际货运代理也可以依据这些条件，从事与运输合同有关的活动，如储货（也含寄存）、报关、验收等。

《中华人民共和国国际货物运输代理业管理规定》中对国际货运代理所下的定义是：接受进出口货物收货人、发货人的委托，以委托人的名义或者以自己的名义，为委托人办理国际货物运输及相关业务并收取服务报酬的行业。

【提示】国际货物运输代理企业必须依法取得中华人民共和国企业法人资格。

本书将其定义为：国际货运代理（Freight Forwarder），又称国际货物运输代理，简称"货代"或"货运代理"，是指代表进出口商完成货物的装卸、储存、安排运输、收取货款等日常业务的代理机构，是一种佣金代理。

【提示】目前，各国对之称谓不尽相同，例如"船货代理""通关代理行""清关代理人""报关代理人"等，而我国则称之为"国际货运代理"。虽然称谓不同，但实际概念是相同的。

二、国际货运代理的特征

国际货运代理的基本特征：受委托人委托或授权，代办各种国际贸易、运输所需要的业务，并收取一定报酬，或作为独立的经营人完成并组织货物运输、保管等业务，因而被认为是国际运输的组织者，也被誉为"国际贸易的桥梁"和"国际货物运输的设计师"。

国际货运代理的显著特征：①货运代理人接受客户委托，客户可以是发货人，也可以是收货人。一般出口时是发货人，进口时是收货人。②货运代理人不是承运人，一般没有自己的运输工具。运输工具主要是指进行国际运输的运输工具，如船舶、飞机等。③货运代理人代理国际货物运输及相关业务。

国际贸易与国际货运代理两者的关系如图1-1所示。

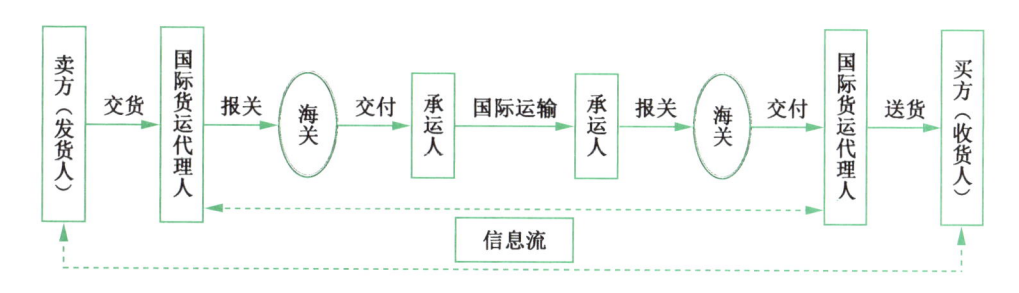

图1-1　国际货运代理与国际贸易关系

三、国际货运代理的性质

"国际货运代理"一词具有两种概念：①国际货运代理人；②国际货运代理行业。与此相应，对

于国际货运代理的性质,也可以从国际货物运输代理人和国际货物运输代理行业两个角度来理解。

(一)国际货运代理人的性质

国际货物运输代理人本质上属于货物运输关系人,即货主(包括发货人和收货人)的代理人,是联系发货人、收货人和承运人的货物运输中介。其有时代表发货人选择运输路线、运输方式、承运人,向承运人订舱,缮制贸易、运输单据,安排货物的短途运输、仓储、计重,办理货物的保险、报检、报验和通关手续,向承运人、仓储保管人及有关当局支付相关费用;有时代表收货人接收、检查运输单据,办理货物的报检、报验和通关手续,提取货物,安排仓储和短途运输,支付运费及其他相关费用,协助收货人向责任方索赔;有时也代表承运人揽货、配载、装箱、拼箱、拆箱、签发运输单据。虽然国际货物运输代理人有时也以独立经营人身份从事货物的仓储、短途运输,甚至以缔约承运人身份出具运单、提单,但这只是为了适应市场竞争需要,满足某些客户的特殊需求而拓展了服务范围的结果,并不影响其作为运输代理人的本质特征。然而,当其以当事人的身份(承运人或承租人)签订运输协议时,他就不是代理了。

(二)国际货物运输代理行业的性质

国际货物运输代理行业在社会产业结构中属于第三产业,性质上属于服务行业。从政治经济学角度看,它隶属于交通运输业,属于运输辅助行业。

四、国际货运代理与国际运输代理之间的关系

由于国际货物运输是国家与国家、国家与地区之间的长途运输,中间环节很多,涉及面很广,任何一个承运人或货主都不可能亲自处理每一项具体运输业务,许多工作需要委托他人代为办理,国际运输代理就是适应这种需要而产生的。

国际运输代理接受委托人的委托,代办各种运输业务并收取一定的报酬,即代理费、佣金或手续费等。运输代理既代理货主办理业务,也代理承运人办理业务。运输代理属中间人性质,既不是货主也不是承运人,一般不拥有运输工具或者只有少量的运输工具。由于他们所提供的服务受到货主和承运人的普遍欢迎,大大推动了国际货物运输的发展,他们本身也随之迅速发展起来。目前,运输代理已经成为国际货物运输机构中不可缺少的重要组成部分。

国际运输代理分类如下:

(1)租船代理,又称租船经纪人(Chartering Broker),是指以船舶为商业活动对象而进行船舶租赁业务的人。其主要业务是在市场上为租船人寻找合适的运输船舶或为船东寻找货运对象,以中间人身份促使租船人和船东双方达成租赁交易,从中赚取佣金。因此,根据其所代表的委托人身份的不同又分为租船人代理人和船东代理人。

(2)船务代理(Shipping Agent)是指接受船东的委托,代理与船舶有关的一切业务的人。其主要业务有船舶进出港的引水、申报泊位、联检安排、装卸货物、船舶物资供应及其他服务性工作等。船东的委托和代理人的接受以每船一次为限的,称为航次代理;船东与代理人之间签订有长期代理协议的,则称为长期代理。在航运实践中,出现了第二委托方代理和监护代理。

(3)货运代理(Freight Forwarder)是指接受货主的委托,代表货主办理有关货物报关、交接、仓储、调拨、检验、包装、转运、订舱等业务的人。其主要业务有订舱揽货代理、货物装卸代理、货物报关报检代理、转运代理、理货代理、储存代理、集装箱代理等。

(4)咨询代理(Consulting Agent)是指专门从事咨询工作,按委托人的需要,以提供有关国际贸易运输咨询、资料、数据和信息服务而收取一定报酬的人。

【注意】上述各类代理之间的业务通常互相交叉,不少船务代理也兼营货运代理,货运代理也兼营船务代理等。

五、国际货运代理的行业组织及运输组织体系

(一)国际货运代理的行业组织

1. 国际货运代理协会联合会

货运代理从公元10世纪就开始存在,进入20世纪20年代,国际合作有了更大的发展。1926年5月,16个国家的货运代理协会在维也纳成立了国际货运代理协会联合会(International Federation of Freight Forwarders Associations,FIATA),简称"菲亚塔"。FIATA由16个国家的货运代理协会于1926年5月31日在奥地利维也纳成立,总部设在瑞士苏黎士,是一个非营利组织。FIATA作为非政府组织,以会员为基础,代表约150个国家的货运代理,会员由113个协会会员和5 500多名个人会员组成,总体上代表了全球4万家货运代理和物流公司。FIATA的会员分为一般会员、团体会员、联系会员和名誉会员四类。中国对外贸易运输总公司作为一般会员的身份,于1985年加入该组织。2000年9月中国国际货运代理协会成立,次年作为一般会员加入FIATA。中国台湾省和香港特区各有一个区域性一般会员,中国台湾以"中国台北"名称在FIATA登记注册。因此,目前在中国,FIATA共拥有4个一般会员。

国际货运代理协会联合会的宗旨是保障和提高国际货运代理在全球的利益。其工作目标是:团结全世界的货运代理行业;以顾问或专家身份参加国际性组织,处理运输业务,代表、促进和保护运输业的利益;通过发布信息和分发出版物等方式,让贸易界、工业界和公众熟悉货运代理人提供的服务;制定和推广统一货运代理单据、标准交易,改进和提高货运代理的服务质量,协助货运代理人进行职业培训,处理责任保险问题,提供电子商务工具。

2. 中国国际货运代理协会

中国国际货运代理协会(China International Freight Forwarders Association,CIFA)是经国务院批准、在民政部登记注册的非营利的全国性行业组织,是国际货运代理协会联合会(FIATA)的一般会员,于2000年9月6日在北京成立。其网址是http://www.cifa.org.cn。它是我国各省(直辖市、自治区)国际货运代理行业组织、国际货代物流企业、与货代物流相关的企事业单位自愿参加的社会团体,也吸纳在中国货运、运输、物流行业有较高威望和影响力的个人。CIFA的会员分为团体会员、单位会员和个人会员三类。目前,CIFA拥有会员近600家,其中理事及以上单位95家,各省市货运代理行业组织21家。全国国际货运代理企业在会数量达6 000多家。1992年,上海货代协会成立,这是我国第一个地方性国际货运代理协会。

CIFA的业务指导部门是国家商务部。作为联系政府与会员之间的纽带和桥梁,它的宗旨是:协助政府部门加强对我国国际货代物流行业的管理;维护国际货代物流业的经营秩序;推动会员企业间的横向交流与合作;依法维护本行业利益;保护会员企业的合法权益;促进对外贸易和国际货代物流业的发展;为行业培训现代货代物流人才,提升行业人员素质,增强行业企业的国际竞争力;以民间形式代表中国货代物流业参与国际经贸运输事务并开展国际商务往来。

(二)国际货运代理的运输组织体系

1. 货主

货主(Cargo Owner)是指专门经营进出口商品业务的国际贸易商或者有进出口权的工贸公司和"三资"企业。它们为了履行国际贸易合同必须组织办理进出口商品的运输,是国际货物运输中的托运人(Shipper)或收货人(Consignee)。

在我国主要有下列类型的企业:①各专业进出口总公司和地方外贸专业公司;②各工贸公司;③有进出口权的工厂、集体企业;④外商独资企业,中外合资、合作和合营企业。

2. 承运人

承运人（Carrier）是指专门经营海上、铁路、公路和航空等客货运输业务的运输企业，如轮船公司、铁路或公路运输公司和航空公司等。它们一般拥有大量的运输工具，为社会提供运输服务。

我国《海商法》第四十二条指出："承运人是指本人或者委托他人以本人的名义与托运人订立海上货物运输合同的人。"承运人包括船舶所有人（Shipowner）和以期租（Time Charter）或光租（Bare Charter）的形式承租船舶进行经营的经营人。

【注意】承运人与实际承运人存在不同之处。"实际承运人"是指接受承运人委托，从事货物运输或部分运输的人，包括接受转委托从事此项运输的其他人。

3. 运输代理人

运输代理人主要有以下两种：①货运代理人（Forwarding Agent 或 Freight Forwarder）；②船舶代理人（Ship's Agent 或 Owner's Agent）。

4. 装卸公司和理货公司

装卸、理货业是一些接受船舶营运人的委托，在港口为船舶进行货物的装卸、清点、交接、检验货损程度和原因并作出公证等作业的行业。

此外，国际货物运输与海关、港务局、保险公司、银行、外汇管理局、包装和仓储等机构有着较为密切的联系，共同组成了国际货物运输组织系统。

任务三　国际货运代理人

一、国际货运代理人的概念

根据 1995 年 6 月 6 日国务院批准的《中华人民共和国国际货物运输代理业管理规定》，国际货运代理人是指接受进出口货物收货人、发货人的委托，以委托人的名义或者以自己的名义，为委托人办理国际货物运输及相关业务并收取服务报酬的企业。

【注意】国际货运代理人本质上属于货物运输关系的代理人，是联系发货人、收货人和承运人的货物运输中介。

二、国际货运代理人的产生

由于是国际货物买卖，所以买卖双方必须借助海、陆、空等不同的运输方式和不同的交通工具才能实现货物的流动，货主为了货物的安全、运输便捷、节省费用、降低成本，便要广泛收集交通运输方面的信息，方能选择到最佳的运输方式、最新的运输工具、最好的承运人和最便宜的费用。但事实上，绝大多数单纯经营国际贸易的货主限于人力、物力，很难做到这些，而且往往由于对某一环节的疏漏或不谙办理手续而事倍功半，甚至造成经济损失。为了适应这种需要，在国际货物运输领域里产生了很多从事代理业务的代理行或代理人。它们接受委托人的委托，代办各种运输业务并按提供的劳务收取一定的报酬，即代理费、佣金或运费。

国际上从事代理业务的代理人一般已经营运输多年，精通业务，经验比较丰富，并且熟悉各种运输的手续和规章制度。它们与交通运输部门以及贸易、银行、保险、海关等有着广泛的联系和密切的关系，具有有利条件为委托人代办各种运输事项。有时货主委托代理去完成一项运输业务，比亲自去处理更为有利。

三、国际货运代理人的发展阶段

国际货运代理人业务的发展,一般可分为传统货运代理人和无船承运人两个阶段。在不同的阶段中,其业务范围、法律地位等都有较大的区别。

(一)传统货运代理人阶段

此阶段是货运代理人发展的初期阶段。在这个发展阶段中,货运代理人是根据与委托人订立的委托合同或协议进行工作的,主要业务内容是代理委托人(一般是货方)洽定运输工具(订舱),办理海关、商检、检疫等手续,办理装卸、理货、仓储等业务,订立运输合同,向各类承运人交付货物,取得运输单证(提单、运单),对货物做简单加工等,通过提供服务获取佣金收入。从法律上讲,货运代理人在该阶段中是以委托人的身份进行工作的,其行为或不行为的法律后果一般是由委托人承担的,其仅对执行委托合同过程中自己的疏忽或故意造成的损失和未执行合同造成的损失负责。

货运代理人在与委托人长期的合作过程中,由于其提供了较好的、较全面的服务而逐步得到广大货主(委托人)的信任,与这些货主建立起长期、稳定的委托—代理关系,甚至通过与货主订立长期协议,获得这些货主所有货物运输(无论是运入还是运出)的代理权。这种做法,对货方来讲有了一个长期、可靠的合作伙伴,自己可以不必设置负责运输的部门或机构,也可能会获得服务佣金优惠,减少费用支出。对货运代理人来讲,通过这种方式获得了稳定的大量货物运输代理权。由于手中掌握了稳定的、数量较大的货物,加上又具有选择承运人的权利,在与承运人订立运输合同时则会处于更加有利的地位。许多承运人为了获得货运代理人掌握的货物的运输业务,一般会与货运代理人订立长期供货—运输协议,给予货运代理人优惠运价和订舱的优先权。

此时,货运代理人的收益已不仅是服务的佣金,而且可以获得运费上的差价(即运价原始价格与优惠价之间的差额)。同时,由于可以较低运价为货主订立运输合同,货运代理人可以因此获得更多发货人的货运代理权,使自己的业务进一步扩大。这种做法可使货方、承运方和货运代理人三方都获得好处。

(二)无船承运人(或运输经营人)阶段

无船承运人已经突破了与运输相关的服务范畴,进入了实际运输领域。由于与托运人签订了运输合同,根据目前对承运人的定义——签订运输合同的人或实际完成运输的人,这类货运代理人已经是承运人。由于其并不具备任何运输工具,自己并不实际完成运输,仅能通过与有运输工具或承运工具的承运人订立运输合同来完成或组织完成运输,因此一般把这类承运人称为无船承运人(Non-Vessel Operating Common Carrier,NVOCC),而把实际完成运输的承运人称为实际承运人。

在无船承运人从事业务过程中,从与托运人订立运输合同并接受货物,直至在目的地交付货物期间,该代理人在与实际承运人订立运输合同和办理理货、装卸、仓储、发货、提货等具体业务中,均是以本人的身份工作的。它不再仅仅是货方委托的代理人,以委托人的身份工作,而是各种合同、协议(包括与货方订立的运输合同、与实际承运人订立的运输合同、与装卸公司订立的装卸合同、理货合同、仓储合同等)的当事人。从法律上讲,它的法律地位也发生了根本性的变化。无船承运人作为独立的法人,要对上述掌管货物期间货物的安全运输负责,要对以自己名义订立的所有合同承担义务。这与传统货运代理人以委托人的名义工作,由委托人承担法律责任是有根本区别的。在与货主订立运输合同后,无船承运人应签发自己的运输单证(在海运中一般称为货运代理人提单),并根据这一单证向收货人交付货物。

无船承运人的收入构成仍包括传统的佣金收入,由于其直接经营货物运输,收入中还名正言顺地包括运费差价,即向发货人收取的运费与付给实际承运人运费的差价。这种做法不仅可以增加收入,而且可以为货方提供更多的方便。

在集装箱运输产生和飞速发展的情况下，一些较有实力的无船承运人开始承担货物运输全程中不同运输方式的所有区段的运输及各段之间的衔接业务，成为多式联运经营人，与货方订立包括从最初起运地到最终目的地全程运输的多式联运合同。

四、国际货运代理人的分类与服务对象

（一）国际货运代理人的分类

国际货运代理人的业务范围有大有小，大的兼办多项业务，如海陆空及多式联运货运代理业务；小的则专办一项或两项业务，如某些空运货运代理和速递公司。较常见的货运代理主要有以下几类：①租船订舱代理。这类代理与国内外货方有广泛的业务关系，其主要工作是为托运人办理租船订舱业务。②货物报关代理。有些国家对这类代理应具备的条件规定较严格，如美国规定必须向有关部门申请登记，必须是美国公民，并经过考试合格，发给执照才能营业。③转运及理货代理。其办事机构一般设在中转站及港口。④储存代理。其包括货物保管、整理、包装和保险等业务。⑤集装箱代理。其包括装箱、拆箱、转运、分拨以及集装箱租赁和维修等业务。⑥多式联运代理，或称无船承运人。它是与货主签订多式联运合同的当事人。不管一票货物运输要经过多少种运输方式，要转运多少次，多式联运代理必须对全程运输（包括转运）负总的责任。无论是国内还是国外，对多式联运代理的资格认定都比其他代理要严格一些。

（二）国际货运代理人的服务对象

国际货运代理是为货主提供服务，并根据服务项目、数量和质量从货主那里获得劳务报酬。以海上货运为例，在班轮运输情况下，货运代理人负责订舱，向货主收取劳务费，然后向班轮公司托运货物，并支付运费，而并非从实际承运人那里获得收益。在租船运输情况下，货主先程租，支付运费，货运代理人再程租或期租，并向船东支付运费或租金，也并未从实际承运人那里获得利益。

【提示】货运代理人完全是为货主服务的。其服务内容均与国际贸易合同执行有关，与国际贸易运输组织有关，从目的和动机来看纯属商业行为，而与实际承运人的工作，包括装载、搬运、积载、运送、卸载等具体运输环节毫无关系。

五、无船承运人

（一）无船承运人的概念

无船承运人即以承运人身份接受货主（托运人）的货物，同时以托运人身份委托班轮公司完成国际海上货物运输，根据自己为货主设计的方案和路线开展全程运输，签发经过备案的无船承运人提单。无船承运人购买公共承运人的运输服务，再以转卖的形式将这些服务提供给货主和其他运输服务需求方。当货运代理从事无船承运业务并签发自己的无船承运人提单时，便成了无船承运经营人，被看作是法律上的承运人，其一身兼有承运人和托运人的性质。

【注意】无船承运人本身不拥有船舶，也不经营船舶，对货主而言，其是承运人，对运输合同履行承担责任，通常还签发自己的提单，并收取运费；对船公司而言，其又是托运人，并支付运费。

在我国确立独立的无船承运人制度后，《国际货物运输代理业管理规定》中的国际货运代理企业不再包括从事无船承运业务的企业，中华人民共和国交通运输部负责主管无船承运人业务。

（二）无船承运人的业务范围

无论是国内还是国外，无船承运人经营业务的范围都有较大的区别，有的无船承运人兼办货物报关、货物交接、短程拖运、货物转运和分拨、订舱及各种不同运输方式代理业务，有的只办理其中的一项或几项业务。无船承运人的主要业务如表1—1所示。

表 1－1　　　　　　　　　　　　　　无船承运人的主要业务

序　号	业　务　内　容
1	作为承运人与货物托运人订立运输合同,签发货运单据(提单、运单),并对从接受货物地点到目的地交付货物地点的运输负责
2	作为总承运人组织货物全程运输,制订全程运输计划,并组织各项活动的实施
3	根据托运人要求及货物的具体情况,与实际承运人洽定运输工具(订舱)
4	从托运人手中接收货物,组织安排或代办到出口港的运输,订立运输合同(以本人的名义),并把货物交给已订舱的海运承运人。在上述交接过程中,代货主办理报关、检验和理货等手续
5	办理货物储存和出库业务
6	在目的港从海运承运人手中接收货物后,向收货人交付货物

对货主来讲,将货物交给无船承运人运输,不仅比交给传统意义上的承运人运输在手续上要简便得多,而且可省去委托货运代理人这一环节。

(三) 无船承运人的分类

1. 承运人类型

这类无船承运人是在自己确定的运输路线上开展运输活动,接收托运人的货物并签发提单,对运输过程中货物的灭失、损害承担责任。在实际业务中,他是合同承运人,并非由自己完成运输,只能将货物交给实际承运人运输,并在目的地接收货物后,向收货人交付货物。

2. 转运人类型

这类无船承运人专门从事转运,它们在主要的货物中转地和目的地设有自己的分支机构(办事处)或代理,从托运人或陆上运输承运人手中接收货物,签发提单,然后办理接续运输、中转、发货,将货物交给海上承运人,由海上承运人完成海上运输,在目的港接收货物后,再向收货人交付。

相较于承运人类型,转运人类型并不限定运输路线,不仅可选择合适的承运人,而且可选择最合适的运输路线。许多船公司在揽货方面,对转运无船承运人有较大的依赖性,因此,转运人在为自己揽货、经营转运业务的同时,积极地作为承运人的代理人,代表承运人办理接收、交付货物,装、拆箱,托办、代收运费等业务,并从中获得收益及运费差额。

3. 经纪人类型

这类无船承运人在揽取不同货主的货物后,原则上不直接对货主提供运输服务,而是采用"批发"的方法,按运输方式和流向,成批交给转运人型或承运人型的无船承运人,并由它们签发提单。由于这种做法具有明显的经纪人特点,所以称为经纪人类型。

(四) 货运代理人与无船承运人的区别

货运代理人与无船承运人的区别如表 1－2 所示。

表 1－2　　　　　　　　　　　　货运代理人与无船承运人的区别

主要内容	国际货运代理人	无船承运人
与托运人的关系	委托方与被委托方	托运人与承运人
与收货人的关系	不存在任何关系	提单签发人与持有人
法律地位的确定	委托方代理	承运人
相关费用计收	佣金	收运费或赚取差价
提单拥有	不拥有自己的提单	可以签提单(HOUSE B/L),俗称"货代提单"

续表

主要内容	国际货运代理人	无船承运人
业务范围	进出口货运相关业务	进出口货运相关业务和承担运输责任
运输合同	代表委托方订立	与托运人订立
法规适用	货运法规	货运和运输法规
法律关系	委托关系	双重身份
主管部门	商务部	交通运输部
注册程序	在商务部备案,缴纳注册资金(海运代理至少500万元人民币)	向交通运输部提出申请,然后提单备案;缴纳80万元人民币保证金,每增加一个分支机构加20万元人民币

【学中做 1-1】 我国 A 贸易公司委托同一城市的 B 货运代理公司办理一批从我国 C 港运至韩国 D 港的危险品货物。A 贸易公司向 B 货运代理公司提供了正确的货物名称和危险品货物的性质,B 货运代理公司为此签发其公司的 HOUSE B/L 给 A 公司。随后,B 货运代理公司以托运人的身份向船公司办理该批货物的订舱和出运手续。请问承运人和托运人是谁?

六、国际货运代理人的作用

(一)专业服务

国际货运代理人的本职工作是利用自身专业知识和经验,为委托人提供货物的承揽、交运、拼装、集运、接卸、交付服务,接受委托人的委托,办理货物的保险、海关、检验检疫、进出口管制等手续,甚至有时要代理委托人支付、收取运费,垫付税金和政府规费。国际货运代理人通过向委托人提供各种专业服务,可以使委托人不必在自己不够熟悉的业务领域花费更多的心思和精力,使不便或难以依靠自己力量办理的事宜得到恰当、有效的处理,有助于提高委托人的工作效率。

(二)组织协调

国际货运代理人被称为"运输的设计师"、"门到门"运输的组织者和协调者。它们凭借其拥有的运输知识及其他相关知识,组织运输活动,设计运输路线,选择运输方式和承运人(或货主),协调货主、承运人及其与仓储保管人、保险人、银行、港口、机场、车站、堆场经营人和海关、检验检疫、进出口管制等相关部门之间的关系,可以为委托人节省时间,减少麻烦,使其专心致力于主营业务。

(三)降低成本

国际货运代理人与相关部门有着长期、密切的友好合作关系,拥有丰富的专业知识和业务经验,有利的谈判地位、娴熟的谈判技巧,通过国际货运代理人的努力,可以选择货物的最佳运输路线、运输方式及最佳仓储保管人、装卸作业人和保险人,争取公平、合理的费率,甚至可以通过集运效应使所有相关各方受益,从而降低货物运输关系人的业务成本,提高其主营业务效益。

(四)资金融通

国际货运代理人可以代替收、发货人支付有关费用、税金,与承运人、仓储保管人、装卸作业人结算有关费用,凭借自己的实力和信誉向承运人、仓储保管人、装卸作业人及银行、海关当局提供费用、税金担保或风险担保,可以帮助委托人融通资金,减少资金占压,提高资金利用效率。

(五)沟通控制

国际货运代理人拥有广泛的业务关系、发达的服务网络、先进的信息技术,可起到很好的沟通控制作用。

七、国际货运代理人应具备的业务素质

(一)具备良好的资信

资信包括资本和信誉两方面。目前,按有无资产划分,国际货运代理可分为非资产型和资产型两种。其中,非资产型代理,主要以提供单证服务、劳务服务、业务管理、专业技能和物流技术服务为主。而资产型代理,则以拥有的仓储设施与运输工具为依托向客户提供全方位的物流服务。但无论哪种类型的国际货运代理都必须拥有一定的专业知识和技能,以及信息与业务关系网络,并本着平等互利的原则,处理好与委托人的关系,不断提高服务质量。

(二)了解有关法律法规与政策

由于各国政治、法律和金融货币制度不同,政策、法令和规定不一,贸易、运输习惯和经营做法也有差别,很多国家对外贸易政策受政治、经济和自然条件的影响,对进出口货物有着不同的规定,因此,国际货运代理应对此有所了解。

(三)精通国际货运业务知识

以国际海运班轮代理为例,国际海运班轮代理应做到"六知"。

(1)知线,即了解国际班轮航线现状与构成。目前大多数航线有定期的班轮航行,暂无直达航线的港口可以通过一程船或支线船运至中国香港或日本、新加坡、韩国等地的中转港口进行转船运输。作为海运货运代理,需要熟悉各卸货港的所属航线,掌握主要定期班轮的航线情况。

(2)知港,即了解装、卸港口情况。各航线都有基本港和非基本港之分,一般基本港口是一些条件较好的大港口,船舶班次多。因此,为了避免货主成交需要二次转船,且装/卸条件差、船舶拥挤的港口,货运代理特别是外销员要掌握各航线的基本港口并适时向货主提供咨询意见。对于非基本港口的货运,货运代理在接受委托前,需要与有关方面预先联系,并应建议货主在购销合同上订明"允许转船和允许分批装运"的条款。

(3)知船,即了解船舶情况。货运代理要了解各主要班轮公司所属船舶的基本状况,包括国籍、船龄、载重量、舱容和服务质量等。

(4)知货,即了解货物对运输的要求。货运代理应对普通杂货、集装箱货物、特种货物对运输的要求有一定的了解。

(5)知价,即了解市场运价。货运代理有义务为货主精打细算,节约运费。这就要求在订舱租船前从不同的承运人、不同的运输方式和不同的运输途径着手进行比价工作,以减少运费支出。

(6)知规程,即了解业务操作规程。货运代理除了应精通本公司的业务流程外,还应对其他有关部门,如货主、海关与检验检疫局、港务局、船公司等的业务流程及其特殊规定予以全面的掌握,这样才能有效地开展业务活动。

任务四 国际货运代理企业

动漫视频

一、国际货运代理企业的概念

国际货运代理企业是指接受进出口货物收货人、发货人或承运人委托,以委托人的名义或者以自己的名义,为委托人办理国际货物运输及相关业务并收取代理费、佣金或其他服务报酬的法人企业。

民法典

国际货运代理企业除了应当具备《中华人民共和国民法典》(以下简称《民法典》)等法律法规规

定的企业法人条件以外,还必须具备接受进出口货物收货人、发货人或其代理人的委托,也可以作为独立经营人,从事国际货运代理业务,为委托人办理国际货物运输及相关业务的特征。

(1)作为代理人。国际货运代理企业作为代理人从事国际货运代理业务,是指国际货运代理企业接受进出口货物收货人、发货人或其代理人委托,以委托人名义或以自己名义办理有关业务,收取代理费或佣金的行为。

(2)作为独立经营者。国际货运代理企业作为独立经营者从事国际货运代理业务,是指国际货运代理企业接受进出口货物收货人、发货人或其代理人委托,签发运输单证、履行运输合同并收取运费、服务费的行为。

二、国际货运代理企业的法定组织形式

根据《中华人民共和国国际货物运输代理业管理规定》《中华人民共和国国际货物运输代理业管理规定实施细则(试行)》《国际货运代理企业备案(暂行)办法》的规定,国际货运代理企业必须依法取得中华人民共和国企业法人资格,其名称、标志应当符合国家有关法律、法规和规章,与业务性质、范围相符合,并能体现行业特点。其中,名称中应当含有"货运代理""运输服务""集运"或"物流"等相关字样。

【注意】目前,我国国际货运代理企业的组织形式仍然限于有限责任公司或股份有限公司,尚不允许采取合伙企业等组织形式。

三、国际货运代理企业的分类

(一)以投资主体、所有制形式为标准分类

(1)全民所有制国际货运代理企业。它是指由全民所有制单位单独或与其他全民所有制单位共同投资设立的国际货运代理企业,即国有国际货运代理企业,如国有独资的中国对外贸易运输(集团)总公司、中国租船公司、中国速递服务公司等。

(2)集体所有制国际货运代理企业。它是指由集体所有制单位投资设立的国际货运代理企业。

(3)私人所有制国际货运代理企业。它是指由私营企业或个人投资设立的国际货运代理企业,即私营国际货运代理企业。

(4)股份制国际货运代理企业。它是指由不同所有制成分的多个投资主体共同投资设立的混合所有制国际货运代理企业,如中外运空运发展股份有限公司、大连锦程国际货运股份有限公司等。

(5)外商投资国际货运代理企业。它是指由境外投资者以中外合资、中外合作或外商独资形式设立的国际货运代理企业。

(二)以企业的成立背景和经营特点为标准分类

(1)以对外贸易运输企业为背景的国际货运代理企业。这类企业主要有中国对外贸易运输(集团)公司及其分、子公司,控股、合资公司。这类国际货运代理企业的特点是一业为主,多种经营,经营范围较宽,业务网络发达,实力雄厚,人力资源丰富,综合市场竞争能力较强。

(2)以实际承运人企业为背景的国际货运代理企业。其主要是指由公路、铁路、海上、航空运输部门或企业投资或控股的国际货运代理企业,如中国外轮代理总公司、中远国际货运有限公司等。这类国际货运代理企业的特点是专业化经营,与实际承运人关系密切,运价优势明显,运输信息灵通,方便货主,在特定的运输方式下市场竞争能力较强。

(3)以外贸、工贸公司为背景的国际货运代理企业。其主要是指由各专业外贸公司或大型工贸公司投资或控股的国际货运代理企业,如五矿国际货运公司、中化国际仓储运输公司等。这类国际

货运代理企业的特点是货源相对稳定，处理货物、单据经验丰富，对某些类型货物的运输代理竞争优势较强，但多数规模不大，服务功能不够全面，服务网络不够发达。

（4）以仓储、包装企业为背景的国际货运代理企业。其主要是指由仓储、包装企业投资、控股的国际货运代理企业或增加经营范围而成的国际货运代理企业。这类国际货运代理企业的特点是凭借仓储优势揽取货源，对于特种物品的运输代理经验丰富，但多数规模较小，服务网点较少，综合服务能力不强。

（5）以港口、航道、机场企业为背景的国际货运代理企业。其主要是指由港口、航道、机场企业投资、控股的国际货运代理企业。这类国际货运代理企业的特点是与港口、机场企业关系密切，港口、场站作业经验丰富，对集装货物的运输代理具有竞争优势，人员素质、管理水平较高，但服务内容较为单一，缺乏服务网络。

（6）以境外国际运输、运输代理企业为背景的国际货运代理企业。其主要是指由境外国际运输、运输代理企业以合资、合作方式在中国境内设立的外商投资国际货运代理企业。这类国际货运代理企业的特点是国际业务网络较为发达，信息化程度、人员素质、管理水平较高，服务质量较好。

（7）其他背景的国际货运代理企业。其主要是指其他投资者投资或控股的国际货运代理企业。这类国际货运代理企业投资主体多样，经营规模、经营范围不一，人员素质、管理水平、服务质量参差不齐。

（三）以法律地位的不同为标准分类

（1）居间人型。这种类型的国际货运代理的特点是其经营收入来源为佣金，即作为中间人，根据委托人的指示和要求，向委托人提供订约的机会或进行订约的介绍活动，在成功地促成双方达成交易后，有权收取相应的佣金。这种类型的国际货运代理一般规模小、业务品种单一。

（2）代理人型。这种类型的国际货运代理的特点是其经营收入来源为代理费。根据代理人开展业务活动中是否披露委托人的身份，可再细分为以下两种类型：①披露委托人身份的国际货运代理，即国际货运代理接受委托后以委托人名义与第三方发生业务关系。传统意义下的国际货运代理即属于此种类型，在英美法系国家，这类代理通常被称为直接代理、显名代理。②未披露委托人身份的国际货运代理，即国际货运代理接受委托后以自己名义与第三方发生业务关系。在英美法系国家，这类代理通常被称为间接代理、隐名代理；在德国、法国、日本等大陆法系国家，这类代理通常被称为行纪人。

（3）独立经营人型。这类国际货运代理也往往被称为当事人型、委托人型，其特点是其经营收入的来源为运费或仓储费差价，即已突破传统国际货运代理的界限，成为独立经营人，具有了承运人或场站经营人的功能。这种类型的国际货运代理既有从事单一运输方式领域的经营人，如海运中的无船承运人和空运中的合同承运人，也有从事多种运输方式领域的多式联运经营人，以及提供包括货物的运输、保管、装卸、包装、流通所需要的加工、分拨、配送、包装物、废品回收等及与之相关的信息服务的第三方物流经营人。

【提示】在不同的历史发展阶段，国际货运代理的含义与法律地位有较大的区别。目前，无论是从国际货运代理本身所从事的业务范围来看，还是从国际国内立法、司法审判的实践来看，均已出现国际货运代理由代理人向独立经营人的演变。

在我国，货运代理公司一般分为一级货代和二级货代两类。一级货代的资信程度最高，运费最低，提供的服务也最及时到位。一级货代和二级货代两者的区别如表1—3所示。

表1-3　　　　　　　　　　　　　　一级货代和二级货代的区别

项　目	一级货代	二级货代
成立条件	相对高	相对低
公司账户及开票	人民币账号＋美元账号。可以直接开票	人民币账号。只能到税务局开票
存在数量	较少	很多
订舱权大小	直接向承运人订舱（有订舱协议）	通常经一级国际货代向承运人订舱

四、国际货运代理企业的经营范围

从国际货运代理人的基本性质看，货代主要是接受委托方的委托，从事有关货物运输、转运、仓储和装卸等事宜。一方面其与货物托运人订立运输合同，另一方面又与运输部门签订合同。因此，对货物托运人来说，其又是货物的承运人。

国际货运代理企业作为代理人或者独立经营人从事经营活动，其经营范围如表1-4所示。

表1-4　　　　　　　　　　　　　　国际货运代理企业业务范围

序　号	业务范围
1	揽货、订舱（含租船、包机、包舱）、托运、仓储、包装
2	货物的监装、监卸，集装箱装箱与拆箱、分拨、中转及相关的短途运输服务
3	报关、报检、报验、保险
4	缮制签发有关单证、交付运费、结算及交付杂费
5	国际展品、私人物品及过境货物运输代理
6	国际多式联运、集运（含集装箱拼箱）
7	国际快递（不含私人信函）
8	咨询及其他国际货运代理业务

根据其经营范围，国际货运代理按运输方式分为海运代理、空运代理、汽运代理、铁路运输代理、联运代理、班轮货运代理、不定期船货运代理和液散货货运代理等；按委托项目和业务过程分为订舱揽货代理、货物报关代理、航线代理、货物进口代理、货物出口代理、集装箱货运代理、集装箱拆箱装箱代理、货物装卸代理、中转代理、理货代理、储运代理、报检代理和报验代理等。

五、国际货运代理企业业务内容

（一）为发货人服务

为发货人服务的主要内容如表1-5所示。

表1-5　　　　　　　　　　　　　　为发货人服务的主要内容

序　号	业　务　内　容
1	以最快、最省的运输方式，安排合适的货物包装，选择合适的运输路线
2	向客户建议仓储与分拨
3	选择可靠、效率高的承运人，并负责签订运输合同

续表

序　号	业　务　内　容
4	安排货物的计重和计量
5	办理货物保险
6	办理货物的拼装
7	在装运前或在目的地分拨货物之前把货物存仓
8	安排货物到港口的运输，办理海关和有关单证的手续，并把货物交给承运人
9	代表托运人支付运费、关税
10	办理有关货物运输的任何外汇交易
11	从承运人处取得提单，并交给发货人
12	与国外的代理联系，监督货物运输进程，并使托运人知道货物去向

(二)为海关服务

当货运代理作为海关代理办理有关进出口商品的海关手续时，它不仅代表其客户，而且代表海关当局，负责申报货物确切的金额、数量和品名，以使当局在这些方面不受损失。

(三)为承运人服务

货运代理向承运人及时订舱，议定对发货人、承运人都公平、合理的费用，安排适当的时间交货以及以发货人的名义解决与承运人的运费账目等问题。

(四)为航空公司服务

货运代理在空运业中充当航空公司的代理。在这种关系下，它利用航空公司的货运手段为货主服务，并由航空公司付给佣金。同时，作为货运代理，它通过提供适于空运的服务方式，继续为发货人或收货人服务。

(五)为班轮公司服务

货运代理与班轮公司的关系，随业务的不同而不同。近年来，货代通过提供拼箱服务，建立了与班轮公司及其他承运人之间的较为密切的联系。

(六)提供拼箱服务

随着国际贸易中集装箱运输的增长，引进了集运和拼箱的服务。在提供这种服务时，货代担负起委托人的作用。集运和拼箱的基本概念是：把一个出运地若干发货人发往另一个目的地的若干收货人的小件货物集中起来，作为一个整件运输的货物发往目的地的货代，通过其把单票货物交给各个收货人。货代签发提单(分提单)或其他类似收据交给每票货的发货人；货代在目的港的代理，凭初始的提单交给收货人。拼箱的收、发货人不直接与承运人联系。对承运人来说，货代是发货人，而货代在目的港的代理是收货人。因此，承运人给货代签发的是全程提单或货运单。如果发货人或收货人有特殊要求的话，货代也可以在出运地和目的地从事提货和交付的服务，提供门到门的服务。

(七)提供多式联运服务

货运代理提供多式联运服务，通过多种运输方式进行门到门的货物运输。它可以当事人的身份，与其他承运人或其他服务提供者分别谈判并签约。但是，这些分拨合同不会影响多式联运合同的执行，也就是说，不会影响发货人的义务和在多式联运过程中对货损及灭失所承担的责任。货代作为多式联运经营人，需对它的客户承担更高水平的责任，提供包括所有运输和分拨过程的全面的"一揽子"服务。

六、国际货运代理企业的设立

(一)申请人资格

国际货运代理业务的申请人应当是与进出口贸易或国际货物运输有关、有稳定货源的单位,并且符合条件的投资者应当在申请项目中占大股。

【提示】承运人以及其他可能对国际货运代理行业构成不公平竞争的企业不得申请经营国际货运代理业务。

【注意】禁止具有行政垄断职能的单位申请投资经营国际货运代理业务。

(二)设立国际货运代理企业的条件

根据《国际货物运输代理企业管理规定》《国际货物运输代理业管理规定实施细则(试行)》的规定,设立国际货运代理企业,应当具备下列条件:

(1)有与其从事的国际货运代理业务相适应的专业人员。具体来讲,至少要有五名从事国际货运代理业务三年以上的业务人员,其资格由业务人员原所在企业证明,或者取得商务部颁发的国际货物运输代理资格证书。

(2)有固定的营业场。以自有房屋、场地作为经营场所的,应当提供产权证明。以租赁房屋、场地作为经营场所的,应当提供租赁期限在一年以上的租赁合同。

(3)有必要的营业设施。设立国际货物运输代理企业,应当拥有一定数量的电话、传真机、计算机、装卸设备、包装设备和短途运输工具。

(4)有稳定的进出口货源市场。在本地区进出口货物运量较大,货运代理行业具备进一步发展的条件和潜力,并且申报企业可以揽收到足够的货源。

(5)有与经营的业务项目相适应的注册资金。国际货物运输代理企业的注册资本最低限额应当符合下列要求:①经营海上国际货运代理业务的,注册资本最低限额为500万元人民币;②经营航空国际货运代理业务的,注册资本最低限额为300万元人民币;③经营陆路国际货运代理业务或者国际快递业务的,注册资本最低限额为200万元人民币。经营前款两项以上业务的,注册资本最低限额为其中最高一项的限额。国际货运代理企业每申请设立一个从事国际货运代理业务的分支机构,应当相应增加注册资本50万元人民币。如果企业注册资本已超过上述最低限额,则超过部分可以作为设立分支机构的增加资本。

申请设立的国际货运代理企业业务经营范围包括国际多式联运业务的,除应当具备上述条件外,还应当具备下列条件:①从事与《中华人民共和国国际货物运输代理业管理规定实施细则(试行)》第32条规定的国际货运代理企业经营范围有关的业务三年以上;②具有相应的国内、国外代理网络;③拥有在商务部登记备案的国际货运代理提单。

(三)申请货代企业须报送的文件资料

申请货代企业须报送的文件资料如表1—6所示:

表1—6　　　　　　　　　申请货代企业须报送的文件资料

序　号	文件项目
1	申请书,包括投资者名称、申请资格说明和申请的业务项目
2	可行性研究报告,包括基本情况、资格说明、现有条件、市场分析、业务预测、组建方案、经济预算及发展预算
3	投资者的企业法人营业执照(复印件)

续表

序　号	文件项目
4	董事会、股东会或股东大会决议
5	企业章程（或草案）
6	主要业务人员简况（包括学历、所学专业、业务简历和资格证书）
7	资信证明（会计师事务所出具的各投资者的验资报告）
8	投资者出资协议
9	法定代表人简历
10	国际货运代理提单（运单）样式
11	企业名称预先核准函（复印件、工商管理部门出具）
12	国际货运代理企业申请表
13	交易条款

（四）申请报批程序

申请报批程序包括：①企业提出申请；②行业主管部门对企业申请进行审核，并提出报批或不批意见；③市商务局对企业申请审核下发呈请文件，并上报省商务厅；④省商务厅审核后，上报国家商务部审批；⑤申请人接到商务部同意批复后，应于批复后60天内持企业章程（正本），并凭市商务局的介绍信到商务部领取批准证书；⑥申请企业持商务部颁发的批准证书到市场监管、海关、税务和外管局等部门办理有关手续。

七、国际货运代理企业备案登记管理

（一）备案登记的相关规定

凡经国家市场监管行政管理部门依法注册登记的国际货物运输代理企业及其分支机构（以下简称"国际货代企业"），应当向商务部或商务部委托的机构办理备案。商务部是全国国际货代企业备案工作的主管部门。国际货代企业备案工作实行全国联网和属地化管理。商务部委托符合条件的地方商务主管部门（以下简称"备案机关"）负责办理本地区国际货代企业备案手续；受委托的备案机关不得自行委托其他机构进行备案。备案机关必须具备办理备案所必需的固定的办公场所，管理、录入、技术支持、维护的专职人员以及连接商务部国际货运代理企业信息管理系统（以下简称"信息管理系统"）的相关设备等条件。对于符合上述条件的备案机关，商务部可出具书面委托函，发放由商务部统一监制的备案印章，并对外公布。备案机关凭商务部的书面委托函和备案印章，通过信息管理系统办理备案手续。

国际货代企业在本地区备案机关办理备案程序如下：

(1)领取《国际货运代理企业备案表》（以下简称《备案表》）。国际货代企业可以通过商务部政府网站（http://www.mofcom.gov.cn）下载，或到所在地备案机关领取《备案表》。

(2)填写《备案表》。国际货代企业应按《备案表》要求认真填写所有事项的信息，并确保所填写内容完整、准确和真实；同时认真阅读《备案表》背面的条款，并由法定代表人签字、盖章。

(3)向备案机关提交填写的《备案表》、营业执照复印件和组织机构代码证书复印件。

（二）备案登记的相关注意事项

(1)备案机关应自收到国际货代企业提交的上述材料之日起5日内办理备案手续，在《备案表》

上加盖备案印章。备案机关在完成备案手续的同时,应当完整、准确地记录和保存国际货代企业的备案信息材料,依法建立备案档案。

(2)国际货代企业应凭加盖备案印章的《备案表》在30日内到有关部门办理开展国际货代业务所需的有关手续。从事有关业务,依照有关法律、行政法规的规定,须经有关主管机关注册的,还应当向有关主管机关注册。

(3)企业应在30日内办理《备案表》的变更手续,逾期未办理变更手续的,其《备案表》自动失效。

(4)备案机关收到国际货代企业提交的书面材料后,应当即时予以办理变更手续。

(5)国际货代企业应当按照《中华人民共和国国际货物运输代理业管理规定》的有关规定,按要求向商务部或其委托机关(机构)提交与其经营活动有关的文件和资料。商务部和其委托机关(机构)应当为提供者保守商业秘密。

(6)国际货代企业已在工商部门办理注销手续或被吊销营业执照的,自营业执照注销或被吊销之日起,《备案表》自动失效。

(7)备案机关应当在国际货代企业撤销备案后将有关情况及时通报海关、检验检疫、外汇和税务等部门。

(8)国际货代企业不得伪造、变造、涂改、出租、出借、转让和出卖《备案表》。备案机关在办理备案或变更备案时,不得变相收取费用。

(9)外商投资国际货代企业按照《外商投资国际货物运输代理企业管理办法》有关规定办理。

(10)国际货代行业协会应协助政府主管部门做好企业备案工作,充分发挥行业协会的协调作用,加强行业自律。

八、我国对国际运输代理行业的管理

(1)各类运输中间人由不同的管理部门管理。具体而言,国际货运代理由外经贸部(现为商务部)管理,国内货运代理、运输公司代理(包括航空公司销售代理和船舶代理)、无船承运人由所属的运输方式交通主管部门管理,国际集装箱多式联运由交通运输部管理,货物报关代理和运输工具报关代理由海关总署管理。

(2)2005年前,我国对国际货运代理公司的设立实行审批登记制,对其分公司的设立实行备案登记制。商务部颁布并于2005年4月1日正式实施的《国际货运代理企业备案(暂行)办法》规定,将不再对货代经营申请进行资格审批,货代经营将由审批制改为备案登记制,不设门槛,不收费用。市场准入"门槛"的降低,为货代行业的发展提供了新的机遇。

(3)允许国际货运代理行业多家经营,并逐步放开对外商经营国际货运代理业的限制。根据我国加入WTO谈判对外做出的承诺,国际货运代理行业自加入WTO起一年,允许中外合资国际货代企业中的外方控股,四年后允许外商独资国际货运代理企业进入。

(4)按照自身的行业模式发展国际货运代理业,不允许承运人和外贸货主兼营国际货运代理业务。承运人和外贸货主欲经营国际货运代理业务,需要另外申请设立具有独立法人资格的国际货运代理企业。

九、国际货运代理企业在经营业务时要注意的问题

(一)货物运输代理企业

国际货运代理企业应当按照我国商务部(原对外经济贸易合作部)颁发的国际货物运输代理企业批准证书和市场监管行政管理机关办理的营业执照列明的经营范围和经营地域从事经营活动,

严格遵守《中华人民共和国国际货物运输代理业管理规定》和《中华人民共和国国际货物运输代理业管理规定实施细则(试行)》的有关规定。

国际货运代理企业从事国际货运代理业务,必须使用国际货物运输代理业专用发票。国际货运代理企业从事国际货物运输代理业务向委托人收取款项时,必须按照运费及其他收费项目分别逐项列明开具国际货物运输代理业专用发票,并且必须使用计算机填开该发票,手写无效。

(二)无船承运业务企业

在中国境内经营无船承运业务,应当在中国境内依法设立企业法人,并以该企业法人名义向国务院交通主管部门办理提单登记,缴纳保证金,取得《无船承运业务经营资格登记证》。未依照规定办理提单登记并缴纳保证金的,不得经营无船承运业务。无船承运业务经营者使用两种或者两种以上提单的,各种提单均应登记。

根据《中华人民共和国国际海运条例》规定,无船承运业务经营者缴纳的保证金的金额为80万元人民币,每设立一个分支机构,增加保证金20万元人民币。

没有取得无船承运业务经营资格者,不得接受其他无船承运业务经营者委托,为其代理签发提单。

(三)多式联运业务企业

从事多式联运业务的企业使用的多式联运单据应当符合规定的要求,并由多式联运经营人或其代理人报交通运输部登记,在单据右上角注明许可证编号。

多式联运经营人在使用电子计算机传递运输信息、数据时,其传送代码、报文格式应当符合国内规定适应国际标准的 EDI 标准,参加多式联运的区段运输承运人应按多式联运经营人的要求提供集装箱的动态信息及有关资料。

(四)代理报检报关业务企业

2018年4月20日,出入境检验检疫局正式并入中国海关。"关检合一"后,在通关作业方面,统一通过"单一窗口"实现报关报检。企业可以通过"单一窗口"(包括通过"互联网+海关"接入"单一窗口")报关报检合一界面向海关一次申报。

任务五 国际货运代理企业岗位设置

一、国际货运代理企业的组织结构及各机构的主要职能

以某国际货运代理企业为例,将其组织结构(见图1-2)及各机构的主要职能说明如下。

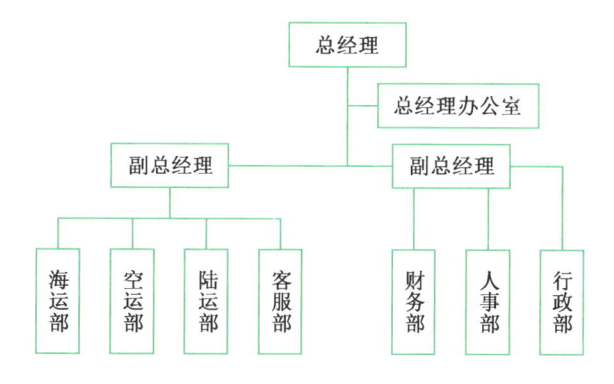

图1-2 货代公司组织结构示意

(1)总经理办公室。主要负责企业经营管理及业务协调、投资管理、文秘、档案及公司日常事务工作,负责本区域的信息系统的建设和维护、行政管理、安全保卫和固定资产管理等,并为公司提供后勤服务。

(2)海运部。主要负责集装箱订舱、散杂货订舱、配载、发运、装箱、集港、进出口租船业务和无船承运业务,同时负责代办报关报检、货物交接、集拼分拨、短途汽运、运杂费结算、运输保险及相关咨询服务。

(3)空运部。负责航空运输货物的进出口业务。可以承担集中托运和包舱包板运输的代理任务。具体包括市场销售、委托运输、审核单证、配舱、订舱、进出口报关、出仓单、提装板箱、签单、交接发运、航班跟踪、信息服务、代理预报、交接单、理货与仓储、理单与到货通知、发货、送货与转运、费用结算等。

(4)陆运部。主要承担国际铁路货物联运和国际多式联运业务。

(5)客服部。负责协调公司各业务部门在业务处理过程中因为各种原因与客户产生的各类争议和纠纷,负责查明原因,协助业务部门做好善后工作,制订纠纷解决的可行性方案,报公司副总经理审批后实施。

(6)财务部。主要负责财务管理、资产管理、预算管理,为公司提供会计信息和会计资料,负责内部审计。

(7)人事部。负责人力资源规划、培训、招聘、劳动合同管理、薪酬、福利管理、职级评定和绩效考评、工会工作、员工档案、出国审批与签证等。

二、国际货运代理业务的服务流程和岗位职责

(一)出口货代的服务流程和岗位职责

出口货代的服务流程和岗位职责如表1-7所示。

表1-7　　　　　　　　　　　出口货代的服务流程和岗位职责

服务流程	岗位责任人	岗位职责	注意事项
1. 单证审核	单证业务员	单证员接单后,进行清点、登记,根据合同、相关法律法规文件,对海关需要检验的所有单据进行审核,确保: (1)单证的完整性。要求单证备齐,各项目填写完整、准确 (2)单证的有效性。有关批文、证件应有效,若是按信用证交货的项目,填写的货物名称、型号、数量、重量和译文应符合信用证要求 (3)单证的一致性。单单相符、单证相符、单货相符	如发现单证错误、短少,应与客户联系沟通,采取更正、补证措施;涉及商品名称、编码、贸易性质和目的港等重要项目更改的,应得到客户的书面确认;更改处理要加盖公章,确保各个环节符合要求
2. 订舱	舱管业务员	(1)舱管员根据合同要求和客户备货情况制订订舱计划 (2)根据客户要求的船期、运输路线、货物数量、重量、尺寸、装期、用箱情况、装交货方式及客户特殊要求,按《供方控制程序》要求,选择承运公司或运输代理,办理订舱手续	订舱后,及时将船名和装船日期等有关信息通报客户和有关部门,做好发货准备

续表

服务流程	岗位责任人	岗位职责	注意事项
3. 装箱	箱管业务员	(1)箱管订妥舱位后,应落实装箱方式、装箱日期和装箱点,根据合同规定,组织人员做好装箱作业或到场监货 (2)若合同规定客户货物需要进装箱点包装、储存和刷标,由箱管员委托装箱点提供服务,箱管员负责监管检查 (3)客户自行装箱后直接送港口作业区,应在合同中明确客户保证所装货与装箱单相符,并对此负责,货物运抵港口后,箱管员到场验货	箱管员验证货物时,若遇货物破损、短少、无唛和错唛等情况,应以书面或照片记录,通知客户在取得客户书面处理意见后,采取相应措施,保证货物发运
4. 送货	送货业务员	合同规定由本公司负责组织送货的项目,送货员选择运输公司,直接组织或督促装箱,在船只集港时间内,将货物送到港区	
5. 报关报检	报关(检)员	(1)报关员负责对随附报关单证进行出口申报。申报时应注意,不同贸易性质、不同核销单所载货物不能填在同一份报关单上 (2)办理报关报检手续,配合相关部门对出口货物的查验工作 (3)办理缴税纳税有关事宜	需要出口商品批文的,应提前通知客户办理。报关后将海关验讫的单证送有关船公司或港区配载室作为收货装船的依据
6. 办理保险	保险业务员	合同规定,客户委托货代公司负责办理保险的,由保险业务员负责办理,并及时将保险单转交客户	发生保险事故后,根据合同要求,保险业务员负责办理或协助办理索赔工作
7. 交付	送货业务员	出口货物交船公司,双方签字,办理交接手续	船公司负责将货物运到规定港口,交收货人
8. 索取/核销单证	单证业务员	(1)海关放行后,单证员应及时向海关索取有关单证,货物装入船舱后,单证员将单证进行核对登记,向客户办理核退手续 (2)单证员将有关航运信息传真通知客户,以便相关方做好接货准备	
9. 特殊情况处理	相关业务员及相关负责人	遇到相关特殊情况(如货物已集港、终止装运、甩货、在中途港口卸货等),业务员应弄清原因,并报告各项目或部门负责人,采取措施妥善处理	

(二)进口货代的服务流程和岗位职责

进口货代的服务流程和岗位职责如表1-8所示。

表 1-8　　　　　　　　　　　进口货代的服务流程和岗位职责

服务流程	岗位责任人	岗位职责	注意事项
1. 货物到港前（单证审核、订舱、了解船期信息）	部门负责人	部门负责人应要求业务员掌握进口合同的内容，了解进口合同的交货期及到货情况，严格按合同规定操作	公司收到国外传真及客户提供的进口报关整套单证后，进口业务员及中转业务员分别开展工作
	进口业务员	(1)收接单证，进行登记、审核。审核内容包括提单中运费交付方式、背书、装箱单所列货物每件重量、进口许可证等批文是否有效，确保单证完整、一致，符合进口报关要求 (2)协助客户复核商品编码，进行预归类 (3)落实承运代理人并与其保持联系，确定进口船舶到港时间；如有大件货物或危险品，应提前通知相关人员做好接关准备	若发现单证错误、短少，业务员应通报客户采取更正、补证措施，力争在船舶进港前做到单单相符、单证齐全
	中转业务员	(1)根据合同要求、国外供方备货情况，制订订舱计划 (2)根据客户要求的到港期、货物数量、重量和尺寸，按要求选择承运公司或运输代理，办理订舱手续 (3)收到国外传真后，负责了解、确定进口货物接卸作业日期，选择运输公司，要求其承运工具按时到达指定码头接货 (4)办理相关人员登轮证	单件重40吨以上的大件货物直接落驳船的，由项目经理或货代公司副总经理召开港区、吊装公司、承运等有关单位参加的船前会议，组织协调各方工作，确保货物到港后的接运工作一步到位，安全可靠
2. 货物到港后（报关报检、转运、交货、索单、单证核退）	中转业务员	(1)负责清点货物数量，检查货物外观、唛头，要求单货相符，并做好记录 (2)重大货物在吊装过程中应摄像记录起吊、落驳过程，书面及照片记录船上货物装载、包装及捆扎情况；小件货物装船、装车时，应派人监装，检查捆扎加固情况，防止运输途中受损 (3)负责将海关放单交港区安排作业计划，通知承运方作业时间，督促承运方在作业前到港区计划调度处办理落驳车等登记手续，与港方交接签收完毕后方可离港	如业务员发现设备外观破损、数量短少，应区分原残、船残、工残性质，做好书面记录，通报有关单位，同时请港区理货、商检部门到场见证，开具证明，并将有关证明递交给客户；得到客户处理意见后，对外观破损的负责安排人员修补、重新包装，并索取有关资料，递交相关部门
	转运、交付业务员	(1)货物装车、装船或拆箱时，应到现场监督，防止货物灭失损坏 (2)货物装载至运输工具后与承运公司代表办理交接手续 (3)货物发运后将发货信息书面通报客户，并随时与押运人取得联系，掌握物流动态，通报客户做好接货准备 (4)货物交付由项目或部门负责人向客户直接办理，或由运输人员代表公司交付。无论何种方式均应办理货物交接手续 (5)业务员负责向海关索取报关单证，登记后向客户核退，办理交接手续	按合同规定派人押运，在整个运输过程中，押运人应经常检查货物状态，如发现货物移位、松绑等情况，应做好记录，并采取措施进行处理

◆ 应知考核

一、单项选择题

1. 国际货运代理的英文为(　　)。

A. Chartering Broker   B. Shipping Agent   C. Freight Forwarder   D. Consulting Agent
2. 国际货运代理行业在社会产业结构中属于(　　),性质上属于服务行业。
   A. 第一产业　　　　B. 第二产业　　　　C. 第三产业　　　　D. 第四产业
3. 以船舶为商业活动对象而进行船舶租赁业务的人称为(　　)。
   A. 租船代理　　　　B. 船务代理　　　　C. 货运代理　　　　D. 咨询代理
4. 接受船东的委托,代理与船舶有关的一切业务的人称为(　　)。
   A. 租船代理　　　　B. 船务代理　　　　C. 货运代理　　　　D. 咨询代理
5. 中国国际货运代理协会于(　　)在北京成立。
   A. 1999 年 9 月 6 日   B. 2000 年 9 月 6 日   C. 2001 年 9 月 6 日   D. 2002 年 9 月 6 日

二、多项选择题

1. 我国国际货物运输组织体系包括(　　)。
   A. 货主   B. 承运人
   C. 运输代理人   D. 装卸公司和理货公司
2. 货运代理的主要业务有(　　)。
   A. 订舱揽货代理   B. 货物装卸代理
   C. 货物报关报检代理   D. 提供有关国际贸易运输咨询
3. 下列关于国际货物运输代理企业的注册资本最低限额的说法中正确的有(　　)。
   A. 经营海上国际货运代理业务的,注册资本最低限额为 500 万元人民币
   B. 经营航空国际货运代理业务的,注册资本最低限额为 300 万元人民币
   C. 经营陆路国际货运代理业务或者国际快递业务的,注册资本最低限额为 200 万元人民币
   D. 国际货运代理企业每申请设立一个从事国际货运代理业务的分支机构,应增加注册资本 50 万元人民币
4. 申请设立的国际货运代理企业业务经营范围从事国际多式联运业务的,应当具备的条件有(　　)。
   A. 从事国际货运代理企业经营范围有关的业务 3 年以上
   B. 从事国际货运代理企业经营范围有关的业务 6 年以上
   C. 具有相应的国内、国外代理网络
   D. 拥有在商务部登记备案的国际货运代理提单
5. 下列关于出口货代箱管业务员的服务流程和岗位职责的表述中正确的有(　　)。
   A. 箱管订妥舱位后,应落实装箱方式、装箱日期和装箱点
   B. 货物运抵港口后,箱管员到场验货
   C. 确保单证的完整性
   D. 确保单证的有效性

三、判断题

1. 国际货运代理协会联合会是一个营利性的国际货运代理行业组织。　　　　　　(　　)
2. 国际货运代理人本质上属于货物运输关系的代理人。　　　　　　　　　　　　(　　)
3. 无船承运人的收入构成包括传统的佣金收入。　　　　　　　　　　　　　　　(　　)
4. 中华人民共和国商务部负责主管无船承运人业务。　　　　　　　　　　　　　(　　)
5. 无船承运业务经营者缴纳的保证金的金额为 20 万元人民币,每设立一个分支机构,增加保

证金 80 万元人民币。(   )

应会考核

■ 观念应用

【背景资料】

大连某生产企业拟出口一批货物至美国,现打算委托国际货运代理公司全权办理该批货物的租船订舱事宜。

【考核要求】

如果您是国际货运代理业务人员,您将如何向其介绍国际货运代理的业务范围?

■ 技能应用

从交通运输部网站的相关网页(http://www.moc.gov.cn/zizhan/siju/shuiyunsi/hangyunguanli/guojihangyun)查询并判断下列五家货运代理企业是否具备无船承运人资格,已具备的注明无船承运人编号。

(1)北京康捷空国际货运代理有限公司青岛分公司。

(2)上海定展航运有限公司大连分公司。

(3)上海兰生物流有限公司天津分公司。

(4)新海丰物流有限公司。

(5)大连集龙物流有限公司。

【技能要求】

查询完毕后,请说明无船承运人的主要业务。

■ 案例分析

韩国至大连进口辣椒酱业务

委托锦程物流代理进口运输业务的胡先生曾在韩国留学,回国后通过自己的努力经营着一家韩式口味的饭店。因为胡先生对食材要求非常严格,所以使用的辣椒酱均要从韩国直接进口,以保证食客可以吃到地道的韩国料理。一次偶然的机会,胡先生在网上了解到锦程物流的优势与公司规模,并与锦程物流取得了联系。锦程物流的客户顾问经过与胡先生的接洽,了解了胡先生的需求,并为其量身定制了一整套的代理运输方案。

(1)沟通考察。胡先生是个体经营者,本身没有进出口权,因此需要锦程物流为其匹配一家长期做进口食品代理的贸易公司作为其进口的代理商。

(2)运输方案的制订。经与胡先生多次沟通后,客户顾问了解到胡先生对于进口食品运输时长及提货便捷性等的要求,为此邀请胡先生到锦程物流的总部参观,并为其提供了两套运输方案。

①进口空运。由韩国直飞哈尔滨,由锦程物流负责在哈尔滨当地完成清关工作后,安排送货至胡先生的店里。此方案的优点是运输速度快,但是搬运次数较多,可能会对食品外包装或货物本身造成一定的损坏。

②进口海运集装箱拼箱运输。锦程物流的客户顾问为胡先生详细讲解了装箱、订舱、上门提货、报关和目的港清关送货等一系列运输工作节点的要求和步骤,胡先生非常满意,最终决定选择海运集装箱运输。此方案的优点是安全可靠、节省成本、搬运次数少等。缺点就是运输时间比空运稍长一些。

(3)订舱、报关、运输工作。在这项合作中,韩国当地的订舱报关等工作都是由锦程的海外代理直接与胡先生的发货人联系的,并配合发货人准备报关文件。锦程海外代理对货物进行专业化的包装并认真准备相关单据,保证了货物的顺利订舱、报关和运输,获得了胡先生的大力赞赏。

(4)国内清关。锦程物流客户顾问在前期为胡先生的进口货物做了充分的工作准备,因此在国内清关时并未因单据缺失或货物不符等问题遇到阻碍,完全符合我国对进口食品运输及清关的要求。锦程物流在清关完毕后第一时间将货物准确送达胡先生的韩国料理店内,胡先生为此表示十分感谢。

【分析要求】
请问:胡先生愿意把辣椒酱进口货运业务委托给锦程物流的原因是什么?

项目实训

【实训项目】
国际货运代理企业经营资质的甄别。

【实训情境】
查询商务部和交通运输部相关网页,判断表1—9中的企业是否具有国际货运代理或者无船承运人资质,完成表格内容。

表1—9　　　　　　　　　　　甄别国际货运代理企业经营资质实训

序 号	企业中文名	商务部备案企业经营代码	无船承运业务经营者(填"是"或"否")	无船承运业务证书编号	无船承运业务注册地
示例一	上海源福物流有限公司	3100004295	是	MOC-NV01701	上海
示例二	义乌市华皓国际货运有限公司	3300000053	否	无	无
示例三	义乌市华成国际货运代理有限公司	无	否	无	无
1	义乌太平洋国际货运有限公司				
2	上海凯创国际货运代理有限公司				
3	中国外轮代理有限公司				
4	日通国际物流(中国)有限公司深圳分公司				
5	嘉里大通物流有限公司				
6	深圳市华展国际物流有限公司				
7	中国远洋物流有限公司				

【实训任务】
1. 学生根据提供的线索上网,查询和辨别国际货运代理企业经营资质,并填写相关表格。
2. 撰写《国际货运代理企业经营资质的甄别》实训报告。

《国际货运代理企业经营资质的甄别》实训报告		
项目实训班级：	项目小组：	项目组成员：
实训时间：　　年　　月　　日	实训地点：	实训成绩：
实训目的：		
实训步骤：		
实训结果：		
实训感言：		
不足与今后改进：		
项目组长评定签字：		项目指导教师评定签字：

项目二　国际货运代理协议及计收费

● **知识目标**

　　理解：国际货运代理协议的概念、国际货运代理协议的特点与类型；国际货运代理关系确立的概念。
　　熟知：国际货运代理协议与货运委托书；国际货运代理费用的构成、计收、结算。
　　掌握：国际货运代理协议基本条款；建立长期代理关系、航次代理协议的基本程序；国际货运代理人的权利、义务和责任。

● **技能目标**

　　能够掌握国际货运代理费用计收计付的要求和方法。

● **素质目标**

　　运用所学的国际货运代理协议及计收费知识研究相关案例，培养和提高学生在特定业务情境中分析问题与决策设计的能力；结合行业规范或标准，运用本项目的知识分析行为的善恶，强化学生的职业道德素质。

● **思政目标**

　　能够具备分析国际货运代理协议及计收费的潜力，结合职业认知和企业要求，自主解决国际货运代理协议业务中出现的常见问题；遵守职业规范和纪律，注重内部管理和风险控制；培养良好的职业道德、谨慎的工作态度，形成正确的世界观、人生观和价值观。

● **项目引例**

国际货运代理协议中的权利、义务和责任

　　2023年6月，大连经济技术开发区某国际货运代理A公司接受出口商委托后，将其业务转交国际货运代理B公司办理，B公司因操作不当，未能准时订舱，导致出口商货物未能如期装船，从而影响了贸易合同的履行。

　　引例导学：国际货运代理A公司是否应承担责任？国际货运代理协议基本条款的内容有哪些？

● 知识精讲

任务一　国际货运代理协议概述

一、国际货运代理协议的概念

国际货运代理协议是指国际货运代理企业接受进出口收货人或发货人的委托,以委托人或自己的名义办理国际货物运输业务并收取报酬的协议。

二、国际货运代理协议的特点与类型

(一)国际货运代理协议的特点

(1)主体的特定性。我国的国际货运代理企业是在国家市场监管行政管理部门注册登记,并领有经营该项业务执照的企业法人组织专营的,其他单位与个人一律不得经营。同样,作为委托人,应该是进出口货物的发货人、收货人或其代理,因此国际货运代理协议当事人均是特定的主体。

(2)客体的限制性。国际货运代理协议约定的委托事项,必须是与国际货运相关的事务。也就是说,国际货运代理所提供的服务必须与国际货运有关,这是国际货运代理协议在客体方面的一个显著特点。受这一限制,国际货运代理不得提供诸如旅游、医疗、律师等与货运无关的服务。

(3)国际货运代理可以委托人或自己名义开展业务。与从事内贸的货运代理不同,国际货运代理除了以委托人名义开展业务外,根据需要,也可以自己名义开展业务。

(4)混合合同/无名合同。委托人、国际货运代理人乃至第三方之间会发生多种民事法律关系。与之相适应,国际货运代理人也就处于多种法律地位。当与海上承运人交接货物或办理催证、审证、结汇、报关、报验等手续时,因为国际货运代理人是以委托人的名义与第三方发生关系,符合委托合同的特征,这时称国际货运代理人为货方(委托人)的代理人是合适的。但当国际货运代理人按双方约定或按有关规定须以自己的名义洽订运输工具,以及依合同自己向委托人提供仓储保管、修补包装、短途运输等服务时,因缺乏代理关系形成的条件,国际货运代理人就不能成为代理人。显然,要在以上多种关系中确定只适用代理的有关规定是困难的。前一情形,国际货运代理人是以自己的名义实施法律行为,使货物代理合同具有行纪合同的特征。后一情形,因无第三方,货运代理人置自己于保管人、承揽人和承运人的地位,又使货物代理合同具有了仓储保管合同、加工承揽合同和货物运输合同的特征。

【提示】当每种不同的合同特征出现在同一合同中时,这一合同被称为混合合同,同时因无法归属于《中华人民共和国民法典》中的任一合同,故也称为无名合同。

(二)国际货运代理协议的类型

(1)根据代理内容的不同,可分为专门处理一项货运事务的代理协议,以及处理数项甚至概括处理一切货运事务的代理协议。

(2)根据委托人的不同,可分为货运代理协议、互为代理协议、揽货/销售代理协议、船舶代理协议。

①在货运代理协议下,委托人通常为发货人、收货人或其代理,受托人通常为货运代理或船舶代理。

②在互为代理协议下,委托人通常为另外一家货运代理或船舶代理,受托人通常为货运代理或船舶代理。当货运代理或船舶代理需要转委托或以承运人身份从事集运、分拨、转运业务时,通常与另外一家货运代理或船舶代理签署委托协议。在实务中,这种代理协议既可以是双向的(即互为

代理),也可以是单向的。

③在揽货/销售代理协议下,委托人为承运人或其代理,受托人通常为货运代理或船舶代理。在实践中,很多货运代理也常常作为承运人或其代理的代理为其提供揽货/销售、代收运费等服务,此时双方需要签署揽货/销售代理协议。

(3)根据委托人授权的大小不同,可分为总代理协议、独家代理协议和一般代理协议。

①在总代理协议下,代理人是委托人在指定地区的全权代表,他不仅对委托人某项货运事务享有独家专营权,而且有权代表委托人委托分代理人并处理相关事务。在实际业务中,总代理一般不直接代办代理业务和处理相关事宜,而是交由自己的分支机构或分代理人代为办理。换言之,委托人和业务关系人在具体的业务活动中通常直接与总代理下设的分支机构或分代理人进行联系和业务的具体委托。

②在独家代理协议下,代理人在规定的区域和一定的时期内享有代理某项货运事务的专营权。与总代理不同,独家代理一般不允许再行委托分代理,即一般应由自己直接面对客户办理具体代理事宜。

③在一般代理协议下,代理人不享有代理专营权,委托人可以同时委托若干家代理人处理事务。由于航运市场竞争激烈,代理人一般难以取得总代理权或独家代理权,因此实践中,货主或承运人与代理人之间签署总代理协议或独家代理协议的很少,不过在代理人之间签署的互为代理协议中倒时常出现互相指定为总代理的情况。

(4)根据代理时间的长短不同,可分为长期代理协议和航次代理协议。

①在长期代理协议下,只要未发生协议所规定的可以终止长期代理关系的事项,代理关系长期有效。

②在航次代理协议下,在代理人完成委托人的受托事务后,代理关系即行终止。在航运市场竞争激烈的情况下,代理人应力争与委托人签署长期代理协议。

(5)根据代理协议是否标准化,可分标准代理协议和非标准代理协议。

标准代理协议是指由代理协会或国家有关部门依据国际公约、商业惯例或该国的法律法规制定的协议范本。这些协议范本的条款,也称标准交易条款。目前,为了提高和维持货运代理业的专业标准和保护有关方的利益,国际货运代理协会联合会制定了标准交易条款,供会员选用,很多国家也制定了自己的标准交易条款,以供本国货运代理选用或强制使用。在我国,中国国际货运代理协会和中国海事仲裁委员会上海分会于2016年4月26日共同草拟了《国际货运代理协议示范条款》。该示范条款贴近行业最新业务实践,遵从最高人民法院相关司法解释和海事法院相关判例的重要指引,最大限度保护国际货运代理从业者的权利。

三、国际货运代理协议与货运委托书

国际货运代理委托书(以下简称"货运委托书"),是委托代理授权行为的书面形式。它与国际货运代理协议的区别如下:

(1)国际货运代理协议是委托人与代理人之间建立委托代理关系的协议,是一种双方的法律行为,而货运委托书是委托人向代理人授予代理权的意思表示,是一种单方法律行为。因此,在实践中,委托人以电传、传真、电子邮件等形式向代理人发出的书面委托,如果未经代理人书面确认,其代理关系并未成立。在收到书面委托后,代理人应及时做出接受书面委托的承诺,或在答复期限内用实际履行的方式做出,并通知委托人已开始履约。

(2)一般情况下,国际货运代理协议是委托授权的原因,是发生代理关系的基础,但是国际货运代理协议的成立与生效,并不当然地产生代理权,只有委托人做出委托授权的单方行为,代理权才

发生,即货运委托书是委托授权的形式,是存在代理关系的根据。此外,职务关系、劳动合同关系、合伙关系等也能产生委托代理授权。

(3)国际货运代理协议是代理人与委托人之间产生权利与义务关系的根据,而货运委托书是代理人对外实施代理行为的凭证,具有单独的证明力。在实践中,代理人实施代理行为时,只需出具货运委托书即可表明其代理权的存在,而不以出示代理协议为必要。这意味着,即使国际货运代理协议存在无效的原因或者可撤销原因,或者即使国际货运代理协议已解除,只要货运委托书没有收回,委托人又没有公开声明货运委托书无效,则代理人凭借货运委托书对善意第三人所为的法律行为,其法律效果仍归于委托人。

在实践中,货运委托书并没有统一的形式,以下为常用的货运委托书:①货物进出口订舱委托书(Entrusting Order for Export/Import Goods)。②货物进出口委托书(Application for Export/Import Goods)。③国际货物委托书(Shipper's Letter of Instruction)。④订舱单(Booking Note),用于非集装箱货物。⑤集装箱货物托运单,用于集装箱货物。⑥租船确认书(Fixture Note),租船中使用。⑦海运出口货物代运委托单。⑧陆/海运出口货物委托书。⑨出口货运代理委托书。货运委托书(中国国际货运代理协会和中国海事仲裁委员会上海分会拟定的标准格式)。上述货运委托书,尽管名称、格式各异,但其内容大多是有关承运的货物、承运的终到地点、承运时间、承运工具等方面的记载,并未涉及有关代理人与委托人之间权利、义务与责任等方面,即使涉及此方面的内容,其条款也过于简单。因此,这些货运委托书难以有效地保护代理人的利益,委托人与代理人之间一旦产生纠纷,很难分清双方的权利、义务与责任。因此,当事人双方尤其是货运代理人应事先制作标准的委托代理协议,并予以实际应用,以避免上述存在的问题。

四、国际货运代理协议基本条款

国际货运代理协议的内容因协议种类的不同而有所不同。限于篇幅,此处仅列出国际货运代理协议的必备条款,至于各种类型的标准国际货运代理协议范本可查阅有关资料。①委托人名称、地址、法定代表人姓名及公司电话;②代理人的名称、地址、法定代表人姓名及公司电话;③代理授权、代理期限、代理权限;④代理人的义务,包括一般性义务及特别业务(可列若干选择性条款);⑤委托人的义务,包括一般性义务及特别业务(可列若干选择性条款);⑥代理事项,包括通常事项、特定事项(需要声明的);⑦收费标准、收费时间、收费方式,以及未按时支付费用的法律后果;⑧协议纠纷的解决办法,选择适用法律;⑨协议生效条件、终止、变更、续展及有效期;⑩协议正本数,所用文字及其效力;⑪其他协议事项;⑫单位盖章,法定代表人或其代理人签字;⑬协议附件说明,包括代理公司业务规程、收费标准、双方协商的往来电报和电文等。

采用总代理协议或独家代理协议的,委托方通常需要约定代理人应完成的最低限额以及定期报告市场营销情况等,而代理人则通常需要规定委托方不得直接或间接地在代理区域内再委托其他代理人以及不得直接与客户洽谈,如客户坚持与之直接成交,委托方应按成交额支付约定比例的佣金等,以确保双方利益的平衡。

由于代理人身份的不确定性,在代理协议中通常应对诸如代理人是否可以自己的名义与第三人签约,与第三人签约前是否需委托方书面确认,是否有权转委托等事项作出明确而具体的规定,以免日后发生争议。

对于代理费/服务费标准及其支付办法,应作出明确的规定,比如:是按代理事项类别、服务量大小等约定不同档次的收费标准,还是采取包干收费的方式;是"一船/机一结"还是"定期结算";支付时间以及未能按时支付的后果;代理人是否有义务垫付有关费用及垫付后的处理等。

任务二　国际货运代理人的权利、义务和责任

一、国际货运代理人的权利

(一)报酬请求权

国际货运代理是以代办货物运输及相关业务为营业之人,报酬请求权对其更显重要。

国际货运代理委托分为特别委托和概括委托。其中,特别委托是指双方当事人约定国际货运代理为委托人处理一项或者数项指定事务的委托;概括委托是指双方当事人约定国际货运代理为委托人处理一切事务的协议。

(二)费用偿还请求权

《民法典》第921条规定:"委托人应当预付处理委托事务的费用。受托人为处理委托事务垫付的必要费用,委托人应当偿还该费用并支付利息。"显然,国际货运代理为处理事务垫付的必要费用,如垫付运费、港杂费、关税等,委托人均有义务偿还该费用及其利息。

【**同步案例2-1**】 2023年7月16日及9月10日,被告B公司分别委托被告C公司向原告A储运公司办理从上海出运货物至日本的托运。7月25日,第一票货物装船后,被告C公司函告原告,确认7月25日装船的货物由其委托并要求做电放。7月29日和9月17日,原告分别向被告B公司出具了包箱费、海运费发票,但被告B公司未予支付。10月3日,被告C公司以货物委托人的身份,委托原告办理货物退运的进口手续,产生了包箱费。为此,原告向法院起诉,要求两被告支付上述欠款及利息。庭审时,原告出示了被告B公司于当年10月25日对货物退运进口的有关费用承诺付款的信函,但这份承诺付款的信函中未加盖被告B公司公章。

解析

(三)留置权

《货代纠纷司法解释》第七条规定:"海上货运代理合同约定货运代理企业交付处理海上货运代理事务取得的单证以委托人支付相关费用为条件,货运代理企业以委托人未支付相关费用为由拒绝交付单证的,人民法院应予支持。合同未约定或约定不明确,国际货运代理企业以委托人未支付相关费用为由拒绝交付单证的,人民法院应予支持,但提单、海运单或者其他运输单证除外。"

由此可见,国际货运代理可以有条件地扣押提单等运输单证。换言之,当国际货运代理与委托人明确约定了交付单证以委托人支付费用为条件,则国际货运代理可以扣押包括提单在内的运输单证;如果没有约定,则只能扣押除提单、海运单等不具有物权属性的运输单证之外的商业单证。

二、国际货运代理人的义务

(一)谨慎尽职的义务

国际货运代理只有积极行使代理权,尽勤勉和谨慎的义务,才能实现和保护委托人的利益。比如,大陆法系民法要求代理人尽到一个"善良家长"对自己事务所应尽的责任,英美法系代理法则要求代理人对其所代理的事务给予"应有的注意"。因此,国际货运代理在执行任务时应做到合理谨慎、尽职尽责,在合理时间内履行其义务,但合同另有约定的除外。

(二)自己处理委托事务的义务

国际货运代理合同是具有高度属人性的劳务合同,是基于当事人之间的相互信赖,因此国际货运代理应当亲自处理委托事务,不得将事务转委托他人处理,但合同另有约定或在紧急情况下为委托人利益除外。

所谓转委托，又称复代理、再代理，是指代理人将委托人委托的事务在特殊情况下转委托给他人（称为复代理人）代理的行为。关于转委托认定问题，《货代纠纷司法解释》第五条规定："委托人与货运代理企业约定了转委托权限，当事人就权限范围内的海上货运代理事务主张委托人同意转委托的，人民法院应予支持。没有约定转委托权限，货运代理企业或第三人以委托人知道货运代理企业将海上货运代理事务转委托或部分转委托第三人处理而未表示反对为由，主张委托人同意转委托的，人民法院不予支持，但委托人的行为明确表明其接受转委托的除外。"

显然，《货代纠纷司法解释》采取了严格控制转委托的司法政策，以禁止转委托为原则。如果双方当事人约定了转委托权限，货运代理企业在约定权限内转委托他人办理相关事务，主张转委托经委托人同意的，应予以认定。

【提示】在没有约定转委托权限的情况下，如果仅仅是委托人知道货运代理企业将相关事务转委托他人而没有表示反对的，则不认为转委托经同意。

（三）勤勉履行报告的义务

《民法典》第924条规定："受托人应当按照委托人的要求，报告委托事务的处理情况。委托合同终止时，受托人应当报告委托事务的结果。"

报告义务分为两种：①事务处理过程中的报告义务；②事务终止时的报告义务。如货运代理未能勤勉履行对委托人的报告义务，可能导致其须承担包括赔偿货值在内的重大法律风险。

（四）代理成果交付的义务

《民法典》第927条规定："受托人处理委托事务取得的财产，应当转交给委托人。"就货运代理合同而言，应当转交的"财产"既包括货运代理接收的货物，也包括货运代理在合同履行过程中取得的各种单证，如从承运人处取得的提单、从海关取得的报关单和核销单等。

（五）保密的义务

国际货运代理对在为委托人完成代理活动中获悉的委托人的商业秘密以及委托人提供的信息、成交机会、后来合同的订立情况等，应按照合同的约定保守秘密。国际货运代理如违反保密义务致使委托人受损害的，应承担损害赔偿责任。

三、国际货运代理人的责任

代理人在代理权限内，以被代理人名义实施的民事法律行为，对被代理人发生效力。《民法典》第163条规定："代理包括委托代理和法定代理。委托代理人按照被代理人的委托行使代理权。法定代理人依照法律的规定行使代理权。"

《民法典》第164条规定："代理人不履行或者不完全履行职责，造成被代理人损害的，应当承担民事责任。代理人和相对人恶意串通，损害被代理人合法权益的，代理人和相对人应当承担连带责任。"

（一）委托代理的责任

委托代理授权采用书面形式的，授权委托书应当载明代理人的姓名（或者名称）、代理事项、权限和期限，并由被代理人签名或者盖章。

代理人知道或者应当知道代理事项违法仍然实施代理行为，或者被代理人知道或者应当知道代理人的代理行为违法未作反对表示的，被代理人和代理人应当承担连带责任。

【注意】代理人不得以被代理人的名义与自己实施民事法律行为，但是被代理人同意或者追认的除外。代理人不得以被代理人的名义与自己同时代理的其他人实施民事法律行为，但是被代理的双方同意或者追认的除外。

代理人需要转委托第三人代理的，应当取得被代理人的同意或者追认。转委托代理经被代理人同意或者追认的,被代理人可以就代理事务直接指示转委托的第三人,代理人仅就第三人的选任以及对第三人的指示承担责任。转委托代理未经被代理人同意或者追认的,代理人应当对转委托的第三人的行为承担责任;但是,在紧急情况下代理人为了维护被代理人的利益需要转委托第三人代理的除外。

行为人没有代理权、超越代理权或者代理权终止后,仍然实施代理行为,未经被代理人追认的,对被代理人不发生效力。相对人可以催告被代理人自收到通知之日起30日内予以追认。被代理人未作表示的,视为拒绝追认。行为人实施的行为被追认前,善意相对人有撤销的权利。撤销应当以通知的方式作出。行为人实施的行为未被追认的,善意相对人有权请求行为人履行债务或者就其受到的损害请求行为人赔偿。但是,赔偿的范围不得超过被代理人追认时相对人所能获得的利益。

相对人知道或者应当知道行为人无权代理的,相对人和行为人按照各自的过错承担责任。行为人没有代理权、超越代理权或者代理权终止后,仍然实施代理行为,相对人有理由相信行为人有代理权的,代理行为有效。

《民法典》第173条规定:"有下列情形之一的,委托代理终止:①代理期限届满或者代理事务完成;②被代理人取消委托或者代理人辞去委托;③代理人丧失民事行为能力;④代理人或者被代理人死亡;⑤作为代理人或者被代理人的法人、非法人组织终止。"

《民法典》第174条规定:"被代理人死亡后,有下列情形之一的,委托代理人实施的代理行为有效:①代理人不知道且不应当知道被代理人死亡;②被代理人的继承人予以承认;③授权中明确代理权在代理事务完成时终止;④被代理人死亡前已经实施,为了被代理人的继承人的利益继续代理。"

《民法典》第175条规定:"有下列情形之一的,法定代理终止:①被代理人取得或者恢复完全民事行为能力;②代理人丧失民事行为能力;③代理人或者被代理人死亡;④法律规定的其他情形。"

(二)货运代理的举证责任

《货代纠纷司法解释》第十条规定:"委托人以货运代理企业处理海上货运代理事务给委托人造成损失为由,主张由货运代理企业承担相应赔偿责任的,人民法院应予支持,但货运代理企业证明其没有过错的除外。"

显然,委托人向货运代理人索赔,只要需要证明其实际遭受损失,且损失与货运代理人处理货运代理事务具有因果联系即可。在满足上述两个条件下,法院即推定货运代理人应承担赔偿责任,除非货运代理人能够证明其没有过错。此外,根据过错推定的一般理论,如果货运代理人能够证明委托人存在过错,则也可以免除或减轻自身的责任。因此,本条加大了货运代理人的举证责任,对货运代理人较为不利。

(三)货运代理选择无船承运人或代为签发提单的责任

在实务中,一方面,货运代理企业接受委托人订舱委托后,选择未在我国交通主管部门办理登记的无船承运人订立海上货物运输合同的情况时有发生;另一方面,有些货运代理企业接受不具有资质的无船承运人的委托,代为签发提单。鉴于以上种种弊端,《货代纠纷司法解释》特别设定三个条文对货运代理企业违规行为进行规范。

(1)不当选任的民事责任。《货代纠纷司法解释》第十一条规定:"货运代理企业未尽谨慎义务,与未在我国交通主管部门办理提单登记的无船承运业务经营者订立海上货物运输合同,造成委托人损失的,应承担相应的赔偿责任。"

显然,在满足如下两个条件的情况下,货运代理人应承担赔偿责任:①未尽谨慎义务,与未办理提单备案的无船承运人签订运输合同;②造成委托人损失。因此,货运代理人想要免责,则需要证明,其已经尽到了谨慎义务或者委托人没有受到损失。

由此可见,针对实践中少数货运代理企业为追求自身利益,将委托人的货物交给不具有资质的无船承运人运送的情况,《货代纠纷司法解释》明确货运代理企业对其不当选任承运人应当承担相应的赔偿责任。因此,货运代理企业在代委托人向境内、境外无船承运人订舱时,应本着对货主负责的态度,选择合格、合法的无船承运业务经营者,并谨慎订立海上货物运输合同;否则,货运代理企业应对其不当选任承担民事责任。

(2)货运代理企业与无船承运人在一定条件下承担的连带责任。实践中,有些货运代理企业接受不具有资质的无船承运人的委托,代为签发提单。从法律上来讲,货运代理企业接受无船承运人的委托签发提单,货运代理企业的身份只是代理人。

【注意】作为委托人的无船承运人未将提单进行备案,违反了《国际海运条例》的有关规定,属于非法行为。

基于此,《货代纠纷司法解释》第十二条规定:"货运代理企业接受未在我国交通主管部门办理提单登记的无船承运业务经营者的委托签发提单,当事人主张由货运代理企业和无船承运业务经营者对提单项下的损失承担连带责任的,人民法院应予支持。货运代理企业承担赔偿责任后,有权向无船承运业务经营者追偿。"

因此,货运代理企业应当制定运输单证的签发、审批流程并严格执行。在接受承运人委托代为签发运输单证的,应当严格审核承运人的资信状况,订立书面委托合同,取得承运人书面授权,并保留运输单证签发过程中的文件记录。在代无船承运人签发提单时,应当特别注意审核该无船承运人是否具备无船承运人经营资质和代签提单是否已在上海航交所进行登记,禁止代为签发未经登记的无船承运人提单,并特别注意防范境外无船承运人与收货人相互勾结的欺诈行为。否则,货运代理企业如受其委托签发提单,则需要承担连带责任,同时,根据《货代纠纷司法解释》第十一条的规定,货运代理企业还可能面临委托人追究其选任不当的责任。在委托人指定未合法登记无船承运人的情况下,如委托人要求货运代理企业向第三人代为转交、传递有关运输单证时,货运代理企业应当谨慎处理,可以建议委托人直接转交、传递,也可以在充分评估风险后,在法务人员指导下实施。

(3)行政处罚。《货代纠纷司法解释》第十四条规定:"人民法院在案件审理过程中,发现不具有无船承运业务经营资格的货运代理企业违反《国际海运条例》的规定,以自己的名义签发提单、海运单或者其他运输单证的,应当向有关交通主管部门发出司法建议,建议交通主管部门予以处罚。"

最高人民法院作出这一规定的主要是考虑到两点:①大量无船承运人未进行提单备案即开展无船承运业务,违反了国家的管理制度;②影响到了货主的利益。实践中,虽然《中华人民共和国国际海运条例》要求经营无船承运业务需要进行备案,但仍有一些企业不去备案,由于难以监管,所以也基本不会受到处罚。而司法解释的这一规定,加大了未备案的无船承运人的违法成本。

由此可见,司法解释明确,人民法院发现货运代理企业有违规操作行为的,要向主管部门发出司法建议,建议行政部门对货运代理企业进行行政处罚,这意味着违规企业在承担民事责任的同时还面临行政处罚。

任务三　国际货运代理关系的建立

一、国际货运代理关系确立的概念

国际货运代理关系确立是指国际货运代理企业通过一系列市场营销活动,与委托方签署代理协议,获取代理业务的过程,包括争取代理业务和签署代理协议两个部分。

二、建立长期代理关系的基本程序

(一)建立较强的市场营销机构

为开展业务,国际货运代理除了拥有自己的揽货揽船队伍,力争将自己所代理的班轮航线和船舶到、发时间等印成船期表,并连同自己的优势与特长发给各货主和船舶等所有人,以及在各种媒体上大量宣传,力求扩大自己的影响外,还可以在航线的终点和始发港口等,选择可靠的代理行,作为互为代理。在选择代理机构时,应力争选择那些不仅与经济、保险、贸易部门有密切联系,而且与运输、陆运、码头、堆场、仓储、驳运等环节都联系在一起,甚至与海务处、移民局等行政机关也有密切联系的大型代理机构。此外,也可以根据实际需要,在主要目的港等建立自己的办事处或分支机构。

(二)初步分析市场

了解并分析货运市场,分析自己与对手的基本情况,做到知己知彼,并列出可能的客户名称;确定委托代理事项及其要求、所要达到的目的等。

(三)分析客户,确定可以进行开发的客户

对已列出的客户进行分析,并尽可能地了解其具体情况,比如每月货物数量、流向,通过何种公司承运或代理等,同时还应根据既定目标对客户资信、业务情况进行评估。

(四)开发客户

将有开发价值的客户筛选出来,有针对性地拜访客户,了解客户需求,并作为销售对象。国际货运代理企业可选择的销售方式五花八门,主要有:①电话销售。此为普遍采用的销售方式,也为以后上门销售打下基础。②上门推销。此为不得已才采用的销售方式,一般不宜采用。③间接方式。通过各种渠道,包括朋友、同学以及老客户的推荐等,与新客户先建立交往,待时机成熟后再进行销售。此种方式往往用于大客户。

(五)开展试代理

通过以上销售方式取得部分客户的初步信任之后,再辅以公司完善的硬件设备和一流的服务水平,双方可开始进入试代理阶段。但也会有一部分不合作的客户,对其要进行跟进销售,不可轻易放弃,因为这种客户往往是有货源或船舶的大客户。

(六)签署长期代理协议

经过试代理阶段,双方取得相互信任后,委托人与代理人之间可就双方建立长期代理关系进行洽谈,达成初步意向与意见,并最终签署长期代理协议。在实际业务中,双方也可以无需试代理阶段而直接签署长期代理协议。

(七)建立业务档案和往来账户,进行实施和运作

国际货运代理企业应建立业务档案和往来账户,并进行实施与运作。在实施与运作中要对客户进行认真维护,想客户之所想,急客户之所急,以便使其成为长期合作的伙伴。

(八)检查与评估

国际货运代理企业应对委托事项与代理工作、业务运作与资金往来、协议内容等事项进行检查与评估,做出评估报告(包括建立代理关系的实际效果和效益,存在的问题和有待注意与改进的方面等);必要时,应对业务与财务运作进行调整,提出修改或补充协议内容,并取得协议关系人的确认。

三、建立航次代理协议的基本程序

航次代理协议的建立,除了同样需要通过市场营销活动取得委托人的委托申请外,还包括如下

基本内容：①对委托人及其委托书(托运单)的审核与评估,重点审核与评估委托人有无不良记录和能否接受委托内容等。②就委托事项的资料与文件要求、代理安排与时间、费用等事项向委托人报价,并要求其及时提供和回盘。③委托人提供资料和文件、费用确认等相关事宜,代理人复审无误并认为可以接受时,则及时予以确认,即代理协议确认。④双方建立委托业务关系和联系档案。⑤按代理协议的约定,做好代理的每项工作,包括处理结果和信息反馈。⑥对委托人履行合同情况进行恰当评估,以决定是否继续进行业务往来。

任务四　国际货运代理计收费

一、国际货运代理费用的构成

国际货运代理费用的构成同其开展经营活动的身份、业务对象、处理内容及作业方式等有关,需由当事人之间约定。

(一)国际货运代理作为代理人时的费用

1. 货运服务费

货运服务费是指国际货运代理因为提供代理服务而向委托人(货主或承运人)收取的费用。国际货运代理作为代理人时,货运服务收费项目与其受托的服务内容有关,通常包括以下各项：①租船订舱佣金(包括与承运人交接货物、负责订舱、通信联络、保管货物、负责查询、通知客户等)；②货物的监装、监卸劳务费；③集装箱拆装箱劳务费；④支付劳务费；⑤转运劳务费；⑥代办报关报验费(负责填制报关单、同海关办妥放行手续,不包括海关收取的一切费用及计算机报关录入费)；⑦缮制有关单证费；⑧代收代付手续费或垫款佣金(代垫款项如海关税、国内段运费、国内保险费以及其他代垫费用)；⑨特种货物(如危险货物、贵重货、超长超重货、鲜活货等)服务费；⑩退关税服务费(不包括海关收取的退关税费用)、退关单费(从海关退回报关单费用)、换单费、签单费。

2. 代收代付费用

代收代付费用项目的构成,与委托人及委托业务有关。为货主服务的货运代理人,代收费用主要发生在货物转卖和货主委托的其他代办收款事宜上；代付费用主要是那些代付运杂费、代付关税和海关手续费、代办银行赎单费用,以及发生在货物出口和进口过程中与委托事项有关的费用。为承运人服务的货运代理人,代收费用主要是运杂费以及为货主服务过程中按规定应向货主收取的与货物有关的各项费用；代付费用主要是那些与进出口货物操作、保管、处理等有关的各事项的费用。

(二)国际货运代理作为当事人时的费用

1. 应收款

应收款是指国际货运代理作为当事人,向委托方收取的费用,比如,运杂费、仓储费等。其收费项目与提供服务的内容有关,其金额则以双方确认的报价为准。

2. 应付款

应付款是指国际货运代理作为当事人,向业务分包商、委托代理等关联方支付的费用,比如,运杂费、仓储费等。其收费项目与提供服务的内容有关,其金额则以双方确认的报价为准。

(三)国际货运代理以"混合身份"开展业务时的费用

在实际业务中,有时根据需要,有些服务项目国际货运代理是作为代理人提供服务；有些服务项目国际货运代理则是作为当事人开展业务活动。比如,国际货运代理在报关报验时是作为代理人开展业务,而在租船订舱时则是以无船承运人身份开展业务。此时,应对其服务项目予以区别对待,并确定国际货运代理的费用构成。

二、国际货运代理费用计收

(一)国际货运代理费用计收要求

(1)对客户的委托业务与要求有清楚的了解。根据当事人有关业务费用的约定,决定具体业务事项的安排和活动。防止在委托不清或没有完全理解委托业务事宜的情况下,因随意和轻率的代理行为而引发费用责任事件。

(2)对委托业务的费用项目进行测算和书面确认,所有与费用责任和计收相关的凭据都应保存妥当,作为费用结算的依据。由国际货运代理支付的费用大多是代收代付费用,因此应付费用需要得到上家的支付责任人和下家的应收费人的确认。

(3)业务承诺和费用确认应同时进行。规范承诺程序,所有与业务相关的费用应在业务承诺前已经考虑和计入报价。当委托业务转包时,应选择有把握的和能确保服务质量的分包方,并事先就收费项目和标准进行约定。

(4)费用计收应充分注意业务的性质、范围与要求,以及处理过程中不同方案对费用的影响。注意提单、运单等运输单据中有关费用的规定,以及运价本中有关费用项目及计算的说明,计收要准确。

(5)计收费用,留有余地。根据委托事宜的大小和承担风险的程度,决定收费水平。

(6)费用计收水平,应考虑竞争性和服务性,重视市场环境与企业竞争策略。

(7)保本原则,即收费能足以抵补费用开支,代支费用应以足够代收费用为基础。

(二)国际货运代理费用计收方法

1. 分项计收法

它根据委托业务的内容与要求,按业务各个环节的费用测算,经定价和确认价等步骤所进行的费用计收。费用的高低取决于作业环节和每个环节的费用水平。这种计收法具有明码标价的特点,整个业务作业环节和费用水平较清楚。

2. 分项加总计收法

它根据委托业务的内容与要求,按业务各个环节的费用测算,经叠加、定价和确认价等步骤所进行的费用计收。

3. 包干计收法

它根据委托业务的内容与要求,由报价人测定业务各项费用后以总费用包干或一揽子费用形式向委托人计收费用。当实际费用超出当事人双方确认的包干费用后,报价人负责费用超出部分;反之,归报价人所有。这种方法因可以简化计费办法和提高市场竞争力,故为许多国际货运代理人所采纳,但需要当事人把握费用的总量水平。

4. 部分包干计收法

它是对整个业务的部分项目费用实行包干计收,其余按项目产生费用照实计收。其中,包干费用主要针对环节比较复杂或费用难以估计的业务部分;照实计收主要针对作业清晰和费用明确的业务部分。

5. 照实计收法

它是根据业务发生的各项实际费用,凭原始单据向委托人进行实报实销的一种计费方法。货运代理人的报酬及支付,由双方另行约定。

三、国际货运代理费用结算

国际货运代理费用结算是指国际货运代理企业财务部门对业务相关费用与费收进行整理、汇总、核实、确认和结清的整个过程。结算的目的是理清业务关系人之间的费用与费收关系,并为结算余额支付和收取提供依据。

(一)内部结算与外部结算

内部结算是指按照成本管理、经济效益核算和企业财务管理的要求对业务活动的费用与费收进行结算。通过内部结算,可了解与掌握企业或部门业务经营的盈亏状况和经济效益。外部结算是指与业务活动的对象或委托人按照协议或事先约定对从事的业务和委托项目的有关费用与费收进行整理、核实和结清。做好对外结算工作,对维护业务双方的正当权益,解决费用、费收及其结算过程中所暴露出来的各种问题,适时收回各项应收费用,防止企业呆账和坏账发生,减少资金利益损失和资金风险,使企业业务良性发展,具有积极意义与重要作用。

(二)按委托项目结算与综合结算

按委托项目结算适用于散客和简单业务事项,具有结算对象清楚、事实简单、发生时间短、涉及的费用或费收数额一般不是很多和结算简便的特点。当事人根据预先协议或约定,在活动过程中或结束后的规定时间里开具账单并结清费用。综合结算一般用于复杂业务委托或长期业务委托项目。它可以按委托人和业务分包方进行分类,或者按业务种类与性质进行分类。其中,按委托人和业务分包方分类进行综合结算是实际业务中普遍采用的结算方法。

(三)计账式结算和现付式结算

计账式结算是指业务活动过程中所产生的费用与费收,根据与委托人的约定和财务管理要求先记入专门为此建立的账户,然后按照规定在账户中进行收支抵冲,余额由赊欠者支付结清。现付式结算或称一笔一清,是指以当场结算和现金支付形式就委托业务事项所产生的费用进行核实与结清。

(四)即时结算与定期结算

即时结算是指国际货运代理按票和货主结算其应收应付的费用,见款放单,比如,对运费预付的出口货和运费到付的进口货坚持付款放单。国际货运代理也可以与货主约定定期结算,比如,按月结算,此时,货主原则上应该在每月15日前支付上月发生的费用。

应知考核

一、单项选择题

1. 国际货运代理协议在客体方面的一个显著特点是(　　)。
A. 主体的特定性
B. 客体的限制性
C. 国际货运代理可以委托人或自己名义开展业务
D. 混合合同/无名合同

2. 代理人在规定的区域和一定的时期内享有代理某项货运事务的专营权的是(　　)。
A. 总代理协议　　B. 独家代理协议　　C. 一般代理协议　　D. 长期代理协议

3. 根据《货代纠纷司法解释》,国际货运代理可以有条件地扣押(　　)。
A. 提单　　　　　B. 退税核销单　　　C. 保险单　　　　　D. 房产证

4. (　　)是在代理活动时以委托人的名义进行,代理活动的法律后果直接由被代理人所承受的代理制度。
A. 总代理　　　　B. 独家代理　　　　C. 直接代理　　　　D. 间接代理

5. (　　)具有明码标价的特点,整个业务作业环节和费用水平较清楚。

A. 分项计收法　　　B. 分项加总计收法　C. 包干计收法　　　D. 部分包干计收法

二、多项选择题

1. 国际货运代理协议的特点包括（　　）。
A. 委托人的广泛性　B. 受托人的特定性　C. 委托内容的限定性　D. 混合合同
2. 国际货运代理企业的费用计收方法主要有（　　）。
A. 分项计收法　　　B. 分项加总计收法　C. 包干计收法　　　D. 部分包干计收法
3. 国际货运代理作为代理人时,负有保密及(　　)等义务。
A. 谨慎尽职　　　　B. 转委托　　　　　C. 勤勉报告　　　　D. 成果交付
4. 国际货运代理费用结算方式有(　　)。
A. 内部结算与外部结算　　　　　　　　B. 委托项目结算与综合结算
C. 计账式结算和现付式结算　　　　　　D. 即时结算与定期结算
5. 国际货运代理作为代理人时的费用主要包括(　　)。
A. 支付劳务费　　　　　　　　　　　　B. 转运劳务费
C. 代付关税和海关手续费　　　　　　　D. 代办银行赎单费用

三、判断题

1. 在揽货/销售代理协议下,委托人为承运人或其代理,受托人通常为货运代理或船舶代理。（　　）
2. 订舱单的英文为 Booking Note,适用于集装箱货物。（　　）
3. 从法律上来讲,货运代理企业接受无船承运人的委托签发提单,货运代理企业的身份只是代理人。（　　）
4. 现付式结算是指以当场结算和现金支付形式就委托业务事项所产生的费用进行核实与结清。（　　）
5. 代付费用主要是那些与进出口货物操作、保管、处理等有关的各事项的费用。（　　）

应会考核

■ 观念应用

【背景资料】

我国货主A公司委托B货运代理公司办理一批服装货物海运出口业务,从青岛港到日本神户港。B公司接受委托后,出具自己的 House B/L 给货主。A公司凭此到银行结汇,并将提单转让给日本D贸易公司。B公司又以自己的名义向C海运公司订舱。货物装船后,C公司签发海运提单给B公司,B/L上注明运费预付,收发货人均为B公司。实际上C公司并没有收到运费。货物在运输途中由于船员积载不当,造成服装沾污受损。C公司向B公司索取运费,遭拒绝,理由是运费应当由A公司支付,B公司仅是A公司的代理人,且A公司并没有支付运费给B公司。A公司向B公司索赔货物损失,遭拒绝,理由是其没有诉权。D公司向B公司索赔货物损失,同样遭到拒绝,理由是货物的损失是由C公司过失造成的,理应由C公司承担责任。

【考核要求】

(1)B公司相对于A公司而言是何种身份？如何确定？
(2)B公司是否应负支付C公司运费的义务,理由何在？

(3) A 公司是否有权向 B 公司索赔货物损失,理由何在?
(4) D 公司是否有权向 B 公司索赔货物损失,理由何在?
(5) D 公司是否有权向 C 公司索赔货物损失,理由何在?

■ 技能应用

2023 年 4 月,A 公司委托 B 货运公司海运出口一批环型荧光灯由上海至悉尼,海运委托书注明运费到付。承运人 E 公司签发了本公司提单。提单载明:托运人 A 公司,收货人凭指示,运费到付等。货物出运后,A 公司向 B 货运公司支付若干代理费。B 货运公司要求 A 公司向 C 货运公司支付海运费。A 公司遂根据运费发票向 C 货运公司支付人民币 11 205 元。其后,A 公司以提单载明运费到付、其不应承担海运费为由,起诉 B 货运公司和 C 货运公司返还海运费并赔偿损失。C 货运公司确认收到该笔运费并称已向 E 公司支付,但未提交付款凭证。C 货运公司和 A 公司均确认收货人在目的港已提货。

【技能要求】

B 货运公司和 C 货运公司各充当的是什么角色?它们的费用构成有哪些?

■ 案例分析

【分析情境】

2022 年 10 月下旬,一自称马钢的人,以上海 A 货运有限公司淮阴分公司名义就国际货运代理业务与青岛 B 货运代理公司(以下简称"B 公司")联系。B 公司与其合作了两笔业务,成交价格均高于市场价格,利润丰厚。鉴于此,B 公司同意马钢提出的费用月结申请,并派人前往其公司进行实地考察。2022 年 11 月 17 日,B 公司与对方签订了费用月结协议,协议规定结算期为 30 天。协议签订后,马钢提供的货量大幅上升,B 公司代垫的海运费随之增加,至 2022 年 11 月底马钢以上海 A 货运有限公司淮阴分公司名义在 B 公司共产生运费人民币 140 余万元。在业务操作过程中,因垫付金额较大,B 公司业务人员不断催促马钢还款,马钢也先后向 B 公司支付了少量运费,但其一笔金额为 20 万元的电汇水单经事后查证系伪造的。B 公司遂向公安机关报案。B 公司后来调查得知,上海 A 货运有限公司根本未设立或授权他人设立淮阴分公司,马钢显然属于假冒上海 A 货运有限公司淮阴分公司名义进行诈骗。经法院审理,马钢因犯诈骗罪被判 10 年有期徒刑,而 B 公司因马钢诈骗蒙受损失高达人民币 120 万元。综上所述,在市场竞争日趋激烈的今天,国际货运代理应特别重视对客户信用风险的防范,并根据客户的信用状况制定不同的费用结算方式。

【分析要求】

请问:B 公司采用的是哪种结算方式?这种结算方式有何风险?

项目实训

【实训项目】

起草国际货运代理委托协议。

【实训情境】

深入某国际货运代理企业调研,针对该企业的业务发展情况并参照国际货运代理协议示范条款,起草国际货运代理委托协议。

【实训任务】

1. 撰写完毕后,教师进行审查,并给予指导和点评。
2. 撰写《起草国际货运代理委托协议》实训报告。

《起草国际货运代理委托协议》实训报告

项目实训班级：	项目小组：	项目组成员：
实训时间：　年　月　日	实训地点：	实训成绩：
实训目的：		
实训步骤：		
实训结果：		
实训感言：		
不足与今后改进：		
项目组长评定签字：		项目指导教师评定签字：

项目三　国际贸易与货运代理

● **知识目标**

理解：贸易术语的概念和作用、国际贸易惯例。
熟知：贸易术语的变形、国际贸易惯例的性质。
掌握：国际贸易合同条款、国际货运代理操作与风险防范。

● **技能目标**

具备解读各种贸易术语的能力，并根据国际货运代理业务中的实际需要选择合理的贸易术语；能够熟练运用所学的知识进行国际货运代理操作流程和风险防范。

● **素质目标**

运用所学的国际贸易与货运代理知识研究相关案例，培养和提高学生在特定业务情境中分析问题与决策设计的能力；结合行业规范或标准，运用本项目的知识分析行为的善恶，强化学生的职业道德素质。

● **思政目标**

能按照国际贸易与货运代理业务流程和实践认知，结合职业道德和企业要求，自主解决国际货运代理中出现的常见问题；树立风险意识，明确贸易术语选用的重要性；正确认识贸易术语的选择和国际货运代理操作流程，提高业务能力。

● **项目引例**

国际货运代理业务中贸易术语的选用

我国某外贸公司按照CIF伦敦向英商出售一批货物。卖方在规定的装运期内装船并取得相应单据。假设货物在运输途中时逢战争爆发，苏伊士运河关闭，只能绕道非洲南端。事后买方就航行途中发生的绕航费用、货物湿损以及未能按预计时间到达向我方提出索赔。

引例导学：我方是否应当赔偿？为什么？INCOTERMS 2010对贸易术语是如何规定的？

• 知识精讲

任务一　国际贸易术语

一、贸易术语的概念和作用

贸易术语（Trade Terms）又称价格术语，是在长期的国际贸易实践中产生的，用来表明商品的价格构成，说明货物交接过程中有关的风险、责任和费用划分问题的专门术语。贸易术语是国际贸易发展过程中的产物，它的出现又促进了国际贸易的发展。这是因为贸易术语在实际业务中的广泛运用，对于简化交易手续、缩短洽商时间和节约费用开支，都具有重要的作用。

二、贸易术语的国际贸易惯例

国际贸易惯例是国际组织或权威机构为减少贸易争端和规范贸易行为，在长期、大量的贸易实践的基础上制定出来的。惯例不同于法律，没有法律的强制约束力，它是由当事人在意思自治的基础上采纳和运用的，但对贸易实践具有重要的指导作用。

（一）《华沙—牛津规则》（Warsaw-Oxford Rules）

《华沙—牛津规则》是国际法协会专门为解释CIF合同而制定的。19世纪中叶，CIF贸易术语在国际贸易中得到广泛采用，然而对使用这一术语时买卖双方各自承担的具体义务，并没有统一的规定和解释。对此，国际法协会于1928年在波兰首都华沙开会，制定了关于CIF买卖合同的统一规则，称为《1928年华沙规则》，共包括22条。其后，在1930年的纽约会议、1931年的巴黎会议和1932年的牛津会议上，将此规则修订为21条，并更名为《1932年华沙—牛津规则》，沿用至今。这一规则对于CIF的性质、买卖双方所承担的风险、责任和费用的划分以及货物所有权转移的方式等问题都做了比较详细的解释。

（二）《美国对外贸易概念修订本》（Revised American Foreign Trade Definitions）

《美国对外贸易概念》是由美国几个商业团体制定的。它最早于1919年在纽约制定，原称为《美国出口报价及其缩写条例》。后来于1941年在美国第27届全国对外贸易会议上对该条例做了修订，命名为《1941年美国对外贸易概念修订本》。这一修订本经美国商会、美国进口商协会和美国对外贸易协会所组成的联合委员会通过，由美国对外贸易协会予以公布。《美国对外贸易概念修订本》中所解释的贸易术语分别为：①Ex(Point of Origin)（产地交货）；②FOB(Free on Board)（在运输工具上交货）；③FAS(Free along Side)（在运输工具旁交货）；④C&F(Cost and Freight)（成本加运费）；⑤CIF(Cost,Insurance and Freight)（成本加保险费、运费）。

《美国对外贸易概念修订本》主要在美洲国家采用，由于它对贸易术语的解释，特别是对第②和第③种的解释与国际商会制定的《国际贸易术语解释通则》有明显的差异，所以，在与美洲国家进行交易时应加以注意。

（三）《国际贸易术语解释通则》（INCOTERMS）

《国际贸易术语解释通则》（简称《通则》）英文为International Rules for the Interpretation of Trade Terms，缩写形式为INCOTERMS。它是国际商会为统一对各种贸易术语的不同解释于1936年制定的，随后，为适应国际贸易实践发展的需要，国际商会先后于1953年、1967年、1976年、1980年、1990年、2000年、2010年、2020年对其进行了多次修订和补充。其最新版本是《2020年国际贸易术语解释通则》（以下简称为《2020年通则》或《INCOTERMS 2020》)。它是国际商会根据国际货物贸易的发展对《2010年国际贸易术语解释通则》(以下简称为《2010年通则》或《INCOTERMS 2010》)的修订,该规则于2020年1月1日全球正式生效。

迄今为止,在有关贸易术语的国际贸易惯例中,INCOTERMS已成为在全球商界最具影响力和权威性、使用范围最广泛、认同度最高的国际贸易惯例。

(1) INCOTERMS 1953。包括9种贸易术语:Ex Works、FOR/FOT、FAS、FOB、C&F、CIF、DCP、Ex Ship、Ex Quay。

(2) INCOTERMS 1967。包括11种贸易术语,即在1953年版基础上为适应边境贸易的发展,增加了DAF和DDP。

(3) INCOTERMS 1976。包括12种贸易术语,即在1967年版基础上为适应航空货运业务的发展,增加了起运地机场交货术语FOA。

(4) INCOTERMS 1980。包括14种贸易术语,即在1976年版基础上为适应集装箱多式联运业务的要求,增加了FRC和CIP。

(5) INCOTERMS 1990。包括13种贸易术语,即删掉只适用于单一运输方式的FOR/FOT、FOA,新增DDU;首次将贸易术语的名称规范为三字母代码,变FRC为FCA、变C&F为CFR、变DCP为CPT、变Ex Ship为DES、变Ex Quay为DEQ;首次将13种贸易术语按英文缩写字头分为E、F、C、D四个组;首次列出买卖双方各自对应的10项义务;首次确立电子单证与纸质单证具有同等效力。

(6) INCOTERMS 2000。2000年版包括13种贸易术语,与1990年版相比,只有FCA、FAS、DEQ涉及内容上的实质性变更。

(7) INCOTERMS 2010。包括11种贸易术语,即删掉了INCOTERMS 2000中的DAF、DES、DEQ和DDU,增加了DAT(Delivered at Terminal)和DAP(Delivered at Place)两个新的贸易术语。术语的分类方式调整为按贸易术语的适用范围分类,共分为两类:适用于各种运输方式(All Types of Transportation)的术语包括EXW、FCA、CPT、CIP、DAT、DAP和DDP,仅适用于海运及内河运输方式(Sea and Inland Waterway Transport Only)的术语包括FAS、FOB、CFR和CIF。

表3—1至表3—4归纳了INCOTERMS 2010的主要内容。

表3—1　　　　　　　　　　INCOTERMS 2010的11种贸易术语

适用范围	国际代码	中英文含义
任何单一或多种运输方式	EXW	Ex Works(insert named place of delivery)工厂交货(插入指定交货地点)
	FCA	Free Carrier(insert named place of delivery)货交承运人(插入指定交货地点)
	CPT	Carriage Paid to(insert named place of destination)运费付至(插入指定目的地)
	CIP	Carriage and Insurance Paid to(insert named place of destination)运费和保险费付至(插入指定目的地)
	DAT	Delivered at Terminal(insert named terminal at port or place of destination)运费终端交货(插入指定港口或目的地的运输终端)
	DAP	Delivered at Place(insert named place of destination)目的地交货(插入指定目的地)
	DDP	Delivered Duty Paid(insert named place of destination)完税后交货(插入指定目的地)

续表

适用范围	国际代码	中英文含义
海运和内河水运	FAS	Free Alongside Ship(insert named port of shipment)装运港船边交货(插入指定装运港)
	FOB	Free on Board(insert named port of shipment)装运港船上交货(插入指定装运港)
	CFR	Cost and Freight(insert named port of destination)成本加运费(插入指定目的港)
	CIF	Cost,Insurance and Freight(insert named port of destination)成本、保险费加运费(插入指定目的港)

表 3-2　　　　　　　　　　INCOTERMS 2010 按交货地点分类和分组

按交货地点分类	组别	性　质	国际代码	交货地点	适用范围
出口国境内	E组	起运术语	EXW	商品所在地	全程
出口国境内	F组	主运费未付术语	FCA	出口国指定地点	全程
			FAS	装运港船边	水运
			FOB	装运港船上	水运
出口国境内	C组	主运费已付术语	CFR	装运港船上	水运
			CIF	装运港船上	水运
			CPT	出口国指定地点	全程
			CIP	出口国指定地点	全程
进口国境内	D组	到达术语	DAT	进口国指定地点	全程
			DAP	进口国指定地点	全程
			DDP	进口国指定地点	全程

表 3-3　　　　　　　　　　INCOTERMS 2010 买卖双方义务对照

A　卖方义务	B　买方义务
A1　卖方一般义务	B1　卖方一般义务
A2　许可证、授权、安检通关和其他手续	B2　许可证、授权、安检通关和其他手续
A3　运输合同与保险合同	B3　运输合同与保险合同
A4　交货	B4　收取货物
A5　风险转移	B5　风险转移
A6　费用划分	B6　费用划分
A7　通知买方	B7　通知卖方
A8　交货凭证	B8　交货证据
A9　查对—包装—标记	B9　货物检验
A10　协助提供信息及相关费用	B10　协助提供信息及相关费用

表 3—4　　　　　　　　　　INCOTERMS 2010 买卖双方费用的划分

国际代码	出口清关	装货费	运费	保险费	进口清关	卸货费
EXW	买方	买方	买方	买方	买方	买方
FAS	卖方	买方	买方	买方	买方	买方
FCA	卖方	买方/卖方	买方	买方	买方	买方
FOB	卖方	卖方	买方	买方	买方	买方
CFR	卖方	卖方	卖方	买方	买方	买方
CPT	卖方	卖方	卖方	买方	买方	买方
CIF	卖方	卖方	卖方	卖方	买方	买方
CIP	卖方	卖方	卖方	卖方	买方	买方
DAT	卖方	卖方	卖方	卖方	买方	卖方
DAP	卖方	卖方	卖方	卖方	买方	买方
DDP	卖方	卖方	卖方	卖方	卖方	买方

(8)INCOTERMS 2020。由国际商会(ICC)创建和发布的 Incoterms® 的规则,每十年修订一次。国际商会在 2019 年 9 月宣布了 2020 年的规则更新。《Incoterms® 2020》考虑了日益普遍的货物运输安全需求,不同货物及运输性质对保险承保范围的灵活性需求,以及 FCA(货交承运人)规则下部分融资性销售情形中银行对装船提单的需求。

《Incoterms® 2020》具体主要修订如下:

①对 FCA 规则增加签发装船提单选项。《Incoterms® 2020》中 FCA 术语 A6/B6 中增加了一个附加选项,即买卖双方可以约定买方指示其承运人在货物装运后向卖方签发装船提单,卖方随后方才有义务向买方(通常通过银行)提交提单。尽管国际商会意识到装船提单和 FCA 项下的交货存在矛盾,但这符合用户需求。

【提示】即使采用该附加选项,卖方并不因此受买方签署的运输合同条款的约束。

②费用划分条款的调整。在《Incoterms® 2020》规则的条款排序中,费用划分条款列在各术语的 A9/B9(《Incoterms 2010》列在 A6/B6)。除了序号的改变,在《Incoterms® 2020》中,A9/B9 统一罗列了原《Incoterms 2010》中散见于各不同条款中对应的费用项目,如在 FOB 2010 中,与获得交货凭证相关的费用仅出现在 A8"交货凭证",而非 A6"费用划分"。因而《Incoterms® 2020》中的 A9/B9 较《Incoterms 2010》中的 A6/B6 篇幅更长。

③CIP 保险条款调整为必须符合《协会货物保险条款》条款(A)的承保范围。在《Incoterms® 2020》规则中,对于保险义务,CIF 规则维持现状,即默认条款(C),但当事人可以协商选择更高级别的承保范围;而对于 CIP 规则,卖方必须取得符合《协会货物保险条款》条款(A)承保范围的保险,但当事人可以协商选择更低级别的承保范围。

《协会货物保险条款》条款(A)采用"一切风险减除外责任"的办法,即除了"除外责任"项下所列风险保险人不予负责外,其他风险均予负责。条款(A)承保的风险比条款(C)要大得多,这有利于买方,也导致卖方额外的保费。这一修订的原因在于 CIF 更多地用于海上大宗商品贸易,CIP 作为多式联运术语更多地用于制成品。

④FCA、DAP、DPU 及 DDP 允许卖方/买方使用自己的运输工具。《Incoterms® 2020》中则考虑到卖方与买方之间的货物运输不涉及第三方承运人的情形,因此,在 D 组规则[DAP(目的地交

货)、DPU(目的地交货并卸货及 DDP(完税后交货)]中,允许卖方使用自己的运输工具。同样,在 FCA(货交承运人)中,买方也可以使用自己的运输工具收货并运输至买方场所。

⑤DAT 更改为 DPU。Incoterms® 2010 中,DAT(Delivered at Terminal,运输终端交货)与 DAP(Delivered at Place,目的地交货)唯一的区别是,在 DAT 中卖方将货物从抵达的运输工具上卸下至"运输终端"即完成交付;而在 DAP 中卖方将货物置于抵达的运输工具上且做好卸载货物的准备由买方处置无需卸货即完成交付。

国际商会对 DAT 和 DAP 做了两项修订。首先,《Incoterms® 2020》中两个术语的排列位置改变了,交货发生在卸货前的 DAP 现在列在 DAT 前。其次,DAT 更改为 DPU(Delivered at Place Unloaded,目的地交货并卸货),更强调目的地可以是任何地方而不仅仅是"运输终端"使其更加笼统,符合用户需求,即用户可能想在运输终端以外的场所交付货物(虽然实质内容并无其他改变)。但若目的地不是运输终端,卖方需确保其交货地点可以卸载货物。

⑥在运输责任及费用划分条款中增加安保要求。《Incoterms 2010》各规则的 A2/B2 及 A10/B10 中简单提及了安保要求。随着运输安全(例如对集装箱进行强制性检查)要求越来越普遍,《Incoterms® 2020》将与之相关的安保要求明确规定在了各个术语的 A4"运输合同"及 A7"出口清关"中,因安保要求增加的成本,也在 A9/B9 费用划分条款中作了更明确的规定。

⑦升级"使用说明"为"用户注释"。《Incoterms® 2020》中各规则首部的"使用说明"为"用户注释"。用户注释阐明了《Incoterms® 2020》中各术语的基本原则,如何时适用、风险何时转移及费用在买卖双方间的划分;旨在帮助用户有效及准确地选择适合其特殊交易的术语,以及就受《Incoterms® 2020》制约的合同或争议提供部分需要解释问题的指引。

三、贸易术语的变形

在我国对外贸易中,经常使用的主要贸易术语为 FOB、CFR 和 CIF。在海上运输中,根据惯例,在班轮运输下,船方负担货物装卸费,即班轮运费内包括装货费用和在目的港的卸货费用;但在租船运输下,船方通常不承担装卸费用。因此,在租船运输下,为了明确责任,买卖双方通常在合同中就装卸费由谁承担作出明确的规定。具体的规定方法,既可以在合同中订明,也可以采用如表 3—5 所示的上述三种术语的变形。

表 3—5　　　　　　　　　　　　FOB、CFR、CIF 术语的变形表

术语的变形	装货费/卸货费等费用的分担
FOB 班轮条件(FOB liner terms) FOB 吊钩下交货(FOB under tackle) FOB 包括理舱(FOB stowed) FOB 包括平舱(FOB trimmed)	装货费按班轮办法处理,由支付运费的买方负担 从货物吊装开始,装货费由买方负担 卖方负担包括理舱费在内的装货费 卖方负担包括平舱费在内的装货费
CFR 班轮条件(CFR liner terms) CFR 吊钩交货(CFR ex tackle) CFR 卸到岸上(CFR landed) CFR 舱底交货(CFR ex ship's hold)	卸货费按班轮办法处理,由支付运费的卖方负担 卖方负担货物从舱底至船边卸离吊钩为止的费用 卖方负担将货物卸至目的港岸上的费用 买方负担将货物从舱底起吊卸至码头的费用
CIF 班轮条件(CIF liner terms) CIF 吊钩交货(CIF ex tackle) CIF 卸到岸上(CIF landed) CIF 舱底交货(CIF ex ship's hold)	卸货费按班轮办法处理,由支付运费的卖方负担 卖方负担货物从舱底至船边卸离吊钩为止的费用 卖方负担将货物卸至目的港岸上的费用 买方负担将货物从舱底起吊卸至码头的费用

四、国际贸易惯例的性质

国际贸易业务中反复实践的习惯做法与行为规范,只有经国际组织加以编纂与解释,才成为国际贸易惯例。

国际贸易惯例的适用是以当事人的意思自治为基础的,因为惯例本身不是法律,它对贸易双方不具有强制性,故买卖双方有权在合同中作出与某项惯例不符的规定。但是,国际贸易惯例对贸易实践仍具有重要的指导作用。这体现在两个方面:①如果双方都同意采用某种惯例来约束该项交易,并在合同中作出明确规定时,那么这项约定的惯例就具有了强制性;②如果双方对某一问题没有作出明确规定,也未注明该合同适用某项惯例,在合同执行中发生争议时,受理该争议案的司法和仲裁机构也往往会引用某一国际贸易惯例进行判决或裁决。

【提示】国际贸易惯例虽然不具有强制性,但它对国际贸易实践的指导作用却不容忽视。

任务二　国际贸易合同条款

一、合同概述

(一)合同的形式

(1)书面形式。书面形式包括合同书、信件以及数据电文(如电报、电传、传真、电子数据交换和电子邮件)等可以有形地表现所载内容的形式。

(2)口头形式。采用口头形式订立的合同,又称为口头合同或对话合同,即当事人之间通过当面谈判或通过电话方式达成协议而订立的合同。

(3)其他形式。其他形式是指上述两种形式之外的订立合同的形式,即以行为方式表示接受而订立的合同。

【提示】上述订立合同的三种形式,从总体上来看,都是合同的法定形式,因而均具有相同的法律效力,当事人可根据需要,酌情作出选择。

(二)合同的内容

书面合同不论采取何种格式,其基本内容通常包括约首、基本条款和约尾三个组成部分。

(1)约首。约首一般包括合同名称、合同编号、缔约双方名称和地址、电报挂号、电传号码等项内容。

(2)基本条款。基本条款是合同的主要部分,即正文,包括品名、品质规格、数量或重量、包装、价格、交货条件、运输、保险、支付、检验、索赔、不可抗力和仲裁等项内容。商定合同主要是就这些基本条款如何规定进行磋商,并达成一致意见。

(3)约尾。约尾一般包括订约日期、订约地点和双方当事人签字等项内容。

【提示】为了提高履约率,在规定合同内容时应考虑周全,力求使合同中的条款明确、具体、严密和相互衔接,且与磋商的内容一致,以利于合同的履行。

二、国际贸易合同条款内容

(一)品质条款

1. 品质条款的基本内容

(1)在凭样品买卖时,合同中除了要列明商品的名称外,还要定明样品的编号,必要时列出寄送的日期。

【做中学 3-1】 玩具熊，货号＄333，22厘米，有帽子和围巾，根据卖方于2023年8月20日寄送的样品。

Art. No. ＄333, 22cm, toy bear, with caps and scarf, as per the samples dispatched by the Seller on Aug. 20, 2023.

(2)在凭文字说明买卖时，应根据具体情况在合同中选用规格、等级、标准、牌名、商标或产地等方法进行品质说明。

【做中学 3-2】 花生，水分(最高)10％，杂质(最高)7％，含油量(最低)40％。
(如实际装运货物的油量高于或低于1％，价格应相应增减1％。)

Peanut, Moisture(max)10％, Admixture(max)7％, Oil Content(min)40％.
(Should the oil content of the goods actually shipped be 1％ higher or lower, the price will be accordingly increased or decreased by 1％.)

【做中学 3-3】

玩具娃娃，货号7707	Toy doll Art. No. 7707
30×3 672×6 935.6×42 码	30×3 672×6 935.6×42yards
型号 PMC9-71323	Type No. PMC9-71323
颜色蓝、黄、白，平均搭配	Blue, yellow and white equally assorted
每打尺码搭配为小/3，中/6，大/3	S/3, M/6 and L/3 per dozen
质量符合样品的 SP-03 号	Quality as per sample No. SP-03

2. 订立品质条款时的注意事项

(1)根据商品的特性来确定表示的方法。例如，工艺品用样品表示；土特产用产地表示；机电产品使用说明书、图样表示。

(2)凡能用一种方法表示品质的，一般不宜用两种或两种以上的方法来表示。

(3)品质描述准确具体、科学合理，避免笼统含糊，如大约、左右；又忌绝对化，如棉布无瑕疵。

(4)重视应用品质机动幅度(规定范围、规定极限、规定上下差异)和品质公差(允许交付货物的特定质量指标有在公认的一定范围内的差异)，掌握灵活性。

(二)数量条款

1. 数量条款的基本内容

合同中的数量条款一般包括商品的具体数量、计量单位及/或数量机动幅度的规定。

在国际贸易实务中，根据商品的不同性质，通常使用的计量单位有重量、容积、个数、长度、面积和体积六种。其中，重量可以按净重、毛重、"以毛作净"、公量和理论重量等方法进行计量。

【做中学 3-4】

5 000 打	5 000 Dozen
500 箱	500 Cases
1 000 纸板箱	1 000 Cartons
3 000 套	3 000 Sets
10 000 公吨	10 000 Metric Tons
65 000 码	65 000 Yards

【做中学 3-5】 中国花生，1 000公吨，以毛作净，卖方可溢短装5％，增减部分按合同价计算。

Chinese Peanut, 1 000 Metric Tons, gross for net, 5％ more or less at Seller's option at contract price.

2. 订立数量条款时的注意事项

(1)按重量计算的商品应明确用哪种计重方法,即按毛重、净重或以毛作净等。在合同中未明确按毛重或净重计量时,按惯例应以净重计量。

(2)使用"约"量时必须注意其机动幅度及适用的情况。

(3)在使用溢短装条款(规定卖方实际交货数量可增减的百分比条款,也称增减条款)时,应注明溢短装部分的百分比、溢短装部分的选择权及溢短装部分的作价原则等。

(三)包装条款

1. 包装条款的基本内容

商品的包装条款一般包括包装的材料、包装的方式、包装的费用及包装的标志等内容。

【做中学 3-6】

"in…"用某物包装,用某种形式包装。

用箱装	in cases
打包	in bales
打捆	in bundles
散装	in bulk

【做中学 3-7】

"in…of…each"或"in…,each containing…"用某物包装,每件装多少。

用木箱装,每箱50打。

In wooden cases of 50 dozen each. / In wooden cases, each containing 50 dozen.

【做中学 3-8】

"in…of…each,…to…"用某物包装,每件装多少,若干件装于一大件中。

用盒装,每打装一盒,100盒装一木箱。

In boxes of one dozen each, 100 boxes to a wooden case.

【做中学 3-9】

国际标准茶叶纸箱装,10箱一托盘,10托盘一集装箱。

In international standard tea cartons, 10 cartons on a pallet, 10 pallets in a FCL container.

【做中学 3-10】

用涤纶袋包装,30磅装一袋,5袋装一箱,箱子需用金属作衬里的木箱。包装费用由卖方承担。

To be packed in poly bags, 30 pounds in a bag, 5 bags in a sealed wooden case, which is lined with metal. The cost of packing is for seller's account.

2. 订立包装条款时的注意事项

(1)规定明确的包装材料和包装方式。不宜笼统地规定,不宜采用"适合海运包装""习惯包装"等字眼,以免引起争议。

(2)包装费用负担问题。包装费用一般计入货价内,不另计价,但如果买方提出特殊包装要求,额外的包装费用应由买方负担。

(3)运输标志(唛头)问题。一般由卖方决定,无须在合同中作具体的规定,但如果买方对唛头有具体要求,那么在合同中明确规定唛头的具体样式和内容,并规定提交唛头的具体时间限制,以免延误交货。

(4)对于一些容易破碎、残损、变质的商品,应在外包装上贴上相应指示性标志(如"怕湿""向上""小心轻放""禁止手钩"等);对于危险物品,应在外包装上贴上相应警告性标志(如"有毒品""爆炸物""腐蚀性物品"等)。

（四）价格条款

1. 价格条款的基本内容

买卖合同中的价格条款由单价和总额两部分组成。

(1)单价

单价主要由计价货币、单位货币金额、计量单位、价格术语四部分组成。

【做中学 3－11】

USD	100	PER M/T	CIF New York（每公吨 100 美元 CIF 纽约）
计价货币	单位货币金额	计量单位	价格术语

【做中学 3－12】

每公吨 500 港元 CIFC5 香港（或 CIF 香港包含 5％的佣金）。

HKD500 PER M/T CIFC5 Hong Kong(CIF Hong Kong including 5％ commission).

【做中学 3－13】

每件 85 美元成本加运费至纽约港减 1％的折扣。

USD85 PER PC.CFR NEW YORK LESS 1％ DISCOUNT.

(2)总额

总额由阿拉伯数字和字母两部分构成。

【做中学 3－14】

总值：8 000 美元

TOTAL VALUE：US＄8 000

(SAY US DOLLARS EIGHT THOUSAND ONLY)

或(Say US Dollars Eight Thousand Only)

在用文字填写时应适当注意以下三点：

(1)第一个词用"Say"，最后一个词用"Only"。

(2)一般每个单词的第一个字母大写，或者所有字母都大写。

(3)币别也可以写在后面，如：Say Eight Thousand US Dollars Only。

2. 订立价格条款时的注意事项

(1)单价条款由四个部分组成，即计价的数量单位、单位价格金额、计价货币和贸易术语。四者缺一不可，且前后左右顺序不能随意颠倒。

(2)单价与总值的金额要吻合，且币别要保持一致。

(3)计价货币和贸易术语根据实际情况慎重选用。

(4)如果数量允许增加，则合同中的总金额也应有相应的增减。

（五）运输条款

1. 运输条款的基本内容

合同中的运输条款主要包括装运时间、装运港或装运地、目的港或目的地，以及分批装运和转运等内容，有的还规定装船通知条款、滞期速遣条款等。

【做中学 3－15】

2023 年 7 月 25 日或 25 日前装运。

Shipment on or before/not later than/latest on Jul.25,2023.

【做中学 3－16】

收到信用证后 30 天内装运，相关的信用证必须最迟于××天开到卖方。

Shipment within 30 days after receipt of L/C, the relevant L/C must reach the seller not later than ×× (date).

【做中学 3—17】
2023 年 1/2 月每月平均装运。
装运港:上海/南京/南通
目的港:伦敦/汉堡/鹿特丹
Shipment during Jan. /Feb. 2023 in two equal monthly lots.
Port of loading:Shanghai/Nanjing/Nantong
Port of destination:London/Hamburg/Rotterdam

【做中学 3—18】
2023 年 7 月间由上海运往热那亚,允许分批,不允许转船。
Shipment from Shanghai to Genoa during July 2023 with partial shipments allowed, transshipment not permitted.

【做中学 3—19】
5 月份装运,由伦敦至上海。卖方应在装运月份前 45 天将备妥货物可供装船的时间通知买方。允许分批和转船。
Shipment during May from London to Shanghai. The sellers shall advise the buyers 45 days before the month of shipment of the time the goods will be ready for Shipment. Partial shipments and transshipment allowed.

2. 订立运输条款时的注意事项

(1)一般在合同中应明确规定具体的装运时间。避免采用笼统规定近期装运的做法,如"立即装运"(immediate shipment)、"尽快装运"(shipment as soon as possible)、"即刻装运"(prompt shipment)等,这种方法各国解释不一致,容易引起纠纷。

(2)订立装运时间时应考虑货源和船源的实际情况。卖方签合同时,要了解货源、船源情况,避免船、货脱节。同时要考虑运输情况,对有直达船和航次较多的港口,装运期可短一些,对无直达船或偏僻的港口,装运期要长一些。

(3)一般应选择费用低、装卸效率高的港口作为装运港或目的港。考虑装卸港口具体的条件。例如,有无直达班轮航线,有无冰封期,对船舶国籍有无限制等因素。

(4)不接受内陆城市为装运港或目的港的条件,否则我方要承担从港口到内陆城市的运费和风险。

(5)应注意国外港口有无重名,如有重名,应在合同中明确注明港口所在国家或地区的名称。例如,全世界有 12 个维多利亚、悉尼、波士顿等地都有重名的。

(6)对于分批装运的分批时间、分批次数、批量要根据实际货源情况进行订立。

(7)在下列情况下应当规定"允许转船":①目的港无直达船或无固定船期;②航次稀少,间隔长的;③成交量大,而港口拥挤、作业条件差的。

(六)保险条款

1. 保险条款的基本内容
合同中的保险条款因不同的贸易术语而异。
(1)以 CIF、CIP 术语成交,保险条款一般包括四个方面的内容:由何方办理保险、投保金额、投保险别及以哪一个保险公司保险条款为准等。

【做中学 3—20】
保险由卖方按发票金额的 110%投保一切险和战争险,以中国人民保险公司 1981 年 1 月 1 日海洋货物运输保险条款为准。

Insurance：To be covered by the Seller for 110% of total invoice value against All Risks and War Risk as per the relevant Ocean Marine Cargo Clauses of the People's Insurance Company of China dated Jan. 1,1981.

(2)以 FOB、CFR 或 FCA、CPT 术语成交,合同中的保险条款无须说明具体内容(由买方自行安排),保险条款直接订为"保险由买方办理"即可。

【做中学 3-21】

保险由买方办。

Insurance to be covered by the Buyers.

2. 订立保险条款时的注意事项

(1)按 CIF 或 CIP 术语成交,买卖双方应该在合同中约定保险金额,如未约定,按照 INCOTERMS 2010 的要求,保险金额按 CIF 或 CIP 总值加成 10% 计算。

(2)买卖双方约定的险别通常为平安险、水渍险、一切险三种基本险别中的一种,还可在此基础上加保一种或若干种附加险。在买卖双方未约定投保险别的情况下,按照 INCOTERMS 2010 的要求,卖方只需按保险公司的最低险别投保。

(七)支付条款

1. 汇付条款及注意事项

汇付是国际贸易中常用的货款结算方式。汇付又称汇款,是付款人通过银行,使用各种结算工具将货款汇交收款人的一种结算方式。它属于商业信用,采用顺汇法。汇付业务涉及的当事人有四个:付款人(汇款人)、收款人、汇出行和汇入行。其中,付款人(通常为进口人)与汇出行(委托汇出汇款的银行)之间订有合约关系,汇出行与汇入行(汇出行的代理行)之间订有代理合约关系。

在办理汇付业务时,需要由汇款人向汇出行填交汇款申请书,汇出行有义务根据汇款申请书的指示向汇入行发出付款委托书;汇入行收到付款委托书后,有义务向收款人(通常为出口人)解付货款。但汇出行和汇入行对不属于自身过失而造成的损失(如付款委托书在邮递途中遗失或延误等致使收款人无法或迟期收到货款)不承担责任,同时汇出行对汇入行工作上的过失也不承担责任。电汇业务流程如图 3-1 所示。

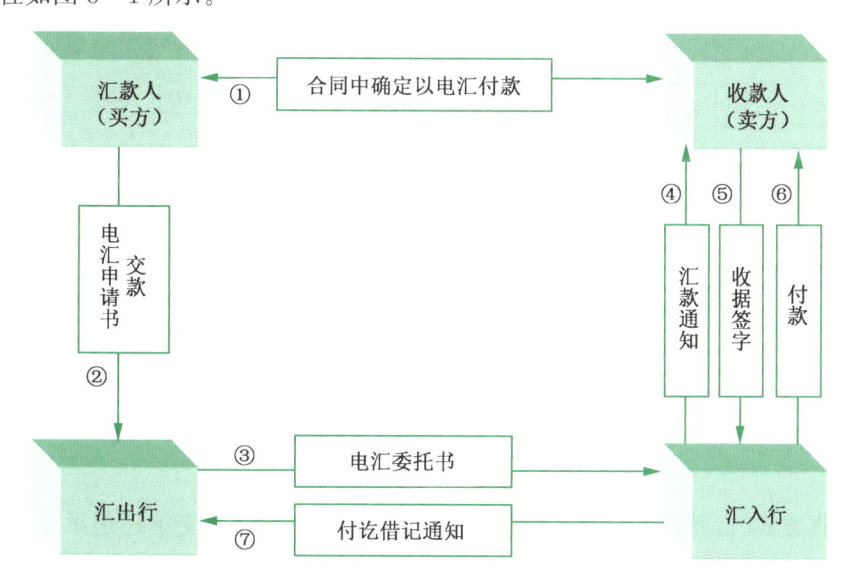

图 3-1 电汇业务流程

为明确责任，防止拖延收付款时间，影响及时发运货物和企业的资金周转，对于使用汇付方式结算货款的交易，在买卖合同中应当明确规定汇付的时间、具体的汇付方式和金额等。

【做中学 3—22】

买方应在 2023 年 7 月 15 日前将 100% 的货款以电汇（信汇/票汇）方式预付给卖方。

The Buyer shall pay 100% of the sales proceeds in advance by T/T(M/T or D/D)to reach the seller not later than Jul. 15, 2023.

【做中学 3—23】

买方应于合同签订以后 15 日内通过电汇方式支付合同总金额的 30% 作为预付款，买方在收到卖方寄交的正本提单后立即将 70% 的余款用电汇付交卖方。

30% of the total contract value as advance payment shall be remitted by the Buyer to the Seller through telegraphic transfer within 15 days after signing this contract. The buyer should pay 70% of the contract value by T/T upon the receipt of the original Bills of Lading sent by the seller.

2. 托收条款及注意事项

托收也是国际贸易中常用的货款结算方式。托收是出口人在货物装运后，开具以进口方为付款人的汇票（随附或不随付货运单据），委托出口地银行通过其在进口地的分行或代理行代其收取货款一种结算方式。它属于商业信用，采用的是逆汇法。托收方式的当事人有委托人、托收行、代收行和付款人。委托人即开出汇票委托银行向国外付款人代收货款的人，也称为出票人，通常为出口人；托收行即接受出口人的委托代为收款的出口地银行；代收行即接受托收行的委托代出口人收取货款的进口地银行；汇票上的付款人即托收的付款人，通常为进口人。

上述当事人中，委托人与托收行之间、托收行与代收行之间都是委托代理关系，付款人与代收行之间则不存在任何法律关系，付款人是根据买卖合同付款的。因此，委托人能否收到货款，完全视进口人的信誉好坏而定，代收行与托收行均不承担责任。

在办理托收业务时，委托人要向托收行递交一份托收委托书，委托人在该委托书中发出各种指示，托收行和代收行均按照委托的指示向付款人代收货款。跟单托收业务流程如图 3—2 所示。

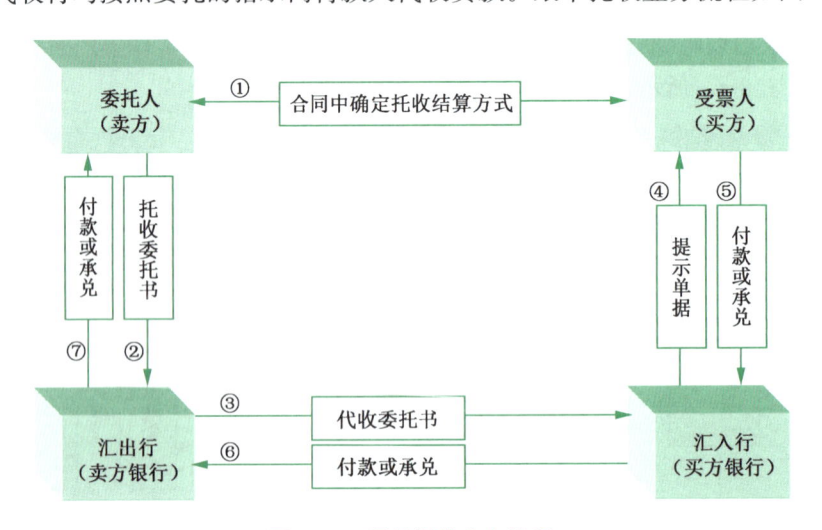

图 3—2 跟单托收业务流程

在采用托收方式时，要具体说明是使用即期付款交单、远期付款交单还是承兑交单，注意承兑交单、远期付款交单的风险把握。

（1）即期付款交单托收条款。

【做中学 3—24】

买方凭卖方开具的即期跟单汇票,于第一次见票时立即付款,付款后交单。

Upon first presentation the Buyers shall pay against documentary draft drawn by the Sellers at sight. The shipping documents are to be delivered against payment only.

(2)远期付款交单托收条款。

【做中学 3—25】

买方对卖方出具的见票后××天付款的跟单汇票于第一次提示时予以承兑,并在汇票到期日付款,付款后交单。

The Buyers shall duly accept the documentary draft by the Sellers at … days sight upon first presentation and make payment on its maturity. The shipping documents are to be delivered against payment only.

(3)承兑交单托收条款。

【做中学 3—26】

买方应于第一次提示卖方出具的见票后××天付款的跟单汇票时予以承兑,并在汇票到期日付款,承兑后交单。

The Buyers shall duly accept the documentary draft drawn by the Sellers at … days sight upon first presentation and make payment on its maturity. The shipping documents are to be delivered against acceptance.

3. 信用证条款及注意事项

信用证方式是银行信用介入国际货物买卖价款结算的产物。它的出现不仅在一定程度上解决了买卖双方互不信任的矛盾,而且能使双方在使用信用证结算货款的过程中获得银行资金融通的便利,从而促进了国际贸易的发展。因此,信用证结算方式被广泛应用于国际贸易中,成为当今国际贸易的一种主要的结算方式。

信用证是银行作出的有条件的付款承诺,即银行根据开证申请人的请求和指示,向受益人开具的有一定金额,并在一定期限内凭规定的单据承诺付款的书面文件;或者是银行在规定金额、日期和单据的条件下,愿意代开证申请人承购受益人汇票的保证书。它属于银行信用,采用的是逆汇法。跟单信用证流程如图 3—3 所示。

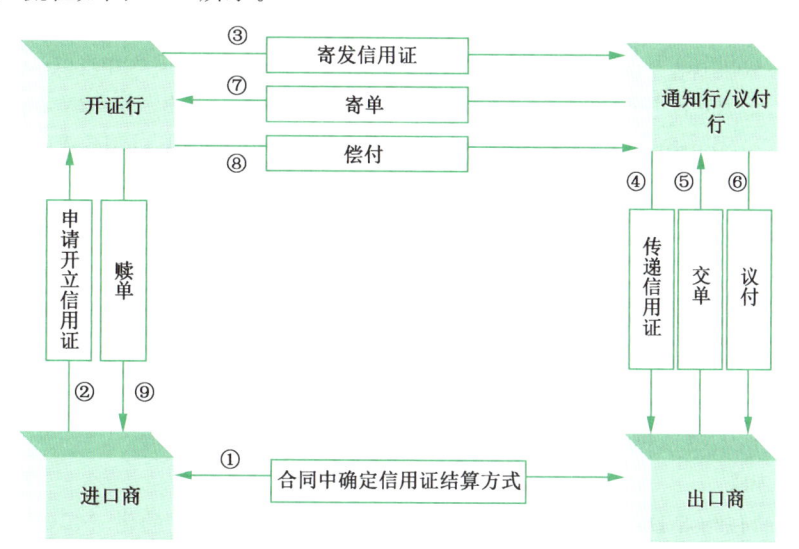

图 3—3 跟单信用证流程

在国际货物买卖中应对信用证条款作出明确的规定:开证时间、开证银行、受益人、信用证类别、信用证金额、信用证有效期和到期地点等。

(1)即期信用证。

【做中学 3—27】

买方应通过为卖方所接受的银行于装运月前××天开立并送达卖方不可撤销即期信用证,有效期至装运月后第15天,在中国议付。

The Buyers shall open through a bank acceptable to the Sellers an Irrevocable Sight Letter of Credit to reach the Sellers…days before the month of shipment,valid for negotiation in China until the 15th day after the month of shipment.

(2)远期信用证。

【做中学 3—28】

买方应通过为卖方所接受的银行于装运月前××天开立并送达卖方不可撤销见票后30天付款的信用证,有效期至装运月后第15天,在上海议付。

The Buyers shall open through a bank acceptable to the Sellers an Irrevocable Letter of Credit at 30 days' sight to reach the Sellers…days before the month of shipment,valid for negotiation in Shanghai until the 15th day after the month of shipment.

(八)检验条款

进出口合同中检验条款一般包括下列内容:有关检验权的规定、检验或复验的时间和地点、检验机构、检验检疫证书等。

【做中学 3—29】

买卖双方同意以装运港(地)中国国家市场监督管理总局签发的品质和重量(数量)检验检疫证书作为信用证下议付所提交的单据的一部分,买方有权对货物的品质和重量(数量)进行复验,复验费由买方负担。但若发现品质和/或重量(数量)与合同规定不符,买方有权向卖方索赔,并提供经卖方同意的公证机构出具的检验报告。索赔期限为货物到达目的港(地)后45天。

It is mutually agreed that the State Administration for Market Regulation of the People's Republic of China at the port of shipment shall be part of the documents to be presented for negotiation under the relevant L/C. The Buyers shall have the right to reinspect the quality and quantity (weight) of the cargo. The reinspection fee shall be borne by the Buyers should the quality and/or quantity (weight) be found not in conformity with that of the contract,the Buyers are entitled to lodge with the Sellers a claim which should be supported by survey reports issued by a recognized surveyor approved by the Sellers. The claim,if any,shall be lodged within 45 days after arrival of the cargo at the port of destination.

(九)索赔、仲裁与不可抗力条款

1. 索赔条款

国际货物买卖合同中的索赔条款有两种规定方法:一种是异议和索赔条款(Discrepancy and Claim Clause),另一种是罚金条款(Penalty Clause)。

一般买卖合同中,多数只订异议与索赔条款。异议和索赔条款除规定一方如违反合同,另一方有权索赔外,还包括索赔依据、索赔期限、赔偿损失的办法和赔付金额等。

【做中学 3—30】

买方对货物的任何异议必须于装运货物的船只到达提单指定目的港××天内提出,并须提供经卖方同意的公证机构出具的检验报告。

Any claim by the Buyer regarding the goods shall be filed within…days after the arrival of the goods at the port of destination specified in the relative B/L and supported by a survey report issued by a surveyor approved by the Seller.

2. 仲裁条款

仲裁条款主要包括仲裁地点、仲裁机构、仲裁程序和仲裁裁决的效力等内容。其中,仲裁地点的选择是一个关键问题。因为在一般情况下,在何国仲裁即采用该国的仲裁规则或相关法律。在我国的国际贸易实践中,仲裁地点大致有三种方法:①在我国仲裁;②在被告所在国仲裁;③在双方同意的第三国仲裁。关于裁决的效力,一般应在合同中明确订明:仲裁裁决是终局的,对双方当事人均有约束力。

【做中学 3-31】

凡因执行本合同所发生的或与本合同有关的一切争议,双方应通过友好协商解决。如果协商不能解决,应提交北京中国国际经济贸易仲裁委员会,根据该委员会的仲裁规则进行仲裁。仲裁裁决是终局的,对双方都有约束力。仲裁费用除仲裁庭另有规定外,均由败诉方负担。

An disputes in connection with this contract or arising from the execution of there, shall be amicably settled through negotiation in case no settlement call be reached between the two parties. The case under disputes shall be submitted to International Economic and Trade Arbitration Commission, Beijing, for arbitration in accordance with its Rules of Arbitration. The arbitral award is final and binding upon both parties. The arbitration fee shall be borne by the losing party unless otherwise awarded by the arbitration court.

3. 不可抗力条款

国际货物买卖合同中的不可抗力条款主要包括:不可抗力事故的范围,对不可抗力事件的处理原则和方法,不可抗力事件发生后通知对方的期限和方法,以及出具证明文件的机构等。我国进出口合同中的不可抗力条款主要有以下三种规定方法:①概括式;②列举式;③综合式。综合式这种方法既明确具体,又有一定的灵活性,是一种较好的方法,我国在实际业务中多采用此法,具体见范例。

【做中学 3-32】

如由于战争、地震或其他不可抗力的原因致使卖方对本合同项下的货物不能装运或迟延装运,卖方对此不负任何责任。但卖方应立即通知买方并于 15 天内以航空挂号函件寄给买方由中国国际贸易促进委员会出具的证明发生此类事件的证明书。

If the shipment of the contracted goods is prevented or delayed in whole or in part by reason of war, earthquake or other causes of Force Majeure, the Seller shall not be liable. However, the Seller shall notify the Buyer immediately and furnish the letter by registered airmail with a certificate issued by the China Council for the Promotion of International Trade attesting such event or events.

经过上面的学习,我们了解到拟订合同的时候应该注意以下几方面的内容:

(1)根据合同形式分析,出口合同最好采用书面形式订立,具体可以采用合同和确认书等,可酌情选择。

(2)根据合同内容分析,书面合同不论采取何种格式,其基本内容通常包括约首、基本条款和约尾三个组成部分。

(3)拟定外贸合同的步骤为:①认真阅读往来函电或谈判内容,找出合同具体要件;②缮制合同(撰写具体条款)。

企业实战合同样本如图 3-4 所示。

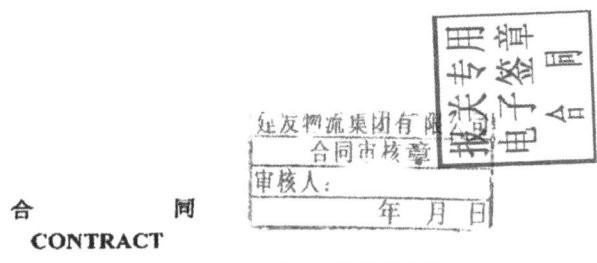

合 同
CONTRACT

Contract No.: SME/IUGH/2O0120
Date: January 20, 2020

买方： 建发物流集团有限公司
BUYER: C and D Logistics Group Co., Ltd.
Address: 27/F, C&D International Building, No.1699 Huandao East Road Xiamen, China (P.C.361008)

卖方： 巴基斯坦辛迪加矿业公司
SELLER: Syndicate Minerals Export Co.
Address: 108, Cotton Exchange Building, I.I. Chundrigar Road, Karachi, Pakistan

兹经买卖双方同意，买方购进，卖方出售下列货物，并按下列条款签订本合同。
This Contract is made by and between the Buyer and the Seller; hereby, the Buyer agrees to buy and the Seller agrees to sell the under-mentioned goods under the terms and conditions stated below.

1. 货物名称： 巴基斯坦铬精矿
   Commodity: Pakistan Chrome Concentrate

2. 原产地： 巴基斯坦
   Country of Origin: Pakistan

3. 装运港： 卡拉奇，巴基斯坦
   Port of Loading: Karachi, Pakistan

4. 目的港： 大连港，中国
   Port of Destination: Dalian, China

5. 包装： 集装箱内吨袋包装
   Packing: in 1MT strong PP big bags net each and loading in 20'FCL

6. 数量： 粒度0-1MM　150吨　+/- 10%　卖方选择
        粒度1-3MM　150吨　+/- 10%　卖方选择
   Quantity: Size 0-1MM　150 Metric Tons +/- 10% at Seller's option
             Size 1-3MM　150 Metric Tons +/- 10% at Seller's option

7. 最迟装运期： 2020年3月15日
   Latest Shipment: March 15, 2020
   Partial shipment allowed

8. 规格： Specification:
   For Size 0-1MM:
   Cr_2O_3　　55% Min. (below 55% reject)
   SiO_2　　　1.3% Max.
   Fe_2O_3　　17% Max.
   MgO　　　　18% Max.
   Cr: Fe　　　3.0:1 Min.
   CaO　　　　0.8% Max.
   SIZE　　　　0-1 MM 90% Min. 150MT

图 3-4（A）

For Size 1-3MM
Cr2O3   54.5% Min. (below 54.5% reject)
SiO2   2.0% Max.
Fe2O3   17% Max.
MgO   18% Max.
Cr: Fe   3.0:1 Min.
CaO   0.8% Max.
SIZE: 1-3 MM 90% Min. 150MT

9.单价：Price

For Size 0-1MM: USD 350.00/MT CIF Dalian Port, China on 55% Cr2O3 basis
For Size 1-3MM: USD 350.00/MT CIF Dalian Port, China on 54.5% Cr2O3 basis

10.唛头: Shipping mark:
For Size 0-1MM
Pakistan Chrome Concentrate
Net weight: 1,000kgs.
Specs: Cr2O3: 55%, SiO2: 1.3%, Cr:Fe: 3.0:1
Size:
Batch No.

For Size 1-3MM
Pakistan Chrome Concentrate
Net weight: 1,000kgs.
Specs: Cr2O3: 54.5%, SiO2: 2.0%, Cr:Fe: 3.0:1
Size:
Batch No.

11.付款方式：Payment terms:
L/C 90 days and 100% payment against SGS

12.付款单据：
(1) 基于SGS出具的质量、重量证书所做的商业发票.
(2) 一套清洁海运提单，注明运费已付及收货人.
(3) 装箱单.
(4) 由SGS出具的质量证书.
(5) 由SGS出具的重量证书.
(6) 由卡拉奇工商业协会出具的原产地证.
(7) 包含船名,提单号及提单日期的装船通知.
(8) 一套保险单据，按照货值的110%承保.

Documents required:
(1) Seller Commercial Invoice in 3 original based on certificate of quality and weight issued by SGS at loading port.
(2) Full set of 3/3 clean on board Bills of Lading made out to order, marked "freight Prepaid" blank endorsed and notify Buyer.
(3) Packing list in 3 originals.
(4) Certificate of Quality issued by SGS at Loading Port in 1 original.
(5) Certificate of Weight issued by SGS at Loading Port in 1 original.
(6) Certificate of Origin in 1 original issued by Karachi Chamber of Commerce and Industry.

图 3-4(B)

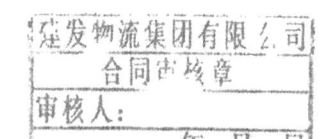

(7) Shipping advice to the buyer by fax within 3 working days after shipment of vessel name, B/L date, B/L No.
(8) One set of insurance policy, for 110% of shipment value.

13. 检验：
在装运港，由卖方安排 SGS 做合同所规定的质量、重量检验。
在卸货港，由买方安排 CIQ 做合同所规定的质量、重量检验。

ANALYSIS:
At loading port, the Seller shall arrange SGS to determine the free moisture, Cr2O3, Cr/Fe ratio and other chemical elements called for in this contract.
At discharging port, the Buyer shall arrange CIQ to determine the free moisture, Cr2O3, Cr/Fe ratio and other chemical elements called for in this contract.

14. 不可抗力：
签约双方的任何一方，由于战争、洪水、地震和风暴等人力不可抗拒的事故，而影响合同执行时，则延长履行合同的期限。事故发生方应在7(七)天内将发生不可抗拒事故的情况以电报或传真的方式及时通知另一方，并在14(十四)天内航寄一份政府有关当局出具的证明文件给对方。如果人力不可抗拒事故延续60(六十)天以上时，双方应通过友好协商解决本合同的继续执行问题，并应尽快达成协议。

FORCE MAJEURE: If the Seller or the Buyer meets war, flood, typhoon, earthquake & windstorm, etc, Influencing the performance of the Contract, the performance should be postponed until the end of the influence. The influenced side should inform the other side of the Force Majeure within 7(seven) days by fax or by cable, & airmail the certificates issued by the government authorities to confirm within 14(fourteen) days. If the Force Majeure lasts more than 60(sixty) days, the Seller & the Buyer shall negotiate amicably, & sign an agreement upon the performance of the Contract as soon as possible.

15. 仲裁：一切因执行本合同或与本合同有关的争执，应由双方通过友好方式协商解决。经协商不能解决时，应提交中国国际经济贸易仲裁委员会北京总会，根据该会仲裁规则进行仲裁，仲裁委员会的裁决为终局裁决，对双方都有约束力。仲裁费用除非仲裁委员会另有决定外，由败诉一方负担。

ARBITRATION: All disputes in connection with this Contract or the execution thereof shall be settled by Friendly negotiation. If no settlement can be reached, the case in dispute shall then be submitted for arbitration to China International Economic and Trade Arbitration Commission in Beijing. The arbitration award is final and binding upon both parties. The fees for arbitration shall be borne by the losing party, unless otherwise awarded by the Commission.

本合同共两份，用中英文书写，两种文字具有同等法律效力，双方各执一份，合同附件与该合同是不可分割的一部分，与该合同同时生效，并具有同等效力。

This Contract is made out in two originals in both Chinese and English, each language being legal of the equal effect. Each party keeps one original of the two after signing, Annex of this contract is the integral part of this contract, and comes into force together with this contract, and shall have the same force as the contract.

买方签字SIGNATURE OF THE BUYER:　　　　　　卖方签字SIGNATURE OF THE SELLER:

C AND D LOGISTICS GROUP CO., LTD.　　　　　巴基斯坦辛迪加矿业公司
　　　　　　　　　　　　　　　　　　　　　SYNDICATE MINERALS EXPORT CO.
　　　　　　　　　　　　　　　　　　　　　Proprietor

图 3-4（C）

任务三　国际货运代理操作流程与风险防范

一、国际货运代理操作流程

国际货运代理操作流程具体包括以下方面：

(1)选择代理出口对象。

(2)了解考察。外贸代理企业接受委托后，要对生产企业进行必要的考察。

(3)核算产品出口成本。生产企业向外贸代理企业提供本企业的最低出口价格，由外贸代理企业核算并确定产品的出口成本。

(4)选择外商。外商可由生产企业自找，也可由外贸代理企业选定。要注意对所选择的贸易对象进行资信调查，这一过程可委托国外分支机构或银行咨询机构办理。

(5)签订外贸代理协议，即明确双方之间的义务和权利。外贸代理协议应包括以下内容：①从产品供货角度，明确生产企业对其产品交货期、数量、质量、价格承担义务；②从商务角度，明确外贸代理企业应对产品出口过程中涉及的对外的商务联系、货物出口报关、租船订舱、办理出口商品检验、保险、缮制有关出口单证承担义务；③协商确定代理出口手续费比例、结算方式和外汇留成比例；④明确在可能引起的商务纠纷中双方应承担的责任。

(6)对外商进行评审，签订贸易合同。①外贸代理企业业务人员在与境外客户就国际贸易(出口)合同条款达成一致后，负责制作国际贸易(出口)合同，同时填写评审表格；由业务部门、财务部门经理进行合同评审。②外贸代理企业根据经评审后的合同，按照合同金额、授权权限，由相应业务人员与境外客户签订国际贸易(出口)合同。

(7)货物检验和出运。①外贸代理企业对采购或代理产品、服务的验证，由经办业务人员按合同规定进行。②出口产品备妥后，外贸代理企业经办业务人员按国际贸易(出口)合同要求，组织对产品检验，安排租船订舱，并对承运方进行货代评审。③出口产品发运，外贸代理企业经办业务人员按国际贸易(出口)合同要求安排出运，领取出口收汇核销单，经部门经理审查登记后办理货物出口报关手续。

(8)收汇。①汇付项下，外贸代理企业经办业务人员及时将全套单据通过安全途径送达境外客户。②托收和信用证项下，外贸代理企业经办业务人员在审核单据后，制作交单申请，并签字交财务部门，及时办理银行交单或议付手续。

(9)催收账款。外贸代理企业经办业务人员同时负责催收货款，对逾期不能收汇，催收无效给企业造成损失的，按责任事故处理权限及处罚规定办理，并保留相应的记录。

(10)工贸结算。外销合同执行完毕，工贸双方按外贸代理协议有关条款结算，即外贸代理企业在银行结汇后，扣除产品出口时支付的运输费、保险费、外贸手续费和其他双方确认的费用，将剩余货款如数支付给生产企业。同时，由外贸代理企业测算外汇留成，经市或省的商务局(厅)和国家外汇管理部门审核后，划拨给生产企业。

(11)核销退税。①外贸代理企业经办业务人员及时将报关后有关单据转交财务部门，并填写单据转交表格，由财务部门签收后，按规定的期限及时办理外汇核销手续。②代理出口业务由财务部门及时办理货物代理出口证明，由代理出口业务部门将有关资料寄给生产企业。自营出口业务在核销后，经办业务人员应及时根据有关单据填写单据转交表格，由财务部门签收。③财务部门经财务稽核人员复核发票及有关单据后，及时办理出口退税及核销手续。

(12)售后工作。①对生产企业和境外客户提出的投诉和理赔，外贸代理企业出口业务部门应及时处理,分析原因,找出责任人,并采取相应的措施。②外贸代理企业应对生产企业和境外客户进行年度满意度情况调查。

二、国际货运代理业务风险防范

(一)国际货运代理业务风险特点

一般而言,外贸代理企业可以采取以下两种方式从事国际贸易活动:①自营出口,也就是外贸代理企业从国内供货厂家购入产品,再卖给国外客户,据以赚取差价;②代理出口,即外贸代理企业仅作为代理人将国内供货厂家的产品卖给国外客户,按百分比赚取代理费。

在风险责任划分上,自营时,外贸代理企业承担对内和对外的两个合同的责任,风险大但收益高;代理业务时,外贸代理企业风险小但收益低。两种业务从风险和收益的对比上来说是相对平衡的。

(二)国际货运代理业务常见风险分析与防范

(1)收汇风险。因合同的实际发生双方是外商和工厂,专业外贸代理企业仅为代理方,若外商不能按期付汇,责任应由工厂承担。因此,在每笔出口代理业务发生之前,专业外贸代理企业应与工厂有书面的约定,一旦发生外商不向外贸代理企业支付货款的情况,外贸代理企业也有保障。

(2)资金风险。有的委托方要求外贸代理方收到信用证(L/C)后打包贷款,或付订金、预付款,以解决生产资金,但收款之后,因各种因素最终无法履行义务或者内外勾结套取资金,就会出现收不回资金的风险。

(3)质量风险。外贸代理业务发生之前,外贸代理企业应与买卖双方共同约定质量问题的承担方;否则,一旦发生质量问题,责任归属就会难以确定。

(4)骗汇和核销责任。外贸代理协议中必须就此列出相关说明,界定出核销的责任和对骗汇方的处罚条款。外贸代理企业虽负代理责任,但也有遵守国家法律的义务,因此在接受外贸代理业务的同时必须定期深入工厂了解生产情况和货物装箱发运情况,绝对不能以不承担质量问题为由,不深入了解和掌握情况,给不法分子可乘之机。

(5)代理出口还要防止委托方进行内外勾结,以货物买卖的形式转移资金(即将外汇付其他地方)或者根本不收汇,造成国家损失和代理方无法核销的风险。

(6)在外贸代理业务中,由于代理方并未实际控制货物,而委托方却提出自行报关,此情况的风险:一是可能单货不符,逃避个别出口应税商品的出口税;二是可能出现空柜、无实际货物而骗取退税;三是可能骗取单证进行其他违法活动,因为单证就代表了外贸经营权。

▼ 应知考核

一、单项选择题

1. 某出口公司对外以 CFR 报价,如果该货物采用多式联运,应采用(　　)术语为宜。
   A. FCA　　　　　　B. CIP　　　　　　C. DDP　　　　　　D. CPT
2. 按照 INCOTERMS 2010,以 CIF 汉堡贸易术语成交,卖方对货物风险应负责至(　　)。
   A. 船到汉堡港为止　　　　　　B. 在汉堡港卸下船为止
   C. 货在装运港装上船为止　　　D. 货在装运港越过船舷为止
3. FOB/CIF 术语下,办理保险者为(　　)。
   A. 买方/买方　　　　　　　　B. 卖方/买方
   C. 买方/卖方　　　　　　　　D. 卖方/卖方

4. 按 INCOTERMS 2010，CPT 术语下买卖双方风险划分的界限是（　　）。
A. 装运港船舷 B. 货交承运人
C. 目的港船上 D. 目的港码头

5. 下列关于 CIF 和 CIP 的说法中正确的是（　　）。
A. 适用范围相同 B. 买卖双方风险划分界限相同
C. 价格构成相同 D. 交货地点相同

二、多项选择题

1. 有关贸易术语的国际惯例包括（　　）。
A.《华沙—牛津规则》 B.《美国对外贸易概念》
C.《国际贸易术语解释通则》 D.《海牙—维斯比规则》

2. 选用贸易术语时应考虑的因素包括（　　）。
A. 承运人风险控制 B. 货物特性及运输条件
C. 运输方式及运价 D. 海上风险程度

3. 下列贸易术语中，出口报关责任和进口报关责任由一方承担的是（　　）。
A. EXW B. FAS C. CIF D. DDP

4. 下列贸易术语中，风险转移界限在进口国的有（　　）。
A. FCA B. DES C. DDU D. CIP

5. 下列贸易术语中，（　　）风险划分以货交第一承运人为界，并适用于各种运输方式。
A. FAS B. CPT C. CIF D. FCA

三、判断题

1. FOB 价格条件按各国惯例的解释都是由卖方负责申请领取出口许可证和支付出口税。（　　）

2. FCA、CPT、CIP 三种贸易术语中，就卖方承担的风险而言，FCA 最小，CPT 其次，CIP 最大。（　　）

3. 我方按 FOB 旧金山从美国购进一批小麦，卖方理所当然应将货物装到旧金山港口的船上。（　　）

4. 贸易术语因其表示商品的价格构成，可以称为价格术语。（　　）

5. 在所有的贸易术语下，出口报关的责任、费用均由卖方负担。（　　）

应会考核

■ 观念应用

某出口公司 A 与新加坡的客户因价格条款发生了一些分歧，争执不下。A 与这个客户做的业务是空运方式进行运输，A 认为"CIF"只适用于"海运及陆运方式"而不适用于"空运方式"，因此坚持用"CIP"条款（并且银行方面也坚持按照国际惯例空运必须使用"CIP"）。可客户坚持要用"CIF"，他们认为"CIP"比"CIF"多一个费用。A 想问到底"CIP"和"CIF"在费用上有什么区别？

【考核要求】

A 的做法是不是正确？

■ 技能应用

印度孟买一家电视机进口商与日本京都电器制造商洽谈买卖电视机交易。从京都(内陆城市)至孟买,有集装箱多式运输服务,京都当地货运商以订约承运人的身份可签发多式运输单据。货物在京都距制造商 5 公里的集装箱堆场装入集装箱后,由货运商用卡车经公路运至横滨,然后装上船运至孟买。京都制造商不愿承担公路和海洋运输的风险;孟买进口商则不愿承担货物交运前的风险。

【技能要求】

(1)京都制造商是否可以向孟买进口商按 FOB、CFR、CIF 术语报价?

(2)京都制造商是否应提供已装船运输单据?

(3)按以上情况,你认为京都制造商应该采用何种贸易术语?

■ 案例分析

1. 大连某公司 2023 年 7 月出口一级大米 300 吨,按 FOB 条件成交,装船时货物经公证人检验,符合合同规定的品质条件,卖方在装船后已及时发出装船通知。但航行途中由于风浪过大,大米被海水浸泡,品质受到影响。当货物抵达目的港后,只能按三级大米的价格出售,因而买方要求卖方赔偿差价损失。

试问在上述情况下,卖方对该项损失是否负责?为什么?

2. 我国无锡某公司采用 FOB 上海向美国出口货物一批,装运期为 5 月份,集装箱装运。我方 4 月 26 日收到买方发来的装船通知,告知我方载货船舶将于 5 月 15 日到达装运港。为了及时装运,卖方业务员于 5 月 10 日将货物从无锡运至上海码头仓库,不料货物因当夜仓库发生火灾而全部损失。

【分析要求】

(1)以上损失是否应该由卖方承担?为什么?

(2)若采用 FCA 无锡交货,该损失是否应该由卖方承担?为什么?

(3)采用 FCA 贸易术语和 FOB 贸易术语在交货地点、运输方式和单据、结汇时间等方面存在哪些不同?

▼ 项目实训

【实训项目】

贸易术语的应用。

【实训情境】

根据下列材料,运用贸易术语向外商报价。

1. 上海某公司拟向美国纽约某客商出口一批货物,每件(100 磅)48 美元。交货条件为 FOB。

2. 宁波某进出口公司拟向荷兰某客商出售一批海信某型彩电,单价为每台 150 美元,交货条件为 CIF 舱底交货,运达地点鹿特丹。

3. 青岛某集团公司出口一批货物到英国伦敦,每公吨 300 美元,含佣金 2%,交货条件为 CFR。

4. 广州某公司出口一批货物到美国纽约,每公吨 213 美元,减折扣 3%,交货条件为 CIF。

【实训任务】

1. 请根据实训情境,用英文撰写贸易术语的表达方式。

2. 撰写《贸易术语的应用》实训报告。

《贸易术语的应用》实训报告			
项目实训班级：	项目小组：		项目组成员：
实训时间：　　年　　月　　日	实训地点：		实训成绩：
实训目的：			
实训步骤：			
实训结果：			
实训感言：			
不足与今后改进：			
项目组长评定签字：			项目指导教师评定签字：

项目四　国际货物运输保险与索赔

● 知识目标

　　理解：国际货物运输保险的概念和种类、国际货物运输保险的基本原则、国际货运保险合同的当事人和关系人、国际货运保险合同中的有关用语和英国海上货物运输保险条款。
　　熟知：国际货运保险合同的成立、变更和转让的规定。
　　掌握：国际海上货运保险的保障范围，我国海洋货物保险的险别、除外责任和保险期限；国际货物保险事故索赔代理。

● 技能目标

　　具备险种选择、保险费用的计算，以及分析与解决实际应用问题的能力。

● 素质目标

　　运用所学的国际货物运输保险与索赔知识研究相关案例，培养和提高学生在特定业务情境中分析问题与决策设计的能力；结合行业规范或标准，运用本项目的知识分析行为的善恶，强化学生的职业道德素质。

● 思政目标

　　能按照国际货物运输保险与索赔业务流程和实践认知，结合职业道德和企业要求，自主解决国际货物运输保险业务中出现的常见问题。培养认真、细致、严谨的工作态度，形成良好的工作习惯；明确国际货物运输保险在现代外贸业务经营管理中的重要性，不断深化国际经济合作，促进"一带一路"邻国之间经济体系的构建。

● 项目引例

国际货运代理中的运输保险与索赔案

　　2023年2月，中国某纺织品进出口公司与大连的海运公司签订了运输1 000件丝绸衫到法国马赛的协议，合同签订后，进出口公司又向保险公司就该批货物的运输投保了平安保险，保险公司向进出口公司签发了保险单。2月20日，该批货物装船完毕起航，2月25日，装载该批货物的轮船在海上遇上大风暴，船体受损严重，于2月26日沉没，3月20日，纺织品进出口公司向保险公司就该批货物索赔,保险公司以该批货物因自然灾害造成损失为由拒绝赔偿。

引例导学:保险公司拒绝赔偿进出口公司的理由是否成立?海洋货物保险条款的内容有哪些?

● 知识精讲

任务一 国际货物运输保险概述

一、国际货物运输保险的概念和种类

(一)国际货物运输保险的概念

国际货物运输保险是指保险人(保险公司)与投保人(国际贸易中的买方或卖方)签订合同约定,投保人支付规定的保险费,在货物遭受国际运输途中约定的保险事故损害时,由保险人负责给予约定的保险受益人(被保险人)补偿的行为。

(二)国际货物运输保险的种类

1. 根据运输方式划分

国际货物运输保险可分为海上货运保险、陆上货运保险和航空货运保险等。

2. 根据保险期限划分

国际货物运输保险可分为运程保险、定期保险和混合保险。

(1)运程保险。它是指按保险合同规定,保险人只负责指定地点之间的一次或几次运程的保险。

(2)定期保险。它是指规定保险人在某个固定时间内负责的保险。

(3)混合保险。它是指运程和定期相结合的保险,即保险人对运程之内且定期之内的损失负责。

3. 根据承保方式划分

国际货物运输保险可分为逐笔保险、预约保险、流动保险和总括保险等。

(1)逐笔保险(Specific Insurance)。它是指对一批货物由投保人一笔笔向保险人申请保险。

(2)预约保险,称开口保险(Open Cover)。实践中,选用预约保险的保险人与被保险人事先达成一项协议,规定总的保险范围,包括保险标的、总保险限额、运程区域、运输工具、保险条件和保险费率等。保险期限可以是短期的,也可以是长期的。在保险期限内,对保险范围内的货物,保险人负有自动承保之责。每批货物出运之前,由被保险人填制起运通知,通知保险人签发保险凭证,将来根据所签凭证结算保险费。我国进口货物大多采用这种承保方式。其保险金额一般按 CIF 价格加 10% 为准。

(3)流动保险(Floating Insurance)。它是一种预约的定期保险,也称作不指名保险。流动保险合同一般不规定运输工具名称和运输路线,但对每一种运输工具每次事故确定一限额。被保险人在保险期限内对可能运送的物资数量大体上有一定安排,然后向保险人预付一部分保险费,每批货物发运时,通知保险人自动承保。待保险合同到期时再行结算保险费,多退少补。流动保险的适用范围比预约保险要窄。

(4)总括保险,又称闭口保险(Blank Insurance)。保险双方当事人议定一个保险范围,明确保险标的、保险总额、运程、保险险别、保险期限及投保人的保险费总额。在总括保险下,每批出运的货物无须逐一通知保险人,保险人也不再根据每批货物的不同种类按不同费率计算保费,若发生赔款,则在保险总额内扣除,直至保险总额扣完、保险公司终止责任为止。当事人如果无相反约定,总保险金额在保险期满时有剩余的,保险人无义务退还与剩余保险金额相应的保险费。

拓展阅读

保险关系法律规范

二、国际货物运输保险的基本原则

(一)合法原则

合法原则(Principal of Legality)要求保险人必须是合法经营国际货运保险的承保人；被保险人对保险标的有合法的利益；承保的对象为法律许可运输的货物；保险合同的签订符合有关法律的规定等。

(二)诚信原则

诚信原则(Utmost Good Faith)是国际公认的货运保险的原则。当事各方尤其是投保方和被保险方在订立和履行保险合同时必须遵循此原则。因为国际货运保险中的保险人在同意承保时往往远离运货现场，不知保险标的底细，一般只凭投保人的叙述，所以为了维护保险人的利益，必须要求被保险人坚守诚信，包括我国在内的很多国家和地区的法律规定保险人可以被保险人违反诚信原则为由，解除保险合同。

【注意】就投保人和被保险人而言，为履行诚信义务，必须向保险人正确陈述、披露有关保险标的的重要情况，并保证其陈述和披露的正确性。

(1)陈述和披露。陈述和披露在保险术语中称作"告知"，即要求投保人在投保时对保险标的有关的重要情况必须向保险人申报。投保人应将决定保险人是否承保及保险费率高低的事实如实告知保险人。投保人告知不真实的为误告，因误告而产生的保险合同，保险人有权解除。

(2)保证。国际货运保险合同是诚意合同，保证在国际货运保险合同的订立过程中有着重要的意义，它是构成保险合同的重要条款之一。英国1906年《海上保险法》第33条规定："不管保证的内容对风险是否重要，必须确切照办，被保险人违反了保证就可以使保险人宣告保单无效，但是保险人对于违反保证前所发生的损失仍然要负责赔偿。"

保证分为明示保证与默示保证：

①明示保证(Express Warranty)，是指以书面的形式，或以特约条款的形式附加于保单之内，或在保单内本身就规定此项特约条款。实际上，当被保险人的告知构成保险合同的一项条件，而以文字规定于保单之内或记载于附属文件时，即已成为被保险人的明示保证。

②默示保证(Implied Warranty)，是指此项保证在保单内虽无文字规定，但习惯上认为被保险人应该保证其对一事项的作为或不作为。实际上，绝大多数的默示保证是过去法院判决的结果，也可以说是船舶航行习惯的合法化，它与明示保证一样，对被保险人具有约束力。

(三)近因原则

近因(Proximate Cause)是指对保险财产造成损失的最直接原因。这个原因不是按时间远近的标准来衡量的，而应是指影响上的最重要的因素，因此，不能用这个"近"字的时间上概念去理解。损失的最近原因是决定承担保险责任的重要因素，如果保险财产的损失近因不属于保险责任范围之内的，那么被保险人无索赔权利。有时候发生的事是连接的一连串事故，有两种或很多的事故原因，其中有在保险责任中的，也有除外的，此时，就要看究竟哪一个是最有影响的实际原因(最近原因)，当发生这种情况时，往往会在保险人与被保险人之间引起争议。

(四)可保利益原则

可保利益(Insurable Interest)也称保险利益。它是指投保人或被保险人对保险标的所具有的利害关系。投保人或被保险人因保险事故的发生致使保险标的的不安全而受损，或因保险事故不发生而受益，这种利害关系就是可保利益。它可以体现为承运人在运输、保管他人财产安全时所负有的责任，也可以体现为债权人享有的利益或由民事侵权行为引起的损害赔偿等。可保利益是保险法律关系的基本要素。

1. 可保利益的条件

作为保险标的的可保利益，必须具备以下三个条件：

(1)可保利益必须是合法的。如投保人以走私物品投保货物运输险，即使他对这批走私物品确实具有财产利益，由于这在法律上是不可以主张的利益，所签订的保险合同也是无效的。

(2)可保利益必须是确定的、可以实现的。投保人无根无据主观臆断会得到的利益，不能视作可保利益。至于货物运输保险的"预期增值"(Anticipated Increased Value)和"预期运费"(Anticipated Freight)等，虽然在保险合同订立时并不存在具体利益，但是在保险事故发生时能实际估计其受损金额，在客观上也可以得到社会的承认，因此可以作为保险标的列入保险合同。

(3)可保利益必须具有经济价值，其价值可以货币形式来计算，并为客观所承认，数额必须合理。如票证、账册等由于无法计算其实际价值，除非特别约定，一般不得作为保险标的列入保险合同。

2. 可保利益原则的例外情况

英国 S.G. 保单中"无论灭失与否"条款(Lost or Not Lost)是可保利益原则的一个例外。所谓"无论灭失与否"，是指在签订保险合同时，不论保险标的物是否已发生灭失，保险都有效。但若被保险人事先已知发生灭失情节，保险则无效；同样，若保险人已知保险标的物安全到达目的地，仍与被保险人签订保险合同者也无效。本条款反映了过去海上运输和通信不便利条件下的两种特殊情况。就保险利益原则而言，无论在上述哪种情况下，被保险人向保险人投保时，对保险标的都已无可保利益。因此，"无论灭失与否"条款是可保利益原则的例外情况。

(五)赔偿原则

1. 保险人在履行赔偿义务时应遵守的赔偿原则

保险人在履行赔偿义务时应遵守的赔偿原则(Principle of Indemnity)有：①保险人的赔偿须以实际损失为限，被保险人不能从损失中获益；②保险人的赔偿须以保险金额为限，赔偿限额不能高于保险金额；③保险人的赔偿应以被保险人对标的的保险利益为限；④在重复保险的情况下，保险标的发生损失，应由各保险人分摊。

【提示】对重复保险也有一些国家采取顺序责任制，即由先承保的保险人首先承担赔偿责任，不足部分由后面的保险人来承担，总的赔偿到保险标的的价值为止。

2. 规定补偿原则的基本目的

包括：一是防止被保险人从保险中盈利，发生一次损失，只应该使被保险人大致恢复到与损失发生之前相同的财务状况；二是减少道德风险，避免故意制造损失赔偿。

(六)代位求偿原则

代位求偿原则(Principle of Subrogation)是赔偿原则的补充。它是指当被保险财产的损失是由第三者的责任造成的时，保险人在赔偿了财产的损失后，被保险人应将向第三者追偿的权利转让给保险人，保险人可以被保险人的名义向第三者责任方请求损害赔偿。

以下是对代位求偿的几点说明：①无论是全部损失还是部分损失，保险人只有赔偿了被保险人的损失后，才可以取得代位求偿的权利。②定值保险单下，保险人向第三方追偿回来的款额若少于赔款，则全部归于保险人；若多于赔款，则余额部分全部归于被保险人。③被保险人可以取得保险人赔付之前的损失利息，保险人可以取得其赔付之后的利息，但也可以根据保险合同约定的方法处理利息。

任务二　国际货运保险合同

一、国际货运保险合同的当事人和关系人

(一) 保险人

保险人(Insurer)也称承保人,是保险合同的一方当事人,即为收取保险费而在保险事故发生时,对被保险人承担赔偿损失责任的人。为了保护被保险人、受益人的社会利益,很多国家制定了专门管理保险人的法律。

(二) 投保人

投保人(Applicant)又称要保人、保单持有人,是与保险人签订保险合同并负有缴付保险费义务的人,可以是法人,也可以是自然人。在保险合同生效后,投保人通常就成为被保险人。根据法律规定,没有行为能力的人不能签订合同,因而也不能作为投保人申请订立保险合同。

(三) 被保险人

被保险人(The Insured)是受保险合同保障的人,也就是指保险事故发生时,有权按照保险合同要求赔偿损失的人。国际货运合同中的投保人和被保险人是不是同一对象,将视具体情况而定。

(四) 保险代理人

保险代理人(Insurance Agent)是保险人的代理人,根据代理合同协助保险人代理保险业务并收取佣金。在国外,保险人广泛使用代理人招揽和销售保险业务。我国涉外保险业务的代理人,一般由我国对外经济贸易单位兼任;同时,为了方便国外客户在出险时能就地得到处理,及时取得赔款,我国在全世界100多个国家和地区的主要港口委托了400多家货物、船舶检验和理赔代理人。

(五) 保险经纪人

保险经纪人(Insurance Broker)即基于投保人的利益,为投保人与被保险人订立保险合同、提供中介服务并依法收取佣金的人。在保险人接受经纪人安排的业务后,由其付给经纪人佣金,但保险经纪人一般没有约束保险人的权利。西方各国保险经纪人不仅招揽保险业务赚取佣金,而且对保险人可以施加种种影响左右保险市场。我国的涉外保险中也有通过外国保险经纪人开展业务的做法。

(六) 保险公证人

保险公证人(Notary)是为保险当事人办理保险标的勘查、鉴定、估损等给予证明的人。保险公证人可受保险人或被保险人的委托而进行工作,其酬金由委托人支付。

二、国际货运保险合同中的有关用语

(一) 保险标的

保险标的是保险合同的客体,是构成保险合同关系的重要依据。作为指明保险事故发生所在的客体,它是被保险人转嫁风险或取得保险保障的对象。国际货运保险的标的为国际运输中的货物及其有关责任。

(二) 保险价值

保险价值是衡量保险金额足额或不足额以及确立损失赔偿的计算基础。在国际运输中,货物的保险价值是订立保险合同时货物在起运地的发票价格(若不是贸易商品,则以起运地的实际价值)加上运输费用和保险费的总和。

（三）保险金额

保险金额是计算保险费的依据，是保险合同的最高赔偿限额。它不一定是保险人认定的保险标的实际的市场价值，也不一定是保险标的发生损失时保险人应予赔偿的金额。被保险人在可保利益的范围内，可以把保险标的的保险价值作为保险金额，也可以另行估价作为保险金额，但一般均以保险标的的国际市场价值作为保险的保险金额。

经保险双方约定，并在保险合同内订明，以标的保险价值作为保险金额和保险赔偿损失的标准者，称作定值保险；保险双方未经约定标的保险价值者，称作不定值保险。当保险标的受损时，保险人按受损的实际价值进行赔偿。保险金额超过实际价值，称作超值保险，超值部分是无效的；保险金额低于实际价值，称作低值保险或不足额保险，若发生赔款时，则按比例扣减；保险金额等于实际价值，按损失足额赔偿。

【提示】目前，国际货运保险市场上采用的大多为定值保险。

（四）委付

委付是放弃物权的一种法律行为。当被保险人在发生法定委付的原因时，以将保险标的的一切权利转移给保险人为条件，请求赔付该标的全部的保险金额。因此，委付是以获得保险标的的金额为条件的，委付也必须以保险标的的全部进行委付。

【注意】保险人在法律上并无接受委付的义务，保险人在接受委付之前，必须周密考虑，特别是接受委付后对被委付保险标的的物的义务，诸如清除残骸等，若认为有利可图，则可以接受委付；若认为得不偿失，则可以不接受委付而在被保险人提出委付请求前即赔付全部保险金额，以避免卷入新产生的债权纠纷。

三、国际货运保险合同的成立、变更和转让

（一）国际货运保险合同的成立

国际货运合同成立过程为：由要保人申请，称为要约；要约以投保单形式提出，在投保单上列明订立保险合同所要求的内容和项目；经保险人同意后，以签发保险单或保险凭证的形式表示承诺，保险合同即告成立。

有时保险人由于业务上的需要，也有临时采用暂保单（Binder，Binding Slip）又称"临时保险书"的做法。暂保单的效力与正式保单一样，但最长有效期一般为30天，在出立正式保险单或保险凭证后，暂保单即自动失效，暂保单的出立并非必经的程序。

（二）国际货运保险合同的变更

国际货运保险合同一经有效成立，任何一方都不能擅自变更和解除。但是，保险合同又是非即时清洁合同，在合同有效期内，有时根据实际情况确实需要对合同所载的内容进行某些变更，在这种情况下，被保险人必须事先向保险人提出，并征得保险人的同意。

保险合同的内容变更有以下两方面：

（1）保险事项的变更。它主要是指保险标的数量的增减，保险金额的变化，保险地点的变更，危险程度的改变，保险期限的变化以及运程、航次的变化等。我国的海洋货物运输保险规定：如遇航程变更或发现保险单所载明的货物、船只或航程有遗漏或错误时，被保险人应在获悉后立即通知保险人并在必要时加缴保险费，本保险才继续有效。

（2）保险责任的变更。如果投保人希望变更保险合同的责任条款，那么向保险人提出申请，双方协商一致后，一般采取批改的方式。

【提示】批改是保险合同的组成部分，保险合同一经批改，双方当事人均需按照批改后的内容承担各自相应的责任和义务。

(三)国际货运保险合同的转让

在国际贸易中,买卖双方分处不同国家,货物在运输途中即可能被出售,若按没有可保利益即失去保险权利的原则,货运保险合同因货物转让而立即失效,这样很不利于货物的成交;或者同一般财产保险合同一样,在财产转让时立即办理产权转让批注手续,每转让一次货物即需办理一次,也不胜其烦。为便于国际货物进行贸易,保险人对货物运输保险合同的转让,采取通融简化的背书办法,即只要被保险人在保险合同上背书后,将保险同时转移给受让人,被保险人的权利和义务也随之而转移,保险人对该受让人仍按原订保险合同的各项条款负责。若货物在运输保险合同转让过程中,货物本身、货物包装、货物标志等有所变更,则保险人不负损失赔偿之责。

货物运输保险合同经背书后,可随同该货物的提单在市场上作为有价证券流通,但其有效期以保险合同承保的货物实际抵达目的港或保险合同规定的日期为止。

任务三　国际海上货运保险的保障范围

国际海上货运保险的保障范围,包括保障的危险、保障的损失和保障的费用三个方面。

一、保障的危险

海上危险主要有两类,即海上风险和外来风险。

(一)海上风险

海上风险(Perils of Sea)也称海难。它包括海上发生的自然灾害和意外事故,如恶劣气候、沉没、搁浅、触礁、碰撞、失踪、破船等事故。

(1)恶劣气候(Heavy Weather)。恶劣气候也称作暴风雨(Wind Storm)。它一般是指海上发生的飓风、大浪引起船只颠簸、倾斜造成船舶的船体、机器设备的损坏或者因此而引起船上所载货物相互挤压、碰触而导致破碎、渗漏、凹瘪等损失。

(2)沉没(Sunk)。沉没是指船体的全部或大部分已经没入水面以下,并已失去继续航行的能力。

(3)搁浅(Grounded)。搁浅是指船底同海底或浅滩保持一定时间的固定状态。这一状态必须是在事先没有预料到的意外情况下发生的。

(4)触礁(Strand)。触礁是指船舶在航行中,船身擦过或碰着水中的礁石或其他障碍物仍继续前进的情况。船只同沉船的"残骸"相接触,也视作"触礁"。

(5)碰撞(Collision)。碰撞是指船舶与他船或其他固定的、流动的固体物猛力接触。

(6)失踪(Missing)。失踪是船舶在航行中失去联络,音信全无,达到一定时间,仍无消息,可以作为实际全损,由保险公司按"失踪"负责。

(7)破船(Shipwreck)。破船是指由于非常风浪,使船舶驱向岸边、浅滩、礁石或与其他物体发生撞击导致的破漏。

(二)外来风险

外来风险(Extreme Risks),是指外来原因引起的损失。主要的外来风险责任有失火(包括烧毁、烧焦、烧裂、烟熏以及在救火中的损失,但不包括货物本身特性引起的自然损失)、偷窃、提货不着、雨淋、短量、玷污、渗漏、破碎、受潮、受热、串味等。

除上述这些一般外来风险外,保险上还有一种特殊的外来风险,如战争、罢工、交货不到和拒收等。

海运保险所保障的风险如图4-1所示。

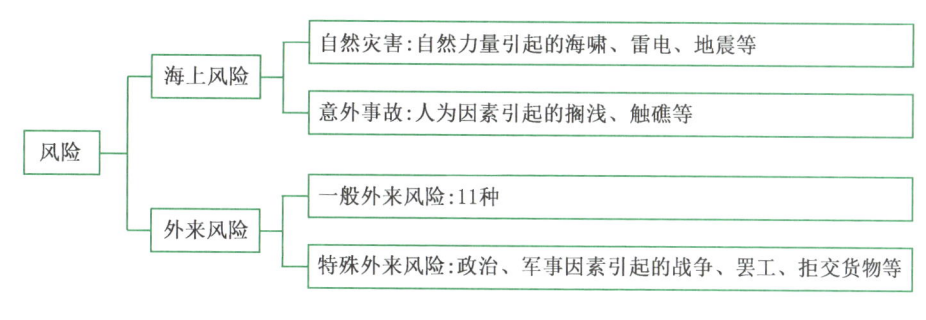

```
风险 ─┬─ 海上风险 ─┬─ 自然灾害:自然力量引起的海啸、雷电、地震等
      │           └─ 意外事故:人为因素引起的搁浅、触礁等
      └─ 外来风险 ─┬─ 一般外来风险:11种
                  └─ 特殊外来风险:政治、军事因素引起的战争、罢工、拒交货物等
```

图 4—1 海运保险所保障的风险

二、保障的损失

从程度上划分,可以分两类,即全部损失和部分损失。

(一)全部损失

全部损失(Total Loss)也称全损,是指保险标的遭受全部损失。全损又可分为实际全损和推定全损。

1. 实际全损(Actual Total Loss)

实际全损又称绝对全损。它主要有以下几种表现形态:保险标的物遭受保险承保范围内的保险危险而造成的全部灭失,如船舶爆炸;保险标的物的受损程度已使其失去原有的形态和特性,如大米在运输过程中串味变质不能食用;被保险人对保险标的物被永久性地剥夺了所有权,如战争时期船舶及货物被敌对国扣留、没收及船舶失踪满 6 个月者都构成实际全损。

2. 推定全损(Constructive Total Loss)

推定全损是指保险标的物遭受保险承保范围内的保险危险而造成损失,但尚未达到全部灭失,可是估计已不能再行恢复,或者恢复的费用将超过标的物的原有价值的一种推定性的商业性的损失。它主要有以下几种表现形式:保险标的物受损后,修理费用已超过货物修复后的价值;受损后,整理和续运到目的地的费用超过货物到达目的地的价值;保险标的的实际全损已经无法避免,或者为了避免实际全损需要花费的施救费用将超过获救后的标的价值;保险标的物遭受保险责任范围内的事故,使被保险人失去标的所有权,而收回这一所有权其所花的费用,将超过收回后的标的价值。

【注意】在构成推定全损的情况下,被保险人必须向保险公司办理委付手续(Abandonment)。

(二)部分损失

凡损失没有达到全部损失者,都属于部分损失(Partial Loss)。部分损失可按其性质分为单独海损和共同海损。

1. 单独海损

单独海损是指船舶或货物在运输过程中,因受海上风险和外来风险所造成的部分损失。这种损失只与单独利益方有关,不涉及其他货主或船方。例如,船舶在航行途中发生搁浅、触礁事故使船只受损或者货物因船只的触礁漏水而遭受湿损,这些都属于单独海损。单独海损一般由个别货主、船方或其承保人单独负责。

2. 共同海损

在海上运输途中,船舶及其所载的物资遭遇自然灾害或意外事故等情况,船长为了解除共同危险有意识地采取合理的救难措施,因而导致的特殊损失和额外费用由有关方面共同负担,这部分损失、费用习惯上称为共同海损。共同海损通常是由利害关系人,即船方、货方和运输方按获救价值共同分担。

根据上述共同海损的概念,可以将共同海损分为四个要素:①共同海损的危险必须是实际存在的,或者是不可避免地产生的,不是主观臆测的;②必须是自动和有意采取的行为;③必须是为了船、货共同安全而采取谨慎合理的措施;④必须属于非常性质的损失。

【学中做 4—1】 某货物在航行途中船舶货舱起火,大火蔓延到机舱,船长为了船、货的共同安全,决定采取紧急措施,往船中灌水灭火。火虽被扑灭,但由于主机受损,无法继续航行,于是船长决定雇用拖轮将货船拖回装货港修理。检修后重新驶往目的港。事后调查,这次事件造成的损失有:①1 000 箱货烧毁;②300 箱货由于灌水灭火受到损失;③主机和部分甲板被烧毁;④拖船费用;⑤额外增加的燃料和船长、船员工资。从上述各项损失性质来看,各属于什么海损?

三、保障的费用

(一)施救费用

当被保险标的遭遇保险责任范围内的灾害事故时,被保险人或者其代理人、雇用人员和受让人等采取措施,抢救保险标的,以防损失的扩大,因采取措施而支出的费用,就是施救费用(Sue and Labour Expense),保险人对这种施救费用负责赔偿。

施救费用是海上保险的重要内容之一。根据上述概念,对施救费用的责任解释如下:

(1)施救费用必须是由于保险危险的最近原因造成的。例如,保险单没有战争的责任,如果发生战争危险,那么由此而花费的施救费用不在责任范围内。

(2)施救费用必须是合理的,即被保险人要像没有参加保险一样审慎地采取施救措施。所谓"合理"或"不合理",应该根据具体情况和具体条件而定。

(3)施救费用必须由被保险人、其雇用人员或代理人在自救中发生。第三者的自愿救助按救助费用处理。

(4)施救费用必须花费在保险财产上。若用于共同利益的费用,则属于共同海损的范围。

(5)不足额保险,施救费用按比例分摊。

(6)施救对象有两种或两种以上的保险财产,又分别属于不同的被保险人所有,施救费用按保险金额的比例分摊。

(7)保险单上规定有"免赔率"的,被保险人不得将施救费用加进货物的损失值中以达到"免赔率"而取得索赔权。

(8)施救没有取得效果或施救后保险财产没有损失的,只要施救是合理的,保险人仍负责赔偿施救费用。

(9)对施救费用的赔偿限额,不受保险财产损失的赔偿额的约束,独立地以保险金额为限。

(二)救助费用

救助费用(Salvage Charge)是指保险标的遭受保险责任范围内的灾害事故时,有保险人和被保险人以外的第三者采取救助行动,而向其支付的费用。国际上一般采用"无效果,无报酬"(No Cure,No Pay)的原则。

无论是海上货物运输保险还是船舶保险,救助费用都作为一种费用损失列入保险承保责任范围之内。但保险人对此项费用的赔偿责任,与保险标的本身的赔偿责任加起来,不能超过一个保险金额。

(三)特别费用

特别费用(Special Charge)是指货物的运载工具遭遇海上灾害或意外事故不能继续航行,必须把货物卸下存仓,或再由原船装载续运,或由他船受载代运等所产生的费用。

(四)额外费用

额外费用(Extra Charge)是为索赔举证等而支付的必要费用,此项费用只有在保险标的确有损失,赔案确实成立的情况下,保险人才予以负责。

任务四 我国与英国海上货物运输保险条款

一、我国海洋货物保险条款简介

(一)险别

海洋货物运输保险的险别(Scope of Cover)很多,按照我国的保险习惯,将各种险别分主险、附加险、特别和特殊附加险等。

1. 主险

主险险别可以独立承保,不是附加在某一险别项下,是货物运输保险的基本险别。海洋货物运输保险的主险可分为平安险、水渍险和一切险。

(1)平安险(Free from Particular Average,F. P. A.)。原意是对单独海损不负赔偿之责。单独海损按照国际保险界多年来的解释是指部分损失。该险原来保障范围只赔全部损失,经过国际保险界对平安险条款的不断修订,目前该险种的责任范围已不是只赔全部损失,对某些原因所造成的部分损失,也是负赔偿责任的。概括来说,这一险别的责任范围包括以下方面:

①被保险货物在运输途中由于暴风、雷电、海啸、地震、洪水等自然灾害造成整批货物的全部损失或推定全损。

②由于运输工具遭受搁浅、触礁、沉没、互撞、与流冰或其他物体碰撞以及失火、爆炸等意外事故造成货物的全部或部分损失。

③在运输工具已经发生搁浅、触礁、沉没、焚毁等意外事故的情况下,货物在此前后又在海上遭受暴风、雷电、海啸等自然灾害所造成的部分损失。

④在装卸或转运时由于一件或数件、整件货物落海造成的全部或部分损失。

⑤被保险人对遭受承保责任内危险的货物采取抢救、防止或减少货损的措施而支付的合理费用,但以不超过该批被救货物的保险金额为限。

⑥运输工具遭遇海难后,在避难港由于卸货所引起的损失以及在中途港、避难港由于卸货、存仓以及运送货物所产生的特别费用。

⑦共同的海损牺牲、分摊和救助费用。

⑧运输合同订有"船舶互撞责任"条款,根据该条款规定应由货方偿还船方的损失。

【同步案例4—1】 大连某公司有批玻璃制品出口日本,由甲、乙两轮分别载运,货主投保了平安险。甲轮在航行途中与他船发生碰撞事故,玻璃制品因此而发生部分损失;乙轮在航行途中遇到暴风雨,玻璃制品相互碰撞而发生部分损失。事后,货主向保险人提出索赔。问保险人该如何处理?

(2)水渍险(With Particular Average,W. P. A 或 W. A.)。原意是"负责单独海损的赔偿"。它承保的责任范围,除包括平安险的各项责任外,还负责被保险标的由于恶劣气候、雷电、海啸、地震、洪水等自然灾害所造成的部分损失。

我国水渍险条款与国际保险市场的水渍险条款基本相同,但有些国家则有免赔额(率)的规定。欧洲大陆国家习惯采用绝对免赔率,英、美等国家习惯采用相对免赔率,我国则没有免赔率的规定。目前,国际保险市场也逐渐效仿我国水渍险"不计免赔率"的优惠办法。

【同步案例 4—2】 我方向澳大利亚出口坯布 200 包。我方按合同规定加一成投保水渍险。货物在海上运输途中因舱内食用水管漏水,致使该批坯布中的 60 包浸有水渍。请问,对此损失是向保险公司索赔还是向船公司索赔?

(3)一切险(All Risks,A. R.)。它的承保责任范围,除了包括"平安险"和"水渍险"的所有责任外,还包括保险货物在运输过程中,因各种外来原因所造成的货物损失,即 11 种一般附加险。

2. 附加险

所谓附加险,就是指这种险别不能独立承保,必须附属于主险项下。一般附加险的种类很多,几乎包括所有外来原因引起的损失,例如,破碎、渗漏、油污、雨淋、发热、生锈、酸蚀等。如前所述,目前中国人民保险公司承保的一般附加险有 11 种。

(1)偷窃提货不着(Theft Pilferage and Non-Delivery,T. P. N. D.)。这是主要承保在保险有效期内,保险人对保险货物由于被偷窃、整件提货不着所造成的损失负赔偿责任。为了便于确定责任,对于偷窃损失,被保险人必须在及时提货后 10 天之内申请检验;对于整件提货不着,被保险人必须向责任方、港方、海关或有关当局取得证明。

(2)淡水雨淋(Rain and/or Fresh Water Damage,R. F. W. D.)。这是指承保货物在运输过程中,由于淡水、雨水及冰雪融化所造成的损失。由于平安险和水渍险只承担海水所致的损失,不承担淡水所致的损失,因而这一险别是在此基础上的扩大。

(3)短量险(Risk of Shortage)。这是指承保保险货物在保险期限内发生数量短少和重量短缺的损失,但不包括正常运输过程中货物的自然损耗。

(4)混杂、玷污险(Risk of Intermixture and Contamination)。这是指承保保险货物在运输过程中,由于混进杂质或是与其他物质相接触而被玷污所引起的损失。

(5)渗漏险(Risk of Leakage)。这是指承保流质、半流质、油类货物,在运输过程中由于容器损坏而引起渗漏的损失,或是用液体储运的货物如盐渍湿肠衣、湿牛皮等因液体渗漏而使货物发生变质、腐烂等损失。

(6)碰损、破碎险(Risk of Clash and Breakage)。这是指承保保险货物在运输途中,因受外力影响造成的碰损、破碎损失。由于平安险和水渍险对运输途中由海难造成保险货物的碰损、破碎负赔偿责任,加保本险主要是对一切外来因素造成货物的碰损、破碎均予以负责。

(7)串味险(Risk of Odour)。这是指承保保险货物在运输途中,因受其他带有异味物品的影响而引起的串味损失。若该项串味损失是由运输方装载不当所引起的,则保险人在进行赔偿后,有权向运输方追偿。

(8)受潮受热险(Damage Caused by Sweating and Heating)。这是指承保保险货物在运输途中,因气温的突然变化或船上通风设备失灵等使船舱内水汽凝结,引起保险货物受潮、受热而变质的损失。

(9)钩损险(Hook Damage)。这是指承保袋装或捆装货物在运输和装卸过程中,因使用手钩或吊钩等工具,造成保险货物的包装破裂,物资外漏。

(10)包装破裂险(Loss for Damage Caused by Breakage of Packing)。这是指承保用袋装、桶装等货物在运输过程中因包装破裂造成保险货物的短少、玷污等损失。由于包装破裂造成物资的损失,从其他附加险的责任中可以得到保障,因此这一保险主要解决的问题在于修补或调换包装的损失。

(11)锈损险(Risk of Rust)。这是指承保金属或金属制品在运输过程中,因生锈而造成的损失,只要不是原装的问题,保险公司都予负责。但对裸装的金属板、块、条、管等,保险公司不予承保。

3. 特别和特殊附加险(Special and Specific Additional Risk)

它与一般附加险不同,不属于一般险范围之内,主要承保由于政治、国家政策法令和行政措施以及战争等特殊原因所造成的损失。国际上没有统一划分特别和特殊附加险的标准,我国主要将其划分为如下几种:

(1)交货不到险(Failure to Deliver)。这是指承保运输货物从装上船舶起算,满6个月仍未运抵原定目的地交货所造成的损失。不论任何原因,保险公司均按全损赔付。由于交货不到很可能是被保险货物并未实际遭受全损,如禁运或在中途港被另一个国家强迫卸货等。因此,条款特别强调在按全损赔付后,应该由被保险人将货物的全部权益转给保险公司。

(2)进口关税险(Import Duty)。这是指承保运输货物到达目的港后,因遭受保险责任范围内的损失,而仍须按完好货物缴纳进口关税所造成的损失。

(3)舱面险(On Deck)。该保险承保的物品是指承保有些由于体积大、有毒性、有污染性,或易燃易爆而习惯于必须装在舱面上的货物。本保险除了按原保险单所保险别的条款负责外,还包括货物被抛弃或风浪冲击落水的损失。由于装载在舱面的货物极易受损,通常保险公司一般只在"平安险"基础上加保舱面险,而不接受在"一切险"基础上加保舱面险,以免责任过大。

(4)拒收险(Rejection)。这是指承保运输货物由于在进口港被进口国的政府或有关当局拒绝进口或没收所造成的损失。保险人按该货物的价值予以赔偿。被保险人在加保拒收险时,须备有一切必需的有效的进口特许证或许可证。

(5)黄曲霉素险(Aflatoxin)。这是指承保保险货物在进口港或进口地经当地卫生当局检验证明,因含有黄曲霉素,并且超过了进口国对该毒素的限制标准,必须拒绝进口、没收或强制改变用途时所造成的损失。

(6)出口货物到我国香港(包括九龙在内)或澳门存仓火险责任扩展条款(Fire Risk Extension Clause for Storage of Cargo at Destination Hong Kong (Including Kowloon) or Macao。该保险的目的是为了保障过户银行的利益,我国内地出口到港澳地区的货物,如直接卸到保险单载明的过户银行所指定的仓库时,加贴这一条款,延长存仓期间的火险责任。保险期限从货物进入过户银行指定的仓库时开始,直到过户银行解除货物权益或者运输责任终止时计算满30天为止。

(7)战争险(War Risk)。这是指承保战争或类似战争行为等引起保险货物的直接损失。

(8)战争险的附加费用(Additional Expenses War Risks)。这是指承保战争险责任内的风险引起的航程中断或挫折,以及由于承运人行使运输合同中有关战争险条款规定所赋予的权利,把货物卸在保险单规定以外的港口,而产生的应由被保险人负责的那部分附加的合理费用。如卸货、存仓、转送、关税以及保险费等,由保险人予以赔偿。

(9)罢工险(Strikes Risk)。这是指承保因参加工潮、暴动和民众斗争的罢工者及被迫停工的工人采取行动造成保险货物的损失及其他任何人的恶意行为造成的损失。但其负责的损失仅仅是直接损失,对于间接损失是不负责任的。

海洋运输保险险别与保险范围比较如表4—1所示。

表4—1　　　　　　　　　　海洋运输保险险别与保险范围比较

险　别	名　称	英　文	保险范围
主险	平安险	FPA	除自然灾害引起的部分损失不赔以外,其他损失均予以赔偿
	水渍险	WPA	包括自然灾害引起的部分损失也在赔偿范围之内
	一切险	All Risk	包括水渍险的范围,还包括一般附加险险别引起的损失

续表

险别	名称	英文	保险范围
附加险	一般附加险		11种
	特别附加险		交货不到险、进口关税险、舱面险、拒收险、黄曲霉素险、出口货物到我国香港(包括九龙在内)或澳门存仓火险责任扩展条款
	特殊附加险		战争险、战争险的附加费用、罢工险

海洋运输保险险别与责任对照如表4－2所示。

表4－2　　　　　　　海洋运输保险险别与责任对照

险别		海损			其他损失	
		全损	部分损失		一般其他损失	特殊其他损失
			共同海损	单独海损		
基础险	平安险	√	√	√		
	水渍险	√	√	√		
	一切险	√	√	√	√	
附加险	一般附加险				√	
	特别附加险					√
	特殊附加险					√

(二)除外责任

除外责任(Exclusion)是保险公司明确规定不予承保的损失或费用。其主要有：被保险人的故意行为或过失；发货人的责任，保险责任开始前保险货物早已存在的品质不良和数量短差；保险货物的自然损耗、本质缺陷、特性；保险货物的市价跌落；运输延迟等造成的损失和引起的费用。对战争险、罢工险等承保的责任往往在一般货物运输险中也作为除外责任。

【同步案例4－3】　我方向海湾国家出口蜡烛一批，投保的是一切险。由于货舱陈旧、速度慢，加上该轮沿途到处揽载，结果航行3个月才到达目的港，卸货后，蜡烛因受热时间过长已全部溶解软化，无法销售。请问，这种情况下保险公司是否可以拒赔？

(三)保险期限

保险期限(Period of Insurance)是保险人对被保险人承保责任起讫的时间规定。我国海运险条款中的责任起讫主要可以概括为如下内容：

1. 仓至仓条款(Warehouse to Warehouse Clause)

仓至仓条款即保险公司对保险货物所承担的保险责任，从保险单所载明的起运港(地)发货人的仓库开始，一直到货物运达保险单所载明的目的港(地)收货人的仓库时为止。

事实上，保险货物运抵目的港(地)的情况并不像上面所述的那样简单。责任的终止，应按照不同的情况加以规定。

(1)当被保险货物在最后卸货港全部卸离海轮后，并未进入收货人的最后仓库，保险责任可以从卸离海轮时起算满60天终止。

(2)被保险货物在目的港卸货后，收货人并未运往最后仓库，而是对货物进行分配、分派或者分散转运，保险责任在这时即行终止。

(3)保险单上所载的目的地不在卸货港,而是在内陆某地,收货人在内陆运输途中将货物进行分配、分派或分批运往各地,即使其中有一部分仍运往保险单载明的最终仓库,保险责任在开始分配时全部终止。

【注意】以上三种情形保险责任的终止以首先发生者为准。

2. 扩展责任(Extend Cover)

扩展责任在我国的海运险条款中虽未明确写入,但实际上作为"责任起讫"的一部分予以负责,主要包括如下内容:

(1)转运。被保险货物在正常运输情况下发生的转运均予以负责。

(2)中途转载。若被保险货物在中途某港口卸下后,不再继续运往保险单载明的原目的港(地),则在该港口的保险责任终止期限,也仍以货物卸离海轮后60天为限。但若货物在此以前又运往非保险单所载的另一目的地时,则在货物开始启运时责任也告终止。

(3)无法控制的变更。由于被保险人无法控制的情况而发生的运输合同终止、绕道、被迫卸货、重装或转载,被保险人一经获悉,应通知保险公司酌收附加费,之后原保险继续有效。

(4)驳运险责任。在起运港及中转港的驳运险责任均予负责,全损险则对每一驳运工具分别作为单独的全损。

(四)被保险人的义务

(1)当被保险货物运抵保险单所载明的目的港(地)以后,被保险人应及时提货,当发现被保险货物遭受任何损失,应立即向保险单上所载明的检验、理赔代理人申请检验,当发现被保险货物整件短少或有明显残损时,也应立即向承运人、受托人或有关当局(海关、港务当局等)索取货损、货差证明。若货损货差是由于承运人、受托人或其他有关方面的责任所造成的,则应以书面方式向他们提出索赔,必要时还须取得延长时效的认证。

(2)对遭受承保责任内危险的货物,被保险人应迅速采取合理的抢救措施,防止或减少货物的损失。

(3)如遇航程变更或发现保险单所载明的货物、船名或航程有遗漏或错误时,被保险人应在获知后立即通知保险人,并在必要时加缴保险费。

(4)被保险人向保险人索赔时,必须提供保险单正本、提单、发票、装箱单、磅码单、货损货差证明、检验报告及索赔清单。涉及第三者责任的,还须提供向责任方追偿的有关函电及其他必要的单证或文件。

(5)在获悉有关运输合同中"船舶互撞责任"条款的实际责任后,应及时通知保险人。

(五)索赔期限

我国海运险条款规定,被保险人的索赔时效从被保险货物在最后卸货港全部卸离海轮后起算,最多不超过2年。

(六)保险费的计算

保险费是保险公司经营业务的基本收入,也是被保险人获得损失赔偿权的对价。投保人交付保险费,是保险合同生效的前提条件。在被保险人交付保险费之前,保险人可以拒绝签发保险单据。

保险费计算公式为:

$$保险费 = 保险金额 \times 保险费率$$

国际货物运输保险通常以CIF价格的110%计算保险金额。

【做中学 4-1】 我国某外贸公司出口一批价值为 CIF 12 000 美元的货物。现按价格加成10%投保一切险和战争险,查保费率表得出一切险和战争险费率分别为 0.5% 和 0.04%。请计算保险金额和保险费。

解：保险金额＝CIF×110%
　　　　　＝12 000×110%
　　　　　＝13 200.00（美元）

保险费＝保险金额×保险费率
　　　＝13 200×(0.5%＋0.04%)
　　　＝71.28（美元）

二、英国海上货物运输保险条款

在国际海上保险市场上，英国是一个历史悠久的国家，其历史可上溯至1523年第一张意大利文的佛罗伦萨保险单传入英国。1779年，英国劳合社制定了自己的船货保险单（Lloyd's S.G. Policy），并被正式编入1906年的《英国海上保险法》，其基本内容一直为国际海上保险界所采用。经过历史的发展，在1982年1月1日产生了新的英国海上保险单格式和货物条款，简称《ABC条款》。

（一）《ABC条款》的责任范围

1. A条款的承保责任

其包括：

(1) 保险标的由除外责任以外的原因导致的一切灭失或损害责任。

(2) 按照运输合同或政府法律及惯例所理算或决定的一切旨在为避免损失或与避免损失有关的救助费用，但损失原因属于除外责任者不在此限。

(3) 运输合同"船舶互撞责任"条款规定的由被保险人应承担损失的比例责任。

2. B条款的承保责任

其包括除了除外责任以外的以下责任：

(1) 保险标的的灭失或损害可合理归因于下列原因：火灾或爆炸；船舶或驳船的搁浅、触礁、沉没或倾覆；陆上运输工具的倾覆或出轨；船舶、驳船或运输工具的互撞，或与除水以外的任何外界物的碰撞；货物在避难港卸货；地震、火山爆发或雷电。

(2) 保险标的由于下列原因所致的灭失或损害：共同海损牺牲；抛弃或浪击落海；海水、潮水、河水进入船舶、驳船、封闭式运输工具、集装箱、大型海运箱或贮存处所。

(3) 船舶或驳船在装卸货物时，任何一件或数件货物落海或掉落导致的全损。

3. C条款的承保责任

与B条款相比，C条款的承保责任比B条款小，它不包括地震、火山爆发、雷电、浪击落海、海水、湖水、河水进入船舶、驳船、封闭式运输工具、集装箱、大型海运箱或贮存处所造成的灭失和损害。

（二）《ABC条款》的除外责任

1. A条款的除外责任

(1) 一般除外责任：①可归因于被保险人故意行为的损失或费用；②保险标的的正常漏损、重量或容器的正常损耗或正常磨损；③由于保险标的包装不良或配备不当造成的损失或费用，"包装"包括用集装箱或大型海运箱装载的，但是以被保险人或其受雇人员在保险生效前完成者为限；④保险标的的内在的缺陷或特性所致的损失或费用；⑤由于延迟的近因造成的损失或费用，即使延迟是由于承保危险所致的损失或费用（共同海损和救助费用除外）；⑥由船舶所有人、经理人、租船人或经营人的破产或不履行债务引起的损失或费用；⑦任何使用原子或中子的裂变和聚变，或其他类似的热核反应或具有放射性能量或具有放射性物质的任何战争武器引起的损失或费用。

(2)不适航和不适运除外责任:①被保险人或其雇用人员知道下列不适航或不适运的装运:船舶或驳船不具备适航能力,船舶、驳船、运输工具、集装箱或大型海运箱不符合安全运输保险标的的要求;②被保险人放弃任何违反船舶应具有适航和适运装载保险标的到达目的地能力的暗示保证,但被保险人或其雇用人员知情者不在此限。

(3)战争除外责任(由于下列原因所致的损失和费用):①战争、内战、革命、叛乱、起义或由此发生内战或国与国之间的任何敌对行为;②捕获、劫持、拘留、禁止或扣押(海盗行为除外)以及由此引起的或由任何此种企图引起的后果;③投放的水雷、鱼雷、炸弹或其他投放的战争武器。

(4)罢工除外责任(由于下列原因所致的损失和费用):①由于罢工者、被迫停工的工人或参加工潮以及暴动或民变人员所致的;②由于罢工、被迫停工、工潮、暴动或民变的影响引起的;③由于任何恐怖分子或行为受政治动机指使的任何个人所致的。

2. B和C条款的除外责任

这两款的除外责任完全相同,但与A条款相比,在一般除外责任中增加了一项除外责任,即保险标的全部或部分被任何一个人或几个人的不法行为有意损坏或破坏。

(三)《ABC条款》的特点

1. 条款结构比较系统化

《ABC条款》分列承保责任(Risks Covered)、除外责任(Exclusive)、保险期限(Duration)、索赔(Claims)、保险权益(Benefit of Insurance)、减少损失(Minimizing Losses)、防止延迟(Avoidance of Delay)、法律和惯例(Law and Practice)8个部分共计19条,文字浅显,层次分明,列出具体内容,使保险人和被保险人双方都能理解。

2. 险别内容比较明朗化

《ABC条款》三种险别的区分,在于承保责任和除外责任两项,即保险人的承保责任A大于B,B又大于C。其他条文内容,三种险别基本相同,显而易见,十分明朗,取消了"负责单独海损"和"不负责单独海损"等保险术语,便于被保险人在投保时正确选择险别,也便于将来有关赔偿的处理。

3. 承保责任比较具体化

B和C条款都列明具体的承保危险,一改《协会货物保险条款》习惯使用的晦涩难懂而又抽象笼统的保险术语;A条款承保一切外来风险,虽概念甚广,但也很浅显。ABC条款的除外责任也逐项列明,用词肯定,毫不含糊。

4. 取消了免赔限额

《ABC条款》取消了免赔限额,也即扩大了保险人的承保责任范围,对被保险人是有利的。

5. 增加了陆上风险

《协会货物保险条款》只延长运输条款的责任时间,将海上运输的时间范围延伸到陆上而已,但对保险标的承保责任并未增加,在陆上没有海难、弃货、船长和船员的故意行为、共同海损等,因此,《协会货物保险条款》的平安险和水渍险条款对陆上的损失责任是有限的,而《ABC条款》则增加了陆上危险的责任,如陆上运输工具的碰撞、出轨、倾覆等,明显地扩大了承保责任。

6. 默示保证改为明示条款

《ABC条款》将不适航、不适运作为一种明示条款;法律和惯例条款代替《协会货物保险条款》的默示保证(船舶的适航性和海上活动的合法性),显得明晰。

【提示】英国的《ABC条款》基本上与我国现行的一切险、水渍险、平安险条款相仿。

任务五　国际货物保险事故索赔

一、货运代理协助索赔

在保险期间发生保险事故,货运代理有义务尽力协助客户向保险人索赔。代理保险企业应提醒投保人掌握不同情况下的保险索赔时效,在规定的时间内行使自己的权利,使所受损失及时获得补偿,特别是既负责协助投保又负责办理接货手续的货运代理,在接货时应:①认真验收货物,及时检查货物外观和清点货物数量;②发现货损货差应向有关责任方(如海、陆、空运的承运人,或多式联运经营人、港务当局等)或理货公司索取货损货差证明;③当发现货损有可能扩大时,应协助客户采取必要的合理措施,防止或减少损失;④协助客户联系目的港或目的地商检机构和(或)保险人公估人商谈有关货损检验事宜,同时协助客户进行货物检验;⑤协助客户与有关责任方进行交涉;⑥协助客户收集有关索赔单证。

二、索赔途径

收货人向保险公司办理索赔,可按下列途径进行:①海运进口货物的损失,向卸货港保险公司索赔;②空运进口货物的损失,向国际运单上注明的目的地保险公司索赔;③邮运进口货物的损失,向国际包裹单上注明的目的地保险公司索赔;④陆运进口货物的损失,向国际铁路运单上注明的目的地保险公司索赔。

三、出口货物保险索赔单证

国外收货人取得检验报告后,提出索赔时,应同时提供下列单证:①保险单或保险凭证正本。②运输合同。③发票。④装箱单。⑤向承运人等第三者责任方请求补偿的函电或其他单证,以及证明被保险人已经履行应办的追偿手续等文件。⑥由国外保险代理人或国外第三者公证机构出具的检验报告。⑦海事报告。海事造成的货物损失,一般均由保险公司赔付,船方不承担责任。⑧货损货差证明。⑨索赔清单等。

四、进口货物保险索赔单证

国内进口收货人向保险公司提出索赔时,要提交下列单证:进口发票;提单或进口货物到货通知书、运单;在最后目的地的卸货记录及磅码单。

若损失涉及发货人责任,须提供订货合同。如有发货人保函和船方批注,也应一并提供。若损失涉及船方责任,须提供卸货港口理货签证。如有船方批注,一并提供。凡涉及发货人或船方责任,还须由国家商检部门进行鉴定出证。若损失涉及港口装卸及内陆、内河或铁路运输方责任,须提供责任方出具的货运记录(商务记录)及联检报告等。凡涉及国外发货人、承运人、港务局、铁路或其他第三者所造成的货损事故责任,只要由收货人办妥向上述责任方的追偿手续,保险公司即予赔款。但对于属于国外发货人的有关质量、规格责任问题,根据保险公司的条款规定,保险公司不负赔偿责任,而应由收货人请国家商检机构出具公证检验书,然后由收货人通过外贸公司向发货人提出索赔。

【学中做 4—2】　我方以 CFR 贸易术语出口货物一批,在从出口公司仓库运到码头待运过程中,货物发生损失,该损失应该由何方负责?如果买方已经向保险公司办理了货物运输保险,保险公司对该项损失是否给予赔偿?并说明理由。

应知考核

一、单项选择题

1. 大连出口到韩国一批稻谷,因保险事故被海水浸泡多时而丧失其原有用途,货到目的港后只能低价出售,这种损失属于(　　)。
   A. 单独损失　　　　B. 共同损失　　　　C. 实际全损　　　　D. 推定全损

2. 一批出口货物投保了水渍险,在运输过程中由于雨淋致使货物遭受部分损失,这样的损失保险公司将(　　)。
   A. 负责赔偿整批货物　　　　　　　　B. 负责赔偿被雨淋湿的部分
   C. 不给予赔偿　　　　　　　　　　　D. 在被保险人同意的情况下,可以单独投保

3. 有一批出口服装,在海上运输途中,因船体触礁导致服装严重受浸。如果将这批服装漂洗后再运至原定目的港所花费的费用已超过服装的保险价格,这批服装应属于(　　)。
   A. 共同海损　　　　B. 实际全损　　　　C. 推定全损　　　　D. 单独海损

4. 我方按CIF条件成交出口一批罐头食品,卖方投保时,按下列(　　)投保是正确的。
   A. 平安险＋水渍险　　　　　　　　　B. 一切险＋偷窃、提货不着险
   C. 水渍险＋偷窃、提货不着险　　　　D. 平安险＋一切险

5. (　　)是三种基本险别中保险人责任最小的一种。
   A. 平安险　　　　　B. 水渍险　　　　　C. 一切险　　　　　D. 战争险

二、多项选择题

1. 在国际货物运输保险中,保险公司承保的风险包括(　　)。
   A. 自然灾害　　　　　　　　　　　　B. 意外事故
   C. 外来风险　　　　　　　　　　　　D. 运输延迟造成损失的风险

2. 一般附加险包括(　　)。
   A. 淡水雨淋险　　　B. 包装破裂险　　　C. 拒收险　　　　　D. 舱面险

3. 为防止海上运输途中货物被窃,可以投保(　　)。
   A. 平安险加保偷窃险　　　　　　　　B. 水渍险加保偷窃险
   C. 一切险加保偷窃险　　　　　　　　D. 一切险

4. 土产公司出口肠衣一批,为防止在运输途中因容器损坏而引起渗漏,应投保(　　)。
   A. 渗漏险　　　　　B. 一切险　　　　　C. 一切险加渗漏险　D. 水渍险加渗漏险

5. 特殊附加险包括(　　)。
   A. 战争险　　　　　　　　　　　　　B. 战争险的附加费用
   C. 罢工险　　　　　　　　　　　　　D. 偷窃、提货不着险

三、判断题

1. 国际货物运输保险可分为逐笔保险、预约保险、流动保险和总括保险等。　　　　(　　)
2. 保证分为明示保证与默示保证。　　　　　　　　　　　　　　　　　　　　　　(　　)
3. 暂保单的效力与正式保单一样,但最长有效期一般为15天。　　　　　　　　　　(　　)
4. 海洋货物运输保险的主险可分为平安险、水渍险和一切险。　　　　　　　　　　(　　)
5. 在保险期间发生保险事故,货运代理有义务尽力协助客户向保险人索赔。　　　　(　　)

应会考核

■ 观念应用

我国通力公司与美国罗斯公司于2022年10月20日签订购买52 500吨饲料的CFR合同,通力公司开出信用证,装船期限为2023年1月1日至1月10日,由于罗斯公司租来运货的"亨利号"在开往某外国港口运货途中遇到飓风,结果装货至2023年1月20日才完成。承运人在取得罗斯公司出具的保函的情况下,签发了与信用证条款一致的提单。"亨利号"途经某海峡时起火,造成部分饲料烧毁。船长在命令救火过程中又造成部分饲料湿毁。由于船在装货港口的迟延,使该船到达目的地时赶上了饲料价格下跌,通力公司在出售余下的饲料时不得不大幅度降价,给通力公司造成了很大的损失。

【考核要求】

1. 途中烧毁的饲料损失属什么损失,应由谁承担?
2. 途中湿毁的饲料损失属什么损失,应由谁承担?
3. 通力公司是否能追偿饲料价格下跌造成的损失?向谁追偿?为什么?
4. 托运人可否向承运人追偿?为什么?

■ 技能应用

某外贸公司按CIF术语出口一批货物,价值30 000美元,装运前已向保险公司按发票总值110%投保平安险,6月初货物装妥顺利开航。载货船舶于6月13日在海上遇到暴风雨,致使一部分货物受损,价值为2 100美元。数日后,该轮又突然触礁,致使该批货物又遭到部分损失,价值为8 000美元。

【技能要求】

保险公司对该批货物的损失是否赔偿?为什么?

■ 案例分析

我国A公司按CIF术语向鹿特丹出口食品1 000箱。货物装运后,A公司凭已装船清洁提单和已投保一切险及战争险的保险单,向银行收妥货款,货到目的港后经进口人复验发现下列情况:①该批货物共有10个批号,抽查20箱,发现其中2个批号涉及200箱食品中细菌含量超过进口国标准;②收货人只实收995箱,短少5箱;③有10箱货物外表状况良好,但箱内货物共短少60千克;④货物延迟到达,市价跌落。

【分析要求】

请分析上述情况,哪些损失应向保险公司索赔?

项目实训

【实训项目】

国际货物运输保险与索赔。

【实训情境】

我国某进出口公司以CIF条件进口货物一批,合同中的保险条款规定:"由卖方按发票金额的130%投保一切险。"卖方在货物装运完毕以后,已凭结汇单据向买方收取了货款,而货物在运输途中遇险导致全部灭失。当买方凭保险单向保险公司要求赔付时,卖方却提出,超出发票金额20%

的赔付部分应该是买卖双方各得一半。

【实训任务】

1. 请根据实训情境,分析卖方的要求是否合理?为什么?
2. 撰写《国际货物运输保险与索赔》实训报告。

<table>
<tr><td colspan="3" align="center">《国际货物运输保险与索赔》实训报告</td></tr>
<tr><td>项目实训班级:</td><td>项目小组:</td><td>项目组成员:</td></tr>
<tr><td>实训时间: 年 月 日</td><td>实训地点:</td><td>实训成绩:</td></tr>
<tr><td colspan="3">实训目的:</td></tr>
<tr><td colspan="3">实训步骤:</td></tr>
<tr><td colspan="3">实训结果:</td></tr>
<tr><td colspan="3">实训感言:</td></tr>
<tr><td colspan="3">不足与今后改进:</td></tr>
<tr><td colspan="2">项目组长评定签字:</td><td>项目指导教师评定签字:</td></tr>
</table>

第二篇

实务跟进

项目五　关检融合，单一窗口

● **知识目标**

　　理解："单一窗口"的概念、单一窗口注册前准备工作。
　　熟知：报关的概念，报关的范围、分类。
　　掌握：报关的基本内容、出入境报检；单一窗口报关报检流程。

● **技能目标**

　　能够熟知关检融合、单一窗口，具备独立进行报检和报关代理业务的能力。

● **素质目标**

　　运用所学的关检融合、单一窗口中报检和报关知识研究相关案例，培养和提高学生在特定业务情境中分析问题与决策设计的能力；结合行业规范或标准，运用本项目的知识分析行为的善恶，强化学生的职业道德素质。

● **思政目标**

　　能够正确地理解"不忘初心"的核心要义和精神实质；树立正确的世界观、人生观和价值观，做到学思用贯通、知信行统一；通过"关检融合、单一窗口"知识，注重实践能力、创新能力和职业荣誉感的培养，形成良好的职业态度和职业认同，善于独立发现问题、分析问题和解决问题，同时具备互联网平台基本操作的业务功底。

● **项目引例**

国际货运代理业务中的报关

　　辽宁 A 服装有限公司是商务部批准的具有进出口经营权的服装加工企业，从事各种男女服装的生产加工及贸易服务，产品主要销往欧盟、美国、加拿大和日本等国家与地区。为了取得报关资格，自助办理进出口报关业务，该公司需到沈阳海关办理注册登记手续。

　　引例导学：什么是报关？报关如何分类的？报关的基本内容有哪些？关检融合后的单一窗口是什么？

● 知识精讲

任务一　关检融合、统一申报业务准备

一、"单一窗口"的概念

按照联合国的相关标准,将"单一窗口"定义为:使贸易和运输相关各方在单一登记点递交满足全部进口、出口和转口相关监管规定的标准资料和单证的一项措施。单一窗口充分吸取现有数据格式规范,实现数据的简化与便利。(参见联合国第33号建议书)

二、"单一窗口"系统

(1)"单一窗口"系统采用网页版的 B/S 架构模式,无须安装客户端。企业可以随时随地通过网页进行申报操作;

(2)系统环境(操作系统)Windows 7 或 10(32 位或 64 位操作系统);不推荐使用 Windows XP 系统。

(3)浏览器(推荐使用)Internet Explorer 9 及以上,推荐使用 IE 10 或 IE 11 版本;Chrome 20 及以上,若用户使用 Windows 7 及以上操作系统推荐使用 Chrome 50 及以上版本;若用户使用 Windows XP 系统,推荐使用 Chrome 26 版本的浏览器。

三、"单一窗口"注册前准备工作

注册前准备工作如表 5-1 所示。

表 5-1　　　　　　　　　　单一窗口注册前准备工作

企业中文名称	货物申报企业(报关)
统一信用代码号	海关注册编码(海关十位编码)
企业法人姓名	企业法人卡或 Ukey
法人身份证号	报关员卡或 Ukey
操作员姓名	货物申报企业(报检)
操作员身份证号	报检注册号
读卡器	原产地证注册号

四、用户注册

第一步:登录网站,选择所在区域(见图 5-1)。
(1)登录"单一窗口":https://www.singlewindow.cn。
(2)选择"我要办事",之后选择用户所在地,如辽宁。

图 5－1

第二步：用户注册（见图 5－2）。

图 5－2

第三步：企业注册（见图 5－3）。

图 5-3

第四步：单一窗口，企业管理员，用户注册（见图 5-4、图 5-5）。

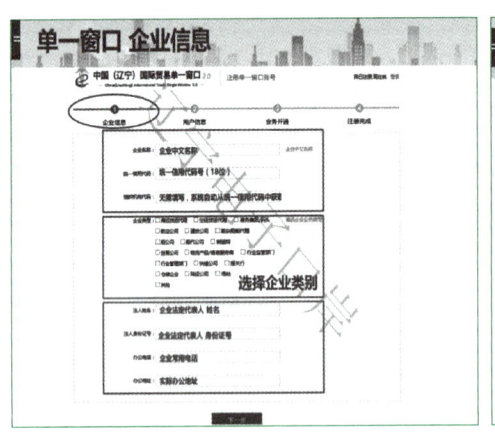

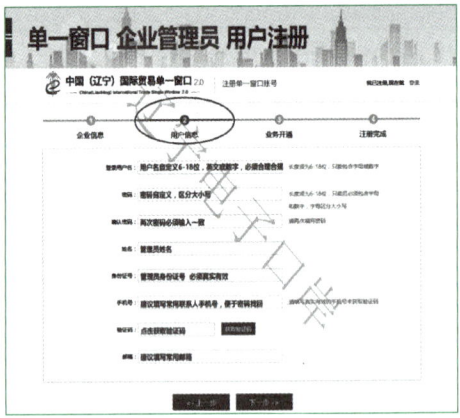

图 5-4　　　　　　　　　　图 5-5

第五步：单一窗口，业务开通（见图 5-6）。

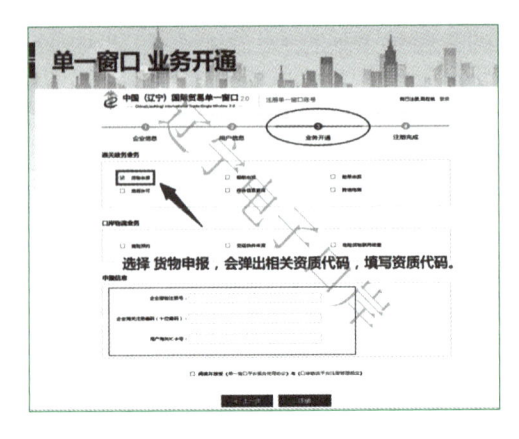

图 5-6

第六步：单一窗口，企业管理员，注册完成（见图 5-7、图 5-8）。

图 5-7　　　　　　　　　　　　　　　图 5-8

五、辽宁国际贸易"单一窗口",货物申报

第一步:选择"货物申报"(见图 5-9)。

图 5-9

第二步:单一窗口,用户登录(见图 5-10)。

图 5-10

第三步:单一窗口,首次登录认证(见图 5-11)。

(1)首次登录标准版,须验证企业用户信息。
(2)点击获取验证码、输入验证码。点击验证。
(3)验证通过后,登录系统。

图 5—11

第四步:登录成功(见图 5—12)。

图 5—12

第五步:货物申报(见图 5—13)。

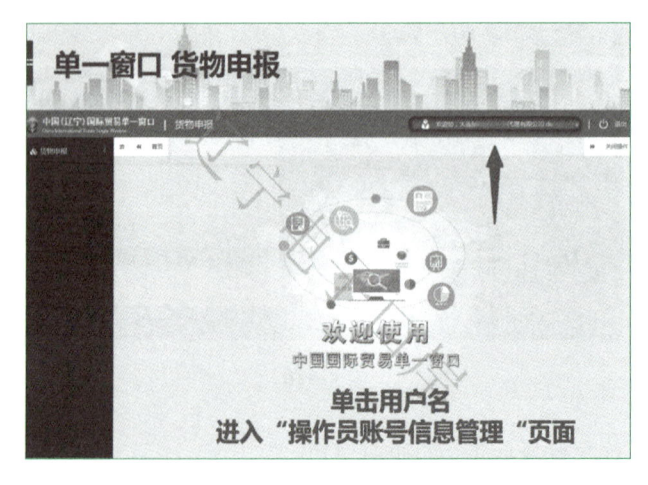

图 5—13

第六步：单一窗口，操作员账号信息管理（见图5-14）。

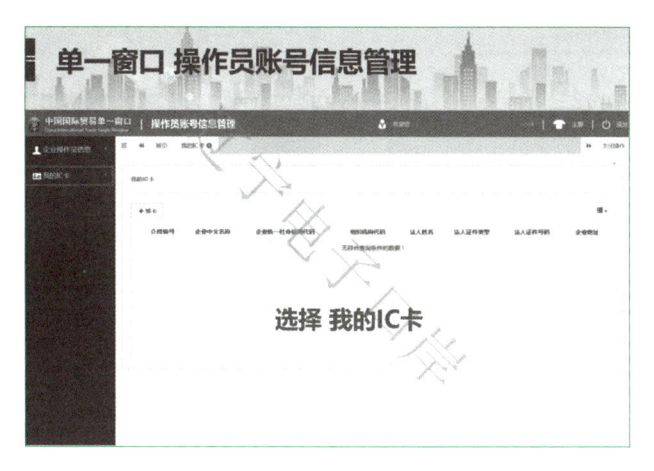

图 5-14

第七步：单一窗口，报关员卡绑定（见图5-15）。

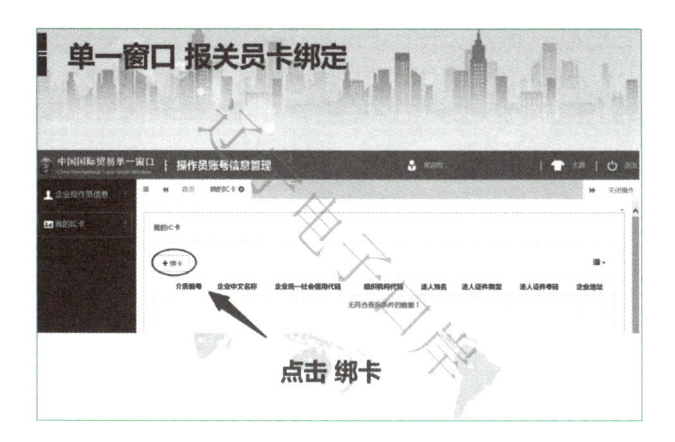

图 5-15

第八步：单一窗口，报关员卡绑定（见图5-16、图5-17、图5-18）。

图 5-16

图 5－17

图 5－18

第九步：单一窗口，企业资质绑定（见图 5－19～图 5－22）。

图 5－19

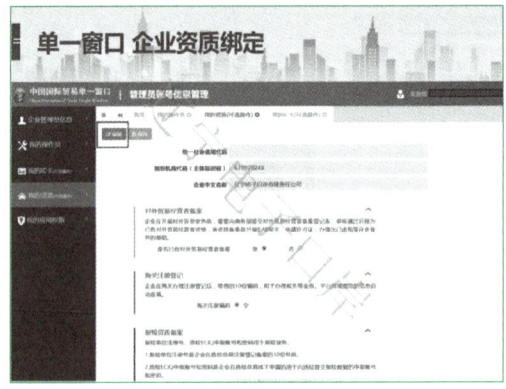

图 5－20

图 5－21

项目五 关检融合，单一窗口 101

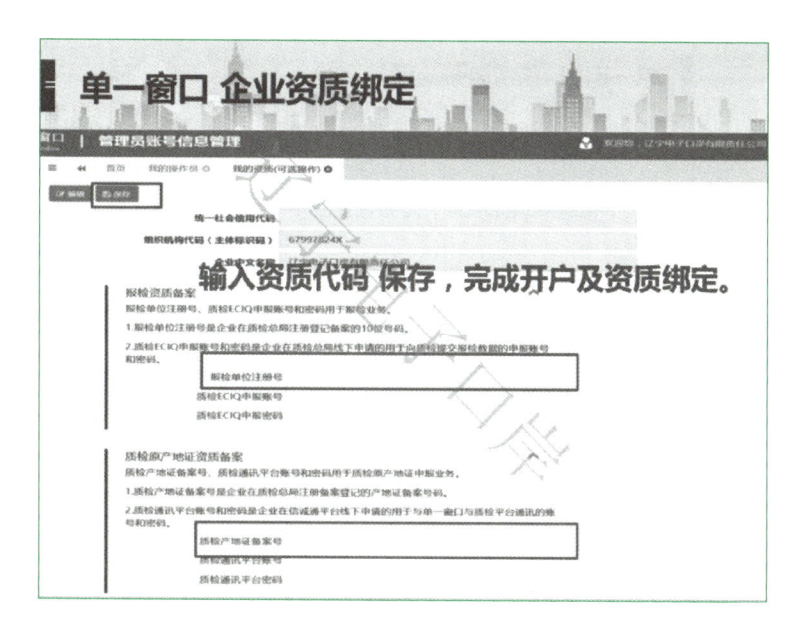

图 5－22

第十步：开始货物申报（见图 5－23）。

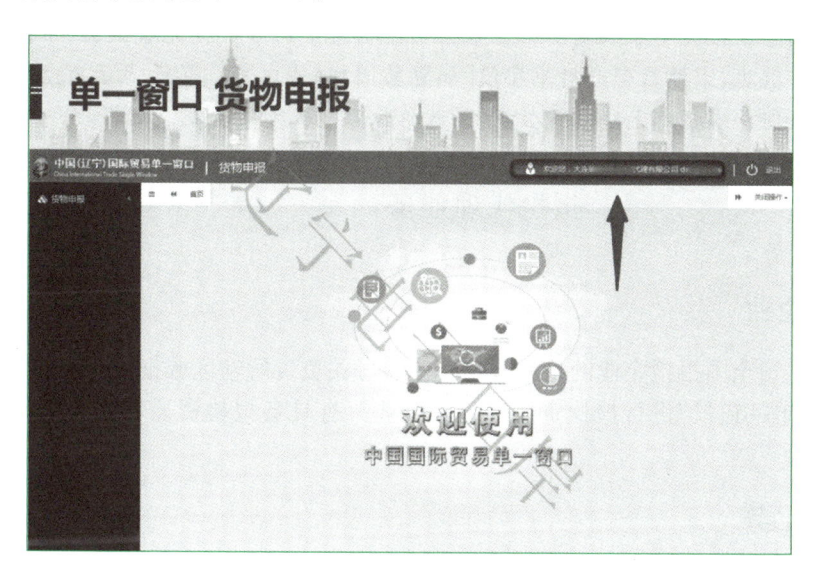

图 5－23

六、综合查询

综合查询见图 5－24。

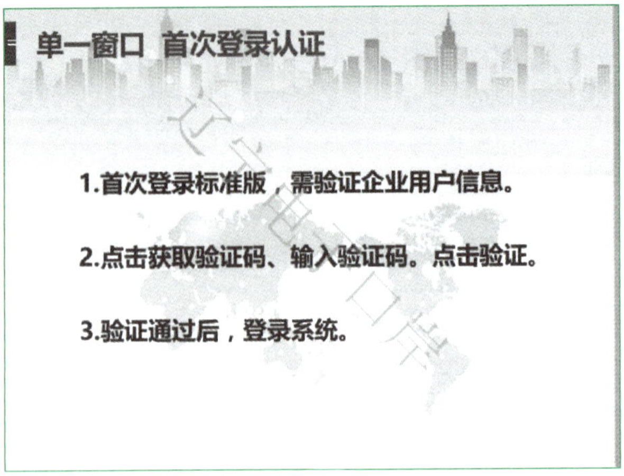

图 5-24

【注意】 为保障广大企业数据安全及商业隐私,中国国际贸易"单一窗口"货物申报系统于 2020 年 9 月 20 日进行了优化升级。①货物申报系统中报关申报等相关功能仅支持卡介质登录及操作(除出/入境检验检疫申请、数据查询/统计中检验检疫申请查询和检验检疫申请业务统计、检验检疫无纸化、其他检验检疫申报外)。②为保障企业数据信息安全,对非报关单收发货人的用户查询权限做出调整。报关单中收发货人在单据任何状态下均可查询完整数据、申报单位在单据审结前可查询完整数据,审结后部分敏感字段[如贸易国别(地区)等]界面显示为空,生产销售单位/消费使用单位任何状态下都无法查询数据,录入单位只能查看暂存状态数据。

任务二 报检代理业务

一、报检企业

海关总署主管全国报检企业的管理工作。主管海关负责所辖区域报检企业的日常监督管理工作。企业登录"单一窗口"进行报检资质申请。企业只有具备报检资质和报关资质才能进行报关业务。

二、报检业务

报检企业可以向海关办理下列报检业务:①办理报检手续;②缴纳出入境检验检疫费[①];③联系和配合海关实施检验检疫;④领取检验检疫证单。

三、报检范围

报检范围包括以下方面:①国家法律法规规定须经检验检疫的;②输入国家或地区规定必须凭检验检疫证书方准入境的;③有关国际条约规定须经检验检疫的;④申请签发原产地证明书及普惠制原产地证明书的。

---

① 国家财政部、发改委联合下发《关于清理规范一批行政事业性收费有关政策的通知》,要求自 2017 年 4 月 1 日起,检验检疫部门全面取消出入境检验检疫收费。

四、报检资格

报检单位办理业务应当向海关备案,并由该企业在海关备案的报检人员办理报检手续。代理报检的,须向海关提供委托书,委托书由委托人按海关规定的格式填写。非贸易性质的报检行为,报检人凭有效证件可直接办理报检手续。

五、入境报检

入境报检时,应提供合同、发票、提单等有关单证。

下列情况报检时除提供有关单证外,还应按要求提供有关文件:

(1)国家实施许可制度管理的货物,应提供有关证明。

(2)品质检验的还应提供国外品质证书或质量保证书、产品使用说明书及有关标准和技术资料;凭样成交的,须加附成交样品;以品级或公量计价结算的,应同时申请重量鉴定。

(3)报检入境废物原料时,还应提供主管海关或者其他检验机构签发的装运前检验证书;属于限制类废物原料的,应当提供进口许可证明。

(4)申请残损鉴定的还应提供理货残损单、铁路商务记录、空运事故记录或海事报告等证明货损情况的有关单证。

(5)申请重(数)量鉴定的还应提供重量明细单、理货清单等。

(6)货物经收、用货部门验收或其他单位检测的,应随附验收报告或检测结果以及重量明细单等。

(7)入境的国际旅行者,应填写入境检疫申明卡。

(8)入境的动植物及其产品,在提供贸易合同、发票、产地证书的同时,还必须提供输出国家或地区官方的检疫证书;需办理入境检疫审批手续的,还应提供入境动植物检疫许可证。

(9)过境动植物及其产品报检时,应持货运单和输出国家或地区官方出具的检疫证书;运输动物过境时,还应提交海关总署签发的动植物过境许可证。

(10)报检入境运输工具、集装箱时,应提供检疫证明,并申报有关人员健康状况。

(11)入境旅客、交通员工携带伴侣动物的,应提供入境动物检疫证书及预防接种证明。

(12)因科研等特殊需要,输入禁止入境物的,必须提供海关总署签发的特许审批证明。

(13)入境特殊物品的,应提供有关的批件或规定的文件。

【同步案例5-1】　未提供动物检疫合格证明——"罚"

依法打击未经检疫动物运输行为,全力保障人民群众生命财产安全。某日,重庆武隆区白云乡畜牧兽医站执法工作组一行,在该乡辖区红云村便民活动中心,依法查获一辆车牌号为渝A3177的摩托车,载有仔猪6头(货值2 000元左右),经过关口检查发现,该车主未能提供动物检疫合格证明,却从事动物检疫运输行为。现场,该站执法组人员一行立即向武隆区动物卫生监督所提出立案申请,针对当事人袁某经营依法应当检疫而未经检疫动物一案,经批准后,予以立案查处。

【做中学5-1】　法定检验检疫的商品报关如何填报

我司进口了一批法定检验检疫的商品,但听说海关总署已全面取消入境货物通关单。请问:我司进口申报时报关单随附单证栏应该如何填写?

六、出境报检

出境报检时,应提供对外贸易合同(售货确认书或函电)、信用证、发票、装箱单等必要的单证。下列情况报检时除提供必要的单证外,还应按要求提供有关文件:

(1)国家实施许可制度管理的货物,应提供有关证明。

(2)出境货物须经生产者或经营者检验合格并加附检验合格证或检测报告;申请重量鉴定的,应加附重量明细单或磅码单。

(3)凭样成交的货物,应提供经买卖双方确认的样品。

(4)出境人员应向海关申请办理国际旅行健康证明书和国际预防接种证书。

(5)报检出境运输工具、集装箱时,还应提供检疫证明,并申报有关人员健康状况。

(6)生产出境危险货物包装容器的企业,必须向海关申请包装容器的性能鉴定。生产出境危险货物的企业,必须向海关申请危险货物包装容器的使用鉴定。

(7)报检出境危险货物时,必须提供危险货物包装容器性能鉴定结果单和使用鉴定结果单。

(8)申请原产地证明书和普惠制原产地证明书的,应提供商业发票等资料。

(9)出境特殊物品的,根据法律法规规定应提供有关的审批文件。

七、报检及证单的更改

报检人申请撤销报检时,应书面说明原因,经批准后方可办理撤销手续。报检后30天内未联系检验检疫事宜的,作自动撤销报检处理。

有下列情况之一的应重新报检:①超过检验检疫有效期限的;②变更输入国家或地区,并又有不同检验检疫要求的;③改换包装或重新拼装的;④已撤销报检的。

报检人申请更改证单时,应填写更改申请单,交附有关函电等证明单据,并交还原证单,经审核同意后方可办理更改手续。

【注意】品名、数(重)量、检验检疫结果、包装、发货人、收货人等重要项目更改后与合同、信用证不符的,或者更改后与输出、输入国家或地区法律法规规定不符的,均不能更改。

八、报检时限和地点

(1)对入境货物,应在入境前或入境时向入境口岸、指定的或到达站的海关办理报检手续;入境的运输工具及人员应在入境前或入境时申报。

(2)入境货物需对外索赔出证的,应在索赔有效期前不少于20天内向到货口岸或货物到达地的海关报检。

(3)输入微生物、人体组织、生物制品、血液及其制品或种畜、禽及其精液、胚胎、受精卵的,应当在入境前30天报检。

(4)输入其他动物的,应当在入境前15天报检。

(5)输入植物、种子、种苗及其他繁殖材料的,应当在入境前7天报检。

(6)出境货物最迟应于报关或装运前7天报检,对于个别检验检疫周期较长的货物,应留有相应的检验检疫时间。

(7)出境的运输工具和人员应在出境前向口岸海关报检或申报。

(8)需隔离检疫的出境动物在出境前60天预报,隔离前7天报检。

报检单位和报检人伪造、买卖、变造、涂改、盗用海关的证单、印章的,按有关法律法规予以处罚。

任务三　报关代理业务

一、报关的概念

《中华人民共和国海关法》（简称《海关法》）第八条规定："进出境运输工具、货物、物品，必须通过设立海关的地点进境或出境。"由此可见，由设立海关的地点进出境并办理规定的海关手续是运输工具、货物、物品进出境的基本原则，同时也是进出境运输工具负责人、进出口货物收发货人、进出境物品的所有人应履行的一项基本义务。

二、报关的范围

根据法律规定，所有进出境的运输工具、货物、物品都需要办理报关手续。报关的具体范围涉及以下三个方面：

（一）进出境运输工具

进出境运输工具主要包括用于载运人员、货物、物品进出境，并在国际上运营的各种境内或境外船舶、车辆、航空器和驮畜。

（二）进出境货物

进出境货物主要包括一般进出口货物，保税货物，暂准进出境货物，特定减免税货物，过境、转运和通运货物及其他进出境货物。此外，一些特殊形态的货物，如以货品为载体的软件或通用电缆、管道输送进出境的水、电等也属于报关的范围。

（三）进出境物品

进出境物品主要包括进出境的行李物品、邮递物品和其他物品。行李物品是指以进出境人员携带、托运等方式进出境的物品；邮递物品是指以邮递方式进出境的物品；其他物品主要是指享有外交特权和豁免权的外国机构或者人员的公务用品或自用物品等。

三、报关的分类

（一）按照报关对象的不同，可分为运输工具报关、货物报关和物品报关

海关对进出境工具、货物、物品有不同的监管要求，因此报关也相应地分为运输工具报关、货物报关和物品报关三类。

进出境运输工具作为货物、人员及其携带物品的进出境载体，其报关主要是向海关直接交验随附的、符合国际商业运输惯例的、能反映运输工具进出境合法性及其所承运货物、物品情况的合法证件、清单和其他运输单证，其手续较为简单。

进出境物品因其具有非贸易性质，且一般仅限于自用及合理数量，因此其报关手续也很简单。

进出境货物的报关相对比较复杂，海关专门针对进出境货物的监管要求，制定了一系列报关管理规范，并要求必须由具备一定的专业知识和技能且经海关审核的专业人员代表报关单位专门办理。

（二）按照报关的目的不同，可分为进境报关和出境报关

由于海关对不同报关对象的进出境有不同的管理要求，运输工具、货物、物品根据进境或出境的目的分别形成了一套进境报关和出境报关手续。

（三）按照报关的行为性质或报关活动的实施者不同，可分为自理报关和代理报关

1. 自理报关

自理报关是指由进出口货物收发货人自行办理报关业务。根据我国海关目前的规定，进出口

货物收发货人必须依法向海关注册登记后方能办理报关业务。

2. 代理报关

代理报关是指接受进出口货物收发货人的委托,代理其办理报关业务的行为。我国海关法律将有权接受他人委托办理报关业务的企业称为报关企业。报关企业必须依法取得报关企业注册登记许可并向海关注册登记后方能从事代理报关业务。

根据代理报关法律行为责任承担者的不同,代理报关又分为直接代理报关和间接代理报关。直接代理报关是指报关企业接受委托人(进出口货物收发货人)的委托,以委托人的名义办理报关业务的行为,代理人代理行为的法律后果直接作用于被代理人。间接代理报关是指报关企业接受委托人的委托,以报关企业自身的名义向海关办理报关业务的行为,报关企业应当承担与进出口货物收发货人自己报关时所应当承担的相同的法律责任。

目前,我国报关企业大多采用直接代理报关形式,间接代理报关只适用于经营快件业务的国际货物运输代理企业。报关企业的代理报关如表5-2所示。

表5-2 报关企业的代理报关

报关企业	代理方式	行为属性	举 例	法律责任
报关企业代理报关	直接代理	委托行为代理	货代公司	法律后果直接作用于被代理人(委托人),报关企业也应承担相应的责任
	间接代理	视同企业能够自己报关	快递公司	法律后果直接作用于代理人(报关企业),由报关企业承担收发货人自己报关时所应当承担的法律责任

【做中学5-2】 我国某公司打算从德国进口特种钢材,现在想找一家公司代理进口。请问:委托报关企业代理报关进口需要签委托协议吗?

四、报关的基本内容

(一)进出境运输工具报关的基本内容

我国《海关法》规定,所有进出我国关境的运输工具必须经由设有海关的港口、车站、机场、国界孔道、国际邮件互换局(交换站)及其他可办理海关业务的场所申报进出境。根据海关监管的要求,进出境运输国界负责人或其代理人在运输工具进入或驶离我国关境时均应如实向海关申报运输工具所载旅客人数、进出口货物数量、装卸时间等基本情况。此外,运输工具报关时还需提交运输工具从事国际合法性运输必备的相关证明文件,如船舶国籍证书、吨税证书、海关监管簿、签证簿等,必要时还需出具保证书或缴纳保证金

(二)进出境货物报关的基本内容

根据海关规定,进出境货物的报关应由依法取得报关从业资格并在海关注册的报关员办理。进出境货物报关的基本内容包括:①按照规定填制报关单,如实申报进出口货物的商品编码、实际成交价格、原产地及相关优惠贸易协定代码,并办理提交报关单证等与申报相关的事宜;②申请办理缴纳税费、退税和补税事宜;③申请办理加工贸易合同备案、变更和核销及保税监管等事宜;④申请办理进出口货物减税、免税等事宜;⑤办理进出口货物的查验、结关等事宜以及应当由报关单位办理的事宜。

海关对不同性质的进出境货物规定了不同的报关程序和要求。一般来说,进出境货物报关时,报关单位和报关人员应在进出口货物收发货人接到运输公司或邮递公司寄交的提货通知单,或根据合同规定备齐出口货物后,应当做好向海关办理货物报关的准备工作,或者签署委托代理协议,

委托报关企业向海关报关;准备好单证,在海关规定的报关地点和报关时限内以书面和电子数据方式向海关如实进行申报;经海关对报关电子数据和书面报关单证进行审核后,在海关认为必需时,报关人员要配合海关进行货物的查验;属于应纳税、应缴费范围的进出口货物,报关单位应在海关规定的期限内缴纳进出口税费;海关做出放行决定后,该进出境货物报关完成,报关单位可以安排提取或装运货物。

对于保税加工货物、特定减免税进出口货物、暂准进出口货物,除了以上工作外,在进出境前还需办理备案申请等手续,进出境后还需在规定时间、以规定的方式向海关办理核销、结案等手续。

(三)进出境物品报关的基本内容

根据《海关法》的规定,个人携带进出境的行李物品、邮寄进出境的物品,应当以自用合理数量为限。"自用"是指进出境旅客本人自用、馈赠亲友而非出售或出租;"合理数量"是指海关根据进出境旅客旅行目的和居留时间所规定正常数量以及海关对进出境邮递物品规定的征免税限制。自用合理数量原则是海关对进出境物品监管的基本原则,也是对进出境物品报关的基本要求。

1. 进出境行李物品的报关

我国对进出境行李物品报关采用"红绿通道"制度。我国海关规定,进出境旅客在向海关申报时,可以在分别以红色和绿色作为标记的两种通道中进行选择。绿色通道适用于携带物品在数量和价值上均不超过免税限额,且无国家限制或禁止进出境物品的旅客;红色通道则适用于携带上述绿色通道适用物品以外的其他物品的旅客。此时,旅客必须填写《中华人民共和国海关进(出)境旅客物品申报单》或海关规定的其他申报单证,在进出境地向海关做出书面申报,如表5-3所示。

表5-3　　　　　　　　　　　　红绿通道的规定

绿色通道(免申报)	红色通道(必须申报)
1. 携带的旅行自用物品在数量和价值上均不超过免税限额 2. 无国家限制或禁止进出境物品的旅客 3. 免验特使人员,如外交人员和16周岁以下旅客	1. 入境人员携带外币现钞入境,超过等值5 000美元的应当向海关书面申报 2. 出境人员携带不超过等值5 000美元(含5 000美元)的外币现钞出境;如超出上述等值,需凭入境时填具的海关申报单或银行或外汇管理局出具的许可证明予以放行 3. 旅客携带人民币进出境,限额为20 000元,超出的不准进出境 4. 携带文物出境必须向海关申报,海关凭文化行政管理部门盖的"火漆印"及文物外销统一发货票,或文化行政管理部门出具的许可出口证明查验放行

2. 进出境邮递物品的报关

进出境邮递物品的报关因其特殊的邮递方式而不同。我国是《万国邮政公约》的签约国,根据《万国邮政公约》的规定,进出境邮包必须由寄件人填写"报税单"(小包邮件填写"绿色标签"),列明所寄物品的名称、价值、数量,向邮包寄达国家的海关申报。进出境邮递物品的"报税单"和"绿色标签"是随同物品通过邮政企业或快递公司邮递给海关的。

3. 进出境其他物品的报关

(1)暂时免税进出境物品。个人携带进出境的暂时免税进出境物品,进出境时必须向海关做出书面申报,并经海关核准登记,方可免税携带进出境;同时,将来应由本人复带出、进境。

(2)享有外交特权和豁免权的外国机构或人员进出境物品。这包括外国驻中国使馆和使馆人员,以及外国驻中国领事馆、联合国及其专门机构和其他国际组织驻中国代表机构及其人员进出境的公务用品和自用物品。外国驻华使馆和使馆人员进出境公用、自用物品应当以海关核准的直接需用数量为限。在首次进出境前,应当到主管海关办理备案手续。

有下列情形者,不准进出境:①超出海关核准的直接需用数量的;②未按照规定办理备案申报手续的;③未经批准擅自将免税进境的物品转让、出售后,再次申报进境同类物品的;④携带禁止或者限制进出境物品进出境不能提交有关许可证件的。

运进公用、自用物品时,应提交"外交物品申报单"、提运单、发票、装箱单、身份证件等单据。其中,运进机动车辆的,还应提交使馆照会。

随身携带自用物品应口头申报,如携带超过规定限额的限制性物品进境,应当书面申请。

五、报关流程

(一)一般进出口货物报关流程

一般进出口货物是指在进出境环节缴纳了应征的进出口税费并办结了所有必要的海关手续,海关放行后不再进行监管的进出口货物。其报关基本程序包括以下环节:办理申报、陪同查验、缴纳税费、海关放行。

(二)保税货物报关程序

保税货物是指经海关批准未办理纳税手续进境,在境内储存、加工、装配后复运出境的货物。其报关基本程序包括以下环节:合同登记备案、申报进口、监管期间接受监督和核查、按最终去向申报出口或办理其他海关手续、核销结案。

(三)减免税进口货物报关流程

减免税进口货物是指海关根据国家的政策规定准予减税、免税进口使用于特定地区、特定企业、特定用途的货物。特定地区是指我国关境内由行政法规规定的某一特别限定区域,享受减免税优惠的进口货物只能在这一特别限定的区域内使用。特定企业是指由国务院制定的行政法规专门规定的企业,享受减免税优惠的进口货物只能由这些专门规定的企业使用。特定用途是指国家规定可以享受减免税优惠的进口货物只能用于行政法规专门规定的用途。其报关基本程序包括以下环节:进口前的减免税申请、申报进口、监管期间接受监督和核查、海关监管期限届满后解除监管。

(四)暂准(时)进出口货物报关流程

暂准(时)进出口货物特指为了特定的目的经海关批准暂时出境或暂时进境并在规定时间内原状复运出境或复运进境的货物。其报关基本程序包括以下环节:进(出)口前备案及担保申请、进(出)口时凭担保报关、监管期间接受监督与核查、复出(进)口时报关、核销结案。

(五)转关货物报关流程

转关货物是指在海关的监管下,从一个海关运至另一个海关办理某海关手续的进出口货物。其包括三种情况:由进境地入境后,向海关申请转关运输、运往另一设关地点办理进口海关手续的货物;在起运地已办理出口海关手续运往出境地,由出境地海关监管放行的货物;由关境内一设关地点转运到另一设关地点应受海关监管的货物。其报关流程如图5-25所示。

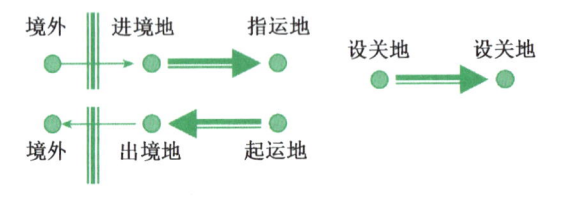

图5-25 转关货物报关流程

(六)过境货物报关流程

过境货物是指从境外起运,在我国境内不论是否换装运输工具,通过陆路运输继续运往境外的货物。其报关流程如图5-26所示。

- 与我国有过境协定,按协定准予过境
- 无过境协定,需要批准并向入境地海关备案
- 一般在做外形查验后,予以放行

图5-26 过境货物报关流程

(七)转运货物报关流程

转运货物是指从境外起运,通过我国境内设立海关的地点换装运输工具,不通过境内陆路运输,继续运往境外的货物。其报关流程如图5-27所示。

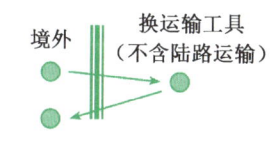

- 监管目的:防止货物在口岸换装中混卸进口或混装进口
- 3个月内办理海关手续并转运出境
- 一般在做外形查验后,予以放行

图5-27 转运货物报关流程

(八)通运货物报关流程

通运货物是指从境外起运,不通过我国境内陆路运输,运进境后由原运输工具载运出境的货物。其报关流程如图5-28所示。

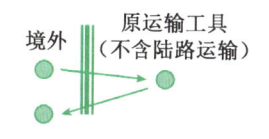

图5-28 通运货物报关流程

▼应知考核

一、单项选择题

1.( )主管全国报检企业的管理工作。
 A. 隶属海关   B. 海关总署   C. 直属海关   D. 主管海关

2. 入境货物需对外索赔出证的,应在索赔有效期前( )内向到货口岸或货物到达地的海关报检。
 A. 不少于7天   B. 不少于10天   C. 不少于15天   D. 不少于20天

3. 输入微生物、人体组织、生物制品、血液及其制品或种畜、禽及其精液、胚胎、受精卵的,应当在( )30天报检。
 A. 入境前   B. 入境时   C. 入境后   D. 以上都不对

4. 经营国际货物运输代理、国际运输工具代理业务的同时兼营报关业务的企业,称为( )。
 A. 专业报关企业   B. 自理报关企业

C. 代理报关企业 D. 有进口经营权的企业
5. 根据报关活动的实施者不同,可分为( )。
A. 进出境报关 B. 运输工具、货物、物品报关
C. 自理报关、代理报关 D. 物品、非物品的报关

二、多项选择题

1. 出境报检时,应提供的单证是( )。
A. 合同 B. 信用证 C. 发票 D. 提单
2. 入境报检时,应提供的单证是( )。
A. 合同 B. 发票 C. 提单 D. 装箱单
3. 报检企业可以向海关办理的报检业务有( )。
A. 办理报检手续 B. 缴纳出入境检验检疫费
C. 联系和配合海关实施检验检疫 D. 领取检验检疫证单
4. 按照报关对象的不同,可分为( )。
A. 运输工具报关 B. 货物报关 C. 物品报关 D. 进出境报关
5. 一般进出口货物报关流程包括( )。
A. 办理申报 B. 陪同查验 C. 缴纳税费 D. 海关放行

三、判断题

1. 需隔离检疫的出境动物在出境前60天预报,隔离前7天报检。 （ ）
2. 报检企业,包括自理报检企业、代理报检企业和国际货运代理公司。 （ ）
3. 自理报检企业不可以委托代理报检企业,代为办理报检业务。 （ ）
4. 个人携带进出境的行李物品、邮寄进出境的物品,应当以自用合理数量为限。 （ ）
5. 过境货物报关流程是指从境外起运,在我国境内不论是否换装运输工具,通过陆路运输继续运往境外的货物。 （ ）

应会考核

■ 观念应用

沈阳某进出口公司从加拿大进口一批化妆品,货物目的港为大连,需要货到大连后通过铁路运输方式运至沈阳。

【考核要求】

应该如何办理该批货物的报检手续?

■ 技能应用

国内一生产企业因技术改造需进口一套设备(一般机电产品)被批准立项。该企业委托外贸公司B对外签约及办理海关手续。设备进口3个月后发现这套设备中有一台机器不符合合同规定的质量要求,即发函给供应商。供应商答应替换一台。

【技能要求】

作为B公司的报关员,应当做些什么工作?假如质量不符的机器不退运出口,又该办理什么手续?

■ 案例分析

专营进料加工集成块出口的外商投资企业 A，是适用海关 B 类管理的企业。该企业于 3 月份对外签订了主料硅片等原材料的进口合同，按企业合同部分加工成品内销，另一部分加工成品外销，原料交货期为 4 月底。5 月初又对外签订了生产集成块所必需的价值 20 000 美元的三氯氧磷进口合同。6 月初与境外某商人订立了集成块出口合同，交货期为 10 月底。9 月底，产品全部出运，仅有些边角余料残次品没有处理。

【分析要求】

请问：作为 A 的报关员，完成这个进料加工业务，需要做些什么工作？

项目实训

【实训项目】

初识报关业务流程。

【实训情境】

辽宁省黑土地有限责任公司（简称"黑土地公司"）从事缝纫线的生产，并有志于开拓国外市场。日本与我国东北地理位置相邻，故日本市场成为黑土地公司的目标市场。黑土地公司至今尚未获得报关权，但已经取得了来自日本方面的订单，2023 年 10 月公司就要从中国大连出口缝纫线到日本名古屋，该如何办理相关的出口手续呢？黑土地公司向大连嘉宏报关行进行咨询，业务员赵昂随同公司经理办理此事。

【实训任务】

1. 登录中国国际贸易"单一窗口"，进行企业资质等相关信息的录入；根据实训情境进行网上无纸化信息的填写。

2. 撰写《初识报关业务流程》实训报告。

《初识报关业务流程》实训报告		
项目实训班级：	项目小组：	项目组成员：
实训时间：　年　月　日	实训地点：	实训成绩：
实训目的：		
实训步骤：		
实训结果：		
实训感言：		
不足与今后改进：		
项目组长评定签字：		项目指导教师评定签字：

项目六　集装箱运输货运代理

● **知识目标**

　　理解：集装箱及集装箱运输的概念、集装箱运输的特点与优越性。
　　熟知：集装箱运输系统。
　　掌握：集装箱运输系统的主要关系人、国际标准集装箱的尺寸和分类、集装箱主要标记、集装箱提单条款、集装箱箱管业务操作实务。

● **技能目标**

　　能够具备在掌握集装箱基本知识的基础上，进行集装箱箱管业务操作的应用能力。

● **素质目标**

　　运用所学的集装箱运输货运代理知识研究相关案例，培养和提高学生在特定业务情境中分析问题与决策设计的能力；结合行业规范或标准，运用本项目的知识分析行为的善恶，强化学生的职业道德素质。

● **思政目标**

　　能够按照集装箱运输货运代理业务流程和实践认知，结合职业道德和企业要求，自主解决集装箱运输货运代理业务中出现的常见问题；自觉学习集装箱箱管和单据缮制相关知识；坚定自己的业务能力信心，增强职业荣誉感。

● **项目引例**

国际货运代理中的集装箱纠纷案

　　原告人保公司诉被告华展公司海上货物运输合同货损纠纷案。人保公司的被保险人向华展公司托运货物，华展公司以马士基公司代理人的名义签发了华展公司格式的无船承运人提单。广州海事法院认为：华展公司在无马士基公司授权的情况下，以马士基公司代理人的名义签发了自己的格式提单，签单行为应视为华展公司自己的行为，因此认定华展公司为无船承运人。

　　引例导学：国际货运代理与集装箱运输业的关系是什么？集装箱提单条款如何规定的？

• 知识精讲

任务一　集装箱运输概述

一、集装箱及集装箱运输的概念

国际标准 ISO R830-1981《集装箱名词术语》中，对集装箱定义如下：①具有足够的强度，可长期反复使用；②装有便于装卸和搬运的装置，特别是便于从一种运输工具换装到另一种运输工具；③便于货物的装满和卸空；④适用于一种或多种运输方式运送货物，无需中途换装；⑤内容积为1立方米（35.315 立方英尺）或 1 立方米以上。以上集装箱的定义中不包括车辆及一般包装。目前，包括我国在内的许多国家基本上采用国际标准化组织（ISO）对集装箱的概念。简而言之，集装箱是具有一定强度、刚度和规格，专供周转使用的大型装货容器。

集装箱运输是指以集装箱作为运输单位进行货物运输的一种运输方式。它冲破了过去交通运输中一切陈旧的规章制度和管理体制，形成了一套独立的规章制度和管理体制，是一种先进的现代化运输方式。它具有"安全、迅速、简便、价廉"的特点，有利于减少运输环节，可以综合利用铁路、公路、水路和航空等运输方式，进行多式联运，实现"门到门"（Door to Door）运输。

二、集装箱运输的特点与优越性

（一）集装箱运输的特点

1. 集装箱运输是一种"门到门"运输

这里的"门到门"（Door to Door），一端是指制造企业的"门"，另一端是指市场的"门"。所谓"门到门"，就是指制造企业将最终消费品生产完毕，装入集装箱后，不管进行多长距离、多么复杂的运输，中间不再进行任何装卸与倒载，一直到市场的"门"，再卸下直接进入商场。这既是这种运输方式的特点，又是采用这种运输方式所要达到的目标。凡使用集装箱运输的货物，都应尽量不在运输中途进行拆箱与倒载。

2. 集装箱运输是一种多式联运

其"门到门"运输的特点，决定了其"多式联运"的特点。所谓多式联运，是指使用两种或两种以上不同的运输方式对特定货物进行的接运。它是以各种运输工具的有机结合协同完成全程运输为前提条件的。而在很多情况下，集装箱运输又是国际多式联运。所谓国际多式联运（International Multimodal Transport），是指根据一份单一的合同，以两种或两种以上的运输方式，把货物从一个国家（或地区）运往另一个国家（或地区）。这种单一的合同即多式联运单据或合同，由组织这种运输的个人或企业（联运经营人）签发，并由其负责执行全过程的运输业务。由于集装箱是一种封闭式的装载工具，在海关的监督下装货铅封以后，可以一票到底直达收货人，所以集装箱运输是最适合国际多式联运的一种运输方式。

3. 集装箱运输是一种高效率的运输方式

这种高效率包含两方面的概念：一是时间上的高效率。由于集装箱在结构上是高度标准化的，与之配合的装卸机具、运输工具（船舶、卡车、火车等）也是高度标准化的，因此在各种运输工具之间换装与紧固均极迅捷，大大节省了运输时间。二是经济上的高效率。集装箱运输可以在多方面节省装卸费用、搬运费用、包装费用、理货费用、保险费用等，并大幅降低货物破损损失。这些都决定了集装箱是一种高效率的运输方式。

4. 集装箱是一种消除了所运货物外形差异的运输方式

在件杂货运输中,所运货物不管采用什么样的外包装,其物理、化学特性上的差异均比较明显,可以通过视觉、触觉和嗅觉加以区别。在货物的信息管理方面,即使有所缺陷,也可以用其他手段予以弥补。而集装箱则不然,货物装入集装箱之后,其物理、化学特性全部被掩盖了,变成千篇一律的标准尺寸、标准外形的金属(或非金属)箱子,从其外形无法得到任何说明其内容的特征。因此,集装箱运输的信息管理与件杂货运输相比,具有更加重要的意义。

(二)集装箱运输的优越性

集装箱运输的优越性包括:①扩大成组单元,提高装卸效率,降低劳动强度。②减少货损、货差,提高货物运输的安全与质量水平。③缩短货物在途时间,降低物流成本。④节省货物运输包装费用,简化理货工作。⑤减少货物运输费用。

三、集装箱运输系统

集装箱运输系统可从"基本要素"和由"基本要素"不同组合方式而形成的各个子系统两个层面上去观察和认识。

(一)集装箱运输的基本要素

1. 适箱货源

并非所有的货物都适用集装箱运输。从是否适用集装箱运输的角度来看,货物可分成四类:

(1)物理与化学属性适合通过集装箱进行运输,货物本身价值很高,对运费的承受能力大的货物;

(2)物理与化学属性适合通过集装箱进行运输,货物本身价值较高,对运费的承受能力较大的货物;

(3)物理与化学属性上可以装箱,但货物本身价值较低,对运费的承受能力较差的货物;

(4)物理与化学属性不适于装箱,或者对运费的承受能力很差,从经济上看不适于通过集装箱运输的货物。

以上第一种货物称为"最佳装箱货",第二种货物称为"适于装箱货",第三种货物称为"可装箱但不经济的装箱货",第四种货物称为"不适于装箱货"。

【提示】集装箱运输所指的适箱货源,主要是前两类货物。

2. 标准集装箱

为了推动国际集装箱运输的发展,提高集装箱的运输效率,国际标准化组织(ISO)于1967年6月建立了104技术委员会,并制定国际集装箱标准。集装箱的标准化,促进了集装箱在国际间的流通。目前,世界上通用的是国际标准集装箱。

除了国际标准集装箱外,各国还有一些国内和地区标准集装箱,如我国国家标准中,就有两种适于国内使用的标准集装箱,分别为5D与10D。

3. 集装箱船舶(Container Vessel)

集装箱船舶经历了一个由非专业到专业的转化过程。最早的集装箱船舶是件杂货与集装箱混装的,没有专门的装载集装箱的结构。发展到现在,在国际海上集装箱运输使用的集装箱船舶均已专业化,并且船型越来越大。

4. 集装箱码头(Container Terminal)

与集装箱水路运输密切相关的是集装箱港口码头。集装箱水路运输的两端必须有码头,以便装船与卸船。早期的集装箱码头也与件杂货码头交叉使用,是在件杂货码头的原有基础上配备少量用于装卸集装箱的机械,用于处理混装的件杂货船舶上的少量集装箱。这类码头目前在我国一些中、小型的沿海港口和内河港口还可以看到。现代化的集装箱码头已高度专业化,码头前沿岸机配置、场地机械配置、堆场结构与装卸工艺配置均完全与装卸集装箱配套。

5. 集装箱货运站(Container Freight Station,CFS)

集装箱货运站在整个集装箱运输系统中发挥了"承上启下"的重要作用,是一个必不可少的基本要素。集装箱货运站按其所处的地理位置和不同的职能,可分为设在集装箱码头内的货运站、设在集装箱码头附近的货运站和内陆货运站三种。集装箱货运站的主要职能:①负责集装箱货物承运、验收、保管与交付;②拼装货的装箱和拆箱作业;③整箱货的中转;④实箱和空箱的堆存和保管;⑤票据单证的处理;⑥运费、堆存费的结算等。

6. 集装箱卡车

集装箱卡车主要用于集装箱公路长途运输、陆上各节点(如码头与码头之间、码头与集装箱货运站之间、码头与铁路办理站之间)之间的短驳以及集装箱的"末端运输"(将集装箱交至客户手中)。

7. 集装箱铁路专用车

集装箱铁路专用车主要用于集装箱的陆上中、长距离运输和所谓的"陆桥运输"。

(二) 集装箱运输的子系统

1. 集装箱水路运输子系统

集装箱船舶、集装箱码头与集装箱货运站等基本要素,可组合成集装箱水路运输子系统。集装箱水路运输子系统完成集装箱的远洋运输、沿海运输和内河运输,是承担运量最大的一个子系统。集装箱水路运输子系统由集装箱航运系统和集装箱码头装卸系统两个次级系统组成。

2. 集装箱铁路运输子系统

集装箱铁路专用车、集装箱铁路办理站与铁路运输线等组成了集装箱铁路运输子系统。它是集装箱多式联运的重要组成部分。随着"陆桥运输"的发展,集装箱铁路运输子系统在整个集装箱多式联运中起着越来越重要的作用。

3. 集装箱公路运输子系统

集装箱卡车、集装箱公路中转站与公路网络,构成了集装箱公路运输子系统。集装箱公路运输子系统在集装箱多式联运过程中,完成短驳、串联和"末端运输"的任务。在不同国家和地区,由于地理环境、道路基础设施条件的不同,集装箱公路运输子系统处于不同的地位,发挥着不同的作用。

4. 集装箱航空运输子系统

在相当长一段时期内,由于航空运输价格昂贵、运量小,集装箱的航空运输占的份额很小。近年来,随着世界经济整体的增长,航空运输速度快、响应及时从而可缩短资金占用时间的优越性逐渐显现出来。航空集装箱运输子系统的地位正在逐渐提高。

(三) 集装箱运输系统的主要关系方

1. CY(Container Yard,集装箱堆场)

集装箱堆场是指在集装箱码头内或码头周边地区,用于交接和保管集装箱的场所。常包括集装箱编排场、码头前沿堆场等。

【注意】 CY 仅指集装箱码头里的堆场,不可指其他地方的集装箱堆场。

2. DR(Door)

DR 是指 Shipper 或 CNEE(consignee)的工厂或 W/H(warehouse,仓库)的大门。

3. CFS(Container Freight Station,集装箱货运站)

集装箱货运站又称拼装货站或中转站。它主要为拼箱货(LCL)服务,是 LCL 办理交接的地方。其主要职能:①对出口货,从发货人处接货,把流向一致的货拼装在柜中;②对进口柜,负责拆柜并交货给收货人。

大多数 CFS 设在港口内或港区附近,少数设于内陆,称为内陆货站(Inland Depot)。

除以上三个外,集装箱运输系统的关系方还有班轮公司(Liner,实为 Actual Carrier)、无船承运人(或译为无船承运业务经营者)(Non-vessel Operating Common Carrier,NVOCC)、集装箱出租公司(Container Leasing Co.)、船代公司(Ocean Shipping Agency Co.)、货代公司(Freight Forwarder、Forwarding Agent)、外轮理货公司(Tallying Co.)、全程联运保赔协会(P&I)、一关三检、公路铁路承运人等。

任务二 国际标准集装箱的尺寸和分类

一、国际标准集装箱的尺寸

1961 年 6 月国际标准化组织集装箱技术委员会成立后,开始着手制定国际集装箱标准。目前使用的国际集装箱规格尺寸主要是 ISO/TC 104 制定的第一系列的 4 种箱型,即 A 型、B 型、C 型、D 型(见表 6-1)。其中,1A 型是业务中常见的 40 英尺(ft)集装箱。1C 型是业务中常见的 20 英尺(ft)集装箱。1AAA 和 1BBB 是两种超高箱型,俗称高柜。

拓展阅读

非国际标准集装箱

表 6-1　　　　　　　　　　国际标准集装箱现行箱型系列

型号	高度(H)(毫米) 尺寸	高度(H)(毫米) 极限偏差	宽度(W)(毫米) 尺寸	宽度(W)(毫米) 极限偏差	长度(L)(毫米) 尺寸	长度(L)(毫米) 极限偏差	总重(千克)
1AA	2 591	0,-5	2 438	0,-5	12 192	0,-10	30 480
1A	2 438	0,-5	2 438	0,-5	12 192	0,-10	30 480
1AX	2 438		2 438	0,-5	12 192	0,-10	30 480
1CC	2 591	0,-5	2 438	0,-5	6 058	0,-6	20 320
1C	2 438	0,-5	2 438	0,-5	6 058	0,-6	20 320
1CX	2 438		2 438	0,-5	6 058	0,-6	20 320
10D	2 438	0,-5	2 438	0,-5	4 012	0,-5	10 000
5D	2 438	0,-5	2 438	0,-5	1 968	0,-5	5 000

国际海运和陆运最常用的集装箱是 C 系列中的 ICC 型和 A 系列中的 IAA 型两种。

从统计的角度,将一个 C 类集装箱(长度为 20 ft),称为 1 个 TEU(即 20 英尺标准集装箱,Twenty-foot Equivalent Unit,TEU);一个 40 ft 的集装箱(Forty-foot Equivalent Unit,FEU)计为 2 个标准箱;一个 30 ft 的集装箱计为 1.5 个标准箱;一个 10 ft 的集装箱计为 0.5 个标准箱。集装箱船舶的集装箱装载能力,通常是以能装多少个 TEU 为衡量标准。港口的每年集装箱吞吐量(每年的装卸总量)也是以多少个 TEU 来计算的。

二、国际标准集装箱的分类

(一)杂货集装箱(Dry Cargo Container)

杂货集装箱又称干货箱,是一种通用集装箱(见图6—1)。它适用范围很大,除需制冷、保温的货物与少数特殊货物(如液体、牲畜、植物等)外,只要在尺寸和重量方面适合用集装箱装运的货物(适箱货),均可用杂货集装箱装运。在结构上,杂货集装箱可分为一端开门、两端开门与侧壁设有侧门三类。杂货集装箱的门均有水密性,可270度开启。目前,在国内外运营中使用的集装箱大部分属于杂货集装箱。有的杂货集装箱侧壁可以全部打开,属于敞侧式集装箱,主要是便于在铁路运输中进行拆装箱作业。杂货集装箱尺寸如表6—2所示。

图 6—1

表 6—2　　　　　　　　　　　　　杂货集装箱标准尺寸

集装箱 Equipment	内部尺寸 Interior Dimensions	箱门尺寸 Door Opening	净 重 Tare Opening	容 积 Cubic Capacity	载重量 Payload
20′干货箱 20′Dry Freight Container	L:5 919 mm W:2 340 mm H:2 380 mm	W:2 286 mm H:2 278 mm	1 900 kg 4 189 lbs	33.0 cbm 1 165 cu. ft.	22 110 kg 48 721 lbs
40′干货箱 40′Dry Freight Container	L:12 045 mm W:2 309 mm H:2 379 mm	W:2 280 mm H:2 278 mm	3 084 kg 6 799 lbs	67.3 cbm 2 377 cu. ft.	27 396 kg 60 397 lbs
40′高容积干货箱 40′High Cube Dry Container	L:12 056 mm W:2 347 mm H:2 684 mm	W:2 320 mm H:2 570 mm	2 900 kg 6 393 lbs	76.0 cbm 2 684 cu. ft.	29 600 kg 65 256 lbs

(二)开顶集装箱(Open Top Container)

这是一种特殊的通用集装箱,除箱顶可以拆下外,其他结构与通用集装箱类似。开顶集装箱又分"硬顶"和"软顶"两种。"硬顶"是指顶篷用一整块钢板制成;"软顶"是指顶篷用帆布、塑料布制成,以可拆式扩伸弓梁支撑。

开顶集装箱主要适用于装载大型货物和重型货物,如钢材、木材、玻璃等。货物可用吊车从箱顶吊入箱内,这样不易损坏货物,可减轻装箱的劳动强度,又便于在箱内把货物固定(见图6—2和图6—3)。

(三)台架式集装箱(Platform Based Container)

台架式集装箱(见图6—4)箱底较厚,箱底的强度比一般集装箱大,而其内部高度比一般集装箱低。为了把装载的货物系紧,在下侧梁和角柱上设有系环。为了防止运输过程中货物坍塌,在集装箱的两侧还设有立柱或栅栏。台架式集装箱没有水密性,不能装运怕湿的货物。在陆上运输中或在堆场上贮存时,为了不淋湿货物,应有帆布遮盖。台架式集装箱适用于装载长大件和重件货,如重型机械、钢材、钢管、木材、钢锭、机床及各种设备。还可以用两个以上的板架集装箱并在一起,

图 6—2 　　　　　　　　　　　　图 6—3

组成装货平台，用以装载特大件货物。

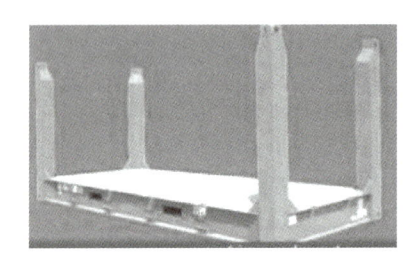

图 6—4

(四) 平台集装箱 (Platform Container)

平台集装箱(见图 6—5)是指无上部结构、只有底部结构的集装箱。平台集装箱又分为有顶角件和底角件的与只有底角件而没有顶角件的两种。平台集装箱在欧洲使用较多。

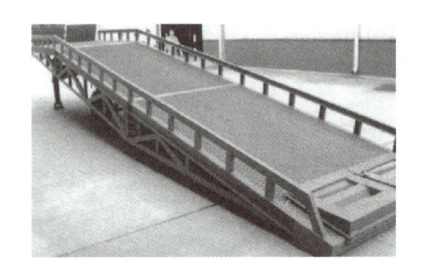

图 6—5

(五) 冷藏集装箱 (Reefer Container)

冷藏集装箱(见图 6—6)是指具有制冷或保温功能，可用于运输冷冻货或低温货，如鱼、肉、新鲜水果、蔬菜等食品的集装箱。

此外，还有离合式冷藏箱。离合式冷藏箱是指冷冻机可与集装箱箱体连接或分离的集装箱。实际上，集装箱本体只是一个具有良好隔热层的箱体，在陆上运输时，一般与冷冻机相连；在海上运输时，则与冷冻机分开。箱内冷却靠船上的冷冻机舱制冷，通过冷风管道系统与冷藏箱连接。在集装箱堆场与码头，如配备有集中的冷冻设备和冷风管道系统，离合式冷藏箱也可与冷冻机分开，采用集中供冷形式。

【注意】冷冻柜与干货柜比，内容积小一些。拿 40′HQ 柜来说，一只冷冻柜的内容积约为 67CBM，而 40′HQ 干货柜的内容积约为 76 CBM。

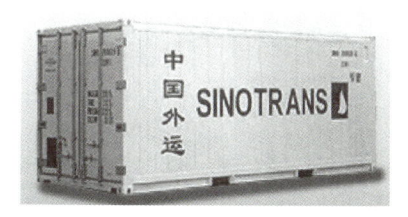

图 6-6

(六)散货集装箱(Bulk Cargo Container)

散货集装箱(见图 6-7)主要用于装运麦芽、谷物和粒状化学品等。它的外形与杂货集装箱相近，在一端有箱门，同时在顶部有 2~3 个装货口。装货口有圆形和长方形的两种。在箱门的下方还设有两个长方形的卸货口。散货集装箱除端门有水密性以外，箱顶的装货口与端门的卸货口也有很好的水密性，可以有效防止雨水浸入。散货集装箱也可用于装运普通的件杂货。

图 6-7

(七)通风集装箱(Ventilated Container)

通风集装箱(见图 6-8)外表与杂货集装箱类似，其区别是在侧壁或端壁上设有 4~6 个通风口。当船舶驶经温差较大的地域时，通风集装箱可防止由于箱内温度变化造成"结露"和"汗湿"而使货物变质。通风集装箱适于装载水果、蔬菜、食品及其他需要通风、容易"汗湿"变质的货物。如将其通风口关闭，通风集装箱可作为杂货集装箱使用。通风集装箱的通风方式一般采用自然通风，其箱体一般采用双层结构，通风与排露效果较好。

图 6-8

(八)罐状集装箱(Tank Container)

罐状集装箱(见图 6-9)是专门用于装运油类(如动植物油)、酒类、液体食品及液态化学品的集装箱，还可以装运酒精和其他液体危险品。罐状集装箱由罐体和箱体框架两部分构成。箱体框架的尺寸符合国际标准的要求，角柱上也装有国际标准角件，装卸时与国际标准箱相同。

图 6-9

【注意】罐式柜与干货柜比,内容积小一半左右,自重却大一倍左右。拿 20′柜来说,一只罐式柜的内容积约为 20CBM,而 20′干货柜的内容积约为 33CBM;一只 20′钢质罐式柜的自重约为 5 吨,而 20′钢质干货柜的自重约为 2.3 吨。

(九)动物集装箱(Pen Container)

动物集装箱(见图 6-10)是指装运鸡、鸭、鹅等活家禽和牛、马、羊、猪等活家畜用的集装箱。箱顶采用胶合板覆盖,侧面和端面都有金属网制的窗,以便通风。侧壁的下方设有清扫口和排水口,便于清洁。

图 6-10

动物集装箱在船上必须装在甲板上,并且不允许多层堆装,因此其强度可低于国际标准集装箱的要求,其总重也较轻。

(十)汽车集装箱(Car Container)

汽车集装箱(见图 6-11)是在简易箱底上装一个钢制框架,一般设有端壁和侧壁,箱底应采用防滑钢板。汽车集装箱有装单层和装双层的两种。由于一般小轿车的高度为 1.35~1.45m,如装在 8ft(2 438mm)高的标准集装箱内,只利用了其箱容的 3/5,所以轿车是一种不经济的装箱货。为提高箱容利用率,有一种装双层的汽车集装箱,其高度有两种,一种为 10.5ft(3 200mm),另一种 12.75ft(8.5ft 的 1.5 倍)。因此,汽车集装箱一般不是国际标准集装箱。

图 6-11

(十一)组合式集装箱(Combination Container)

组合式集装箱(见图6—12)又称"子母箱",俗称奇泰纳(Geetainer)。它的结构是在独立的底盘上,箱顶、侧壁和端壁可以分解和组合,既可以单独运输货物,也可以紧密地装在20 ft和40 ft箱内,作为辅助集装箱使用。它拆掉壁板后,形似托盘,因此又称为"盘式集装箱"。

图6—12

(十二)服装集装箱(Garment Container)

服装集装箱(见图6—13)是杂货集装箱的一种变型,是在集装箱内侧梁上装有许多横杆,每根横杆垂下若干绳扣。成衣利用衣架上的钩,直接挂在绳扣上。这种服装装载方法无需包装,节约了大量的包装材料和费用,也省去了包装劳动。这种集装箱和普通杂货集装箱的区别仅在于内侧上梁的强度需略加强。将横杆上的绳扣收起,这类集装箱就能作为普通杂货集装箱使用。

图6—13

(十三)其他用途集装箱(Container for Other Purpose)

集装箱现在的应用范围越来越广,不仅用于装运货物,而且广泛被用于其他用途,如"流动电站集装箱""流动舱室集装箱""流动办公室集装箱"。美国已研制成了由若干只20 ft集装箱组成的"战地医院",有几十个床位,配有药房、化验室、手术室、护理室等,可用C130运输机运输,在战地迅速布置。

以上各式主要集装箱的特点及适合货物比较如表6—3所示。

表6—3　　　　　　　　　　　　主要集装箱类型及适合货物

箱　型	特　点	适合货物
杂货箱	一端开门、两端开门或侧壁设有侧门,均有水密性,箱门可270度开启	一般货物
开顶箱	箱顶("硬顶"和"软顶")可以拆下	超高、超重货物

续表

箱　型	特　点	适合货物
台架箱	没有箱顶和侧壁	超高、超重货物
平台箱	无上部结构,只有底部结构	超宽、超长货物
冷藏箱	具有制冷或保温功能	冷藏货
散货箱	一端有箱门,顶部有2~3个装货口,箱门的下方还设有卸货口	散装货
通风箱	侧壁或端壁上设有4~6个通风口	易腐
罐状箱	由罐体和箱体框架两部分构成,顶部设有装货口(入孔),罐底有排出阀	液体、气体
动物箱	侧面和端面都有金属网制的窗,以便通风。侧壁的下方设有清扫口和排水口,便于清洁	动物
汽车箱	一般设有端壁和侧壁,箱底应采用防滑钢板	汽车
服装箱	内侧梁上装有许多横杆,每根横杆垂下若干绳扣	服装

任务三　集装箱主要标记

一、出现次数最多的两行标记

每个集装箱的6个面上有近10种标记,在这些标记中,出现次数最多且意义最重要的有两行。举例来说,CBHU 800121 ④
　　　　　　 4 5 G 1
　　　　CBHU 800121 ④
　　　　CN　4 5 G 1

动漫视频

集装箱号

此两行字符标于柜两侧右上角、后门(前两行)和顶部。[货柜的前后称作端(End),左右称作侧(Side),上下分别称作顶(Top)、底(Bottom)。]

集装箱按国家标准(GB/T 1836—2017)规定,其中识别系统由以下几个部分组成,它们应同时使用,如图6—14所示。

(一)解读:第一行含三个内容

1. 箱主代号(Owner No. 或 Owner's Code)

由4个大写拉丁字母组成且最后一个必须是U(它是集装箱这种特殊设备的设备识别码),前3位由公司制定,具备唯一性,并经国际集装箱局(BIC)注册(一个公司可申请几个箱主代号),第4位设备识别码由1个大写拉丁字母表示,其中U代表所有集装箱,J表示集装箱所配置的挂装设备,Z表示集装箱拖挂车和底盘挂车。表6—4中列出了几家公司的箱主代号。

表6—4　　　　　　　　　　几家运输公司的箱主代号

公司名称	中远	中海	商船三井	总统轮船	长荣	东方海外
箱主代号	CBHU	CCLU	MOLU	APLU	EMCU	OCLU

注:①近些年来,中远曾使用过的箱主代号有HTMU、COSU、NCLU、MINU;中远长租惠航公司曾使用过的箱主代号有FBZU、CBHU、FRSU。中远使用的货柜大部分为FLORENS柜(FLORENS为中远控股公司),其箱主代号为CBHU。

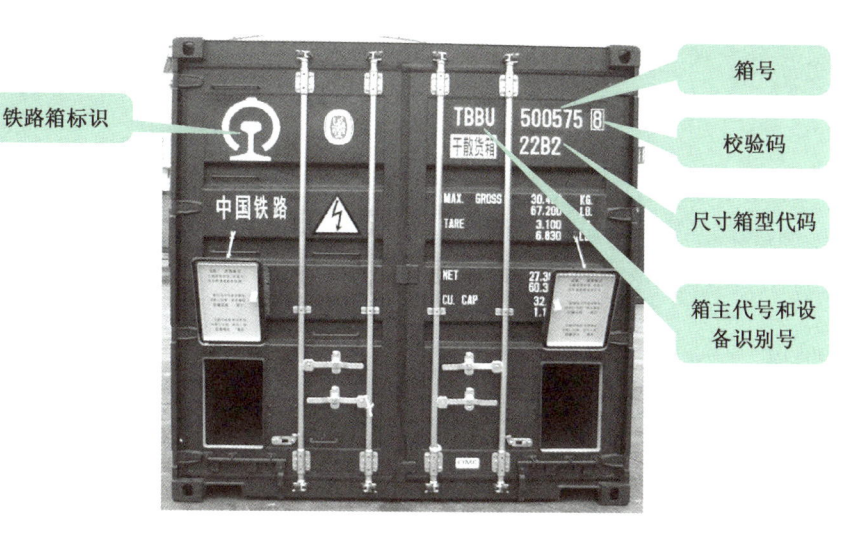

图 6—14　集装箱标记

②标于货柜上的箱主代号约七成为班轮公司(Liner),三成为租箱公司(Container Leasing Company,这些公司几乎不涉足班轮运输业,而拥有许多货柜专供出租)。常见的租箱公司有:TEX、CAI、XTRA、MATSON、INTERPOOL、NIPPON(日本)、TIPHOOK、GOLD、TRANSOCEAN、TRANSAMERICA、TRITON、GENSTAR、CRONOS、UCS。

③柜侧面打印的公司名称中有些是竖着写的。

2. 顺序号(Serial No.)

顺序号即箱号,由公司自定,由 6 位阿拉伯数字组成,不足 6 位时,应在前面置 0 以补足 6 位(例如,箱号为 1234 时,则以 001234 表示)。

3. 核对号或校验码(Check Digit)

核对号或校验码仅包含一位数,不由箱主公司指定,而是按规定的计算方法算出来的,用来检验、核对箱主代号、设备识别码与顺序号在数据传输或记录时的正确性与准确性。它与箱主代号、设备识别码和顺序号有直接的关系。实践中是通过箱主代号、设备识别码和顺序号计算出校对号(或校验码)的,若计算出的校对号与实际记录的校对号一致,则说明箱主代号、设备识别码和顺序号在数据传输或记录时未出错,否则应重新核对。核对号位于顺序号之后,在货柜上加方框以示醒目(但在单证上无须加方框,箱号的 11 个字符中最后一个即为核对号)。通常情况下前面的任何一位字母或数字错误,都会导致检验位错误。

核对号的计算方法如下:

首先,将表示箱主代码的 4 位字母转化成相应的等效数字,字母和等效数字的对应关系如表 6—5 所示。从表中可以看出,去掉了 11 及其倍数(22、33)的数字,这是因为后面的计算将把 11 作为模数。

表 6—5　　　　　　　　核对号计算中箱主代码的等效数值

字　母	A	B	C	D	E	F	G	H	I	J	K	L	M
等效数值	10	12	13	14	15	16	17	18	19	20	21	23	24
字　母	N	O	P	Q	R	S	T	U	V	W	X	Y	Z
等效数值	25	26	27	28	29	30	31	32	34	35	36	37	38

其次,将前 4 位字母对应的等效数字和后面顺序号的数字采用加权系数法进行计算并求和。计算公式为:

$$S = \sum_{i=0}^{9} C_i \times 2^i$$

最后,以 S 除以模数 11,取其余数,即得核对号。

举例来说,求美国某轮船公司的集装箱 APLU 296847 的核对号。

首先,上面 10 个字符(该集装箱的箱主代号及顺序号)对应的等效数值分别是 10—27—23—32—2—9—6—8—4—7。

其次求和,得:

$S = 10 \times 2^0 + 27 \times 2^1 + 23 \times 2^2 + 32 \times 2^3 + 2 \times 2^4 + 9 \times 2^5 + 6 \times 2^6 + 8 \times 2^7 + 4 \times 2^8 + 7 \times 2^9$
$= 10 + 54 + 92 + 256 + 32 + 288 + 384 + 1\,024 + 1\,024 + 3\,584 = 6\,748$

最后,用 6 748 除以 11,取余数,余数为 5,即核对号为 5。

注:箱主代号、顺序号、核对号共 11 个字符统称为箱号,其作用、功能及重要性好比一个人的姓名一样。

【提示】上述所列的箱主代号、设备识别码、箱号和检验码为集装箱必备识别标记。

(二)第二行含两个或三个内容

1. 国别代码

国别代码(Country Code)指的是箱主公司所在国家的代码,非强制性,为自选代号,现在许多柜上不打此代码。国别代码以两个或三个英文字母表示。比如:以 US 或 USA 表示美国(United States of America),以 GB 或 GBX 表示英国(GB=Great Britain=UK=United Kingdom),以 FR 或 FXX 表示法国(France)。

2. 尺寸代码

集装箱的外部尺寸和类型均应在箱体上标出以便识别,具备从箱顶起吊、搬运和堆码作业等条件的集装箱,均应按要求标出尺寸和箱型代码。

尺寸代码(Size Code)(指外部尺寸)中包含箱子的长度、高度及是否有鹅颈槽三个信息。第 1 位:由数字或拉丁字母表示箱长;第 2 位:由数字或拉丁字母表示箱宽和箱高。

(1)尺寸代码由两位阿拉伯数字组成,不管第二位为多少,凡第一位为 2 者,其代表的柜子的长度为 20′;凡第一位为 4 者,柜长为 40′(注:表示长度或高度时,′代表英尺,″代表英寸)。

(2)尺寸代码中第二位数字若为 0、1,则柜高为 8′;若为 2、3,柜高为 8′6″;若为 4、5,柜高为 9′6″。

(3)尺寸代码为奇数者,有鹅颈槽(Goose-neck Tunnel);为偶数者,无鹅颈槽。通常长为 20′的柜无鹅颈槽,而 40′HQ 者,大多有。(Goose-neck 即鹅颈,是拖车板架上的机构,Goose-neck Tunnel 即鹅颈槽,位于货柜底部。鹅颈与鹅颈槽两者相扣,目的是增大拖车行驶时的安全系数。这里需要说明的是,在发达国家拖车板架上一般有鹅颈,而大部分发展中国家则无,原因是前者对安全很重视)。

(4)全球大多数国家已不使用 8′与 9′高的柜,因此,几乎见不到尺寸代号为 20、21、40、41 的柜。

(5)高度为 9′6″的柜称为 HQ(High Cube)柜。HQ 柜多见于 40′柜,而 20′柜几乎无 HQ,因此实践中极少见到尺寸代号为 24、25 的柜。

注:有些人用 HC(High Container)来表示超高柜(有的地方称为"高箱");与 HQ 相对应的称为平柜(高度为 8′6″),英文简写为 GP 柜。

(6)长为 45′的超长柜其尺寸代码为 L5,长为 48′者,其尺寸代码为 L8。

注:45′长的柜均为 HQ 柜。

由于以上原因,实践中最常见的货柜尺寸代码为 22、45、42、44。

常见尺寸代码的概念如表 6-6 所示。

表 6-6　　　　　　　　　　　　　　常见尺寸代码的概念

尺寸代码	柜 长	柜 高	有无鹅颈槽	计几个 T,几个 F
22	20′	8′6″	无	1T　0.5F
42	40′	8′6″	无	2T　1F
43	40′	8′6″	有	2T　1F
44	40′	9′6″	无	2T　1F
45	40′	9′6″	有	2T　1F
L5	45′	9′6″	有	2.5T　1.25F

注:①有些公司使用箱量考核业务员的业绩(比如 CHINA SHIPPING、COSCO),在淡季一个 HQ 柜通常计 2.3T,旺季计 2T。

②实务中通常所说的 40 尺柜是指 40′GP 柜,而实务中所说的 HQ 或高柜、高箱通常是指 40′HQ 柜。

3. 柜类型代码

集装箱的柜类型代码包括箱型及其特征信息,并用两位字符表示。第 1 位:由 1 个拉丁字母表示箱型;第 2 位:由 1 个数字表示该箱型的特征。如集装箱尺寸代码"22G1"为集装箱尺寸与类型代号,"22"表示箱长为 6 068mm,箱宽为 2 438mm,箱高为 2 591mm;"G1"表示上方有透气罩的通用集装箱。

ISO 在 1995 年前的旧标准中以两位阿拉伯数字表示类型代码(比如,第二行若为 2210,则后两位数字 10 即表示柜子类型——封闭式集装箱);1995 年后的新标准则以一个英文字母加一个阿拉伯数字组成。单证上对货柜类型常用的简写如表 6-7 所示。

(1)G0—G9:G 代表 General Purpose Container,即通用柜(干货柜)。

(2)V0—V9:V 代表 Ventilated,即通风柜。

(3)B0—B9:B 代表 Bulk,即散装柜。

(4)S0—S9:S 代表 Sample(样品),以货名命名的柜(S0 为牲畜;S1 为小汽车;S2 为活鱼;S3—S9 为备用号)。

(5)R0—R9:R 代表 Reefer,即冷柜、冻柜。

(6)H0—H9:H 代表 Heated,即保温隔热柜。

(7)U0—U9:U 代表 Up,即敞顶柜、开顶柜。

(8)P0—P9:P 代表 Platform Based Container,分平台式(Plat Form,PF)与台架式(Flat Rack,FR)两种。

(9)T0—T9:Tank,即罐装柜。

(10)A0:A 代表 Air,即空/水/陆/联运柜。

表 6-7　　　　　　　　　　　　　　单证上对货柜类型常用的简写

通用柜	通风柜	散装柜	冷柜	开顶柜	平台式	台架式	罐装柜	挂衣柜	超高柜
DC,DV	VH	BK	RF	OT	PF	FR	TK	HT	HQ,HC

注:①通用柜又称干货柜(Dry Cargo Container 或 Dry Van),台架式集装箱在广东及港澳地区(粤语方言区)又称凳仔柜,挂衣柜简写为 HT(Hanging Garment Container),它属于 Hanging Cargo Container 的范畴。超高柜可简写为 HC(High Container)或 HQ(High Cube Container)。

②在以货名命名的货柜中,有兽皮柜(Hide Container)、牲畜柜(Pen Container＝Animal Container＝Live Stock Container)(其中,Pen 是指家畜的栏;Live 是指活的;Stock 是指牲畜)、挂衣柜、汽车柜等。

二、集装箱后门标记

集装箱右半门有10行字符，第1、2行上文已讲，下面介绍其余8行。集装箱的后门一般会标明自重、总重；自重指的是空集装箱的重量；总重是集装箱的空箱重量和箱内装载货物的最大容许重量之和。

【注意】我国铁路集装箱的自重、总重用中文标示于箱门上。国际上则要求用英文"MAX GROSS"表示总重；"TARE"表示自重，"NET"表示净重，均以千克和磅同时标记。"CU. CAP"表示容积，以立方米和立方英尺表示。

【做中学6－1】

MSKU	327846 3	
	4 2 G 1	
MGW	30 480	KGS
	67 200	LBS
PAYLOAD CAPACITY	27 380	KGS
（或用 NET＝NET WEIGHT）	60 365	LBS
TARE	3 100	KGS
	6 835	LBS
CU. CAP.（或用 CUBE）	67.4	CUM
	2 380	CUFT

（以上是某个长为40′、高为8.5′的钢质柜的信息）

【做中学6－2】

PONU	7376143	
	2 2 G 1	
MAX GROSS	30 480	KGS
	67 200	LBS
PAYLOAD CAPACITY	28 320	KGS
	62 435	LBS
TARE	2 160	KGS
	4 765	LBS
CU. CAP.（或用 CUBE）	33.1	CUM
	1 170	CUFT

（以上是某个长为20′、高为8.5′的钢质柜的信息。）

解释：

(1) MGW＝Max Gross Weight：最大允许箱货总重，此栏有的柜标为MAX GROSS或G. WT或Max Weight。

(2) Payload Capacity(Net Weight)：最大允许载重。

(3) Tare：箱子自重。

(4) CU CAP：Cube Capacity，内容积（CUM＝CBM：Cubic metres，立方米；CUFT＝CBFT：Cubic feet，立方英尺）。

补充说明：

(1) 柜后门的数字自吉柜（空箱）出厂时即打上。

(2)上面的数据满足如下公式:MGW＝NET＋TARE。

(3)NET(净重,最大允许载重)那一栏的数字并非每次装运的货物的重量,而是柜子强度能承托的最大货物重量。

(4)40′GP 柜的 MGW 通常为 30LT(Long Ton,长吨),即 30 480kg。而 40′HQ 柜的 MGW 有的为 32.5MT(Metric Ton,公吨),即 32 500kg;有的为 30LT。对 20′柜而言,近几年在国内外出现了不少 MGW 达 30LT(30 480kg)的货柜,而以前 20′柜的 MGW 为 24MT。

(5)需要注意的是,柜后门标注的 MGW 指的是柜子强度能承托的最大箱货总重,PAYLOAD CAPACITY 指的是柜子强度能承托的最大货物重量。但是,实际业务中,尤其是目的港为发达国家者最多可载货重量远小于柜子后门所标的 PAYLOAD CAPACITY(或 NET WEIGHT)。比如,有些地区规定小柜、大柜内装货物限重分别约为 17 吨与 19 吨。

通常,Forwarder(货运代理人)向 Carrier(船公司)下 Booking(订单)后,有些 Carrier 回传给 Forwarder 的 S/O 上盖有限重章,例如,"本公司规定 20′、40′柜最多可装货 17.1 吨、19.3 吨";有些人的名片背面即印有大小柜的内容积及限重。

【提示】货代、物流公司的 OP(操作员)在审阅客人补来的料时要留意货物毛重栏的数字,若超重,则应叫客人出"超重保函"或拆柜减货。

(6)大、小柜的内容积及通常允许的配货数量如表 6—8 所示。

表 6—8　　　　　　　　大、小柜的内容积及通常允许配货数量

货柜种类	20′	40′GP	40′HQ	45′HQ
理论内容积(CBM)	33	67	76	86
通常允许配货体积(CBM)	22～31	50～65	60～73	70～83
通常配货毛重(MT)	约 17.5	约 22	约 22	约 29

注:表中最后一栏"通常配货毛重"是经验数字,具体要根据不同船公司、去往不同地区、在不同季节而定。

三、通行标记和其他标记

(一)通行标记

集装箱应按规定涂打标记和标志,具有集装箱检验单位徽记、国际集装箱安全公约(CSC)安全合格牌照、国际铁路联盟标记,标有定期检验日期或连续检验计划标记。

(二)其他标记

其他标记有制造单位、时间,检修单位、时间等。

任务四　集装箱提单条款

集装箱提单除其正面内容外,通常还订有正面条款与背面条款。

一、正面条款

正面条款通常包括如下内容:

(1)确认条款——表明承运人是在箱子外表状况良好、铅封完整下接货、交货。

(2)承诺条款——表明正式签发的正本提单是运输合同成立的证明,对承、托双方都有约束力。

(3)签署条款——表明承运人签发正本提单的份数及各份提单具有相同的效力;凭其中一份正本交货后,其余各份作废。

B/L 正面内容中常见英文句子释义如下：

(1)Initial Carriage≈Pre-carriage：头程。

(2)Forwarding Agent：货物运输代理人（简称货代）。

(3)ServiceType/Mode 栏：通常填 FCL/FCL、CY/CY、DR/CY、CY/DR、LCL/LCL、CFS/CFS 等(DR＝Door)。

(4)Laden(Shipped) on Board Date：填装船日期。

(5)Date & Place of Issue：填签发提单的日期及地点。

(6)The Undersigned Carrier Hereby Acknowledges Receipt of the Sealed Container or Packages or Other Shipping Units Said to Contain the Goods Described Above in Apparent External Good Order and Condition.

译：以下签字、盖章的承运人在此确认收到已加封的货柜或一定数量的包装货物或其他的装运单元(托盘等)，据称内装(内容据称)有如上所述之外表情况良好的货物。

〔Acknowledge：承认、确认。Package：货物的件数或包装形式。Said to Contain＝STC，据称内装(内含)。Apparent：外表的≈external。〕

(7) One of the Original Bills of Lading Must be Surrendered（交出）in Exchange for the Goods or Delivery Order, the Others to be Void.

译：正本提单中的其中一份必须交出以换取货物或 D/O(提货单)，(当一份正本提单用于提货后)其余各份即告失效。

(8)In Accepting This B/L the Merchant(货主) Expressly(明确地、特意地) Accepts and Agrees to All Its Terms Whether Printed, Stampted or Written.

译：在接收此套提单时，货主明确地接受并同意本提单所有的(正面与背面)条款，不管此条款是印刷的、用图章盖上去的、还是手写的。

注：正本提单右下角盖的公章可以不是船公司本人的，而是"船代"(船公司代理人)的公章，若是盖船代的章，须有"As Agent for ×××"字样。

二、背面条款

(一)承运人的责任期间条款

Container 运输与非 Container 运输下 Carrier 的责任范围的区别：前者从 Receiving Cargo from Shipper 到 Delivering Cargo to Consignee(收货至交货)，后者 From Loading the Cargo on Board to Discharging the Cargo (从装船至卸船，即常说的"钩至钩"原则，英文称作 Tackle to Tackle)。在 CY-CY 条款下，货柜进入码头即意味着(承运人)"收货"。

在提单的签发时间上集装箱提单与非集装箱提单的区别：前者为 Received for Shipment B/L (收货待运 B/L)；后者为 Shipped B/L＝On Board B/L(已装船提单)。通常，大多数情况下，在收货待运 B/L 上填注具体的装船日期与船名后，该 B/L 即具有了类似于已装船提单的作用。

(二)承运人的赔偿责任限制条款

所谓承运人的赔偿责任限制，是指承运人对每一件或每一货损单位负责赔偿的"最高限额"。对此，各国的法律和承运人的提单上都有明确的规定，有的按照"海牙规则"，有的按照国内法。

《海商法》规定：Carrier(承运人)的赔偿责任限额为毛重每千克 2 SDR 或单件货 666.67 SDR，二者取较大的为准。

【注意】SDR＝Special Drawing Right 特别提款权：以前是以 USD(美元)、Mark(德国马克)、Sterling(英镑)、France Franc(法国法郎)、JY(Japanese Yen，日元)五种货币按一定比例加权而得，

现由于Mark、France Franc已废弃而加入欧元区,SDR为四种货币加权而得。

【提示】 对Carrier而言,若损失低于限额,赔实际损失;若高于限额,只赔至限额为止,超出部分免赔。

【做中学6—3】 甲货Gross Weight为400kg,价值为1 250SDR,现发生全损。请问:应赔多少SDR?

解:第一步求限额:400×2=800SDR>666.67,故限额应取800SDR,又800SDR<1 250SDR,故应赔800SDR。

【学中做6—1】 乙货毛重300kg,受损后修复费用为500SDR。请问:应赔多少SDR?

(三)关于承运人的运价本的条款

通常,Container B/L背面条款规定承运人的Tariff(运价本)是提单的组成部分;当B/L与Tariff有冲突时以B/L为准。

(四)舱面货选择条款

通常集装箱B/L规定,除某些有特殊要求的货柜必须积载于甲板上(舱面)(如装有牲畜、植物的通风柜)以外,其他均可装载于舱面,而无须预先征得货主的同意。

(五)危险货物运输条款

集装箱提单通常规定:

承运人或其代理人对于事先不知其性质而装载的具有易燃、易爆以及其他危险性的货物,可在卸货前任何时候、任何地点将其卸上岸,或将其销毁,或消除其危害性而不予赔偿。该货物的所有人对于该项货物所引起的直接或间接的一切损害和费用负责。

如承运人了解货物的性质,并同意装船,但在运输过程中存在对船舶和其他货物造成危害的可能时,也同样可在任何地点将货物卸上岸,或将其销毁,消除危害性而不负任何责任。

与传统的海运承运危险货物的要求一样,集装箱运输中,在货主托运危险货物时也应保证做到以下几点:①提供危险货物的详细情况;②提供运输时应注意的事项和预防危险的措施;③满足有关危险货物的运输、保管和装卸等方面的特殊要求;④货物的包装外表应有清晰、永久性的标志;⑤在集装箱的外表也应按规定涂刷或粘贴与货物性质相应的危险品标志。

(六)制约托运人责任的条款

(1)发货人计数条款也称承运人不知条款。通常,Container B/L规定:凡由发货人装箱并加封的货柜,本提单正面所列内容(货物的重量、尺码、件数、唛头、数量等)承运人概不知晓。

(2)铅封完整交货条款。FCL下,柜子运抵目的地时,只要货柜外表状况良好、铅封完整,即认为承运人已完全履行了义务,承运人对箱内货物的损坏或灭失概不负责。

(3)发货人对货物的正确装箱承担责任的条款。

(4)发货人检查货柜责任的条款。发货人对承运人提供的吉柜负有仔细检查的义务。例如,某发货人在装柜前未认真检验Carrier提供的吉柜,在运输途中,由于柜子不适货(Be Not Cargo Worthy)而致货损,谁负责?(答案:Shipper)

(5)货物检查权条款。承运人有权但无义务在任何时候开箱检查;若发现所载货物部分或全部不适合运输,承运人有权对该部分货物放弃运输或由托运人支付合理的附加费来完成这部分货物的运输。

(6)海关启封检查条款。若货柜的启封是由海关当局为查货而打开并重新加封,由此而造成的任何货物灭失、损害,均与承运人无关。

在实际业务中,承运人最好能在海关查柜后做好记录,并保留证据,以使其免除责任。

(7)发货人对货物内容正确性负责条款。

任务五　集装箱箱管业务操作实务

一、集装箱租赁

集装箱租赁（Container Leasing）是指集装箱所有人（通常为集装箱租赁公司）作为出租人与承租人（一般为海运班轮公司、公路运输公司或多式联运经营人等）签订协议，采用长期或短期的方式把空的集装箱租赁给承租人。

集装箱租赁合同是规定租箱人与租箱公司双方权利、义务和费用的协议。

（一）集装箱租赁的方式

1. 期租

集装箱的期租分为长期租赁和短期租赁两种方式。长期租赁（简称长租）一般是指有一段较长的租用期限，而短期租赁（简称短租）则根据所需要的使用期限来租用集装箱，时间比较短。对旧箱而言，一般来说，至少租赁一年以上视为长租；对新箱而言，一般来说，至少租赁3年到5年视为长租。长期租赁又可分为金融租赁与按实际使用期租赁两种方式。前者是指租箱人在使用期届满后买下所租用的箱子；后者是指租箱人在使用期届满后将箱子退还给集装箱出租公司。

2. 程租

集装箱的程租包括单程租赁和来回程租赁两种方式。单程租赁多用于同一条航线上来回程货源不平衡的情况，即从起运港至目的港单程使用集装箱。来回程租赁通常用于来回程有较平衡货运量的航线。该种租赁方式租期不受限制，在租赁期间，租箱人有较大的自由使用权，不局限于一个单纯的来回程。这种租赁方式对还箱地点有严格的限制。

3. 灵活租赁

集装箱的灵活租赁方式在费用上类似于长期租赁，在使用上与短期租赁相似，可灵活使用。对旧箱而言，以3年或5年为价格基础，可以允许3年、2年、1年提前还箱，租金费率则相应调整。对新箱而言，以5年为价格基础，只允许3年提前还箱，租金费率同样相应调整。在大量租用箱子时，租金有回扣，其租金几乎与长期租赁一样便宜。

（二）集装箱租赁合同条款

在协议执行期间，箱体由承租人管理使用，承租人负责对箱体进行维修保养，确保避免灭失。协议期满后，承租人将箱子还至出租人指定堆场。堆场对损坏的箱体按协议中规定的技术标准修复，修理费用由承租人承担。承租人按照协议向出租人支付提还箱费及租金。

租箱人在签署合同之前一般要与租箱公司（或其代理人）商定租箱方式、数量、租金、交、还箱期限及地点、租、退箱费用、损害修理责任及保险等事宜。租箱合同的主要条款一般有四个方面内容：交箱条款、还箱条款、损害修理责任条款、租金及费用支付条款。

拓展阅读

租箱合同主要条款

二、集装箱选配与装载

（一）选择合适的集装箱

集装箱货物装箱前，首先应当选择合适的集装箱。在选用集装箱时，主要考虑的是根据货物的不同种类、性质、形状、包装、体积、重量，以及运输要求采用其适合的集装箱。此外，在选用集装箱时还应考虑其他一些因素，如运输线路上的外界条件和特殊要求；装卸作业上的要求；装卸机械的要求；单向货流问题，即在货物不平衡的航线上，应尽可能选用回程时也能装载另一种货的集装箱，避免空箱回运。

(二)注意装载和固定方法

在装箱前应根据具体条件来考虑其装载方法和固定方法。对于运输时间长、外界运输条件差的货物,要考虑箱内会不会发生水滴而产生水湿事故,货物的固定强度是否能满足运输形式技术状态的要求。在装载方法上,有时在装箱地点由于有较高的技术和良好的机械设备,货物能顺利地装入箱内。而在偏远地区卸货时,因无装卸设备又没有装卸经验,使箱内货物难以卸出,如强行取出,则可能损坏集装箱或损坏货物。在固定方法上,有时在装箱地可以较容易地固定货物,而在卸货地却无法拆卸固定工具。因此,装货时应周密、细致地考虑卸货地的条件,为在卸货地能顺利地卸出货物创造必要的条件。

(三)计算集装箱数量和装载量

在计算集装箱所需数量之前,先要判定所装货物是重货还是轻货,然后求出一个集装箱的最大装载量和有效容积,就可算出货物所需的集装箱数。计算时如果货物是重货,则用货物总重量除以集装箱的最大载货重量,即得所需集装箱的数量;如果货物是轻货,则用货物总体积,除以集装箱的有效容积,即得所需集装箱的数量;如果货物密度与箱的单位容重相同,则无论按重量计或按体积计,均可得出集装箱的需要量。

【做中学6－4】 现有纸板箱包装的电气制品,共750箱,体积为117.3m³,重量为20.33t,试计算需要多少个20ft的杂货集装箱?

解:(1)计算货物密度:货物密度=20 330kg÷117.3m³=173.3kg/m³。

(2)查表确定集装箱的单位容重。集装箱的单位容重是指集装箱的最大载货重量与其容积的比。表6—9列出了20ft、40ft杂货集装箱以及20ft开顶集装箱的单位容重。

表6—9　　　　　　　　　　　　集装箱的单位容重

集装箱种类	最大载货重量		集装箱容积		不同容积利用率下的单位容重			
					容积利用率为100%		容积利用率为80%	
	kg	lb	m³	ft³	kg/m³	lb/ft³	kg/m³	lb/ft³
20ft 杂货箱	21 790	48 047	33.2	1 172	656.3	41.0	820.4	51.3
40ft 杂货箱	27 630	60 924	67.8	2 426	407.5	25.1	509.4	31.4
20ft 开顶箱	21 480	47 363	28.4	1 005	756.3	47.1	945.4	58.9

取箱容积利用率为80%,则根据表6—9可知,20ft杂货集装箱的单位容重为820.4 kg/m³。

(3)确定货物是重货还是轻货:由于货物的密度小于箱的单位容重,可知该货为轻货。

(4)计算所需的集装箱数。根据表6—9可知,集装箱的有效容积为33.2×80%=26.56m³,由于货物为轻货,故所需的集装箱数应等于货物的体积与集装箱有效容积的比,即117.3÷26.56=4.4(个)。由此可见,该票货物需要5个20ft杂货集装箱。

(四)集装箱的检查

集装箱在装载货物之前,都必须经过严格检查。一只有缺陷的集装箱,轻则导致货损,重则在运输、装卸过程中造成箱毁人亡事故,因此对集装箱的检查是货物安全运输的基本条件之一。发货人、承运人、收货人、货运代理人、管箱人以及其他关系人在相互交接时,除对箱子进行检查外,还应以设备交接单等书面形式确认箱子交接时的状态。其相关内容将在下面专门介绍。

(五)装箱作业的一般准则

集装箱的装箱作业一般有三种方法,即全部用人力装箱、用叉式装卸车搬进箱内再用人力堆装、全部用机械装箱。集装箱装载时应注意的基本事项有:

(1)在任何情况下所装载的货物重量不能超过集装箱的最大载货重量。集装箱的最大载货重量为集装箱的总重减去自重,总重和自重都标在集装箱的箱门上。

(2)每个集装箱的单位容重是一定的,因此如装载单一货种时,只要知道货物密度,就能断定是重货还是轻货。及时明确区分这两种不同的情况对提高装箱效率是很重要的。

(3)装载时要使箱底的负荷均衡,不要使负荷偏在一端或一侧,特别是严格禁止负荷重心偏在一端的情况。

(4)要避免造成集中负荷,如装载机械设备等重货时,箱底应加木板等衬垫材料,尽量使负荷分散。

(5)装载货板货时要确切掌握集装箱的内部尺寸和货物的外部尺寸,用科学的方法计算出装载件数,尽量减少弃位,多装货物。

(6)用人力装货时要注意包装上有无"不可倒置""平放""竖放"等装卸指示标志。

(7)冷藏货或危险货物等特殊货物的装载,要严格按有关特殊货物的装载要求进行。

三、集装箱发放与交接

(一)设备交接单

设备交接单(Equipment Interchange Receipt 或 Equipment Receipt,E/R)是集装箱所有人或其代理签发的用以进行集装箱等设备发放、收受等移交手续并证明移交时箱体状况的书面凭据,在港台俗称"提柜纸"。设备交接单作为集装箱在流转过程中,每个环节所发生的变化和责任转移的事实记录,除了用于对集装箱的盘存管理和对集装箱进行跟踪外,还可代替集装箱发放通知单,兼作箱管单位提供用箱人或其代理据此向港站办理提取、交接或回送集装箱及其设备的依据,更是划分箱体在使用过程中的损坏责任的唯一依据。设备交接单分为进场设备交接单和出场设备交接单两种。设备交接单一般由船舶代理留底联(白色)、码头堆场联(白色)、用箱人和运箱人联(黄色)三联构成,其流转过程如图6-15所示。

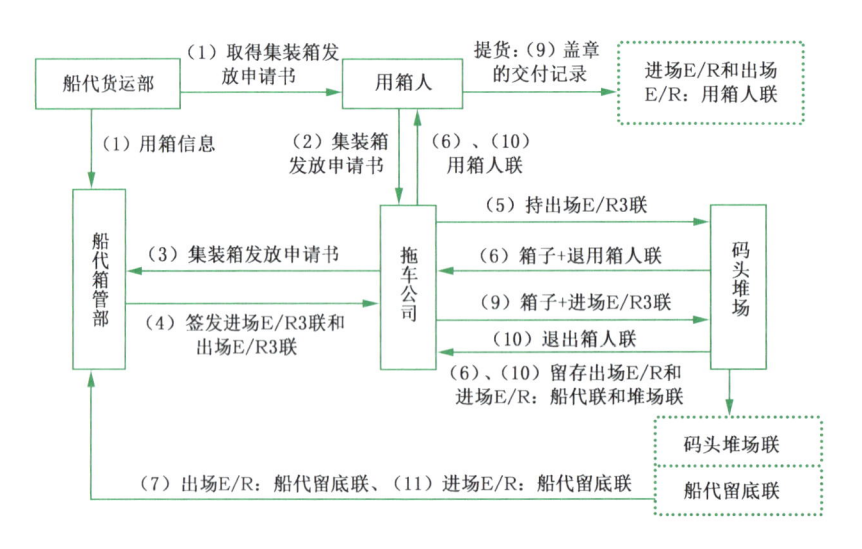

图6-15 进场和出场设备交接单流转示意

货运代理在代表货主办理集装箱空、重箱的交接时,应遵循船代有关集装箱管理的规定,相关内容如图6-16、图6-17所示。

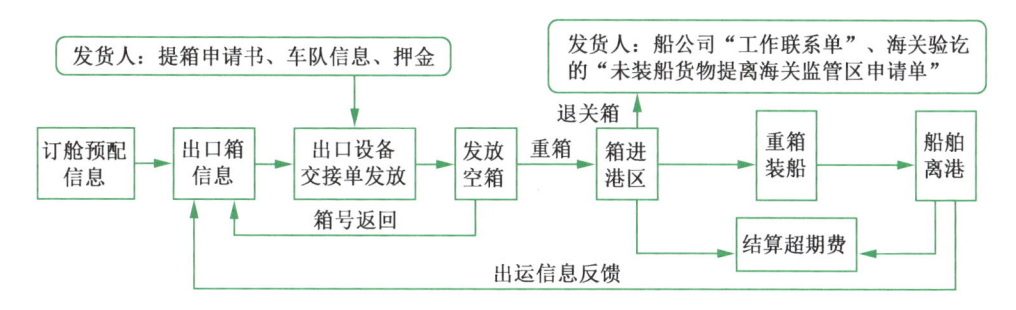

图6-16 船代箱管出口箱管理流程

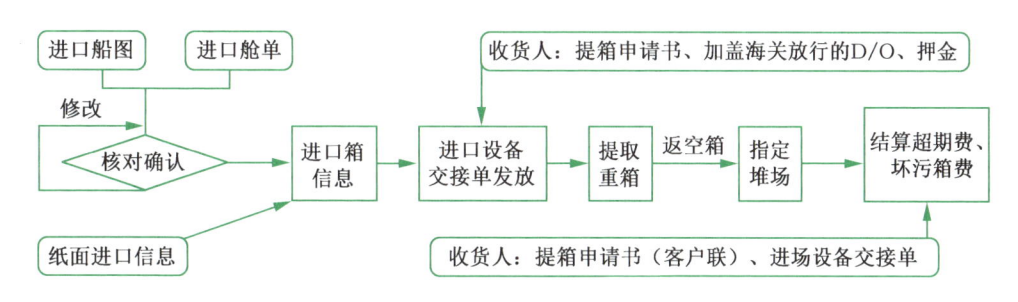

图6-17 船代箱管进口箱管理流程

(二)集装箱交接的基本规定

集装箱的发放和交接,应依据进口提货单、出口订舱单、场站收据以及这些文件内列明的集装箱交付条款,实行集装箱设备交接单制度。从事集装箱业务的单位必须凭集装箱代理人签发的集装箱设备交接单办理集装箱的提箱(发箱)、交箱(还箱)、进场(港)、出场(港)等手续。

各方交接责任的划分如下:①船方与港方交接以船边为界;②港方与货方(或其代理人)、公路承运人交接以港方检查桥为界;③堆场、中转站与货方(或其代理人)、公路承运人交接以堆场、中转站道口为界;④港方、堆场中转站与铁路、水路承运人交接以车皮、船边为界。

(三)集装箱空箱进出场检查

由于集装箱装到拖车后,箱底部与拖车架接触,无法观察,因此堆场理货员应在吊装集装箱至拖车时观察集装箱底部有无损坏,如有损坏,应通知更换集装箱。

至于箱底面以外的其他部位的检查,主要包括以下几点:①外部检查:对箱体的表面查看,是否有变形、损伤等。②内部检查:检查时应进入箱内,关上箱门,观察有无漏光现象,由此判断集装箱是否破损。③箱门检查:箱门应完好、水密。④清洁检查:检查箱内有无残留物和污染、锈蚀、水湿、异味等。⑤根据货物及有关要求进行其他检查,如防虫、防病疫检查等。

理货员根据验箱结果,在验箱记录上具体说明箱型、材质及箱体是否完好,并签字确认。

(四)集装箱重箱进出场检查

集装箱重箱进出场检查包括:①外部检查:对箱体的表面察看,是否有变形、损伤等。②核对箱号是否与单证上相符。③记录封条号码,包括海关关封及厂家施加的厂封。④注明集装箱的类型、材质。

(五)设备交接单的批注

凡是有下列情况之一的,均应在设备交接单上予以批注:①箱号及装载规范不明、不全,封志破损、脱落、丢失、无法辨认或与进口文件记载不符;②擦伤、破洞、漏光、箱门无法关紧;③焊缝爆裂;

④凹损超过内端面3厘米,凸损超角件外端面;⑤箱内污染或有虫害;⑥装过有毒、有害货物未经处理;⑦箱体外贴有前次危险品标志未经处理;⑧集装箱附属部件损坏或丢失;⑨特种集装箱机械、电器装置异常;⑩集装箱安全铭牌(CSC Plate)丢失。

应知考核

一、单项选择题

1. 常用的标准的集装箱为( )英尺集装箱。
A. 10　　　　　　B. 20　　　　　　C. 30　　　　　　D. 40

2. ( )在整个集装箱运输系统中发挥了"承上启下"的重要作用。
A. 集装箱船舶　　B. 集装箱码头　　C. 集装箱货运站　　D. 集装箱卡车

3. ( )主要用于集装箱公路长途运输、陆上各节点之间的短驳以及集装箱的"末端运输"。
A. 集装箱船舶　　B. 集装箱码头　　C. 集装箱货运站　　D. 集装箱卡车

4. 目前在国内外运营中使用的集装箱,大部分属于( )。
A. 杂货集装箱　　B. 开顶集装箱　　C. 冷藏集装箱　　D. 散货集装箱

5. ( )可用于运输冷冻货或低温货,如鱼、肉、新鲜水果、蔬菜等食品的集装箱。
A. 杂货集装箱　　B. 开顶集装箱　　C. 冷藏集装箱　　D. 散货集装箱

二、多项选择题

1. 对集装箱概念表述正确的有( )。
A. 具有足够的强度,可长期反复使用
B. 装有便于装卸和搬运的装置,特别是便于从一种运输工具换装到另一种运输工具
C. 便于货物的装满和卸空
D. 适于一种或多种运输方式运送货物,需中途换装

2. 集装箱运输的特点有( )。
A. 集装箱运输是一种"桌到桌"(Desk to Desk)运输
B. 集装箱运输是一种多式联运
C. 集装箱运输是一种高效率的运输方式
D. 集装箱是一种消除了所运货物外形差异的运输方式

3. 集装箱运输的优越性有( )。
A. 扩大成组单元,提高装卸效率,降低劳动强度
B. 减少货损、货差,提高货物运输的安全与质量水平
C. 缩短货物在途时间,降低物流成本
D. 节省货物运输包装费用,简化理货工作

4. 散货集装箱主要用于装运的货物有( )。
A. 麦芽　　　　　B. 谷物　　　　　C. 粒状化学品　　D. 新鲜水果

5. 核对号与( )计算出校验码。
A. 箱主代号　　　B. 设备识别码　　C. 顺序号　　　　D. 集装箱设备识别号

三、判断题

1. 集装箱是具有一定强度、刚度和规格,专供周转使用的大型装货容器。　　　　　　( )

2. 集装箱运输是最适合国际多式联运的一种运输方式。（   ）
3. 集装箱铁路专用车主要用于集装箱的陆上中、长距离运输和所谓的"陆桥运输"。（   ）
4. 1C 型是业务中常见的 40 英尺(ft)集装箱。（   ）
5. 集装箱船舶的集装箱装载能力，通常是以能装多少个 TEU 为衡量标准。（   ）

应会考核

■ 观念应用

A 公司将装载布料的 6 个集装箱委托国际货运代理 B 出运，并签订了委托代理合同，广州黄埔港至新加坡港，CIF，一切险附加战争险。该批出口布料先由 B 代理承运人出具了一份提单，提单记载装船港广州黄埔港、卸船港新加坡港，运输交款 CY-CY，提单同时记载"由货主装载、计数"的批注。集装箱在黄埔港装船后，船公司又签发了以货代为托运人的海运提单，提单记载装船港黄埔港、卸船港线新加坡港，"Shippers Count and Seal"运输条款 CY-CY。集装箱在新加坡港卸船时，6 个集装箱中有 3 个外表有较严重破损。货代在新加坡港的代理与船方代理对此破损做了记录，并由双方在破损记录上共同签署。收货人开箱时发现外表有破损的集装箱内布料已严重受损，另一集装箱尽管箱子外表状况良好，但箱内布料也有不同程度受损。此后，收货人因货损与 A、B、船公司发生了争执。

【考核要求】
①A 应当承担责任吗？为什么？
②B 应当承担责任吗？为什么？
③船公司应当承担责任吗？为什么？
④赔偿程序是怎样的？

■ 技能应用

2023 年 5 月 4 日，吉林公司与实信行签订 500 吨乌豆出口合同，单价为 318 美元/吨 FOB 大连，结算方式为 D/P，目的港为中国台湾省高雄市。合同签订后，依照实信行通知，吉林公司向天津公司订舱，要求出运货物。该托运单清楚表明托运人为吉林公司、收货人和通知方为实信行、目的港为台湾省高雄市以及船名、航次等内容。5 月 12 日，天津公司依实信行指示，在向船东提供本票货物清样时，未经吉林公司同意，将托运单中的原托运人、收货人分别变更为实信行和台湾省××公司，船东据此签发出正本海运提单。5 月 16 日，天津公司向吉林公司签发了关于本票货物的第二套提单，用于结汇目的，在此套提单内容中，托运人与收货人仍为吉林公司和实信行。5 月 17 日，该船东提单签出，天津公司遂转告船东，托运人实信行要求电放货物，因无托运人实信行的电放保函被船东拒绝。6 月 1 日，天津公司将实信行电放保函传给船东，依照惯例，船东在收回正本提单后以传真形式，通知其在高雄的代理将本票货物电放给提单中的收货人，货已到手，实信行自然也不会去银行付款赎单，货主遭受损失。

【技能要求】
请分析此案中各方的行为及责任。

■ 案例分析

2023 年 4 月，我国 T 公司向荷兰 M 公司出售一批纸箱装货物，以 FOB 条件成交，目的港为鹿特丹港，由 M 公司租用 H 远洋运输公司的货轮承运该批货物。5 月 15 日在青岛港装船。船方发现其中有 28 箱货外表有不同程度的破碎，于是大副批注"该批货物有 28 箱外表破碎"。当船方签发提单，欲将该批注转注提单时，卖方 T 公司反复向船方解释说买方是老客户，不会因一点包装问题提出索赔,同时出具保函:"若收货人因包装破碎货物受损为由向承运人索赔时,由我方承担责任。"船方接受了上述保函,签发了清洁提单。经过一个月航行载货船到达马赛港,收货人发现40多箱包装严重破碎,承运人随即向荷兰收货人赔偿20多万美元。此后,承运人凭保函向卖方T公司要求偿还该20多万美元的损失,但T公司以装船时仅有28箱包破碎为由,拒绝偿还其他的十几箱的损失。于是,承运人与卖方之间又发生了争执。

【分析要求】

请分析:①卖方的责任;②承运人的责任。

项目实训

【实训项目】

集装箱运输货运代理。

【实训情境】

1. The undersigned Carrier hereby acknowledges receipt of the sealed container or packages or other shipping units said to contain the goods described above in apparent external good order and condition.

2. One of the original Bills of Lading must be surrendered(交出)in exchange for the goods or Delivery Order, the others to be void.

3. In accepting this B/L the Merchant(货主) expressly(明确地、特意地) accepts and agrees to all its terms whether printed, stamped or written.

【实训任务】

1. 请翻译实训情境的三个句子;

2. 撰写《集装箱运输货运代理》实训报告。

《集装箱运输货运代理》实训报告		
项目实训班级:	项目小组:	项目组成员:
实训时间: 年 月 日	实训地点:	实训成绩:
实训目的:		
实训步骤:		
实训结果:		
实训感言:		
不足与今后改进:		
项目组长评定签字:		项目指导教师评定签字:

项目七　国际海上货运代理

● **知识目标**

　　理解：海上运输经营方式中班轮运输和租船运输的基本知识。
　　熟知：班轮运价的构成及其计算。
　　掌握：集装箱海上运输实务、集装箱海上运输的主要单证、托运业务操作实务、交付业务操作实务。

● **技能目标**

　　熟知国际海上集装箱运输操作、托运业务操作、交付业务操作的基本要领，并具备读懂各种单据的能力。

● **素质目标**

　　运用所学的国际海上货运代理知识研究相关案例，培养和提高学生在特定业务情境中分析问题与决策设计的能力；结合行业规范或标准，运用本项目的知识分析行为的善恶，强化学生的职业道德素质。

● **思政目标**

　　能够按照国际海上货运代理业务流程和实践认知，结合职业道德和企业要求，自主解决国际海上货运代理业务中出现的常见问题；树立诚信意识，明确履行责任范围，树立良好的信用形象。

● **项目引例**

中远海运集运的海上集装箱运输

　　中远海运集装箱运输有限公司（以下简称"中远海运集运"）是一家专门从事国际、国内集装箱班轮运输及其相关产业服务的企业，总部设在上海。截至 2023 年 6 月底，公司自营集装箱船舶 363 艘，运力达 206 万标准箱；集装箱船队经营规模位居世界前列。此外，公司还持有集装箱船舶订单 33 艘，总计 54.3 万标准箱。目前，中远海运集运共经营国际、国内航线 397 条，其中，国际航线 260 条（含国际支线）、国内沿海航线 53 条、长江和珠江航线 84 条，航线覆盖全球 142 个国家和地区的 581 个港口。重组后的中远海运集运建立了覆盖全球的营销、服务网点。国内已形成大连、天津、青岛、上海、宁波、厦门、华南、海南、武汉9个口岸公司,154个网点;境外服务网点遍布北美、拉美、欧洲、东南亚、大洋洲、西亚、非洲等地区,69个公司网点,形成了全球化经营、一体化服务的集装箱运输服务网络,可以为客户提供优质的"门到门"全程运输解决方案。

引例导学:中远海运集运是什么性质的航运企业?你了解海上班轮运输系统的组成吗?

● 知识精讲

任务一　海上运输经营方式

根据船舶的经营方式,国际海上运输可分为班轮运输和租船运输两种。

一、班轮运输

(一)班轮运输的概念

班轮运输(Liner Transport 或 Shipping by Liner),又称定期船运输,是指船舶在固定的航线上和港口间按事先公布的船期表航行,从事客、货运输业务并按事先公布的费率收取运费的一种运输方式。

目前,我国使用的班轮主要有三种:①自营班轮,即中国航运公司经营的班轮如中国远洋运输公司(COSCO)和中海集团公司(China Shipping)经营的班轮;②合营班轮,即我国与外国合资经营的班轮,如中波海运公司、民生神原轮船公司等;③外国班轮如 MAERSK LINE、DSR LINE、RICKMERS LINE、K'LINE、CMA 等。

(二)班轮运输的特点和作用

1. 班轮运输的特点

(1)"四固定"。即航线固定、港口固定、船期固定和费率相对固定。这是班轮运输最基本的特点。

(2)不规定货物的装卸时间。班轮需按船期表规定的时间到港和离港,运价内已包括装卸费用,货物由承运人负责配载、装卸,承运人和托运人双方不签订滞期和速遣协议。

(3)以班轮提单作为运输合同的证明。在班轮运输业务中,承运人和托运人双方不签订运输协议,双方的权利、义务、责任和豁免均以船公司按照国际公约和有关国内法规制定的提单条款为依据。货物装船后,提单由承运人(或其代理人)或船长签发给托运人。

2. 班轮运输的作用

(1)班轮运输能提供较高的服务质量。保证船期,提高竞争能力,吸引货载是班轮运输公司所追求的目标。班轮运输的管理制度较为完善,船舶的技术性能较好、设备较全,船员的技术也较高。

(2)班轮运输特别适合一般杂货和小额贸易货物的运输需要。班轮公司众多,班次频繁。在国际贸易中,除大宗商品利用租船运输外,零星成交、批次多、到港分散的货物,只要班轮有航班和舱位,不论数量多少,也不论直达或转船,班轮公司一般都愿意承运。

(3)班轮运输有利于贸易双方核算运输成本,促进国际贸易的发展。班轮运输的"四固定"特点,为买卖双方洽谈运输条件提供了必要依据,使买卖双方有可能事先根据班轮船期表,商定交货期、装运期以及装运港口,并且根据班轮费率表事先核算运费和附加费用,从而比较准确地进行比价和核算货物价格。

(4)班轮运输的手续简便,有利于收、发货的合理安排。班轮运输一般采取码头仓库交接货物的做法,并由承运人负责办理货物的装卸作业和全部费用。通常班轮承运人还负责安排货物的转运,定期公布船期表,为货方提供了诸多方便。

(三)班轮运价

班轮运费是班轮承运人为承运货物收取的报酬,而计算运费的单价(或费率)则称为班轮运价。班轮运价具有相对稳定性,即在一定时期(如半年、一年或更长时期)内保持不变。在贸易合同中,如运输条款规定为"班轮条件"(Liner Term 或 Berth Term),其概念是货物以班轮方式承运,船方负担装卸费用,不计滞期费和速遣费,并签发班轮提单。

1. 班轮运价的特点

(1)班轮运价包括货物从起运港到目的港的运输费用以及货物在起运港和目的港的装卸费用。

(2)班轮运价一般是以运价表的形式公布的,是比较固定的。

(3)班轮运价是垄断性的价格。

(4)班轮运价由基本费率和各种附加费构成。

2. 班轮运价表(Liner Freight Tariff)

班轮运价表也称班轮费率表,是班轮公司收取运费、货方支付运费的计算依据。运价表一般由船方制定,在利益方面往往偏袒船方,把货方置于被动地位,但目前这种情况已有所改善。

班轮运价表的划分主要有两种形式,即根据运价表的制定来划分和根据运价表的形式来划分。

(1)根据运价表的制定来划分,班轮运价表可分为以下几种:

①班轮公会运价表。它由班轮公会制定并决定其调整和变更,为参加公会的班轮公司所使用。这种运价表的运价水平比较高,承运条件也明显有利于船方,是一种垄断性的运价表。远东水脚公会运价表即属此种。

②班轮公司运价表。它是由班轮公司自己制定,并有权调整和变更的运价表,货方可以提出意见,但解释权、决定权在船方。如中远集团运价表"中国远洋货运运价本"是以交通运输部的名义颁布的,属于班轮公司运价表性质。

③货方运价表。它是由货方(托运人)制定,船方接受使用的运价表。在对运价的调整和变更方面,货方有很大的权利。能制定运价表的货方,一般是较大的货主,掌握较大量的货载,并能保证常年有稳定的货源供应。中国对外贸易运输总公司运价表是由中国对外贸易运输总公司代表货方制定的,属于货方运价表性质。

④双边运价表。它是由船、货双方共同制定、共同遵守、使用的运价表。运价的调整和变更需经船、货双方共同协商决定。这种运价表体现了船、货双方平等互利的精神。

(2)根据运价表的形式来划分,班轮运价表可分为以下几种:

①等级费率运价表(Class Rate Freight Tariff)。它是根据商品的不同种类和性质,以及装载和保管的难易、货值的高低将全部商品分成若干等级,每一个等级有一个基本费率,商品被规定为哪个等级就按相应等级的费率计算运费。该运价表的优点是基本费率数目少。中远集团和中国租船公司的运价表均属于等级运价表,都是将货物划分为二十个等级,属于第一级的商品运价最低,第二十级的商品运价最高。

②单项费率运价表(Single Rate Freight Tariff)。它是将每种商品及其基本费率逐个开列,每个商品都有各自的费率。香港华夏公司制定的中国至美国的运价表,就是单项费率运价表。

3. 班轮运价表的基本内容

(1)说明及有关规定。这部分内容主要是规定该运价表的适用范围、运费计算办法、支付办法、计价货币、计价单位以及船货双方责任、权利、义务和各类货物运输的特殊规定及各种运输形式(如直航、转船、回运、选择或变更卸货港等)的办法和有关规定。

(2)港口规定及条款。这部分内容主要是将一些国家或地区的港口的规定和习惯做法列入运价表内。

(3)货物分级表。这部分内容主要是列明各种货物的名称、运费计算标准、货物所属的运价等级。商品列名一般都用英文名称(《中国远洋货物运价表》和《中国租船公司第一号运价表》,采用中英文对照)并按英文字母顺序排列。也有的分列大类,各大类的最后都有一项"未列名货物"(Cargo Not Otherwise Enumerated,Cargo N. O. E),还有商品附录(Commodity Appendix),它是商品列名的补充。

(4)航线费率表。这部分内容列明不同的航线及不同等级货物的基本运费率。基本费率是计算运费的基础,它不包括附加费。等级运价表的基本费率就是各航线的等级费率。

(5)附加费率(Surcharges)表。这部分内容列明各种附加费及其计收的标准,用以针对客观情况的变化补充基本费率的不足。

(6)冷藏货费率表及活牲畜费率表。这部分内容列明各种冷藏货物和活牲畜的计费标准及费率。

4. 班轮运价的计算标准

(1)按货物的毛重计收,也称重量吨。在运价表中以"W"表示,一般以1公吨为计算单位,吨以下取两位小数。但也有按长吨或短吨计算的。

(2)按货物的体积计收,也称尺码吨(Measurement Ton)。在运价表中,以"M"表示,一般以1立方米为计算单位或以40立方英尺为1尺码吨计算。

(3)按货物的毛重或体积计收运费,计收时取其数量较高者。在运价表中以"W/M"表示。按惯例,凡1重量吨货物的体积超过1立方米或40立方英尺者即按体积收费;1重量吨货物的体积不足1立方米或40立方英尺者,按毛重计收。

(4)按货物的价格计收,又称从价运费。一般按商品FOB货价的百分之几(百分之零点几到百分之五不等)计算运费。按从价计算运费的,一般都属高值货物。在运价表中以"Ad Val"(拉丁文Ad Valorem的缩写)表示。

(5)按货物重量或体积或价值三者中最高的一种计收,在运价表中以"W/M or Ad Val"表示。也有按货物重量或体积计收,然后加收一定百分比的从价运费。在运价表中以"W/M Plus Ad Val"表示。

(6)按货物的件数计收。如汽车、火车头按辆(Per Unit);活牲畜如牛、羊等按头(Per Head)计费。

(7)大宗低值货物按议价费率(Open Rate)计收。粮食、豆类、煤炭、矿砂等大宗货物一般在班轮费率表内未被规定具体费率。在订舱时,由托运人和船公司临时洽商议定。议价运费比按等级运价计算的运费低。

(8)起码费率(Minimum Rate)。当按提单上所列的重量或体积所计算出的运费,未达到运价表中规定的最低运费额时,则按最低运费计收。

【提示】如果不同商品混装在同一包装内,则全部运费按其中较高者计收。同一票商品如包装不同,其计费标准及等级也不同。托运人应按不同包装分列毛重及体积,才能分别计收运费,否则全部货物均按较高者收取运费。同一提单内如有两种或两种以上不同货名,托运人应分别列出不同货名的毛重或体积,否则全部将按较高者收取运费。

5. 班轮运价的构成

班轮运价由基本费率(Basic Freight Rate)和多种附加费(Additional of Surcharges)构成。

基本费率即班轮航线内基本港之间对每种货物规定的必须收取的费率,包括各航线等级费率、从价费率、冷藏费率、活牲畜费率及议价费率等。附加费是对一些需要特殊处理的货物或由于客观情况的变化使运输费用大幅度增加,班轮公司为弥补损失而额外加收的费用。附加费的种类很多,而且随着客观情况的变化而变化。以下为几种常见的附加费:

(1)超重附加费(Over Weight Surcharge)。一件货物的重量(毛重)达到或超过一定重量时,该货物即为超重货物。各船公司对一件货物重量规定的限量不一致。超重货物在装卸、配载等方面会增加额外劳动和费用,故船公司要加收超重附加费。

(2)超长附加费(Over Length Surcharge)。一件货物的长度达到或超过规定的长度,该货物即为超长货物。对超长货物的长度限制各船公司也不一样。超长货物同超重货物一样,在装卸、配载时会增加额外劳动和费用,因此船公司要加收超长附加费。

(3)燃油附加费(Bunker Adjustment Factor or Bunker Surcharge,Baf/Bs)。它是因燃油价格上涨而加收的费用。

(4)港口附加费(Port Surcharge)。它指由于一些港口设备差,装卸效率低,费用高,因船舶成本增加而加收的附加费。

(5)港口拥挤附加费(Port Congestion Surcharge)。它指由于港口拥挤,船舶需长时间等泊,为弥补船期损失而收取的附加费。该项附加费随港口拥挤程度的变化而调整。如港口恢复正常,该项附加费即可取消,因此变动性很大。

(6)货币贬值附加费(Currency Adjustment Factor)。它指为弥补因收取运费的货币贬值造成的经济损失而收取的费用。一般随着货币贬值的幅度按基本费率的百分之几收取。

(7)绕航附加费(Deviation Surcharge)。它是由于货方的某种原因,使船舶不能按正常航线而必须绕道航行,从而增加航运开支,为此加收的附加费称绕航附加费。这是一种临时性的附加费,一般来说,如正常航道恢复通行,该项附加费即被取消。

(8)转船附加费(Transshipment Surcharge)。它是指对运往非基本港的货物,需在中途港转运至目的港,为此而加收的附加费称转船附加费。

(9)直航附加费(Direct Additional)。它是指对运往非基本港的货物,一次货量达到一定数量时,船方可以安排直航卸货,为此需加收直航附加费。直航附加费一般比转船附加费低。

(10)选卸港附加费(Additional For Optional Destination)。由于贸易上的原因,在办理货物托运时尚不能确定具体卸货港,需要在预先选定的两个或两个以上的卸货港中进行选择,为此而加收的费用称选卸港附加费。

班轮附加费名目繁多。除上述各项附加费外,还有变更卸货港附加费(Additional for Alteration of Destination)、洗舱费(Cleaning Charge)、熏蒸费(Fumigation Charge)、冰冻附加费(Ice Additional)等。各种附加费的计算方法主要有两种:一种是以百分比表示,即在基本费率的基础上增加一个百分比;另一种是用绝对数表示,即每运费吨增加若干金额,可以与基本费率直接相加计算。

6. 班轮运价表的查找办法

如果是单项列名费率表,运价查找起来就比较简单,找到商品就同时找到了运价和计价单位,再加上有关的附加费即可;如果是等级运价表,则首先要根据商品的名称从货物等级表中查出商品等级和计算标准,其次从按航线港口划分的等级费率表中查出商品的基本费率,最后加上各项必须计算的运价表,所得的总和就是有关商品的单位运费。

7. 班轮费用的计算

计算班轮费用通常应先根据货物英文名称,按英文字母顺序从运价表中查出该货物应属等级和计费标准,再查出基本费率和所经航线与港口的有关附加费率。某一货物的基本费率和附加费率之和即为该货物的单位运价(据以计收运费的吨数,通常有重量吨和尺码吨两种),该单位运价再乘以该批货物的计费重量或体积尺码即为运费总额。如系从价计费的货物,则按运价表规定的百分率乘以该批货物的 FOB 总值即为运费总额。凡采用临时议定运价的货物,则按货主与船公司议定的费率计算。计算班轮运费的公式如下:

附加费为绝对值时:班轮运费＝基本费率×运费吨＋附加费

附加费为百分比时:班轮运费＝基本费率×运费吨×(1＋附加费率)

【做中学 7－1】 我某公司以 CFR 价格条件出口美国西雅图一批罐头水果汁 1 000 箱,每箱体积 40 厘米×30 厘米×20 厘米,毛重 30 千克。该批货物总运价计算如下:

第一步:先查水果汁准确译名为:"Fruit Juice"。

第二步:从有关运价本的"货物分级表"(Classification of Commodities)中查找相应的货名,再从相应运价本中查到该货物运费计算标准为 M/W,货物等级为 8 级。

第三步:查中国至美国西部地区航线等级费率表得到 8 级货物每运费吨的基本费率为 222 元。

第四步:另查得燃油附加费率为 20%。

第五步:确定计算标准。

按尺码吨计算＝0.4×0.3×0.2×1 000＝24(立方米)

按重量吨计算＝0.03×1 000＝30(公吨)

因为 30(重量吨)＞24(尺码吨),所以,应以 W(重量吨)计算。

第六步:计算总运价。

该批货物总运价＝基本费率×运费吨×(1＋附加费率)

＝222×30×(1＋20%)

＝7 992(元)

【学中做 7－1】 我方按 CFR 迪拜价格出口洗衣粉 100 箱,该商品内包装为塑料袋,每袋 0.5 千克,外包装为纸箱,每箱 100 袋,箱的尺寸为长 47cm、宽 30cm、高 20cm,基本运费为每尺码吨 367 港元,另加收燃油附加费 33%,港口附加费 5%,转船附加费 15%,计费标准为 M。试计算:该批商品的运费为多少?

二、租船运输

租船运输(Shipping by Chartering)又称不定期船(Tramp)运输。它与班轮运输不同,船舶没有预定的船期表、航线和港口。船期、航线及港口均按租船人(Charterer)和船东(Ship Owner)双方签订的租船合同(Charter Party)规定的条款行事。也就是说,船东根据租船合同,将船舶出租给租船人使用,并按商定运价收取运费。

(一)租船运输的特点和作用

1. 租船运输的特点

(1)租船运输没有固定的航线、装卸港口和船期。它根据租船人的需要,由双方洽商租船运输条件,并以租船合同形式加以确定,作为双方权利与义务的依据。

(2)租船运输没有固定的运价。租船运价受租船市场供求关系的制约,船多货少时运价低,反之则高。

(3)租船运输一般是整船洽租并以装运货值较低、成交数量较多的大宗货物为主。

2. 租船运输的作用

(1)租船一般是通过租船市场,由船租双方根据自己的需要选择适当的船舶,满足不同的货运需要,为开展国际贸易提供便利。

(2)国际上的大宗货物主要是以租船运输为主,由于运量大,单位运输成本较低。

(3)租船运价是竞争价格,因此租船运价一般比班轮运价低,有利于低值大宗货物的运输。

(4)只要是船舶能安全出入的港口,租船都可以进行直达运输。

(5)一旦贸易增加、船位不足时,而造船、买船又难以应急,租船运输可起到弥补需要的作用。另外,如果舱位有余,为避免停船损失,可用租船揽货或转租。

(二)租船方式

1. 定程租船(Voyage Charter)

定程租船又称航次租船,是以航程为基础的租船方式。在这种租船方式下,船东必须按租船合同规定的条件,按时抵达装货港口,装上一定数量指名的货物,再驶抵卸货港卸下货物,完成整个航程的运输任务,并负责船舶的经营管理。在定程租船条件下,除了少数几项费用,如货物装卸费、平舱费、垫舱和隔票费、船舶滞期费等通常由租船人负担外,其他运输费用,如船员工资、港口使用费、港口代理费、船用燃料、隔垫物料等费用都由船东承担,租船人按约定支付运费。

定程租船有以下特点:

(1)船舶的经营管理由船东负责。

(2)规定一定的航线和装运的货物种类、名称、数量以及装卸港口。

(3)船东除对船舶航行、驾驶、管理负责外,还应对货物运输负责。

(4)在多数情况下,运费按所运货物数量计算,即按每重量吨或每尺码吨计算运费。有时也采用整船包干(Lump Sum)运费。

(5)规定一定的装卸期限或装卸率,并计算滞期费、速遣费。

(6)船租双方的责任、义务,以定程租船合同为准。

同时,定程租船按运输形式又可分为以下几种:

(1)单程租船,也称单航次租船(Single Voyage Charter),即所租船舶只装运一个航次,航程结束时租船合同即告终止。

(2)来回程租船(Round Trip Charter)。这是租船合同规定在完成一个航次任务后接着再装运一个回程货载的运输形式。

(3)连续单程租船(Consecutive Trip Charter)。这一运输形式要求在同一去向的航线上连续完成几个单航次运输。它的特点是连续完成若干个连续的航次,不能中断。一般认为,连续单程承租的船舶必须是一程运货,一程空放,船东不能利用空船揽载其他货物。但在租船合同没有具体条款规定船东不能揽载回程货物时,船东也可以利用空船揽载回程货物,以提高经济效益。

(4)包运合同租船(Contract of Affreightment)。包运合同,也称大合同,是指船东在约定的期限内,派若干条船,将规定的一批货物按照同样的租船条件,由甲地包运到乙地,至于航程次数则不作具体规定。

2. 定期租船(Time Charter)

定期租船简称期租船,是指船东将船舶租给租船人使用一定期限,并在规定的期限内由租船人自行调度和经营管理。租金按月(或30天)、按日(一般每半月预付一次)或按每载重吨(DWT)若干金额计算。期租的时间可长可短,从几个月到若干年,有的甚至用到船报废为止。

定期租船有以下特点:

(1)租赁期间,船舶的经营管理由租船人负责。在期租条件下,由船东负担的船舶营运费用,有船员工资、给养、船舶维修保养、船壳机器保险;而其他日常开支,如船用燃料、港口使用费、港口代理费、捐税以及装货、理舱、平舱、卸货等费用都由租船人承担。

(2)不规定船舶航线和装卸港口,只规定船舶航行区域。

(3)除特别规定外,可以装运各种合法货物。

(4)不规定装卸期限或装卸率,不计算滞期费、速遣费。

(5)租金按租期每月每吨若干金额计算。

(6)船租双方的权利与义务,以期租船合同为准。

3. 光船租船(Bare Boat Charter or Charter Party by Demise)

光船租船也称船壳租船。在这种租船方式下,船东只负责提供空船,不负责提供船员,由租方自行配备船员,提供工资给养,负责船舶的经营管理和航行各项事宜。在租期内,租船人实际上对船舶有着支配权和占有权。

光船租船不同于期租或程租形式,船东除收取租金外,不负任何责任,也不承担任何费用,而相当于一种财产的租赁。对船东来说,一般不放心把船交给租船人支配;对租船人来说,由于雇用和管理船员的工作很复杂,也不愿意采取这种形式。因此,光船租船在租船市场上很少采用。一般只有在船东想要卖船,而买方无力一次付清货款时才采用光船出租的方式,用租船人付租金偿付船价款项,直到租船人分期付完船价,船东再交出船舶所有权,租期也到此为止。

任务二　海上班轮运输

一、海上班轮运输系统的构成

海上班轮运输系统包括航线、港口、船舶和货物四个基本部分。航线是船舶运行的活动场所(通路);港口是船货结合的集散地和衔接点;船舶是海上承运人从事运输服务的生产工具;货物是运输服务的劳动对象。此外,对海上集装箱班轮运输系统而言,还应包括集装箱和集装箱货运站等。以下简要介绍海上集装箱班轮运输系统各构成要素的基本情况。

(一)集装箱航线

航线是指船舶在两个或多个港口之间,从事海上货物运输的线路。航线由天然航道、人工运河、进出港航道及航标和导航设备组成。目前,世界海运集装箱航线主要有:①跨太平洋航线(远东—北美航线);②跨大西洋航线(北美—欧洲、地中海航线);③欧洲、地中海—远东航线;④远东区域内航线(中、韩、日—东南亚航线);⑤远东—澳新(澳大利亚、新西兰)航线;⑥澳新—北美航线;⑦欧洲、地中海—西非、南非航线。这七大航线中,以跨太平洋航线、跨大西洋航线和欧洲、地中海—远东航线最为重要,三大航线占全球总运量比例高达45%,其中,跨太平洋航线占17%,跨大西洋航线占9%,欧洲、地中海—远东航线占19%。

基于航线形式的不同,班轮航线可以分为以下几种:

1. 点—点(Point to Point)航线

它是指连接A、B两港,进行往返运输的航线,如大连—釜山航线。随着集装箱船舶的大型化,为提高船舶的箱位利用率,在点—点航线的基础上,衍生出两端港航线,如图7-1所示。

图7-1　两端港航线示意

虚线圆圈范围内的港口均为基本港(Base Port),这些港口之间没有货物流动。例如,船舶由A港出发,承载着运往E、F、G、H港口的货物,先后到达B、C、D港而不卸货;同样在B港也只装运到达E、F、G、H港口的货物,在C、D港并不卸下在A、B港装运的货物,以此类推。也可以这样理解,同一虚线圆圈范围内的港口可以视为一个虚拟的大港,即一个端港,船舶在这个端港的货量分批次在不同的实际港口(A、B、C、D)分别装运。另一端也是如此,将E、F、G、H视为一个虚拟的目的港,到该虚拟港的货物分批次、分地点(E、F、G、H)分别卸下。例如,目前的远东—欧洲航线即为这一类型的航线。

2. 枢纽—辐射式(Hub-and-spoke)航线

该航线又称为干支配合航线,是以枢纽港之间的干线航线为骨架,以枢纽港与周边喂给港之间的辐射支线为补充构成的海上运输网络,干线航线由吨位较大的集装箱船航行,挂靠货运量大、地理位置佳的枢纽港;非枢纽港由于货流量较小,采用支线运输将货物运送到枢纽港,通过枢纽港将货物中转到干线航线运输,以实现相互之间的运输联结,如图7—2所示。例如,新加坡、中国香港、韩国釜山等港口以其优越的地理位置,依靠枢纽—辐射式航线,吸引了大量的境外中转集装箱。

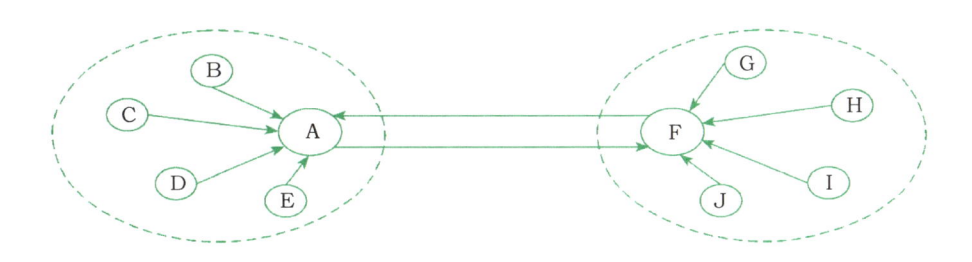

图7—2 枢纽—辐射式航线示意

3. 环绕式(Go-around)航线

在选定的港口间依次停靠每一港口,一般一个航次中,每个港口仅挂靠一次(也有挂靠两次的情况)。这种航线的优点是只有去程没有回程,能解决航线上货流不平衡问题,提高船舶箱位利用率。同时,还可以增设反向航线以减少环绕性航线运行所需要的时间,由于贸易的不平衡性,正向、反向环绕式航线可选择不同港口,如图7—3所示。例如,远东—北美航路上的许多航线是环绕式航线。

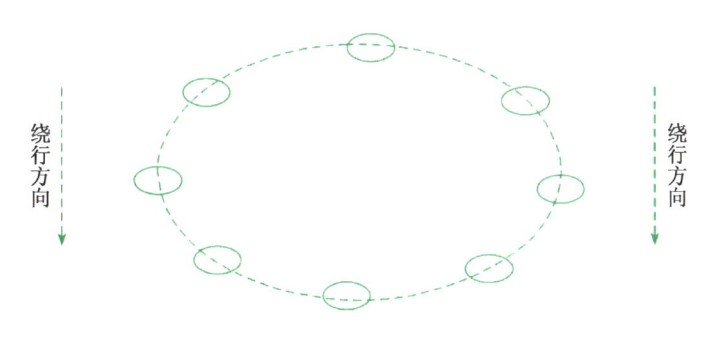

图7—3 环绕式航线示意

4. 钟摆式(Pendulum)航线

船舶从某个中间地区的几个港口(简称中间港群)开航,向东航行至东部地区的几个港口(简称东港群)进行装卸,从东港群摆回至中间港群进行装卸,由中间港群出发向西摆至西部地区的几个港口(简称西港群)进行装卸,由西港群摆回至中间港群进行装卸,即完成一个钟摆周期,如图7—4所示。

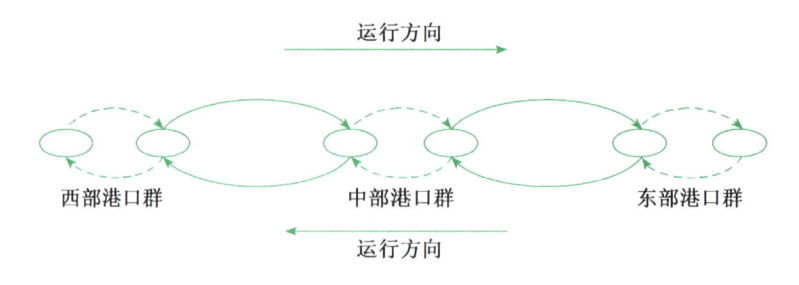

图 7-4 钟摆式航线示意

比较著名的钟摆式航线有欧洲—北美—远东航线和欧洲—远东—北美西海岸航线,分别简称为巴拿马钟摆航线和远东钟摆航线。这种航线的优点是覆盖面较大,可运载多个贸易区域间的货物,提高箱位利用率;缺点是航线较长,需要投入较多船舶。

【注意】 上述航线形式也经常结合使用,例如,枢纽—辐射式航线的干线航线既可以是点—点航线,也可以是钟摆式航线或者环绕式航线。

(二)集装箱码头(Container Terminal)

它是指专供停靠集装箱船舶,装卸集装箱的港口作业场所,是港口的主要组成部分,主要由泊位、前沿、集装箱堆场、控制塔、大门、维修车间、办公室等基本设施组成,如图 7-5 所示。

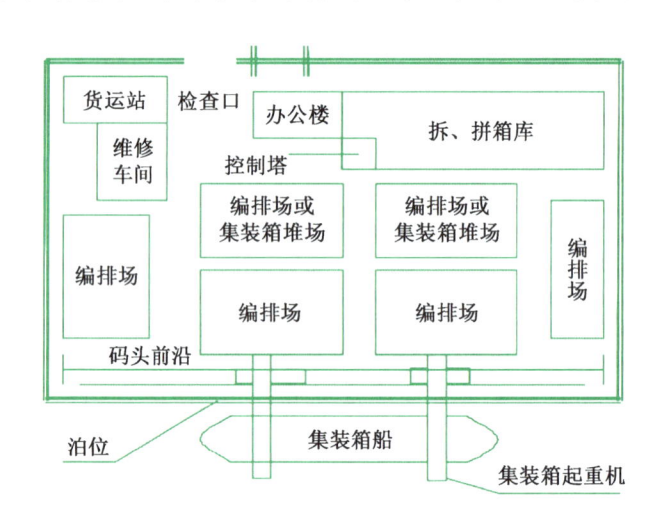

图 7-5 集装箱码头布局

集装箱堆场(Container Yard,CY),是为进行装卸、交接和保管重箱、空箱的场地,包括前方堆场、后方堆场和码头前沿。

集装箱码头大门俗称道口,又称检查桥、闸口等,是集装箱码头的出入口、集装箱和集装箱货物的交接点,是划分集装箱码头与其他部门责任的分界点。目前,大型集装箱码头已采用"集装箱智能大门系统",这样当集装箱运输车辆通过大门时,可自动识别车号、箱号,自动检查电子手续,自动分配最优的集装箱箱位,并进行集装箱箱体残损检验,每台集装箱车辆的处理时间不超过 30 秒。

(三)集装箱货运站(Container Freight Station,CFS)

它是处理拼箱货的场所,即对货物进行装箱、拆箱工作,并完成货物的交接、分类和短时间保管等辅助工作的场地和仓库。集装箱货运站分为口岸货运站与内陆货运站,其中,口岸货运站目前趋向于设置在港区之外,设在港区内的较少;内陆货运站也称为中转站或内陆站,包括集装箱装卸港的市区中转站,以及内陆城市、内河港口的内陆站,其主要是用于集装箱运输的中转或集散。

(四)集装箱船舶

集装箱船是一种新型的船,其结构和形状跟常规货船有明显不同。它外形狭长,单甲板,上甲板平直,货舱口达船宽的 70%～80%,上层建筑位于船尾或中部靠后,以让出更多的甲板堆放集装箱,甲板一般堆放 2～4 层,舱内可堆放 3～9 层。集装箱船装卸速度快,停港时间短,大多采用高航速,通常为每小时 20～23 海里。近年来为了节能,一般采用经济航速,每小时 18 海里左右。在沿海短途航行的集装箱船,航速每小时 10 海里左右。

(1)按船型分:杂货－集装箱两用船(Conventional Ship)、半集装箱船(Semi-container Ship)、全集装箱船(Full Container Ship)。

(2)按装卸方式分:吊装集装箱船(LO/LO-Lift On/Lift Off)、滚装式集装箱船(RO/RO-Roll on/Lift Off)、滚－吊船(RO/LO)、载驳船(Barge Carrier)。

尽管集装箱船的超大型化已成为一种必然的趋势,但这种趋势应该是渐进式的和适度的。集装箱船的规模过大,将导致收益低、风险高,同时对港口的泊位与装卸设施提出了新的要求,相关内容如表 7-1 所示。

表 7-1　　　　　　　　　　不同装载量集装箱船的船型参数及对码头泊位的要求

	船型参数(m)				码头泊位参数(m)		
	船长	船宽	吃水	载箱量(TEU)	长度	宽度	水深
第一代集装箱船	170	25	8	700～1 000	206	50	-10
第二代集装箱船	225	29	10～11	1 001～2 500	270	60	-13
第三代集装箱船	275	32	11.5～12	2 501～3 000	335	65	-14
第四代集装箱船	294	32.2	12.5	3 001～4 000	355	65	-15
第五代集装箱船	285	40	12.7	4 401～5 500	345	80	-15
8 500TEU 集装箱船	334	42.8	13	8 500	395	85	-15
10 000TEU 集装箱船	348	45.6	14.5	10 000	410	90	-17
18 000TEU 集装箱船	399.2	54	14.5	18 000	530	100	-17
21 413TEU 集装箱船	399.87	58.8	14.5	21 413	530	100	-17

(五)集装箱货物

随着集装箱运输的发展,集装箱运输的货运量迅速增长,但并不是所有的货物都适合用集装箱运输。有些货物虽然从技术角度看是能够用集装箱运输的,但从经济角度看就不一定是合适的了。从经济性、物理性角度分析,集装箱运输的货物一般可分为四大类。

1. 最佳装箱货(Prime Containerizable Cargoes)

属于这一类货物的,一般是价值大、运价高、易损坏、易盗窃的货物,这些货物其尺寸、容积与质量等方面适合于装载集装箱,并且具有装箱利用率较高的特点。例如,光学仪器、家用电器、医疗用品、照相机、摩托车等体积不是很大的机械类货物,以及可用冷冻集装箱装运的水果、肉类、乳酪等冷藏类食品。

2. 适合装箱货(Suitable Containerizable Cargoes)

属于这一类货物的,一般是价值较大、运价较高、较易损坏和较易被盗窃的货物,例如,电线、电缆、纸浆、金属制品等。

3. 边缘装箱货(Marginal Containerizable Cargoes)

这一类货物从技术上看是可以装箱的,但由于其价格低廉、运价便宜,从经济上看装箱并不合适,并且这些货物在其包装方面是难以进行集装箱化的,例如,钢、生铁、原木等。

4. 不适合装箱货(Unsuitable Containerizable Cargoes)

这一类货物是指那些从技术上看装箱是有困难的,或是货运量大不宜于直接用运输工具装运的货物,例如,桥梁、大型卡车等,以及原油、谷物、砂石等货物。

随着集装箱种类的逐渐增加,特别是装载特种货物的专用集装箱的使用,各货种适合装箱程度的等级都有所提高,边缘装箱货和不适合装箱货的品种正在不断减少。

二、海上班轮运输主体

海上班轮运输主体包括货主、班轮公司、码头经营人、集装箱货运站经营人、国际船舶代理、国际海上货运代理、无船承运人等。限于篇幅与分工,无船承运人将在后面专门予以介绍。

(一)货主

货主是海上运输服务的需求者(买方),在法律上,他们被称为发货人(托运人)、收货人等。

1. 发货人(Consignor)和托运人(Shipper)

一般而言,发货人通常是指实际交付货物的人;托运人通常是指与承运人订立运输合同并支付运输费用的人。在实务中,发货人和托运人通常为同一人,但也可能不是同一人。

2. 收货人(Consignee)

《中华人民共和国海商法》第42条规定:"'收货人',是指有权提取货物的人。"

(二)班轮公司

班轮公司是海上运输服务的供给者(卖方),是指运用自己拥有或自己经营的船舶,提供港口间班轮运输服务,并依据法律规定设立的船舶运输企业。在法律上,班轮公司被称为承运人,有时为了与本身不拥有船舶但却以承运人身份开展运输经营的无船承运人相区别,这类承运人也称为实际承运人。

(三)场站经营人

1. 码头经营人

码头经营人(Operator of Transport Terminals),是指接受货主、承运人或其他有关方的委托,负责接管运输货物,并为这些货物提供或安排包括堆存、仓储、装载、卸载、积载、平舱、隔垫和绑扎等与货物运输有关服务的企业。

2. 集装箱货运站经营人

集装箱货运站经营人是指利用集装箱场所,对货物进行装箱、拆箱工作,并完成货物的交接、分类和短时间保管等辅助工作的企业。

(四)海运代理人

1. 国际船舶代理

国际船舶代理通常是指接受船舶所有人或者船舶承租人、船舶经营人的委托,为其揽货、揽客和/或为其在港船舶办理各项业务和手续并收取报酬的人。

国际船舶代理的服务内容可分为以下四大部分:

(1)客货运代理业务。客货运代理业务包括:代为揽货,洽订舱位,办理海上联运货物的中转业务;签发提单;办理提货手续,交付货物,洽办货物理赔;代售客票,办理旅客上下船舶手续等。

(2)船务代理业务。船务代理既包括诸如联系安排装卸,办理申请理货及货物监装、监卸、衡量、检验,办理申请检验、熏舱、洗舱、扫舱等货物装卸工作;也包括诸如办理船舶进出口的申请及报关手续,申请引航以及安排泊位,洽购船用燃料、物料、淡水及食品等,洽办船舶修理、检验等,办理船员登岸及遣返手续,转递船员邮件,安排船员就医等船舶与船员服务工作。

(3)箱务代理业务。箱务代理业务也称箱管业务,是指国际船舶代理接受国内外集装箱班轮公司的委托,对集装箱和集装箱设备的保管、租用、发放、交接和调运等进行管理。它包括办理集装箱的进出口申报手续,洽办集装箱的建造、修理、清洗、熏蒸、检疫、检验,办理集装箱的租赁、买卖、交接、转运、收箱、发箱、盘存,签发集装箱交接单证工作等。

(4)其他代理工作。其他代理工作包括洽办海事处理,联系海上救助;代办租船及船舶买卖;代收运费及其他有关款项,办理支付船舶速遣费及计收滞期费等。

2. 国际海上货运代理

国际海上货运代理也称远洋货运代理,通常是指接受进出口发货人、收货人的委托,代办国际海上货物运输及其相关业务并收取服务报酬的人。

国际海上货运代理通常具有如下特点:

(1)以从事集装箱班轮代理业务为主。随着集装箱运输的发展,集装箱运输成为班轮运输的主流,因此集装箱运输代理几乎成了国际海上货运代理的代名词。当然,实践中许多货运代理也在从事不定期船运输中有关杂货、干散货、液散货的报关报验以及集运、转运业务。

(2)从业人员较多,业务主要以缮制单证、报关报验为主,但一些从事集运分拨业务的货运代理则多以装箱、拆箱以及组织集运与分拨为主。

(3)一些国际海上货运代理同时兼具班轮公司的订舱代理,为船公司揽货。这样其不但可以获得更多的扩展空间,而且可以获得班轮公司的奖励,即通常所说的"佣金"。由此可以看出,国际海上货运代理与国际船舶代理之间在业务内容上存在一定的交叉,因而也具有一定的竞争性。

(4)一些具有较高业务能力和较为完善的业务网络的海上货运代理已发展成为无船承运人或多式联运经营人,从而使其身份呈现多重性。他们在从事海上货运代理业务的同时,也往往提供延伸服务,甚至是"门到门"多式联运服务和第三方物流服务,因而他们往往兼营铁路、公路集疏运业务和仓储业务。

三、海上班轮运输操作流程

(一)海上班轮运输有关方的业务环节与业务内容

表7-2和表7-3分别显示国际海上集装箱出口、进口运输有关方的业务环节与业务内容。

表7-2　　　　国际海上集装箱出口运输有关方的业务环节与业务内容

发货人	(1)订立贸易合同。(2)备货。(3)租船订舱(如以CIF、C&F价格条件成交时)。(4)报关报检。(5)货物装箱与托运并取得承运人或其代理签发的场站收据。具体业务分工,视交付条款而定,比如,交付条款为CY/CY,则负责提空箱、装箱、送重箱至码头。而交付条款为CFS/CFS,则负责货交货运站即可。(6)投保(如以CIF价格条件成交时)。(7)支付运费(如付运费),并凭场站收据取得承运人签发的提单。(8)向收货人(买方)发出装船通知(如以C&F价格条件成交时)
船公司	(1)承揽待运的货源。(2)配备集装箱:船东箱(自有或租赁)、货主箱。(3)受理托运:需要明确装卸港、整箱货或拼箱货,以及集装箱交付条款等。(4)接收货物:视交付条款不同,其接收货物地点可能为码头堆场、货运站或发货人工厂。(5)办理船舶的联检与靠泊手续:此工作需要委托船务代理办理。(6)装船:装船的一切工作均由码头负责进行。(7)制作、签发并送交相关的装船单证:送交货主、码头、货运站、理货公司及联检机构等,对发货人而言,船公司或其代理应向其签发正本提单。(8)办理船舶的联检与离港手续,驶往卸货港

集装箱 码头堆场	(1)集装箱的交接:接收重箱、发放空箱。(2)制订堆场作业计划,以指导集装箱的堆存与装卸作业。(3)集装箱的装船并签发相关单证:根据船舶积载图和装船计划安排装船,装船完毕后,由船方在装箱单、码头收据、积载图上签字,作为确认货物装船的凭证。(4)对堆存在场内的冷藏、危险品箱等特殊集装箱进行处理
集装箱 货运站	(1)办理拼箱货物交接,并向发货人签发场站收据。(2)配箱、装箱。(3)制作装箱单和出具危险品集装箱装箱证明。(4)在海关监督之下加海关封志,并将装载的货箱运至码头堆场

表 7-3　　　　　　　　　国际海上集装箱进口运输有关方的业务环节与业务内容

收货人	(1)签订贸易合同。(2)租船订舱(以 FOB 价格条件成交时)。(3)申请开信用证。(4)投保(以离岸价 FOB,或到岸价 C&F 价成交时)。(5)付款从银行处取得正本提单。(6)凭正本提单到承运人或其代理处换取提货单和设备交接单(整箱货)。(7)凭提货单到码头(整箱货)或货运站(拼箱货)提取货物:整箱货需凭设备交接单提取。(8)返还空箱(是指整箱货)。(9)损害索赔
船公司	(1)做好卸船准备工作,包括制订卸船计划、安排联检与靠泊。(2)制作并寄送有关单据。(3)卸船:由码头安排卸船事宜。(4)凭正本提单和到付运费等向收货人签发提货单和集装箱提、还箱手续(当整箱货交付时)
集装箱 码头堆场	(1)集装箱的卸船准备工作:制订卸船计划、堆场计划、交货计划。(2)卸船与堆放。(3)交货:整箱货交收货人(需要事先收取滞箱费等),拼箱货交货运站,转运内地货交内陆承运人。(4)制作交货报告和未交货报告
集装箱 货运站	(1)做好提箱、拆箱、交货准备。(2)向收货人发出交货通知。(3)从码头堆场领取载货的集装箱。(4)拆箱交货(收货人提货应持提货单、缴纳相关费用并签收交货记录)、空箱退还给码头堆场。(5)制作交货报告和未交货报告

(二)货运代理在海上班轮运输中的作用与业务内容

图 7-6 和图 7-7 分别显示了国际海上集装箱运输出口、进口操作流程(拼箱货)。货运代理接受客户(发货人或收货人)委托后,除了办理订舱(出口)或提货(进口)、报关报验等业务之外,对于拼箱货,货运代理需要安排货物送至 CFS(出口)或从 CFS 提取货物(出口);对于整箱货,货运代理需要到船代箱管办理提还空箱手续、安排拖车到 CY 提/还重箱/空箱、安排在工厂或 CFS 装/拆箱。

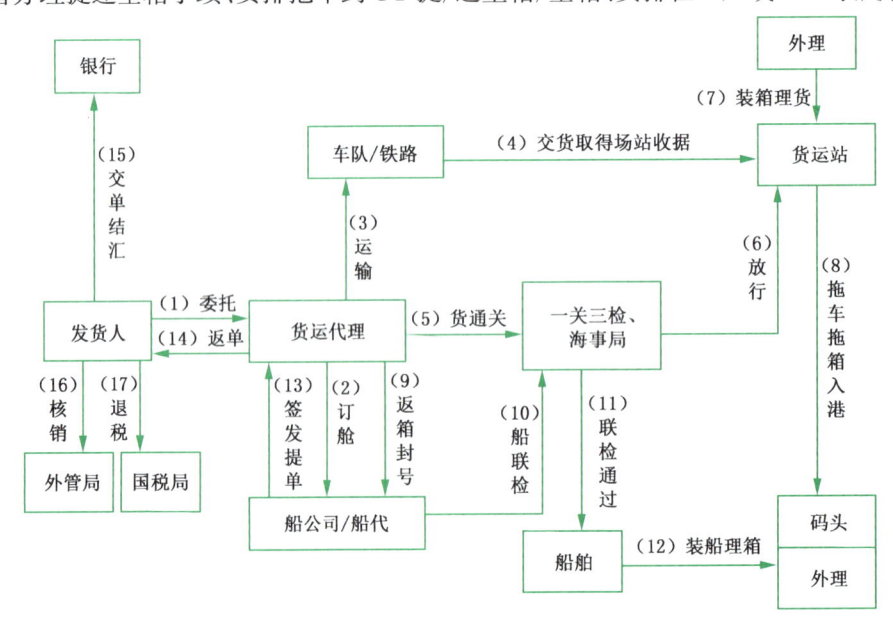

图 7-6　国际海上集装箱运输出口操作流程(拼箱货)

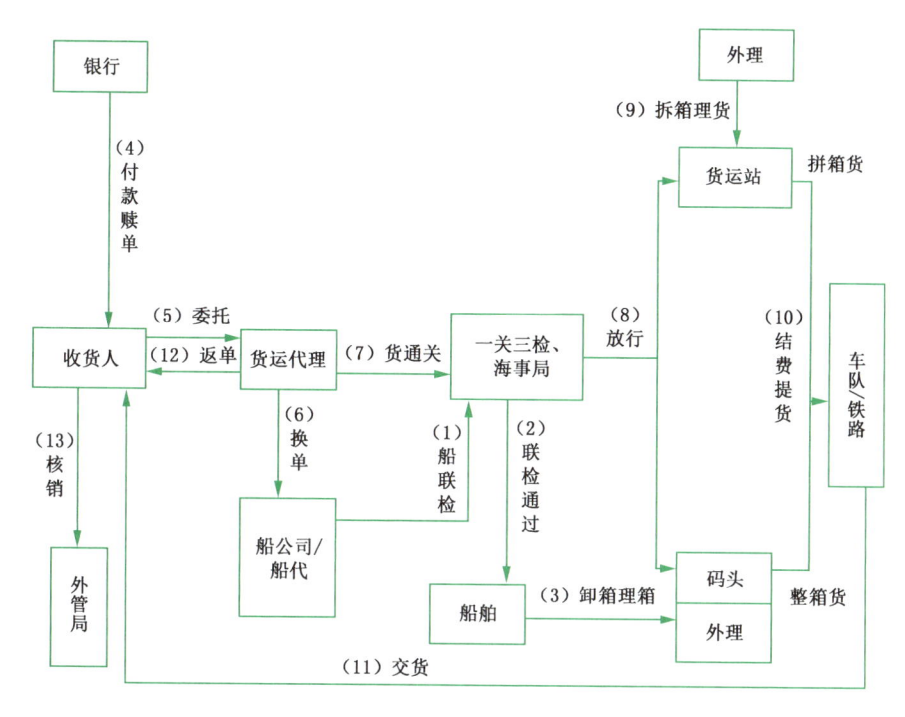

图 7－7　国际海上集装箱运输进口操作流程（拼箱货）

四、海上集装箱运费的计费特点

海上集装箱运费的计算办法与普通班轮杂货运费的计算办法一样，也是根据运价表规定的费率和计费办法计算运费，同样有基本运费和附加费之分。不过，由于集装箱货物既可以交集装箱货运站（CFS）装箱，也可以由货主自行装箱整箱托运，因而在运费计算方式等方面也有所不同。表7－4显示了海上班轮杂货运价与集装箱货物运价的主要差别。

表 7－4　　　　　　　　　海上班轮杂货运价与集装箱货物运价主要项目对比

对比项目	集装箱货物		班轮杂货
	整箱货	拼箱货	
普通货物费率级别	一般为4个级别费率或3个级别费率，比如，1～7级、8～10级、11～15级、16～20级；或者1～8级、9级、10～11级、12～20级等		21个级别费率，由商品20级与Ad. Val. 构成
货类划分	普通货、一般化工品、半危险品、全危险品、冷藏货5类，有的还单列出挂衣箱费率		普通货、冷藏货、活牲畜等
计费方式	除采用与班轮杂货相同的计费方式外，大多采用FCS、FCB、FAK等包箱计费	与班轮杂货计算方法相同	按等级费率或商品列名费率计收运费
超长、超重附加费	无（因系货主自行装箱，与船公司无关）	收取，如CFS/CY减半收取	收取
变更目的港附加费	有	无（不允许变更卸货港）	有
选择目的卸货港附加费	有	无（不允许选择卸货港）	有

续表

对比项目	集装箱货物		班轮杂货
	整箱货	拼箱货	
转船附加费	有	有	有
对于家具、行李与服装的计费	对于非成组装箱的载于集装箱内的家具与行李,运费按箱内容积的100%计收;对于挂衣箱,运费按箱内容积的85%计收		按实际运费吨计收运费
最低运费	每箱规定最低运费,计算办法与班轮杂货不同	每份提单规定最低运费	每份提单规定最低运费
最高运费	有	无	无
堆存费	有	有	有
滞箱费	有	无	无
运价表费率适用范围	港至港(包括港区附近的货运站)间费用		舷(钩)至舷(钩)间费用

1. 拼箱货

与传统班轮杂货的计费方式相同,按货物的重量或体积计收运费。

2. 整箱货

(1)针对货方自行装箱的按体积计算运费的货物,实行最高运费制度。最高运费的概念是当托运人箱中所装货物体积吨超过承运人所规定的最高运费吨时,承运人仅按最高运费吨计收运费,超过最高运费吨部分免收运费。

(2)通常以箱为单位计收运费,主要包括以下三种费率:①FAK(Freight for All Kinds)包箱费率,也称均一包箱费率。它是指对每一集装箱不细分箱内货类、不计货量(当然不能超过规定的重量限额),只按箱子类型(普通货、一般化工品、半危险品、全危险品、冷藏货)制定出不同规格(20′、40′)箱子的费率。可见,在FAK下,只需判别箱内货物属于普通货、一般化工品、半危险品、全危险品还是冷藏货,就可查到这个集装箱的运费。②FCS(Freight for Class)包箱费率。它与FAK的差别在于,它是对于普通货物,再按不同货物等级制定相应的包箱费率。一般为4个级别费率或3个级别费率,比如,1~7级、8~10级、11~15级、16~20级,或者1~8级、9级、10~11级、12~20级等。在FCS下,先根据货名查到等级,再按等级和箱子规格查到每只箱子相应的运费。③FCB(Freight for Class and Basis)包箱费率,此种包箱费率与FCS包箱费率不同的是,它既按不同货物等级或货类,又按计算标准制定出不同的费率。因此,同一级费率因计算标准不同,费率也不同。如8~10级、CY/CY交接方式,20英尺集装箱货物如按重量计费为1 500美元,如按尺码计费则为1 450美元。在FCB下,首先根据货名查到等级,然后按等级、计算标准和箱子规格查到每只箱子相应的运费。

任务三　集装箱海上运输

一、集装箱海上运输基础知识

(一)集装箱班轮

集装箱班轮是指集装箱班轮公司将集装箱船舶按事先制定的船期表,在特定航线的各挂靠港口之间,为非特定的众多货主提供规则的、反复的集装箱货物运输服务,并按运价成本或协议运价的规定计收运费的一种营运方式。

从事班轮运输的船舶,具有固定航线、固定挂靠港、固定船期和相对固定的运价"四固定"的特点。这是定期船运输与不定期船运输的主要区别。

【提示】集装箱海上运输基本属于班轮运输。

1. 按集装箱航线的地位,可分为干线运输和支线运输两类

(1)干线运输。它是指相对固定的世界主要集装箱航线的运输。干线运输一般货源稳定,运量大,班轮公司的实力强大,挂靠港数量少,挂靠港装卸能力强,经济腹地经济总量庞大,对货物的消化能力或中转能力强。目前,世界主要的集装箱航线有三条,即东亚—北美航线,东亚—欧洲、地中海航线,北美—欧洲、地中海航线。

(2)支线运输。它是指在某些区域内的集装箱运输,如在亚洲区域内集装箱支线运输、欧洲与非洲之间的支线运输、北美自由贸易区的支线运输等。这些支线运输,一方面是对干线运输的中转,干线船队将某些集装箱卸在一些主要挂靠港,然后由这些挂靠港将货物通过支线船运往干线船队不挂靠的港口;另一方面是满足区域贸易的需求,将区域内各国之间贸易的货物进行交叉运输。近年来,随着全球经济一体化的发展,区域经济一体化发展速度也不断加快。经济区域集团化趋势促使国际贸易和国际投资向各个经济区域内高度集中,经济贸易集团内部贸易量不断扩大。据统计,欧洲经济区贸易量约占世界贸易总量的40%;北美自由贸易区贸易量占世界进出口总量的30%左右;亚洲区域内贸易量占这些国家对外贸易总额的70%左右。这些巨大数量的区域贸易,很大程度上依赖于区域内的集装箱支线运输。

2. 按集装箱运输的地域,可分为集装箱海运和集装箱内河运输

(1)集装箱海运。集装箱海运包括集装箱远洋运输和集装箱沿海运输。这类运输使用的船舶吨位大、运量大、效率高,在集装箱水路运输中占主要地位。

(2)集装箱内河运输。集装箱内河运输常称为内支线运输。这种集装箱水路运输方式在我国有很重要的意义。集装箱内河运输是一种适合我国国情的水路运输方式,在我国内河、湖泊有很好的发展前途。

(三)集装箱运费

1. 拼箱货海运运费的计算

对于拼箱货按所托运货物的实际运费吨计费,即尺码大的按尺码吨计费,重量大的按重量吨计费。另外,在拼箱货海运运费中还要加收与集装箱有关的费用,如拼箱服务费等。

2. 整箱货海运运费的计算

对于整箱托运的集装箱货物运费的计收:一种方法是同拼箱货一样,按实际运费吨计费;另一种方法,也是目前采用较为普遍的方法,是根据集装箱的类型按箱计收运费。

二、集装箱水路运输的相关单位

(一)集装箱班轮公司

它是集装箱水路运输的主角,是完成集装箱海上与内河的航运任务的主要组织方。从事集装箱水路运输的主要是各集装箱班轮公司,它们组成规模或大或小的船队,在各集装箱干线、支线、内支线上进行集装箱航运。

(二)集装箱码头公司

它是集装箱水路运输的另一个主角。它完成集装箱水路运输起点和终点的装卸任务。在集装箱水路运输的起点港,它同时承担集装箱整箱货的集货、装卸,拼箱货的集货、装箱、装卸任务;在集装箱水路运输的目的港,它同时承担集装箱整箱货的装卸、疏运交接,拼箱货的装卸、拆箱和送达任

务。集装箱码头通常拥有一定面积的堆箱场和集装箱货运站(CFS),具备相关业务的处理能力。

(三)无船承运人公司

无船承运人是指在集装箱运输中,经营集装箱货运,但不经营船舶的承运人。它是随着集装箱多式联运的发展而出现的联运经营人。联运经营人可由参与某一运输区段的实际承运人担任,也可由不参加实际运输的经营者——无船承运人来担任。

1. 无船承运人的主要特征

(1)不是国际贸易合同的当事人,而是运输合同的当事人。

(2)在法律上有权订立运输合同。

(3)本人不拥有运输工具。

(4)有权签发提单,并受提单条款的约束。

(5)与托运人订立运输合同,对货物全程运输负责。

(6)具有双重身份:对货物托运人来说,是承运人或运输经营人;对实际运输货物的承运人而言,又是货物托运人。

2. 无船承运人经营的业务范围

(1)作为承运人签发货运提单,并因签发提单而对货物托运人负责。

(2)代表托运人承办订舱业务,根据货物托运人的要求和货物的具体情况,洽订运输工具。

(3)承办货物交接。无船承运人根据托运人的委托,在指定地点接受货物,并转交承运人或其他人,并在交接过程中为托运人办理理货、检验、报关等手续。

(4)代办库场业务。无船承运人作为集装箱多式联运的中介,建立起了货主与船公司之间的相互联系和协作,对集装箱国际多式联运的发展发挥了重要的作用。

(四)集装箱租箱公司

集装箱价格昂贵,货主不可能为运输几单货物,而自己去购置集装箱。集装箱班轮公司为招揽运箱业务,会投资购置部分集装箱,但通常预置的箱量必须达到船舶载箱量的三倍,才能足以应付周转需要,因此集装箱班轮公司一般也难以投入如此巨资,购置数量如此庞大的箱量。同时,集装箱的箱务管理很复杂,包括集装箱在运营过程中的回空、堆放、保管、维修、更新等问题,需要非常专业的管理,这也使集装箱班轮公司不堪重负。于是就出现了专门填补这一空白的专业公司——集装箱租箱公司。集装箱租箱公司购置一定数量的集装箱,专业从事租箱业务,同时进行箱务管理,一般还经营堆箱场,专门满足货主与船公司对集装箱空箱租赁的需求。

(五)集装箱船舶租赁公司

虽然集装箱水运以班轮运输为主,但由于集装箱运输市场供求关系的变化,航线货流的不平衡,经常会产生短时间的支线集装箱运输需求,这时就需要由集装箱船舶租赁公司提供较小型的集装箱船,通过租船运输加以满足。向集装箱船舶租赁公司租船的承租人,包括货主和不同规模的集装箱班轮公司。目前,集装箱租船市场的份额和规模都有不断上升的趋势。

(六)国际货运代理人

随着国际贸易与运输方式的发展,尤其是集装箱国际多式联运的发展,运输货物涉及的面越来越广,情况越来越复杂,一般货主和运输经营人既没有时间与精力,也缺乏专门知识去亲自办理每一项具体业务。于是,出现了专业公司——国际货运代理人公司,专门为货主代理各类货运业务。

国际货运代理人代理的主要业务包括:

(1)订舱,即代理货主向集装箱班轮公司订舱。

(2)报关,即代理货主将进、出口集装箱货物向海关报送、结关。

(3)拆装箱,即对整箱货与拼箱货,均代理货主安排集装箱货运站,进行空箱装箱与重箱拆箱。

(4)理货,即对集装箱装、拆箱进行理货,也可由国际货运代理人公司委托理货公司理货。

(5)租箱,即代理货主或船公司向租箱公司租用集装箱,并按合同归还空箱。

(6)集装箱装卸,即代理货主在起运港码头安排将集装箱装上船舶,并在目的港码头安排将集装箱卸下船舶。

(7)货物保险,即代理货主办理各种运输保险业务。

国际货运代理人公司在整个集装箱国际多式联运中充当着双重角色:一方面,它充当货物承运人,与货物托运人签订承运合同;另一方面,它又充当货物托运人,与运输企业签订托运合同。

三、集装箱货物的交接

(一)集装箱货物的交接形态

1. FCL(Full Container Load)

FCL 称作整箱货或柜货。对 FCL,由 Shipper's Load,Count&Seal[由发货人装箱(Stuff=van)、计数和加封];柜运至 Destination(目的地)后由 CNEE(收货人)拆柜(拆箱,掏箱。英文为 Strip=Devan)。Carrier(承运人)对柜货(FCL)的责任:在 Container 外表情况良好、封条完整下从 Shipper 处接柜,至 Destination 后,只要 Container 外表良好、封条完整即可交柜给 Consignee(收货人)。至于柜内货物的数量是否与单证上相符,货物质量情况怎样,Carrier 概不知晓。

为此,承运人通常在提单上订明"不知条款"(即 STC 条款,STC 的全写为 Said to Contain,可译为"据称内装,据称装有"),或 SLAC、SLCAS、SLCS 条款(SLAC = Shipper's Load And Count,可译为"由发货人装箱并计数",SLCAS = Shipper's Load,Count And Seal,可译为"由发货人装箱、计数并加封",SLCS = Shipper's Load,Count,Seal 可译为"由发货人装箱、计数、加封")。

【提醒】承运人在提单中订有"不知条款",从表面上看可保护其利益,但其保护范围也有一定限度,如货主能举证说明承运人明知集装箱内货物的详细情况且又订立不知条款。此时,承运人仍不能免责。

2. LCL[Less than (one) Container Load]

LCL 称作拼柜、拼箱货、散货。将不足装满一整箱的零散的货拼装于同一只 20′或 40′柜中(几个 Shipper 的货装于一只柜中)。LCL 柜由 Carrier 负责装箱、计数、加封;至 Destination 后,由 Carrier 负责拆柜并将货交给几个或一个 CNEE。Carrier 从 Shipper 处接货时,于每件货物外表情况良好下接收,至目的地须每件货外表情况良好,才可交货。

国际上通用的表示形式为:

(1)整箱交整箱接(FCL/FCL)。承运人以整箱为单位负责交接,货物的装箱和拆箱均由货方负责。

(2)拼箱交拆箱接(LCL/LCL)。货物的装箱和拆箱均由承运人负责。

(3)整箱交拆箱接(FCL/LCL)。货物的装箱由货方负责,拆箱由承运人负责。

(4)拼箱交整箱接(LCL/FCL)。货物的装箱由承运人负责,拆箱由货方负责。

整箱、拼箱流程如图 7-8 所示。

(二)集装箱货物的交接方式

集装箱货物的 9 种交接方式如表 7-5 所示。要明白这 9 种交接方式,可以通过以下的简便方法。①一见到 CY 或 Door,就想到 FCL;一见到 CFS,就想到 LCL,反之亦然。②在起运地的 FCL:只有一个发货人。在目的地的 FCL:只有一个收货人。在起运地的 LCL:有多个发货人。在目的地的 LCL:有多个收货人。③CFS:在港内或港口附近。④正确理解"交接"两个字:隐含的主语为 Carrier。"接":from Shipper to Carrier。"交":from Carrier to CNEE。⑤在 Carrier 对全程

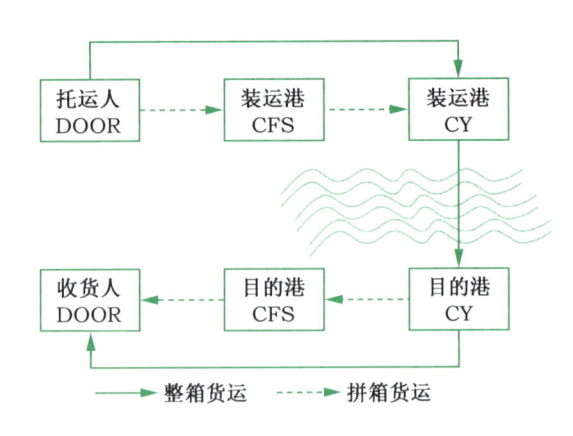

图 7-8 整箱、拼箱流程

负责的 Door-to-Door 运输下,运输过程为:Shipper's Door(Land Transport—by Train or Truck,陆上运输通过火车或汽车)→Port of Loading（Ocean Transport,海上运输)→Port of Discharge(Land Transport,陆上运输)→Consignee's Door（Destination,目的地）。⑥传统海运（非集装箱运输）下,为 Port-to-Port（CY-CY）的纯海运方式①。

表 7-5　　　　　　　　　　集装箱货物的 9 种交接方式

交接方式	起运地陆运负责人	到达地陆运负责人	Carrier 接货时货物的形态	Carrier 交货时货物的形态	几个发货人	几个收货人
Door-Door	Carrier	Carrier	FCL	FCL	1个	1个
Door-CY	Carrier	CNEE	FCL	FCL	1个	1个
Door-CFS	Carrier	CNEE	FCL	LCL	1个	多个
CY-Door	Shipper	Carrier	FCL	FCL	1个	1个
CY-CY	Shipper	CNEE	FCL	FCL	1个	1个
CY-CFS	Shipper	CNEE	FCL	LCL	1个	多个
CFS-Door	Shipper	Carrier	LCL	FCL	多个	1个
CFS-CY	Shipper	CNEE	LCL	FCL	多个	1个
CFS-CFS	Shipper	CNEE	LCL	LCL	多个	多个

注:以上 9 种交接方式中,以 CY-CY、DR-DR、CFS-CFS 最为常见。

(三)集装箱交接责任

集装箱交接责任表如表 7-6 所示。

表 7-6　　　　　　　　　　集装箱交接责任

交接形式	交接责任
整箱交接(FCL)	重点在箱体的交接,箱体完好、铅封完整作为交接依据
拼箱交接(LCL)	货物数量相符、货物外观状况良好作为交接标准

---

① 集装箱运输中,承运人与发货人和收货人之间交接货物的地点可分为"门"(英文是 Door)、集装箱货运站(简称"站",Container Freight Station,CFS)和集装箱堆场(简称"场",Container Yard,CY)。

四、集装箱货物运费计算

(一)散货(LCL)

1. 海运段(散货海运运费)

总的来讲,LCL 的运费计算与 B. B.(Break Bulk 散件运输,即非集装箱运输)的原理类似。大多数 Carrier 的 Tariff(运价本、价目表)规定:散货的 O/F＝Ocean Freight(海运运费)计算方法为:①密度大于水者以重量计费,运费吨以重量为准(以重量吨作运费吨);②密度小于水者以尺码计费,运费吨以尺码为标准(以尺码吨作运费吨)。也就是说,把水作为"临界货"(注:水的密度为 1 000kg/cbm 或 1g/ml),将货物的重量单位换算成公吨,尺码换算成立方米,看哪个大则取哪个作为计算运费的标准。

"运费吨,计费吨"的英文为:R. T. ＝ Revenue Ton＝F. T. ＝ Freight Ton(RT:西方国家常用。FT:中国常用)。

注:采用公制(也称米制)计量单位的班轮公司一个重量吨为 1MT,一个尺码吨为 1CBM(合 35.315CBFT);但采用英制单位的班轮公司一个重量吨为 1LT,一个尺码吨为 40CBFT(合 1.133CBM)。一种货物究竟是以重量吨还是以尺码吨作运费吨,得看该班轮公司的 Tariff 上怎么规定。若以 M 表示,以尺码吨作运费吨,以 W 表示,计费吨为重量;若以 W/M 表示,取重量吨与尺码吨两者中较大者作运费吨。

通常,货物经过包装后若重量吨大过尺码吨,则以重量吨作运费吨;反之,以尺码吨为计费吨。

尺码吨与重量吨的英文分别为 Measurement Ton 与 Weight Ton。

常见单位换算关系如表 7－7 所示。

表 7－7　　　　　　　　常见单位换算关系

1LT＝1 016kg	1ST＝907.2kg＝2 000lb	1lb＝0.454kg	1MT＝1 000kg
1CBM＝35.315CBFT	1m＝3.281ft	1ft＝0.305m＝30.5cm	
1ft＝12in(1′＝12″)	1″＝2.54cm		

注:有些班轮公司(比如 COSCO)的运价为以航线为基础的等级运价。按照货物的价值、易受损程度等因素把商品分为若干等级。例如,COSCON(中集)规定将常见的货物按价值高低及是否易于货损分为 1～20 级,等级越高,运价越贵。

【做中学 7－2】　甲货(蜂蜜):Weight(W)(重量)为 8MT,Measurement(M)(材积)为 10CBM。乙货(糖果):W 为 8MT,M 为 7CBM,现有一票货 from Far-East to Marseilles(法国马赛),查 COSCO 的 Tariff 知甲、乙均属 9 级货。9 级货在远东—欧洲东行、西行航线的 Freight Rate(运价)分别为 USD 65.00/RT、USD 85.00/RT,甲、乙货均订 COSCO 的舱。求甲、乙的计费吨及运费各为多少。(中国为采用米制单位的国家)

解:甲:RT 为 10,Freight 为 10×85＝850(美元)

乙:RT 为 8,Freight 为 8×85＝680(美元)

【做中学 7－3】　甲货(蜂蜜)Measurement 为 10CBM,Weight 为 11MT,from Melbourne(墨尔本,属澳大利亚)to Kawasaki(日本的川崎),订的是 P&O Nedlloyd 公司的舱位,知该公司采用英制单位,查该公司的 Tariff 得:蜂蜜属于 7 级货。该公司 7 级货在 Europe-Australia 南、北行航线上运价分别为 USD135.00、USD115.00/RT。求该货的运费。

解:由于该班轮公司采用英制单位,先进行单位换算:

10CBM＝353.15CBFT

353.15CBFT÷40＝8.83 Measurement Ton

11MT＝24 200lb＝10.83LT＝10.83 Weight Ton

由于 10.83 大于 8.83,因此其运费吨应为 10.83,又由于从墨尔本至川崎属于北行航线,应采用 USD115.00/RT 的运价,因此,所求运费＝10.83×115＝1 245.45(美元)。

2. 美国 IPI 内陆运费计收(散货)

(1)临界货物:密度为 363 千克/立方米。

(2)采用北美 IPI 运输条款下,各内陆承运人的 Tariff 上仅标明每立方米的运价而不标明每千克(吨)的运价。

(3)凡密度大于临界货物者,以重量计费;小于临界货物者,以尺码计费。对前者,要学会怎样换算。

(二)柜货(FCL)O-FRT(O-FRT＝Ocean Freight＝O/F 海运费)

通常,柜货运费按自然箱计,即通常说的包箱费率。Tariff 上按柜类(通用柜、冷冻柜、危品柜等)对 20′、40′GP、40′HQ、45′HQ 分别标出。

例如,USD1 800/20′,指小柜运价 1 800 美元;USD3 000/45HQ,指 45′HQ 即 45′超长柜运价 3 000 美元;USD2 420/40′＝USD2 420/40′GP,指 40′平柜运价 2 420 美元;USD2 750/40HQ＝USD2 750/HQ,指 40′HQ 即 40′超高柜运价 2 750 美元。上述报价也可简化为 USD1 800/2 420/2 750/20′/40′/HQ 或 USD1 800/2 420/2 750/20′/40′GP/40′HQ。

现在大多集装箱班轮公司采用均一包箱费率制,英文称作 FAK(Freight for All Kinds rates),即除 DG、Reefer Container、Pen Container(活动物柜)等特殊柜外,不管柜内装什么货物均按箱收取一样的运费——当然柜型不同运价也不同。

对 FCL,有的公司不按包箱费率计算 O-FRT 而规定一个"最低运费"与"最高运费"。

1. 最低运费

各航运公会或船公司对不同箱型的货柜规定了各自的最低运费吨。若柜内所装货物未达到最低运费吨时,按最低运费吨乘以运价而得运费。

远东水脚公会(水脚:粤语,运费之义)规定:20′干货柜的最低运费吨为:重量吨 17.5,尺码吨 21.5。

【做中学 7－4】 一只柜内(FCL)装有 10 级货橱具(16MT,18CBM),查知所走航线上 10 级货 Freight Rate(运价)为 USD160/RT,求其 Freight(运费)。(该船公司使用公制单位)

解:由于此货为尺码货(以尺码吨作运费吨的货),故其 RT 为 18,未达到尺码方面的最低运费吨,应收运费为 21.5×160＝3 440(美元)。

2. 最高运费

最高运费吨的规定仅适和于尺码货(密度小于 1t/m³ 者)。若柜中所装货物的尺码大于最高运费吨,对高出部分免收运费;若一个柜中装几种属不同运费等级的货,则免收部分应是运价便宜的。COSCON 的 Tariff(运价本、价目表)规定 40′柜的最高运费吨为 67,20′柜最高运费吨为 31。

【做中学 7－5】 一只 40′HQ 柜中内装 A、B、C 三种货(属同一货主 FCL 货),分别属 COSCON Tariff 中的第 5、8、15 级货,查此柜所走航线的 Rate(运价)分别为:5 级货为 USD85/RT,8 级货为 USD100/RT,15 级货为 USD130/RT。A、B、C 的材积分别为 15CBM、20CBM、40CBM,求此柜运费。(知 A、B、C 的重量与尺码分别为 A:15CBM,10MT。B:20CBM,9MT。C:40CBM,8MT)。

解:C 货运费:40×130。B 货运费:20×100。A 货运费:[67－(40＋20)]×85＝595[由于最高

运费吨的规定,使 A 货免掉了 8 立方米的运费(8×85＝680)]。

【做中学 7－6】 上题中若将 A、B、C 的尺码分别改为 4CBM、10CBM、60CBM,求此柜运费。

解:运费＝60×130＋(67－60)×100＝8 500[说明:此例中免掉 B 货 3 立方米(3×100)、A 货 4 立方米(4×85)的运费]。

【做中学 7－7】 上题中若将 A、B、C 的尺码分别改为 A 为 1 立方米,B 为 2 立方米,C 为 68 立方米,则所求为 67×130＝8 710。

(三)空运运费

(1)临界货物:密度为 $167kg/m^3$(是水的密度的 1/6)。

(2)与 IPI 不同的是,所有航空公司(Carrier)的 Tariff 上仅告知每千克多少元的费用(空运费、安保费、机场费)。如空运费 HKD70/kg,安保费 HKD 1.2/kg、机场费 HKD 0.3/kg。

五、集装箱海上运输流程

(1)订舱。订舱又称"暂定订舱",是指发货人或托运人根据贸易合同或信用证的有关规定,向船公司或其代理人、经营人申请订舱,填制订舱单。如发货人已与货运代理签订运输合同,则由货运代理代替发货人向船公司或其代理人申请订舱。订舱单的内容主要有以下各项:①起运港和目的港;②每箱的总重量;③集装箱的种类、箱型和数量;④在备注中注明特种箱的特性和运输要求。

(2)接受托运申请。它又称"确定订舱"。接受托运申请前,船公司或其代理人应考虑航线、港口、运输条件等能否满足托运人的具体要求;接受托运申请后,船公司或其代理人应着手编制订舱清单分送码头堆场和货运站,据以安排空箱调动和办理货运交接手续。

(3)发放空箱。发放空箱时,应区别整箱托运还是拼箱托运两种情况:①整箱货发运时,空箱由发货人或其货运代理人到码头堆场领取;②拼箱货发运时,空箱由集装箱货运站负责领取。

(4)拼箱货装箱。应由发货人将货物送到集装箱货运站,由集装箱货运站根据订舱清单核对场站收据后装箱。

(5)整箱货交由发货人或其货运代理人自行负责装箱,并加海关封志(一般使用铅封),然后将整箱货送至码头堆场。码头堆场根据订舱清单,核对场站收据及装箱单后,验收货物。

(6)集装箱交接签证。码头堆场在验收货物和集装箱后,应在场站收据上签字,并将已签署的场站收据交还给收货人或其货运代理人,据以换取提单。

(7)装船。码头堆场根据待装船的货箱情况,制订装船计划,待船舶靠泊后,即安排装船。

(8)换发提单。发货人或其代理人凭已签署的场站收据,向船公司或其代理人换取提单,作为向银行结汇的凭证。

(9)海上运输。

(10)卸船。船舶抵达卸货港前,卸货港码头堆场根据装货港代理人寄送的有关货运单证,制订卸船计划,待船舶靠泊后,即安排卸船。

(11)整箱货交付。如果内陆运输由收货人或其货运代理人自行安排,则由码头堆场根据收货人或其货运代理人出具的提货单,将整箱货交付;否则,将由承运人或其代理人安排内陆运输,将整箱货运至指定地点交付。

(12)拼箱货交付。拼箱货一般先在指定的集装箱货运站掏箱,然后由集装箱货运站根据提货单将拼箱货交付给收货人或其代理人。

(13)空箱回运。收货人或集装箱货运站在掏箱完毕后,应及时将空箱运回到指定的码头堆场。

任务四　集装箱海上运输的主要单证

一、集装箱海运提单

(一)集装箱海运提单的分类

1. 集装箱提单

凡是以集装箱装运货物的提单都称作集装箱提单。集装箱提单有两种形式：一种是在普通的海运提单上加注"用集装箱装运"(Containerized)字样；另一种是使用多式联运提单(Combined Transport B/L,Intermodal Transport B/L,Multimodal Transport B/L)。这种提单的内容增加了集装箱号码(Container Number)和封号(Seal Number)。使用多式联运提单应在信用证上注明"Combined Transport B/L Acceptable"或类似条款。

2. 多式联运提单

它是近年来为了适应成组化运输特别是集装箱运输广泛发展的需要而采用的一种新的运输单据。根据联合国安理会1980年《国际货物多式联运公约》的规定，这种联运单据是在使用多种运输方式运送货物的情况下，由多式联运经营人所签发的证明货物已由他接管、他将对货物运输全程负责的一种单据。

3. 运输代理行提单(House B/L)和成组货提单(Groupage B/L)

为了节省费用、简化手续，运输代理行往往将不同出口人的小批量商品集中在一个提单上装运，由承运人签发成组货提单给运输代理行，运输代理行再分别向各出口商签发 House B/L，作为装运货物的收据。从法律上讲，House B/L 不是一种给予收货人或受让人权利向承运人要求货物的物权凭证。如果需要使用此种单证办理结汇，则需在信用证上规定"House Bill of Lading Acceptable"。

(二)集装箱海运提单的性质和作用

1. 集装箱海运提单的性质

集装箱海运提单是经营集装箱运输的船公司或其代理在收到其承运的集装箱货物时签发给托运人的货物收据，也是承运人与托运人之间的运输合同的证明。它在法律上具有物权凭证的效用。

2. 集装箱海运提单的作用

它包括：①集装箱海运提单对托运人起到初步证据的作用，而对于收货人则起到绝对证据的作用；②集装箱海运提单是收货人在目的港提取货物时的唯一凭证；③集装箱海运提单是承运人与托运人之间订立货物运输合同的证明。

(三)集装箱海运提单的内容和填制说明

(1)托运人(Shipper)。一般为出口商(信用证受益人)。

(2)收货人(Consignee)。如属信用证项下的提单必须严格按照信用证的提单条款缮写，不要擅自改动。如果是托收项下的提单，则一般只能做空白指示或托运人指示提单，即打"To Order"或"To Order of Shipper"，然后加上托运人的背书，送交托收银行。托收项下的提单切不可做成以买方为抬头人的记名提单，也不可做成以买方为指示人的指示提单，避免在货款尚未收到时，货权即已转移。

(3)被通知人(Notify Party)。这是货物到达目的港时船方发送到货通知的对象，有时即为进口人。如果是记名提单或收货人指示提单，而收货人又有详细地址的，则此栏可以不填，信用证也往往不作规定。如果是空白指示提单或托运人指示提单，则必须填写被通知人名称及其详细地址，否则船方将无法与收货人联系。在信用证项下的提单,当信用证对提单被通知人有具体规定时,则须严格按信用证的规定缮写。

(4)提单号码(B/L No.)。为便于工作联系和核查,提单必须编号。发货人向收货人发送装船通知的主要内容也包括船名及提单号码。

(5)出口公司的发票号码(Invoice No.)。出口公司取得提单后即可连同有关发票及其他单据交银行议付或托收,提单上打明发票号主要是为了便于工作,个别信用证规定提单上不得打出发票及合同号码的,则不应缮写。

(6)船名(Name of Vessel)。应填写所装船舶的船名及航次。

(7)装货港(Port of Loading)。填写实际装船港口的具体名称,如"上海""青岛",不能填"中国港口"。

(8)卸货港(Port of Discharge)。填写货物自所装载的船只(即第一程海运船只)卸下的地点,如经香港转船则应填写"Hongkong"。

(9)最后目的地(Final Destination)。应按信用证或买卖合同的规定填写,如遇有同名港,必须加打国名,并要注意与发票的价格条件及目的地相符。

(10)正本提单的份数(Number of Original B/L)。提单可分为正本和副本。正本提单可以流通、议付,副本则不行。就正本而言,其份数应按信用证规定办理。如信用证有具体份数规定,须按规定打制。若信用证规定为全套,如写为"Full set of B/L",则是指全套提单按习惯做成 2 份或 3 份正本提单均可,并用大写 TWO 或 THREE 表示。不论正本提单有多少张,其中任何一张正本提货后,其他各张正本即告失效。对正副本提单要求的权利在收货人一方,出口方应对来证中各种份数表示法做出正确判断。

副本提单没有固定的份数,主要提供给对该提单感兴趣的人或单位,以供其参考或使用。

(11)唛头(Shipping marks)。如果信用证有规定则按规定写(应与发票核对是否一致),信用证没有规定,可按发票上的唛头缮写。

(12)小写的件数(Number of Packages)。应与唛头中件号的累计数相符。

(13)货名(Description of Goods)。除信用证另有规定者外,只要打出货物的统称即可,不必详列商品的规格、成分等。

(14)毛重(Gross Weight)。打出货物的毛重总数,除信用证另有规定者外,一般以千克为计量单位。

(15)尺码(Measurement)。即货物的体积,除信用证另有规定者外,一般以 m^3(立方米)为计量单位,要保留三位小数。

对于上述情况要说明的是,如果装运的是集装箱,则应填写集装箱的箱号、封志号和集装箱的箱数。

(16)大写件数(Number & Kind of Packages in Words)。用英文打出包装及数量,必须与小写的件数和包装相一致。

(17)运费支付情况的说明应参照发票中的价格条件填写,如成交价为 CIF 或 C&F,则应打"Freight Prepaid"(运费预付);如成交价为 FOB,则应打"Freight Collect",以明确运费由谁支付。

(18)提单的签发地点和日期。地点应为装运地点,日期不得迟于信用证或合同所规定的最迟装运日期,此点应严格掌握。

(19)船方的签名和印章。每张正本提单都必须有船方或其代理人的印章方始有效,公司收到提单后应逐张检查签章有无遗漏,同时注意信用证是否有提单必须手签的条款,如有此规定必须手签。

(20)运费(Freight & Charges)。此栏一般可不填写,但如信用证规定提单须列明运费,则在此栏打出运费费率及运费总额。

集装箱多式联运提单的基本内容和普通提单相同,但增加了以下几个项目:

①首程运输工具"Pre-carriage by",可根据实际情况填写"火车"(Train)、"卡车"(Truck)等。

②收货地点"Place of Receipt",可根据实际情况填写"北京"(Beijing)、"南京"(Nanjing)或"上海"(Shanghai)等地名。

③交货地点"Place of Delivery",可根据实际情况和信用证的规定填写"芝加哥"(Chicago)、"底特律"(Detroit)等内陆城市名称。

④集装箱号"Container No.",可根据承运人或装箱人提供的号码填写。

⑤封号"Seal No.",根据实际资料填写。集装箱号和封号,如信用证未作规定也可以不填。但是,此两项不填,极容易造成混乱。

⑥"集装箱堆场至集装箱堆场"条款(CY to CY),如果信用证规定提单须证明货物由集装箱堆场至集装箱堆场,必须指示承运人照办,并在此栏内具体填明。

⑦货物系由集装箱运输"Containerized"条款。

⑧已装上船的批注"On Board Notation",因为多式联运提单是"收妥待运"性质的提单。如果信用证要求注明装船日期,或要求提供"已装船"提单(Shipped on board B/L),则需在此处加盖装船日期章,并由船方签字或简签。

企业实战海运提单样本如图7-9所示。

二、集装箱运输的其他主要单证

(一)集装箱设备交接单

集装箱设备交接单分进场和出场两种,交接手续均在码头堆场大门口办理。出码头堆场时,码头堆场工作人员与用箱人、运箱人就设备交接单上的以下主要内容共同进行审核:用箱人名称和地址,出堆场时间与目的,集装箱箱号、规格、封志号以及是空箱还是重箱,有关机械设备是正常还是异常等。进码头堆场时,码头堆场的工作人员与用箱人、运箱人就设备交接单上的下列内容共同进行审核:集装箱和机械设备归还日期、具体时间及归还时的外表状况,集装箱和机械设备归还人的名称与地址,进堆场的目的,整箱货交箱货主的名称和地址,拟装船的船次、航线、卸箱港等。

(二)场站收据

由于托运单(Booking Note)、装货单(Shipping Order)和收货单(Mates Receipt)的主要项目基本一致,我国一些主要口岸的做法是将托运单、装货单、收货单、运费通知单等合在一起,制成一份场站收据十联单。其流转程序如下:

(1)货运代理接单后填制集装箱货物托运单即场站收据一式十联,将第一联即货主留底联退还托运人备查。

(2)货运代理人持剩余的九联单到船公司或船公司的代理人处办理托运订舱手续。

(3)船公司或其代理人接单后审核托运单,同意接收托运,在第五联即装货单上盖签单章,确认订舱承运货物,并加填船名、航次和提单号,留下第二至第四联共三联后,将余下的第五至第十联共六联退还给货运代理人。

(4)货运代理人留存第八联货代留底,缮制货物流向单以备查询;将第九、十联退托运人作配舱回执。

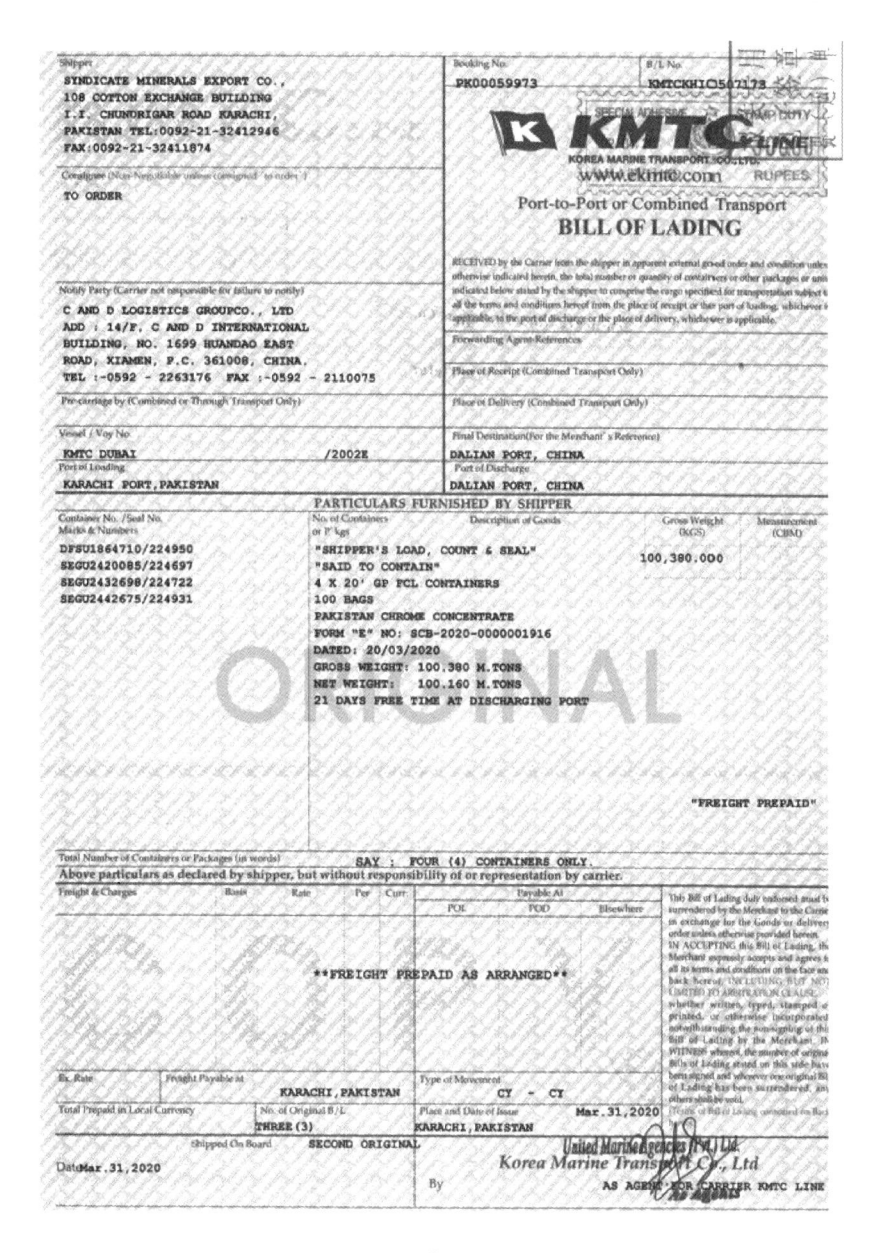

图 7-9　海运提单样本

(5)货运代理人持第五至第七联共三联,即装货单、大副联和场站收据正本,随同出口货物报关单和其他有关货物出口单证至海关办理货物出口报关手续。

(6)海关审核有关报关单证后,同意出口,在装货单上加盖放行章,并将各联退还货运代理人。

(7)货运代理人将第五至第七联送交集装箱堆场或集装箱货运站,据此验收集装箱或货物。

(8)若集装箱在港口堆场装箱,集装箱装箱后,集装箱堆场留下装货单;若集装箱在货运站装箱,集装箱入港后,港口集装箱堆场留下装货单和大副收据联,并签发场站收据给托运人或货运代理人。

(9)集装箱装船后,港口场站留下装货单用作结算费用及以后查询,大副联交理货部门送大副留存。

(10)发货人或其货运代理人持场站签收的场站收据正本到船公司或其代理人处,办理换取提单手续,船公司或其代理人收回场站收据,签发提单。在集装箱装船前可换取船舶代理签发的待装提单,或在装船后换取船公司或船舶代理签发的装船提单。

(三)装箱单

装箱单(Container Load Plan,CLP)是由装箱人根据已装入集装箱内的货物制作的,记载箱内所装货物的名称、数量、重量、交付方式及箱内积载顺序(自里到外)的单证。

装箱单一式数份,有的一式四联,也有一式五联甚至一式十联的。以一式五联为例,装箱单由码头联、船代联、承运人联各一联,发货人/装箱人联两联构成。

装箱单的流转程序如下:①装箱人将货物装箱,缮制实际装箱单一式五联后,装箱人在装箱单上签字。②五联装箱单连同装箱货物一起交付拖车司机,指示司机将箱子送至集装箱堆场。在司机接箱时,应要求司机在装箱单上签字并注明拖车号。③集装箱送至堆场后,司机应要求堆场收箱人员签字并写明收箱日期,以作为集装箱已进港的凭证。④堆场收箱人员在五联单上签收后,留下五联单中的码头联、船代联和承运人联(其中码头联用以编制装船计划,船代联和承运人联分送给船代和承运人用以缮制积载计划和处理货运事故),并将发货人/装箱人联退还给发货人或货运站。发货人或货运站除自留一份发货人/装箱人联备查外,将另一份送交发货人,以便发货人寄交给收货人或卸箱港的集装箱货运站,供拆箱时使用。

三、海运单与电放

(一)海运单

与使用提单相比,使用海运单时收货人提货手续更简便、更及时、更安全,表7—8列示了海运单与提单的一些区别。20世纪70年代以后海运单开始被银行接受,"国际贸易条件解释规则"将海运单列入了运输单据(Transport Document)中。1990年6月29日在巴黎举行的国际海事委员会第三十四届大会上通过了"国际海事委员会海运单统一规则"(CMI Uniform Rules for Sea Waybill),使海运单的使用更具规范性。

表7—8　　　　　　　　　　　　　　海运单与提单的区别

项　目	海运单	提　单
性质	非物权凭证	物权凭证
转让	不可转让	可转让
抬头	记名	记名、指示或空白
背面条款	一般没有	全式提单有
提货	不需要正本海运单	需要正本提单
份数	一般1份	一般1~3份

与提单的三个功能相对应,海运单也具有如下三个基本功能:

(1)海运单是承运人收到由其承运的货物后签发给托运人的一张货物收据;

(2)海运单是承运人与托运人之间订立运输合同的证明;

(3)海运单是解决经济纠纷时作为货物担保的基础。

当然,海运单还存在着一些问题,同时也无法替代提单。因此,许多船公司尚不具有自己的海运单。但是在一些适用电放的情况下,通常可以使用海运单。

海运单无论是在国际贸易方面(如国际商会制定的INCOTERMS)还是在国际航运方面(如国

际海事委员会的海运单统一规则),都已经有了多年的惯例、规范可循。在需要时,承运人选择使用海运单是较为妥当的。

海运单操作流程如下:①托运人将货物交给承运人;②承运人开具海运单给托运人;③托运人将海运单传真给其代理或收货人;④承运人或其代理向收货人发出到货通知;⑤收货人凭海运单副本、到货通知书和身份证明文件向承运人或其代理办理提货手续;⑥承运人或其代理签发提货单给收货人。相关内容如图7-10所示。

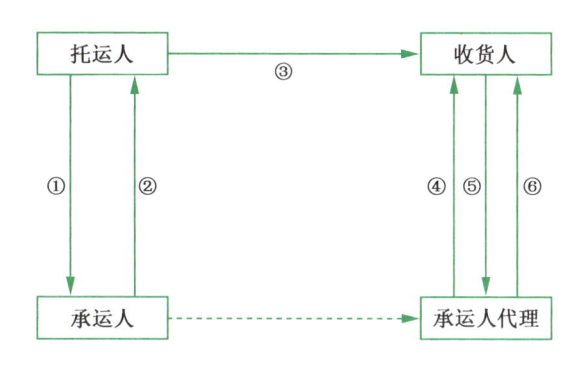

图7-10 海运单操作流程

(二)电放

承运人将货物运抵目的港以后,收货人必须交出一份经适当背书(Duty Endorsed)的正本提单,还应付清所有应支付的费用(如果是到付运费的话),然后在卸货港的船公司换取提货单(Delivery Order, D/O)。收货人持提货单经海关审核同意后,才能去指定地点提取货物。

当收货人无法及时获得提单时,则通常是收货人凭"保证书"换取提货单后提货(这里应区分航运实践中通常使用的"保函"的概念和《担保法》中"保证"的概念)。但是,船公司不能以保证书对抗第三人(持有提单的真正的收货人),因为提单是承运人据以交付货物的单证。提单中载明的向记名人交付货物,或者按照指示人的指示交付货物,或者向提单持有人交付货物的条款,构成承运人据以交付货物的保证。

为了使收货人在某些无法及时取得提单而船公司又不愿意凭保证书交付货物的情况下能及时提取货物,实践中就产生了"电放"的做法。人们通常所说的电放是狭义上的概念,即托运人(发货人)将货物装船后将承运人(或其代理人)所签发的全套正本提单交回承运人(或其代理人),同时指定收货人(非记名提单的情况下);承运人授权(通常是以电传、电报等通信方式通知)其在卸货港的代理人,在收货人不出具正本提单(已收回)的情况下交付货物。因此,电放的法律原理是:在承运人签发提单的情况下,当收回提单时即可交付货物(或签发提货单)。由于承运人收回提单的地点是在交付货物(卸货港)以外的地点(通常是在装货港),视其为特殊情况,所以收回全套正本提单。然而,目前有关的国际公约、各国的法律(如中国的《海商法》)和法规中均无"电放"的概念。

任务五 托运业务操作实务

一、场站收据操作实务

在集装箱运输中,托运业务单证实际是由场站收据(Dock's Receipt, D/R)、托运单(Booking Note, B/N)、装货单(Shipping Order, S/O)及其副本等若干联构成,因其核心为场站收据,故也常称为场站收据。表7—9和图7—11分别显示了10联场站收据的构成、用途与流转。

表7—9　　　　　　　　　　　　场站收据各联的名称与用途

顺　序	名　称	颜　色	主要用途
1	集装箱货物托运单——货方留底	白色	系托运合同,托运人留存备查,也称为订舱单、订舱申请书
2	集装箱货物托运单——船代留底	白色	系托运合同,据此编制装船清单等
3	运费通知(1)	白色	计算运费
4	运费通知(2)	白色	运费收取通知
5	装货单——场站收据副本(1)	白色	报关单证之一,并作为海关放行的证明,也称为关单、下货纸
	缴纳出口货物港杂费申请书	白色	港方计算港杂费
6	场站收据副本(2)——大副联	粉红色	报关单证之一,并证明货已装船等
7	场站收据	淡黄色	报关单证之一,船代凭此签发提单
8	货代留底	白色	缮制货物流向单
9	配舱回单(1)	白色	货代缮制提单等
10	配舱回单(2)	白色	根据回单批注修改提单

(一)场站收据的最低联数

在实务中,根据需要,不同地区、不同船公司所使用的场站收据的联数不一,但从划分托运人、货运站/堆场、船上大副之间的责任的角度考虑,场站收据至少应包括以下四联:托运单船代留底联、装货单、场站收据、场站收据副本——大副联。

(二)场站收据的制作依据

托运单缮制的根本依据是买方开立给卖方或经卖方回函修改的最终信用证条款,若该贸易往来未采用信用证结汇方式,而是在托收或在其他方式的条件下完成,则托运单内容缮制的主要依据是贸易合同的条款。在实际业务中,场站收据由托运人或其代理采用打字机填制,在托运过程中,如有项目更改,应由提出更改的责任方编制"更正通知单",并及时送交有关部门,并由船务代理通知海关。

(三)场站收据各方的责任

对托运人而言,具有如实制作场站收据、取得海关行政许可及货交承运人或代理的责任,同时,对于自行装箱的整箱货,还应对箱内货物承担责任,当然,货物一旦交付船公司或其代理,并由船公司或其代理签发场站收据,则在相当程度上表明责任即告终止。对船公司而言,场站收据的签发在一定程度上等于提单签发,也意味着船公司对货物运输开始承担责任,只不过在赔偿货方以后,它可以向船代、货运站、堆场等有关方行使追偿权,追偿其损失。对船代、货运站、堆场等而言,它们实际上是作为船公司的代理分别负责订舱、收货、收箱及签发相关单证。

二、大副收据操作实务

在散杂货运输下,托运业务单证也是由多联构成的,以9联单为例,各联构成与作用如下:第1联由订舱人留底,用于缮制船务单证。第2、3联为运费通知联,其中1联留存,另1联随账单向托运人托收运费。第4联装货单,经海关加盖放行章后,船方才能收货装船。第5联收货单,第6联由配舱人留底。第7、8联为配舱回单。第9联是缴纳出口货物港务费申请书,用于货物装船完毕后,港区凭以向托运人收取港杂费。

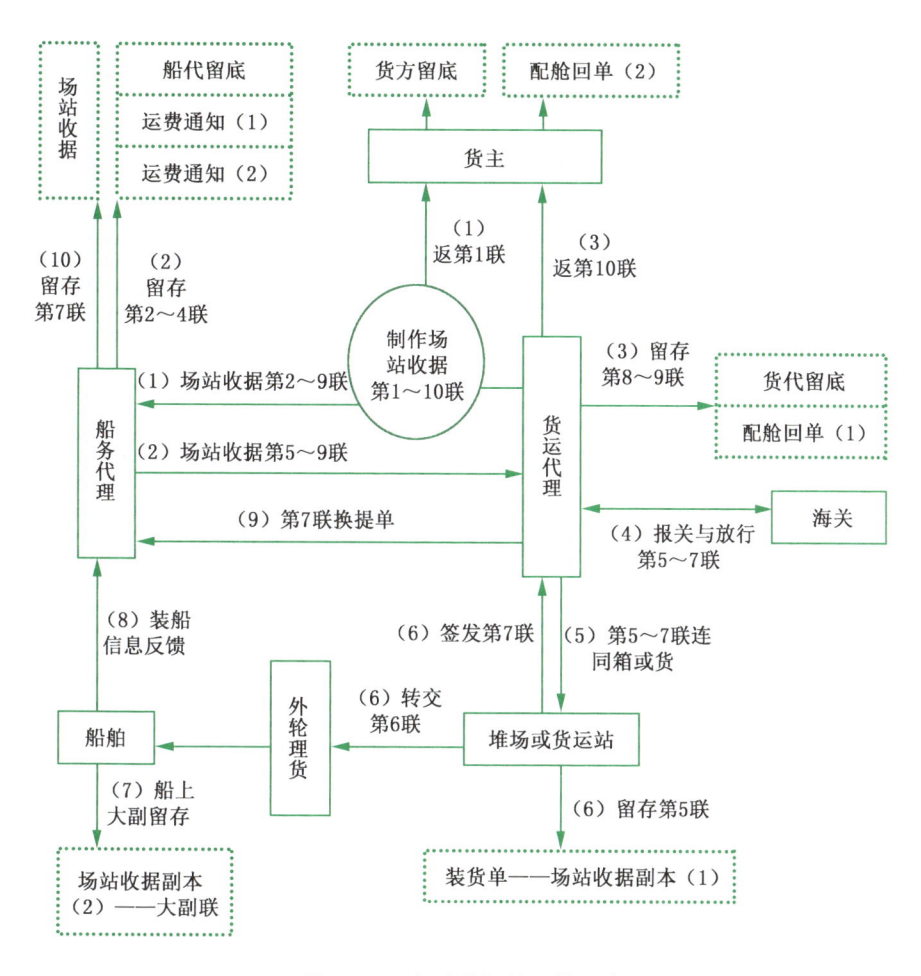

图 7—11　场站收据的流转示意

与集装箱运输中收货单(场站收据)是在货运站或堆场站签发不同,在散杂货运输中,收货单是在货物已经装船后由船上的大副签发,故此单也称为大副收据。从划分承托双方责任角度考虑,大副收据至少应包括以下三联:托运单(Booking Note,B/N)船代留底联、装货单(Shipping Order,S/O)、收货单(Mate's Receipt,M/R)。

三、其他托运单证操作实务

(一)装货清单(Loading List,L/L)

装货清单是承运人根据装货单留底,将全船待装货物按目的港和货物性质归类,依航次、靠港顺序排列编制的装货单汇总清单,其内容包括装货单编号、货名、件数、包装形式、毛重、估计尺码及特种货物对装运的要求或注意事项的说明等。装货清单是船上大副编制配载计划的主要依据,又是供现场理货人员进行理货,港方安排驳运,进出库场以及承运人掌握情况的业务单据。在实际业务中,如果货载发生变化,还需要制作其他载货清单,比如,加载清单(Additional Cargo List)、取消货载清单(Cancelled Cargo List)等。

(二)舱单(Manifest,M/F)

舱单也称载货清单,是按照货港逐票罗列全船实际载运货物的汇总清单。它是在货物装船完毕之后,由船公司根据收货单或提单编制的。其主要内容包括货物详细情况、装卸港、提单号、船名、托运人和收货人姓名、标记号码等。此单作为船舶运载所列货物的证明需要由承运人或其代理向一关三检及港口等部门提交,作为船舶联检及安排卸货的依据,因此该单证分为出口舱单(Export Manifest)和进口舱单(Import Manifest)。

美国海关的自动舱单系统(Automated Manifest System,AMS),是"9·11"事件后美国《集装箱安全法案(CSI)》具体配套措施之一。美国海关规定所有途经美国港口或到达美国港口的船只,必须在集装箱装船前24小时向美国海关申报电子货运舱单。2002年8月8日在美国《联邦宪法》中公布了该法规,12月2日生效,2003年2月2日起正式实行。此规定的出台对全球海运集装箱业务出口业务和操作产生了诸多的影响。

(三)运费舱单(Freight Manifest,F/M)

运费舱单也称载货运费清单,是在舱单的基础上增列了所载货物应收运费的栏目,以便船公司卸港代理据此代船公司向收货人收取到付运费,因此在实践中,常常将舱单与运费舱单合并使用。

(四)货物积载图(Cargo Stowage Plan,C/P)

为了便于码头安排装卸作业和货物管理,在货物装船前和货物装船结束后,船方或其代理均需要制作出显示每票货物或每个集装箱在船上堆放的位置图,这种图称为配载图(装船前)、积载图(装船后),或船图、舱图,集装箱船通常称为集装箱舱位图(Bay Plan)。

在装船前制作的船图、舱图通常称为配载图,在装船后制作的船图、舱图通常称为积载图。散杂货船配载图通常由船上大副负责制作。集装箱船配载图由船公司和码头共同制作:先由船公司预配中心制作预配船图,再由集装箱码头依此制作实际配载图。积载图是由外轮理货员根据实际装船货物的情况,对原先的配载图进行调整所形成的反映货物实际舱位的详图。

(五)理货单证

为了区分承托双方责任,划清船、货、港各方责任,在实务中,需要由理货公司依据理货结果出具相应的理货单证,常见的理货单证包括理货计数单(Tally Sheet)、现场记录(on the Spot Record)、卸货报告(Out Turn Report)、货物溢短单(Overlanded & Shortlanded Cargo List)、货物残损单(Broken & Damaged Cargo List)等。

任务六 交付业务操作实务

一、交付业务单证的构成与流转程序

在实务中,为了规范单证管理和提高效率,船公司通常将到货通知书、提货单、交货记录等单据以联单的形式一并印制,构成复合式的交货记录或提货单。表7-10和图7-12分别显示了五联提货单的构成、用途与流转。

表7-10　　　　　　　　　　　　　　提货单各联的构成与用途

顺序	名称	颜色	主要用途
1	到货通知联(Arrival Notice)	白色	通知提货及确认提货日期和日后结算集装箱或货物堆存费的依据
2	提货单联(Delivery Order)	白色	也称小提单,是报关单证之一,便于提取货物和货方进行某些贸易、交易(拆单)
3	费用账单(1)联	红色	用于场站向收货人结算港杂费
4	费用账单(2)联	蓝色	用于场站向收货人结算港杂费
5	交货记录(Delivery Record)	白色	证明货物已经交付、承运人对货物运输的责任已告终止的单证

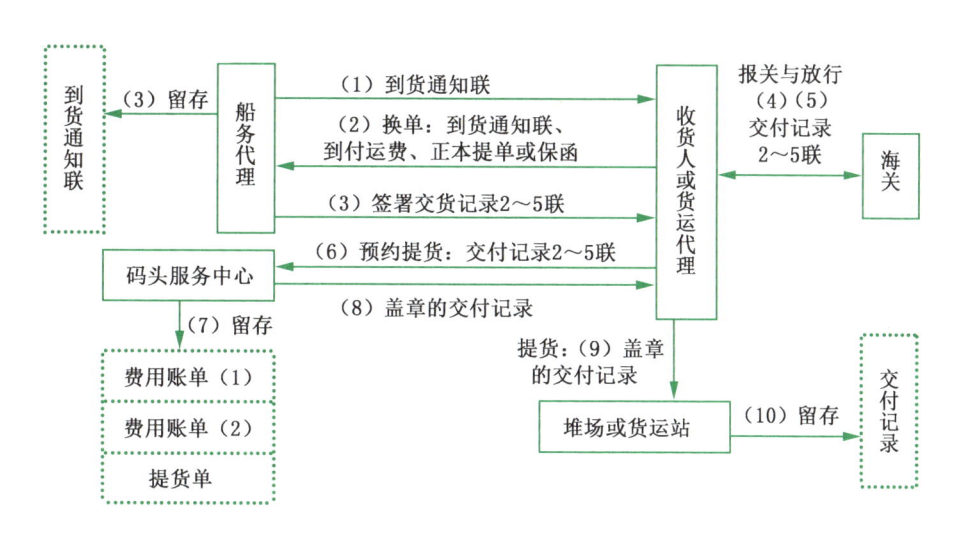

图 7—12 提货单流转示意

二、进口换单操作实务

(一)正常换单

所谓正常换单,是指船公司或其代理在收货人提交正本提单并支付到付费用等后向其签发提货单的过程。可见,正常换单必须满足如下条件:

(1)提单的背书:正确、适当、连续背书。背书是实现提单转让的一种手段。记名提单因不能转让而不能背书,不记名提单无须背书即可转让,因此,只有指示提单才会出现背书的问题。提单的背书有两种方法:一种是"记名背书",另一种是"空白背书"。记名背书是指在背书时,背书人在提单的背面签字盖章的同时,还需列明被背书人的名称。记名背书通常有两种做法:受让人指示的背书和无指示的背书。受让人指示的背书,在提单背面批注"Delivery to the Order(in the Favour) of ××",即"转让于 ×× 的指示(由 ×× 受益)",然后在背面签字盖章。这种经过背书的提单仍可由受让人在市场中继续转让。无指示的背书,在提单背面批注"Deliver to ××",即"转让于××",经过这种背书的提单,只能由受让人持提单在目的港直接向承运人或其代理人提货,而不能再背书转让。空白背书是指在背书时仅由背书人(也即提单转让人)在提单背面签字盖章,而无须注明被背书人(提单受让人)的名称。经过空白背书的提单,其合法持有人有权凭以直接向承运人要求提货,也可以作为银行的抵押品或在市场中转让,不必再另行背书。综上所述,提单必须是指示提单(to Order),上面必须有发货人的背书并加盖收货人的公章;记名指示提单(to Order of ×××)上必须有指示收货人和被背书人名称的背书。至于提交的记名提单,则其上必须有与提单收货人一致的公章真迹背书、换单人签名及联系电话。

(2)提交正本提单的地点。正常情况下,应要求提交正本提单的地点与提单上记载的卸货地点相一致。

(3)提交正本提单的数量。正常情况下,收货人交回一份正本提单即可,但在以下情况下应要求交回全套正本提单:一票货物有多个收货人主张提货时,或者提单交付地点或实际卸货地与提单记载不一致时。

(4)提单上的非清洁批注应转到提货单上。

(5)其他方面。如提单是否完整有效、正本提单与舱单所载内容是否一致、到付运费是否接到船公司的放货通知、是否满足了船公司对放货的特殊要求(如有的话)。

(二)非正常换单

1. 电报放货

电报放货(Telex Release),简称电放,或提单电放,是指承运人或其装运港代理收到货物后已签发或应签发而尚未签发提单,根据提单上托运人的要求在装运港收回全套正本提单或不签发正本提单,然后以电报、电传的形式通知承运人卸货港的代理将货物交给提单收货人或托运人指定人。电放的操作流程如图7—13所示。

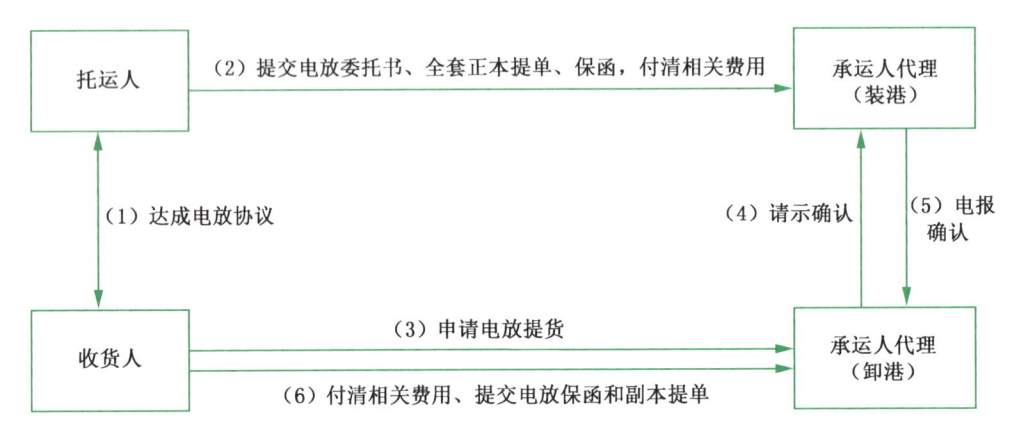

图7—13 电放操作流程

办理电放时应注意的事项如下:①并非世界上所有的港口或地区都接受电放。比如,非洲和南美洲部分地区,如阿根廷等国,必须凭正本提单放货。②船代办理电放需要得到船公司的书面确认。货主申请电放时,在装货港,托运人必须付清预付运费及相关费用,出具保函并交回全套正本提单(不能仅仅收回一份正本提单);在卸货港,船代应取得船公司或代理的电报确认,并凭收货人出具的保函、支付到付运费及相关费用的证明和副本提单换单。

2. 异地放货

异地放货是指承运人或其代理在卸货地点以外的地方接受申请人的请求并收回全套正本提单,通知卸货港代理将货物交给申请人指定的收货人。此外,异地放货也包括在船舶更改卸货港时所导致的提单提交地点与提单上记载的卸货地点不一致的情况。显然,异地放货实际属于变相电报放货,其操作流程也与电报放货基本相同。

3. 无单放货

无单放货是指收货人在没有提交正本提单的情况下,凭保函和副本提单要求放货。与电报放货和异地放货不同,无单放货时,承运人因未收回正本提单而面临更大的风险,因此,承运人往往要求收货人提交银行保函或收货人保函和保证金而放货。

4. 进口拆单

与出口一样,基于某种原因,收货人可能要求将同一提单项下的货物拆分成若干个提货单。比如,部分设备到港后因相关证件尚未办理,设备无法正常通关,造成货物滞留港口,为此收货人希望采取"拆单申报"的办法,使这批货物顺利通关。

【学中做7—2】 某轮装运桶装油,提单上的收货人为海德森公司。发货人除留存一份提单外,将另一份寄卸货港代理,委托其凭此向买方收取货款。该轮船长于船到卸货港后,在无提单的情况下将桶装油交给了海德森公司。结果造成发货人收款不着。此案中船长应负什么责任?其教训是什么?

(三)交货记录的签收

1. 收货人如何签收交货记录

具体包括:①接收整箱货时,应检查箱子外表状况,以及箱号、关封号是否与单证记载相符,如有异议,则会同有关方做好记录。②接收拼箱货时,应检查货物外包装、唛头、数量等是否与单证记载相符,如有异议,或已发现有货损,则做好货损报告,并交有关方签认。③未提取货物或货物未全部提取,不能签收交货记录。④提货时发现箱损或货损,而又无法确定责任方或确定损害区段时,则不能将货提走,以避免日后无法提出索赔。

2. 堆场或货运站如何签收交货记录

具体包括:①注意货物的提取地点和提取人:对于 CFS/CFS、CY/CFS 条款,先应由货运站在堆场整箱提取,再由收货人在货运站提货;对于 DR/DR、CY/DR 条款,应由转运承运人在堆场整箱提取并安排转运至目的地;对于 CY/CY、DR/CY、CFS/CY 条款,以及 CFS/CFS 条款但注明 CFS/CFS(FCL)字样,则由收货人在堆场整箱提取;对于 CY/CY 条款但注明 CY/CY(LCL)字样,则由堆场拆箱并由收货人在堆场提货。②交货前应查核费用账单,确认收货人是否已支付货物在堆场或货运站发生的所有费用。③核对提货单上是否加盖了海关放行章,否则不能交付货物。④应核对和查验提货凭证、交货记录等,如符合要求,则办理货物/箱子的发放,并要求提货人对所提货物进行查验,在交货记录上签收确认,然后交由堆场或货运站业务人员留存,作为提货人已收货的确认。⑤对于整箱提货,双方还应办理箱子交接检查,共同签发设备交接单。⑥同一张交货记录上的货物分批提取时,只有等最后一批货物提取完毕后才能签收。⑦在交接过程中,如货物或箱子与单证不符或已发现有货损,则应做好货损报告,并交有关方签认,同时在有关的设备交接单上批注。⑧场站、货运站发货/箱后,应在自己的作业申请单上销账,并将交货记录等单据交有关部门存档备查。

应知考核

一、单项选择题

1. 下列属于集装箱出口货运特有的单证的是( )。
   A. 交货记录　　　　　　　　　　B. 场站收据
   C. 设备交接单　　　　　　　　　D. 装箱单

2. 托运业务中的核心单证是指( )。
   A. Dock's Receipt, D/R　　　　　B. Booking Note, B/N
   C. Shipping Order, S/O　　　　　D. Delivery Order, D/O

3. 货主办理出口报关的货运单据是( )。
   A. 装货清单　　　　　　　　　　B. 提单
   C. 装货单　　　　　　　　　　　D. 提货单

4. ( )的特点是连续完成若干个连续的航次,不能中断。
   A. 单程租船　　　　　　　　　　B. 来回程租船
   C. 连续单程租船　　　　　　　　D. 包运合同租船

5. ( )一般是价值较大、运价较高、较易损坏和较易被盗窃的货物,例如,电线、电缆、纸浆、金属制品等。
   A. 最佳装箱货　　　　　　　　　B. 适合装箱货
   C. 边缘装箱货　　　　　　　　　D. 不适合装箱货

二、多项选择题

1. 基于航线形式的不同,班轮航线可以分为( )。
   A. 点—点航线　　　　　　　　B. 枢纽—辐射式航线
   C. 环绕式航线　　　　　　　　D. 钟摆式航线
2. 提单具有( )功能。
   A. 物权凭证　　　　　　　　　B. 货物收据
   C. 运输合同证明　　　　　　　D. 运输合同
3. 提单背书一般分为( )。
   A. 记名背书　　　　　　　　　B. 指示背书
   C. 空白背书　　　　　　　　　D. 任意背书
4. 班轮运输最基本的特点是指( )。
   A. 航线固定　　　　　　　　　B. 港口固定
   C. 船期固定　　　　　　　　　D. 费率的相对固定
5. 租船运输的特点有( )。
   A. 没有固定的航线、装卸港口和船期
   B. 没有固定的运价
   C. 以装运货值较低、成交数量较多的大宗货物为主
   D. 租赁期间,船舶的经营管理由租船人负责

三、判断题

1. 海上班轮运输与海上集装箱运输是同一概念。（　　）
2. 在运价表中以"W/M"表示的是按货物的毛重或体积计收运费,计收时取其数量较高者。（　　）
3. 提单的空白背书是指在提单背面不作任何背书。（　　）
4. 班轮运价由基本费率和各种附加费所构成。（　　）
5. 光船租船在租期内,租船人实际上对船舶有着支配权和占有权。（　　）

应会考核

■ 观念应用

某货主委托某货运代理承运一个20′集装箱,从大连港至新加坡,运输条款为CY/CY,信用证规定必须使用海运提单。该货运代理接受委托后,向某船公司办理了订舱手续。该箱于2023年3月1日抵达大连港堆场(CY),并于次日装上船。装船后,货运代理向货主签发了自己拥有的集装箱提单。

【考核要求】

(1)货主是否应接受货运代理所签发的提单用于结汇？如果可以接受的话,货运代理在提单制作和签发时需要满足哪些条件？
(2)为了保护自己的利益,货运代理签发提单时应做哪些批注？
(3)提单上的签发日期为2023年3月1日,是否构成"倒签提单"？
(4)货主是否应要求提单上加批"装船批注"？

■ 技能应用

某轮从广州港装载杂货(人造纤维),体积为 20 立方米、毛重为 17.8 公吨,运往欧盟某港口,托运人要求选择卸货港 Rotterdam 或 Hamburg。Rotterdam 和 Hamburg 都是基本港口,基本运费率为 USD800.00/FT,三个以内选卸港的附加费率为每运费吨加收 USD3.00,"W/M"。

【技能要求】

(1)该托运人应支付多少运费(以美元计)?

(2)如果改用集装箱运输,海运费的基本费率为 USD1 100.00/TEU,货币附加费 10%,燃油附加费 10%。改用集装箱运输时,该托运人应支付多少运费(以美元计)?

(3)若不计杂货运输和集装箱运输两种运输方式的其他费用,托运人从节省海运费考虑,是否应选择改用集装箱运输?

■ 案例分析

我某出口企业同某国 A 公司达成交易一笔,我方负责班轮运输。我方按期将货物装出,由 B 公司承运并出具转运提单。货物经日本改装其他轮船公司的船舶运往目的港。货到目的港后,A 公司已宣告破产倒闭。当地 C 公司竟伪造提单向第二程船公司在当地的代理人提走了货物。我方因收货人 A 公司倒闭,货款无着落,在获悉货物被冒领后与 B 轮船公司交涉,凭其签发的正式提单要求交出承运货物。B 公司借口依照提单第 13 条规定:"承运人只对第一程运输负责,对第二程不负运输责任",拒不赔偿。

【分析要求】

请问:对此案,您认为 B 公司是否应当承担责任,并简述理由。

项目实训

【实训项目】

国际海上货运代理。

【实训情境】

Shipper: ABC Co., Ltd.　　　　Consignee: TO ORDER

Notify Party: XYZ Co., Ltd.　　Ocean Vessel: MV Xin Tong

Port of Loading: Shanghai　　　Port of Discharging: Yokohama

Marks: 1234CN/5678JP　　　　Description of Goods: Vehicles 2×20′ STC 4Units

COSU 8001215 SOC 802376　　Freight Prepaid

No. of Original B/L: Two

Signed for or on behalf of: DEF Co., Ltd. AS AGENT FOR CHI Co., Ltd. AS CARRIER

注:COSU 是指中远箱代号,SOC 是指货主箱。

【实训任务】

1. 试回答:①该提单应由谁首先背书? ②作为船务代理,你知道应该向谁发出到货通知吗? ③收货人提货时应提交几份提单? ④收货人提货时是否应支付海运费? ⑤若货物灭失且承运人应承担赔偿责任,应按几件赔偿? ⑥谁是承运人? ⑦该提单下有几个集装箱? ⑧XYZ Co., Ltd. 是否一定是收货人? ⑨提单是否一定要经过 XYZ Co., Ltd. 背书? ⑩该提单由谁签署?

2. 撰写《国际海上货运代理》实训报告。

《国际海上货运代理》实训报告			
项目实训班级：		项目小组：	项目组成员：
实训时间： 年 月 日		实训地点：	实训成绩：
实训目的：			
实训步骤：			
实训结果：			
实训感言：			
不足与今后改进：			
项目组长评定签字：			项目指导教师评定签字：

项目八　租船业务合同

● 知识目标

　　理解：航次租船合同、定期租船合同和光船租船合同之间的区别。
　　熟知：航次租船合同和定期租船合同的主要条款。
　　掌握：租船合同的谈判技巧，能读懂和草拟简单租船函电。

● 技能目标

　　能够具备签订租船合同的基本技能包括谈判、租船函电、分析和理解租船合同主要条款的能力。

● 素质目标

　　运用所学的租船业务合同知识研究相关案例，培养和提高学生在特定业务情境中分析问题与决策设计的能力；结合行业规范或标准，运用本项目的知识分析行为的善恶，强化学生的职业道德素质。

● 思政目标

　　能够按照租船业务合同业务流程和实践认知，结合职业道德和企业要求，自主解决租船业务合同中出现的常见问题；理解不忘初心的核心要义和精神实质，塑造学生的品格和品行，树立正确的世界观、人生观和价值观，将学和做有机结合，做到学思用贯通、知信行统一；树立为客户服务的意识，具有分析和缮制租船业务合同主要条款的职业素养。

● 项目引例

租船合同单方违约案例分析

　　大连 A 货代公司与 B 航运有限责任公司签订了租船合约，约定某年 5 月下旬由 B 航运有限责任公司承运 1 500 吨袋装铁矿石自天津港运往日本大阪港，运费 10 000 美元，但 B 航运有限责任公司未按约定时间装运货物，造成 A 货代公司为按时交货临时租用其他公司船舶出运货物，造成额外增加运费 4 000 美元。经交涉无果，A 货代公司把 B 航运有限责任公司告上法庭，要求其支付 A 货代公司租金差额损失 4 000 美元。

引例导学：B 公司违约给 A 公司造成的运费损失是否应该赔偿？在租船业务中如何进行合同内容的谈判？

● 知识精讲

任务一　租船合同概述

一、租船合同的种类及性质

租船合同是订约双方就船舶的出租和承租以从事货物运输而规定相互间的权利、义务和责任豁免条款的一种海上运输合同。租船合同的英文为 Charter Party(C/P)，是由中世纪拉丁文演变而来的。当时是在一张纸上左右两边分别书写有同样文字内容的文件，然后从中间裁开，双方各执一半，作为运输文件。直至 1830 年，Charter Party 一词才开始出现。

租船合同可分为三种基本类型，即航次租船合同(Voyage Charter Party)、定期租船合同(Time Charter Party)和光船租赁合同(Bareboat Charter Party or Charter Party by Demise)。

(一) 航次租船合同

航次租船合同又称程租合同(Voyage Charter Party)，属于海上货物运输合同的一种，一般用于整船大宗货物的国际海上运输。《海商法》第四章第九十二条规定："航次租船合同，是指船舶出租人向承租人提供船舶或者船舶的部分舱位，装运约定的货物，从一港运至另一港，由承租人支付约定运费的合同。"从这个概念可以看出，航次租船合同的承租人并不占有和控制船舶，而只是在装货港交付货物由船舶出租人负责运往目的港。

1. 航次租船合同的特点

(1) 出租人负责船舶营运并负担费用，船舶由出租人通过其雇用的船长和船员占有和控制。承租人仅要求出租人把货物安全运至卸货港，除货物装卸和垫舱物料费用可能另有约定外，其他的船舶营运费用，如燃料费、港口费以及船舶的维持费用，包括船员工资、伙食、船舶维修保养、保险检验等费用，均由出租人负担。

(2) 合同中要规定货物的名称或者种类、数量及装卸港口。

(3) 承租人可以租用船舶的全部舱位或者部分舱位，运费绝大多数情况下按货物数量计算。承租人租用船舶的全部舱位即整船租用时，有时运费按整笔运费(Lump-sum Freight)计算，称为整笔运费租船或者包船。此时，不论承租人装运多少货物，均须支付合同中规定的运费数额。承租人装运的货物数量不得超过船舶的载重能力。

(4) 出租人必须提供适航船舶并对货物负责，不但要使船舶适航，而且对货物负有妥善装载、搬移、积载、照料、保管、运送和卸船的义务，但按约定由承租人负责装载、积载或者卸船时除外。

(5) 规定货物的装卸时间和期限，并规定滞期费和速遣费率。如果承租人未能在合同规定的装卸期限内完成货物装卸作业，则须向出租人按照约定的费率支付滞期费；反之，如果承租人在合同规定的装卸期限内提前完成装卸作业，则出租人向承租人按照约定的费率支付速遣费。

【提示】除合同另有约定外，速遣费通常是滞期费的一半。

2. 航次租船合同与班轮运输合同的异同

(1) 班轮运输是固定航线、固定船期向所有托运人开放的件杂货运输，承运人是所谓的公共承运人(Common Carrier)，对各托运人一视同仁，不能无端拒运或歧视。航次租船合同的出租人不是公共承运人，而是所谓的私营承运人或专门承运人(Private Carrier)，即只承运租船合同规定的货载。

(2)班轮运输的提单,是一种固定的运输合同条款,没有可能进行逐笔条款的自由谈判,这造成了托运人与承运人的谈判地位不同。托运人要使用承运人的班轮服务,就必须同意提单上的条款。为了应对上述不公平的谈判地位,平时主张合同自由的国家也通过国内立法制约提单条款。也就是说,提单运输不是完全根据双方自由意思协议的。

航次租船合同的出租人和承租人"完全"处于平等的谈判地位(实际上由于航运市场机制和种种其他原因,也无所谓"完全"的自由意愿),因此,西方国家特别是英、美、法等国都没有制约租船合同的成文法,连大陆法系海商法中制定有关租船合同的条款也都属于非强制性条款或弹性条款,也即可以用双方协议的其他合同条款予以排除适用的条款。

(3)运费方面,班轮运费订有运价表,按所运货物吨数或体积乘以运价计算运费;租船合同的运费的确定,按市场供求情况由双方洽订。运费为按约定吨位计算或包干运费,前者按约定吨位及每吨约定运价计算,后者只规定一个总金额。但不论哪一种方法,凡是承租人租用整船或整舱运货的,不论是否装满,都要按约定的包干运费或约定吨位付费。

(4)班轮运输一般实行由承运人负责安排泊位进行装卸,以适应定期班轮的要求。因此,班轮提单上大多没有装卸时间及滞期费的条款,一般规定托运人或收货人要按船舶在港装卸速度提供货载或接受货载的义务,如果港口拥挤,可能要由托运人支付港口拥挤附加费。租船合同下的装卸货物均由承租人负责,装卸期限和滞期、速遣条款成为航次租船合同的重要条款。但是,由于班轮运输提单也常作为大宗货物提单使用,不少提单也出现了滞期费的规定,即如未能按规定供货或接货,要支付滞期费,有的则载有滞期费条款和费率。

(二)定期租船合同

定期租船合同又称期租合同(Time Charter Party)。《海商法》第 129 条对其定义为:"船舶出租人向承租人提供约定的由出租人配备船员的船舶,由承租人在约定的期间内按照约定的用途使用,并支付租金的合同。"

定期租船合同包括以下几层意思:①向承租人提供的是整个船舶,而不仅仅是舱位;②租船合同规定了一个期限,通常按年、半年、几个月计算;③承租人只能在约定用途范围内使用;④承租人支付的报酬形式是租金,而不是完成某一运输服务的运费。

与航次租船合同相比,定期租船合同具有如下特点:

(1)在船舶管理方面,船东负责配备船长和船员,负责船舶航行和内部管理事务,并负担有关费用,承租人负责船舶调度和营运管理,并负担船舶营运费用。

(2)租金按租用船舶时间长短计算,由承租人定期向船东支付。在租用期内,船舶的营运时间损失原则上由承租人承担,合同内不规定滞期费和速遣费。

(3)合同内不指定载运货物,除特别规定外,可以装运各种合法货物;合同内也不规定船舶航线和装卸港,而只规定船舶航行区域。

(4)航次租船合同的承租人一般是货主或托运人,而定期租船合同的承租人不一定是货主,可能是班轮运输公司租入船舶以抵补现有班轮的不足,也可能由船舶经营人定期租入船舶后又以航次出租,也可能将船舶用于游乐、水上饭店等非运输业务。

(三)光船租赁合同

《海商法》第 144 条对光船租赁合同(Bareboat Charter Party)的定义为:"船舶出租人向承租人提供不配备船员的船舶,在约定的期间内由承租人占有、使用和营运,并向出租人支付租金的合同。"

光船租赁合同属于财产租赁合同,因而也受到《民法典》第二篇第十五章中有关租赁合同规定的约束。它具有以下特点:

(1) 船舶在租赁期内，由承租人雇用和配备的船员占有，并由承租人使用和经营，即船舶的占有权和使用权发生转移，但船舶的处分权仍属于船东。

(2) 合同双方当事人的关系属于债权债务关系，但具有某些物权的特征。即承租人在租赁期内对船舶的租赁权受到保护，即使船东将船舶出售或让予第三方，原光船租赁合同仍继续有效，新船东必须尊重承租人的租赁权。

(3) 在光船租赁合同中，承租人是二船东，必须对履行合同负责，由该船发生的海事请求可以扣押该船或承租人拥有的其他船舶。但由于船东不承担运输责任，不能扣押船东拥有的其他船舶。

(4) 承租人无权任意转让合同的权益。由于承租人以二船东的身份经营租赁的船舶，在光船租赁合同订有租购条款时，承租人还处于在最终付清全部费用后才能取得船舶所有权的地位，因此其权益的转让或者再以光船形式转租必须征得出租人的同意。

此外，光船租赁合同还有一种特殊形式，即船舶租购合同（Bare Boat Charter Party with Hire Purchase）又称光船租购合同，是指船东向承租人提供不配备船员的船舶，在约定的期间内由承租人占有、使用和营运，并在约定期间届满时将船舶所有权转移给承租人，而由承租人支付租购费的合同。这种合同类似于融资租赁合同。

二、租船合同的成立及合同形式的要求

在英美法体系下，租船合同被认为是非正式合同，即口头合同也是有效的，只要一方有足够的证据证明租船合同的成立。在现代租船实务中，一般不会采用口头合同，主要是因为出现纠纷时，请求赔偿方举证十分困难。

在我国，为了减少纠纷，《海商法》第43条规定，承运人或者托运人可以要求书面确认海上货物运输合同的成立。但是，航次租船合同应当书面订立。电报、电传和传真具有书面效力。《海商法》第128条规定，船舶租用合同，包括定期租船合同和光船租赁合同，均应当书面订立。

三、租船合同条款种类

(一) 条件条款（Condition Clause）

条件条款是合同的基础，合同的订立、履行有赖于这种条款的可靠性和真实性。如果合同一方违反此类条款，则无论是否对合同另一方当事人造成实质性损害，也无论这种损害是如何轻微，另一方均有权取消合同，如有损失，还可要求损害赔偿。航次租船合同中有关船名、船籍、船级、船舶吨位的条款就属于此类条款。

(二) 保证条款（Warranty Clause）

保证条款是指合同中相对较为次要的条款。租船合同中的大多数条款属于此类。如一方违反此类条款，并给另一方造成损害，另一方只能向对方提出损害赔偿，而不能取消合同。期租合同中的燃油、燃料等规定就属于此范畴。判断合同条款是属于条件条款还是属于保证条款，主要依据行业惯例（或者是判例）和合同文字本身。租船合同是自由度很大的合同，原则上合同文字如何规定就应如何解释、如何履行。因此，即便是合同中较为次要的条款，一方违反也不会给另一方造成什么损害，如果双方一致同意，并用明确的文字表明若一方违反此条款，另一方有权解除合同，则此条款就会成为条件条款。例如，定期租船合同中的租金条款就是属于此类。

(三) 中间条款（Intermediate Clause）

中间条款是指介于条件条款和保证条款之间的一类条款，根据合同一方对此类条款违反的程度以及违反造成的后果，它既可能成为条件条款，也可能成为保证条款。

(四)默示条款(Implied Terms)

默示条款是指有些事项虽在合同中没有载明,但根据法律和惯例已成自然。双方对此心照不宣,比如船舶必须具备适航性这一条款。

(五)明示条款(Express Terms)

明示条款是与默示条款相对而言,在合同中明文规定的条款。

由于合同中包含各种形式和内容的条款,经常会由于疏忽、误述和遗漏等原因,造成各个条款之间有出入和矛盾,在这种情况下,法院一般会采取以下原则来判定条款的法律效力:①更正条款(Amendment Clause)和附加条款(Addition Clause)的法律效力高于印刷条款(Printed Clause);②手写条款(Hand-written Clause)高于缮制条款(Typing Clause)和印刷条款;③补遗条款(Addendum Clause)的效力高于追加条款(Rider Clause);④删除条款(Deletion Clause)的效力需结合合同其他有关条款而定;⑤在合同所有条款中,以首要条款(Paramount Clause)的效力最高。

四、租船合同的解释原则

租船合同是双方意见一致的协议,其条款内容是反映双方当事人意图的,一经签订,就对当事人具有约束力。如果发生争执或纠纷,法院是根据双方订约的目的,对合同的条款内容从法律的观点做出解释和判断。由于英国是老牌航运国家,航运历史悠久,该国在几百年的航运司法实践中,在总结众多案例的基础上,形成了一套比较完备的关于租船合同解释方法的规则,对国际航运界产生了重大影响。英美法体系中在处理因租船合同产生的纠纷时,常采用以下准则:

(1)依租船合同条文本身进行字面解释。在采用这种方法时,除非在订约时有胁迫(Duress)、误述(Misrepresentation)以及错误(Mistake)等法律规定的可能导致合同无效的情况出现,法官或仲裁员在解释租船合同时,凡与合同条文不符的证据均不可成立。

(2)对租船合同中所用术语的释义,一般根据商业和航运惯例加以解释。对于这种解释,法官拥有自由裁量权。

(3)以争执事件的近因为主要依据。英国学者约翰·T.斯蒂尔将近因定义为:近因是指引起一系列事件发生,由此出现某种后果的能动的、起决定作用的因素;在这一因素作用的过程中,没有来自新的独立渠道的能动因素的介入。

(4)如果条文可以有两种或多种解释,则根据当事人的行为来判定其意图。

(5)解释应尽量支持租船合同的每个条款。租船合同的每个条款都表达了双方当事人的意愿,所以在解释时,要尽量支持和照顾合同的每个条款,参考前后条文,结合合同的目的考虑。

【提示】实践中,租船合同条款的写法千奇百怪,在解释时颇为复杂,需要将上述的原则有机地结合起来加以运用,而不能顾此失彼或抓住一点,不计其余。

五、租船合同的解除

除租船合同双方均已完成约定的合同义务,合同自然解除和双方协议解除合同外,租船合同还可因合同一方当事人违约或不履行合同而解除。我国《海商法》对合同解除有如下规定:

(一)船舶开航前的任意解除

我国《海商法》第89条规定:"船舶在装货港开航前,托运人可以要求解除合同。但是,除合同另有约定外,托运人应当向承运人支付约定运费的一半,货物已经装船的,并应当负担装货、卸货和其他与此有关的费用。"

托运人在开航前的任意解除是指托运人由于非不可抗力的突发原因,如因买卖合同的变更或解除而不能按时提供约定的货载时对合同的解除。我国《海商法》的规定是,考虑到托运人可能由于非不可抗力的突发原因不能按时提供货载,如合同没有不同规定,托运人应执行支付一半运费解约的规定。虽然承运人可能因此遭受亏舱损失,他也可能通过临时揽载弥补损失;在货源充足时,承运人也可能另订合同取得货载,得到全部补偿。

【提示】货物如已装船,托运人应负担装卸费及与此有关的费用。当然,如果承运人与托运人之间订有支付全部亏舱费义务的协议,则应当按协议执行。

(二)船舶开航前因不可抗力等原因解除

合同缔结之后,由于意外事件的发生,使合同无法履行,在此情况下,缔约双方的任何一方都可以无偿解除合同。我国《海商法》第 90 条规定:"船舶在装货港开航前,因不可抗力或者其他不能归责于承运人和托运人的原因致使合同不能履行的,双方均可以解除合同,并互相不负赔偿责任。除合同另有约定外,运费已经支付的,承运人应当将运费退还托运人;货物已经装船的,托运人应当承担装卸费用。已经签发提单的,托运人应当将提单退还承运人。"

实践中常见的船舶在开航前法定解除事由主要有:①船舶或货物全损;②装货港或卸货港被宣布封锁;③船舶被政府征用或扣押;④货物被禁止从装货港输出或向卸货港输入;⑤船舶或货物因军事行动有遭劫夺的危险;⑥其他不能归责于双方的原因。

(三)船舶开航后因不可抗力等原因解除

我国《海商法》第 91 条规定:"因不可抗力或者其他不能归责于承运人和托运人的原因致使船舶不能在合同约定的目的港卸货的,除合同另有约定外,船长有权将货物在目的港邻近的安全港口或者地点卸载,视为已经履行合同。船长决定将货物卸载的,应当及时通知托运人或者收货人,并考虑托运人或者收货人的利益。"

这一规定涉及海上货物运输合同的一个重要条款,即"附近港口卸货条款",或简称"就近条款"。这一条款将在后文中详细介绍。

在航运实务中还有很多单方解除海上货物运输合同的实例,主要有以下两种情况:

(1)一方不履行合同致使另一方无法继续履行合同或严重影响订立合同所期望的利益,另一方可以单方解除合同而不承担责任。例如,承运人的船舶未能在航次合同规定的受载期内到港装货,严重影响了合同预期的利益,托运人可以单方宣布解除合同,如有损失,有权索赔。

(2)单方自行解除合同,应承担解除合同或不履行合同而引起对方损失的责任。例如,托运人订舱后,自行单方面解除合同拒绝提交约定的货物,因而导致船舶亏载,托运人应负担亏舱费。有些国家商法规定,在这种情况下,托运人支付运费的一半即可解除合同,所支付的一半运费也可视为约定的违约金。

任务二 航次租船合同

一、合同范本

航次租船合同是指船舶出租人向承租人提供船舶或船舶的部分舱位,装运约定的货物,从一港运至另一港,由承租人支付预定运费的货物运输合同。

航次租船合同规定了船东和承租人双方的权利和义务。在洽租船舶时,双方须逐条洽订每一条款。为了便利租船合同的谈判工作,洽订租船合同的当事人通常以某一合同的标准格式为基础,根据各自需要,对标准格式的某些条款进行修改、删减或补充,最后达成协议。

航次租船合同范本种类繁多,而且适用的范围也各不相同,比较常用的有以下几种:

拓展阅读

金康航次租船合同

(1)统一杂货租船合同,简称金康合同(GENCON),适用于不分航线的杂货运输;

(2)1973年北美谷物租船合同(NORGRAIN),适用于北美至世界各地的谷物运输;

(3)1971年煤炭租船合同(POL COAL VOY)适用于波兰煤炭出口运输;

(4)1973年波罗的海木材租船合同(NUBALT WOOD);

(5)油轮租船合同(EXXON VOY)。

二、航次租船合同的主要条款

目前,世界上最常用的航次租船合同格式是《统一杂货租船合同》(Uniform General Charter),其代号是"金康"(GENCON)。此格式由波罗的海国际航运公会制定,并经1922年、1976年、1994年三次修订。目前,使用较多的版本为1976年合同格式和1994年合同格式。下面就以1994年金康合同格式为例介绍航次租船合同的主要内容。

(一)陈述(Representation)

在合同陈述中,主要包括以下内容:

1. 船名(Vessel's Name)

船名是合同的重要条件之一,在航次租船合同中指定船名,是为了使船舶特定化。关于船舶的指定通常有如下几种方式:①指定一艘特定的船舶(Specific Ship)。这种船舶一旦指定,船舶所有人就无权以其他船舶替代,否则就是违约。②"替代船条款"。即指明××船或其替代船由船舶所有人选择(M/V ××× or Substitute at Ship Owner's Option),但是出租人指定的船舶必须在船级、船型、位置等方面与原定船舶相符,并且替代船一经选定,船东应及时通知承租人,不能再次更改。

2. 船籍(Vessel's Nationality)或船旗(Vessel's Flag)

船籍或船旗也是合同的重要条件,在合同中常指定船籍,或者声明不得悬挂某国国旗。在战争时期,船籍非常重要,如果租用的船舶是交战国船籍,可能面临被扣押、征用、没收等风险。在和平时期,船籍涉及法律适用、货物保险、港口使用费等方面的问题。

3. 船级(Vessel's Classification)

船级是双方在订立合同时船舶应实际达到的技术状况。合同中写明的船级,是指船舶在合同订立时的船级,除非合同中另有约定,否则船东没有义务在整个合同期间保持这一船级。

4. 船舶吨位(Vessel's Tonnage)

船舶吨位包括注册吨(Registered Tonnage)和载重吨(Dead Weight Tonnage,DWT)。注册吨位是按船舶容积折算的吨位,以100立方英尺或2.83立方米为1注册吨,有总吨和净吨之分。为了与《1969年国际吨位丈量公约》一致,金康94年版的总吨的英文已由金康76年版的Gross Registered Tonnage(GRT)改为Gross Tonnage(GT),净吨的英文由Net Registered Tonnage(NRT)改为Net Tonnage(NT)。

注册吨位与港口费用、运河通行费和关税的征收有密切关系。载重吨位又称载重能力(Dead Weight Capacity),用来表明船舶的实际载重能力。合同中载明的数字是指船舶实际可装载的最大货物数量,不包括船舶燃料、物料、淡水、备用品以及船舶常数(Constant)等(所谓船舶常数,是指由于船舶经过修理或改装、更换设备,以及舱底积存油污、废水、海藻、贝壳等海洋生物附着于船底等原因,使船舶载重能力下降的数值)。

5. 船舶位置(Vessel's Position)

船舶位置是指订立合同时船舶所在的位置或状态。此项内容有助于承租人合理判断船舶能否如期抵达装货以及明确本航次、本合同开始履行的时间。实践中出租人为了避免麻烦,往往不具体订明船舶的准确位置,而是以"Now Trading""Now Under Repair""Expected Ready to Open at ××Port"进行说明。

6. 船舶预计到港并做好装货准备时间(Expected Ready to Load)

它又称受载期(Laydays),即船舶在合同规定的时间内到达规定的装货港并做好准备的时间。受载期一般规定为一段时间,船舶在这段时间内任何一天抵港都不算违约。但船东并没有承诺一定在某天到,只是赋予承租人一项权利,即如果过了解约日船舶仍未到,承租人可以无条件地解除合同。如果船舶因意外事件延期到港,出租人可以免责,承租人有权解除合同,但不能要求赔偿损失;出租人因疏忽或者过失延迟到达,承租人不但可以解除合同,而且可以要求赔偿损失。出租人在约定的受载期限内未能提供船舶的,承租人有权解除合同。但是,出租人将船舶延误情况和船舶预期抵达装货港的日期通知承租人时,承租人应当自收到通知时起48小时内,将是否解除合同的决定通知出租人。

7. 解约日(Canceling Date)

解约日即解除合同的日期。合同中一般订有解约条款,规定船舶未能在某一日期之前到达装货港并做好装货准备时,承租人有权解除合同。解约日通常是预计装货准备就绪日的最后一日。但也有合同规定二者不是同一天,如规定预计装货准备就绪日后若干日为解约日,此种情况下,如果船舶在预计装货准备就绪日最后一日和解约日之间抵达,虽然出租人因船舶迟到违约,但承租人只可请求损害赔偿,而不能解约。如果合同未约定解约日的具体日期,通常将预计装货准备就绪日最后一天解释为解约日。

有时,即使船东或船长明知船舶不能在解约日之前到达装货港并做好装货准备,只要承租人不提出解除合同,船舶仍应驶往装货港。为避免船舶到达装货港后,承租人宣布解除合同,使船舶白跑一趟并减少船期损失,合同中船东往往以"质询条款"(Interpellation Clause)来保护自己,即如船东或船长将船舶延误情况和预期抵达装货港的日期通知承租人,承租人应在48小时内将是否解除合同的决定通知出租人。如承租人保持沉默,则视为放弃解除合同的权利。

【提示】在租船实务中,受载期和解约日经常合写为"LAYCAN"。

(二)预备航次(Preliminary Voyage)

所谓预备航次,是指从合同签订时到船舶抵达装货港期间船舶所处的航次,是合同规定的航次。合同中船东所承担的明示及默示义务,同样适用于预备航次。实践中,船舶不能如期抵达装港受载,往往是因为前一合同的延误造成的。但船东不能以此为理由,对抗本航次的承租人。而"金康94"的规定对船东来说,有很强的保护作用。"The said vessel shall, as soon as her prior commitments have been completed, proceed to the loading port(s) or place(s)…"这一条是在"金康76"的基础上添加的,它规定了先前的合同完成之后,才有义务履行本航次的义务。也就是说,根据这一条款,即使船舶延迟抵达装货港是由于前一合同延误造成的,只要在本次预备航次过程中没有任何延误,仍不能视船东违约。

(三)货物(Cargo)

货物条款是航次租船合同的条件条款。货物条款一般的表达方式如下:

(1)列明特定货物(Special Cargo)。当合同中列明某一特定货物或某几种特定货物时,承租人必须按照合同的规定提供货物。如果在装港提供的货物不符,船东可拒绝装载。若发货人或承租人继续坚持,船东可以对方毁约为理由中断租约。当合同中约定的特定货物因为某种原因(如不可抗力、法律禁止出口等)不能提供,则承租人没有义务再提供其他的货物,合同予以解除。但承租人应赔偿因无法提供货物而给出租人造成的损失,合同规定免责的除外。

(2)规定替代货物(Substitute Cargo)。合同中有时会订明多种货物可供承租人选择,此时,对于选择(Option)的解释应与其他合同选择一样,包括一经选择再不能改变,要在合理的时间内选择,有选择权者只需考虑自己的利益等。

金康合同中的规定是承租人应提供满舱满载货物(Full and Complete Cargo)。满舱主要针对轻载的货物,是指承租人提供的货物应装满舱容;满载主要针对重载的货物,是指承租人提供的货物数量应达到船舶的货物载重能力,即货物装船后,应使船舶的吃水达到允许的限度。

在实践中,具体有如下的规定方法:

(1)满舱满载货物 ×× 吨,误差多少由出租人(或承租人)决定(Full and Complete Cargo ×× Tons,± ×× ％ at Owner's Option or Charterer's Option);

(2)满舱满载货物,不超过 ×× 吨,不低于 ×× 吨(Full and Complete Cargo,Not Exceeding ×× Tons,Not Less Than ×× Tons)。

如果买卖合同或租约中未规定决定权由谁行使,那么合理的解释是买卖合同下由派船一方决定,租约下由船东决定。

同时,承租人必须履行其供货的义务。在英美法系下,这一义务表现为四个方面:必须备货;将货运至船边;提供满舱或满载货物;在规定时间装船。

如果船舶到港后,承租人不能提供货物装船,承租人应负违约的责任,除非是由于其可免责的原因所致,比如合同受阻,或者,由于出租人违约,承租人依合同或法律规定解除了合同。如果船舶到港时,承租人已备妥货物,但由于其可免责的原因,比如发生了冰冻或罢工,使装货作业受到阻碍,承租人不负违约责任。装货作业包括货物从码头仓库或堆场运至船边(班轮条款情况下),或装至货舱(承租人负责装货的情况下)的整个过程。如果码头无货物存储设施,或者煤、矿石、油类等货物在装船前习惯上不在码头储存,则货物从存储地点,如工厂、矿山等运至码头这一过程,也被视为装货作业的一部分。

(四)装卸港口(Loading and Discharging Port)

在租船合同中可以加入有关船长、船宽、船高、吃水等方面的内容,因为租方指定的装卸港口与地点如在这些方面有限制,在租船合同没有订明的情况下,船东无义务依这些限制提供适合的船舶。金康合同的第一条为邻近条款(Near Clause),原文是"… or so near thereto as she may safely get and lie always afloat …"。该条款包含两层概念:

(1)当原定港口变得不安全时,承租人应当指定或重新指定邻近的港口;

(2)若承租人不指定或不重新指定时,出租人有权且只能将货物卸于这种邻近地点并视为航次租船合同已经履行。

在本条款中,经常涉及的一个问题就是"安全港"的问题。所谓"安全港",是指特定船舶在特定时间内能在正常良好的航行条件下进出并能保持起浮状态而不致发生危险的港口或泊位。如果装/卸港或泊位已在合同中明确规定的情况下,除非合同另有约定,否则承租人不保证港口的安全性;如果装/卸港口或泊位由承租人选择或指定,则一般由承租人承担保证港口安全的义务。但这一点也不是绝对的,只要承租人在选港时已恪尽职责,确定其所选港口可预见是安全的,即使后来该港变得不安全,承租人也无须负责。

(五)装卸费用(Loading/Discharging Costs)

"金康94"中的装卸费用条款的内容,不仅是指装卸费用如何划分,而且包括由谁雇用装卸工人,并承担装卸作业中的风险与责任问题。虽然装卸费用是一笔较大的开支,运价内是否包括装卸费用是决定租船运价高低的重要因素,但与装卸作业可能引致的风险与责任相比,它往往是微不足道的。

在普通法下,承租人的提供货物义务中包括把货物运至船边,具体而言就是把货物运至船上吊钩所及范围之内,就完成了提供货物的义务。在卸货港,出租人只需把货物从吊钩上卸至岸上或驳船上,就完成了运送货物的义务。因此,承租人与出租人在装卸作业中风险划分也就以吊钩为界。但在实践中,由于货物性质不同、装卸方式不尽相同,同时贸易条件和各国港口货物装卸操作程序也存在差异,有关装卸责任和风险的承担还要看合同条文的具体规定。

在航次租船合同中,对货物装卸费用的划分,一般有下列几种规定方法:

(1)班轮条件(Liner Terms or Gross Terms)

班轮条件是指由出租人负担货物从船舷到船舱的装货费用或从船舱到船舷的卸货费用。

(2)出租人不负责装货费用(Free In,FI)

出租人不负担装货费用,但负担卸货费用(Free In Liner Out,FILO)。

(3)出租人不负责卸货费用(Free Out,FO)

出租人不负担卸货费用,但负担装货费用(Liner In Free Out,LIFO)。

(4)出租人不负责装卸费用(Free In and Out,FIO)

承租人要负责绑扎货物,如有需要,必须提供全部垫舱物料。

(5)出租人不负责装卸费、理舱费、平舱费(Free In and Out,Stowed and Trimmed,FIOST)

在运送大件货物的情况下,在FIOST的后面加上Lashed and Dunnages表示出租人不负责捆扎及垫舱费用。

上述条款中的装卸费用是指在装货港产生的装货费和卸货港产生的卸货费用。如果是在避难港产生的或因为过运河需要驳船产生的装卸费以及其他非原定装卸港产生的费用,则仍由出租人负担。

(六)装卸时间(Laytime)

所谓装卸时间,即是租船合同规定的允许用来装卸货物的期限,也可称为允许使用时间。实践中有关装卸时间的术语和条款通常是按照1980年的《租船合同装卸时间概念》(以下简称"1980年概念")和1993年《航次租船合同装卸时间解释规则》(以下简称"1993年规则")进行解释的,上述两个文件在航次租船实务中发挥了较大的作用。

根据"1993年规则",装卸时间是指根据合同双方当事人的协议,出租人应使船舶在规定的时间内抵达装卸港并保证船舶适于装卸,承租人在运费之外不支付任何费用的一段时间。也就是说,在合同规定的装卸时间内,出租人具有使船舶等待并适于装卸货物的义务。

常见的有关装卸时间的规定有如下几种:

(1)不规定具体的日数。在某些租船合同中,当事双方并不直接规定具体的装卸时间,而是笼统地规定一个原则,最常见的有:

①按港口习惯尽快装卸(Customary Quick Dispatch,CQD)。根据"1980年概念",它是指按照港口情况,尽可能快地进行装卸,即没有明确一个固定的装卸时间(Unfixed Laytime)。根据英国判例法,在CQD条款下,装卸作业应在一个合理的时间内(Reasonable Time)完成。

②以船舶能够收货或交货的速度(As Fast As the Vessel Can Receive and/or Deliver)。根据"1980年概念",它是指船舶处于完全工作状态下,能够最大限度进行装卸货的情况下所计算出的装卸时间。即只从船舶单方面考虑,而不管港口实际装卸效率如何的一种规定方法。"1993年规则"中已无此项规定。这个条款无须考虑承租人提供或提取货物的最大限度及能力,只要承租人未能满足船舶进行装卸货的最高效率,时间损失就由承租人负担。

(2)规定装卸日数。通常合同中直接规定装卸日数××天,或者通过规定装卸率的方式间接规定装卸时间。装卸率的规定又有如下3种方式:

①每天×× 吨(Per Day×× Ton),则:装卸时间=货物数量/装卸率。

②每舱口每天××吨(Per Hatch Per Day ×× Ton),则:装卸时间=货物数量/(日装卸率×舱口数)。

③每工作舱口每天××吨(Per Working Hatch Per Day ×× Ton),则:装卸时间=最大货舱的货物数量/(每舱口日装卸率×该货舱服务的舱口数)。

根据"1993年规则"的解释,每对平行的双层舱(Each Pair of Parallel Twin Hatches)按一个舱口计算,但能够由两个工班(Two Gangs)同时进行作业的舱口则按两个货舱口计算。

不论是哪一种装卸时间的规定方法,最终都要明确装卸的具体日数,在航运实务中,对"日"有很多理解方法,如果双方的解释方法不同,会影响到滞期和速遣的时间计算问题。在航运实务中,我们一般采用以下几种解释方法:

①日历日(Calendar Day)或日(Day),从24时到下一个24时。

②连续日(Running or Consecutive Days),是指从开始装卸时计算,连续24小时算一日,不作任何扣除。

③工作日(Working Days),是指按港口习惯工作时间来计算工作时间,非工作日进行的装卸不计入装卸时间。工作日的正常工作时间,依各港的具体情况不同而不同。

④良好天气工作日(Weather Working Days,WWD),是指在工作日或部分工作日中,不受天气影响,可以进行装卸的时间。一般不包括周末和节假日。这里的"良好天气"并没有统一的界定,针对特定航次和不同货物而言,只要可以进行装卸就计算在内。

⑤24小时良好天气工作日(Weather Working Days of 24 Hours),是指不考虑港口规定的工作时间是多少小时,计算装卸时间以累计24小时为一日,其间因天气原因不能进行装卸作业的时间除外。在计算装卸时间时,会牵涉到很多细节问题。因此,在洽谈航次租船合同时,最好明确选用上述用语的概念,或注明根据什么规则予以解释,以免发生争议。

装卸时间条款涉及的另一个问题就是装卸时间的起算。一般是在船长向承租人或其代理人或交货人递交了"准备就绪通知书"(Notice of Readiness,NOR)后的某一个时刻开始计算。"金康94"规定:"如果准备就绪通知书在正午12时(含12时)以前递交,则装卸时间从13时开始计算;如果准备就绪通知书在正午12时以后递交,则装卸时间从下一个工作日上午6时开始计算。"

一般来说,装卸时间起算通常必须满足三个条件:

(1)船舶必须已经抵达合同中所指定的目的地,即船舶是一艘"到达船"(Arrived Vessel);

(2)船舶必须准备就绪,并且处于适于装入或卸出货物的状态;

(3)如果要求的话,必须已向承租人递交了准备就绪通知书,不过,在没有相反的明示规定的情况下,这一要求仅适用于第一装货港。

很多租船合同中订有"一个安全泊位,一个安全港"(One Safe Berth,One Safe Port)条款,实质上就是一个泊位租船合同。当港口比较拥挤时,泊位租船合同对出租人是很不利的。出租人为保护自己,往往在合同中订入各种条款,用不同途径提早船舶的"到达",以便起算装卸时间,从而将船舶抵港后到达泊位前的时间风险转移给承租人,这类条款主要有以下三种:

(1)"不论靠泊与否,不论通关与否,不论检疫通过与否"(Whether In Berth Or Not,WIBON,Whether Customs Cleared Or Not,WCCON,Whether Free Pratique Or Not,WFPON)。

(2)"船舶抵达即可靠泊"(Berth Reachable on Arrival)。

(3)"等泊时间算入装卸时间"(Time Waiting for Berth to Count)。

(七)滞期费和速遣费

1. 滞期费(Demurrage)

它是指非由于船东原因,承租人未能在租船合同中约定装卸时间内将货物全部装完或卸完,对因此产生船期延误,向船东支付的费用。

通常,滞期费应按滞期时间和约定的滞期费率的乘积计算。滞期时间是实际装卸时间与合同规定装卸时间的差。它的具体计算方法有两种:一是"滞期时间连续计算"(Demurrage Runs Continuously),又称"一旦滞期,永远滞期"(Once on Demurrage,Always on Demurrage),是指当超过合同规定的期限后,即使遇上周末、节假日、天气不良等也不作扣除,按日历日计算。二是"滞期时间非连续计算"(Demurrage Runs Discontinuously),又称"按同样的工作日",是指滞期时间与装卸时间同样计算,做同样的扣除。

2. 速遣费(Dispatch Money)

它是指当承租人在合同约定的时间之前将货物全部装卸完毕,对于提前的时间应由船东向承租人支付的约定金额,是对承租人能够缩短船舶在港时间的奖励。速遣费率一般是滞期费率的一半。

速遣费按船舶速遣时间乘以合同规定的费率来计算。速遣时间的计算有两种方法:①按"节省全部时间"(All Time Saved,ATS),是指从装货或卸货完毕时起至合同规定的时间为止在内的所有时间,包括周末、节假日、天气不良的时间等。②按"节省全部工作时间"(All Working Time Saved,WTS),是指合同规定的装卸时间内含有的周末和节假日以及天气不良时间全部扣除,不作为速遣时间。

装、卸港口的滞期时间和速遣时间是合并计算还是单独计算,对滞期费和速遣费的数额有重大影响。一般来说,合并计算对承租人有利,而单独计算对船东有利。但如果合同中没有约定,一般应单独计算。

有的航次租船合同不规定速遣/滞期条款,只规定船舶延期条款,即如果船舶到港后因承租人原因不能及时开始装卸货,或在合理的时间内仍未完成货物的装卸作业,承租人应向船东赔付延期损失(Damage for Detention)。

【做中学 8-1】　　　　　　　　滞期与速遣的计算案例

某年,大连欣荣货运代理公司托运玉米 14 000 吨,租用一艘程租船装运,租船合同中有关的装运条件如下:

(1)每个晴天工作日(24 小时)装货定额为 700 吨,星期日和节假日除外,如果使用了,按半数时间计入。

(2)星期日和节假日前一日 18 时以后至星期日和节假日后一日的 8 时以前为假日时间。

(3)滞期费和速遣费每天(24 小时)均为 USD 1 500。

(4)凡上午接受船长递交的"装卸准备就绪通知书",装卸时间从当日 14 时起算;凡下午接受通知书,装卸时间从次日 8 时起算。

(5)如有速遣费发生,按"节省全部工作时间"计算。

装货记录如表 8-1 所示。

表 8-1　　　　　　　　　　　　　装货记录

日　期	星　期	说　明	备　注
4 月 27 日	三	上午 8 时接受船长递交的通知书	
4 月 28 日	四	0~24 时	下雨停工 2 小时
4 月 29 日	五	0~24 时	

续表

日　期	星　期	说　明	备　注
4月30日	六	0～24时	18时以后下雨停工2小时
5月1日	日	0～24时	节假日
5月2日	一	0～24时	节假日
5月3日	二	0～24时	节假日
5月4日	三	0～24时	8时以前下雨停工4小时
5月5日	四	0～14时	

问题:根据以上已知条件计算滞期费或速遣费。

解:第一步,计算使用时间:

4月27日(星期三)为:10小时(当日14时至24时)

4月28日(星期四)为:24－2＝22小时

4月29日(星期五)为:24小时

4月30日(星期六)为:18＋(6－2)×1/2＝20小时

5月1日(星期日)为:24×1/2＝12小时

5月2日(星期一)为:24×1/2＝12小时

5月3日(星期二)为:24×1/2＝12小时

5月4日(星期三)为:(24－8)＋(8－4)×1/2＝18小时

5月5日(星期四)为:14小时

合计:144小时/24＝6天

第二步,计算允许装卸时间:

14 000/700＝20天

第三步,计算非工作时间:

4月30日的非工作时间为:(6－2)×1/2＝2小时

5月1日的非工作时间为:12小时

5月2日的非工作时间为:12小时

5月3日的非工作时间为:12小时

5月4日的非工作时间为:(8－4)×1/2＝2小时

合计:40小时/24＝1.67天

第四步,计算滞期或速遣费:

因为7.67天小于20天,所以应计算速遣费。

速遣费＝USD 1 500×(20－7.67)＝USD 18 495

【**学中做 8－1**】 东方公司出口水泥9 000公吨,租船合同对装货条件的规定如下:①连续24小时晴天工作日,节假日除外(周六、日为公休日),如果用了则计算;②每一工作日装货1 500公吨,6天装完,滞期一天罚款6 000美元,速遣一天减半;③节假日前一天18时后和节假日后8时前不算入装卸时间,用了则算;④船长递交N/R,经租方接受后24小时开始生效。

根据以下装货时间表试计算:东方公司应付的滞期费或应得的速遣费是多少?

日　　期	星期	记录和说明
8月12日	三	14时接受N/R
8月13日	四	8时到24时工作
8月14日	五	0时到24时工作
8月15日	六	0时到18时加班
8月16日	日	8时到24时加班(期间有4小时下雨停工)
8月17日	一	0时到8时加班,8时到24时工作(期间有3小时下雨停工)
8月18日	二	0时到3时装卸完毕

(八)绕航条款(Deviation Clause)

此条款的概念是船舶可以任何理由任意的顺序挂靠任何港口,船舶可在没有引航员的情况下行驶,在任何情况下拖带和/或帮助其他船,也可为拯救人命和/或财产而绕航。从表面上看,这个条款给了船东很大的自由,因此又称为"自由绕航条款"。但实际上,各国常常对此作限制性解释,认为船舶只能挂靠合同规定的或惯常路线通常挂靠的港口,除合理绕航外,不允许擅自偏离航线,而且船舶根据本条款所做的绕航不能与合同目的相抵触。

(九)运费支付条款(Payment of Freight)

收取运费对船东来说是整个租船合同中最重要的内容。"金康94"第4条规定:"运费应按照第13栏规定的费率,根据装入船舶的货物数量,以现金方式支付。"

1. 运费的计算方式

1994年金康合同格式规定,运费必须根据租约规定的费率按实际装货数量计付(Calculated on the Intaken Quantity of Cargo)。

在航运实务中,经常使用的有两种计算运费的方式:①规定一个运费费率,比如每公吨××美元,然后乘以货物数量。货物数量的计算标准有两个,即按装入量(Intaken or Loading Quantity)计算和按卸出量计算。②按整船包价运费(Lump-Sum Freight),即合同规定一个整额运费,不管实际装货多少,承租人都按此支付。

2. 运费的支付方式

(1)运费预付(Freight Prepaid)。根据运费预付条款,托运人必须在货物装完船后支付运费,才能拿到已装船提单。根据租船合同规定,不论船舶和/或货物是否灭失,运费均应支付并永不退还。常见的运费预付方法有以下几种:

①签发提单时全部预付(Full Freight to be Prepaid on Signing Bill of Lading);

②签发提单时付90%,10%于目的地支付(90% of Freight to be Prepaid on Signing Bill of Lading,10% of Freight to be Paid on Discharging of Cargo);

③签发提单七日内预付(Full Freight to be Prepaid Within Seven Days after Signing and Releasing Bill of Lading)。

(2)运费到付(Freight to Collect)。根据运费到付条款,运费一般在货物到达目的港,船方交货时才支付。在航运实务中,船东或者船长一般要收到运费后才会同意卸货或放行货物。在这种情况下,航程中船、货灭失,以及收不到运费的风险完全由船东承担,因此实践中,船东常常为到付运费投保。

(十)留置权条款(Lien Clause)

此条款的概念是船东有权因运费、共同海损分摊、滞期费等费用对货物享有的留置权。同时,船东也可以订立类似的条款,约定对延滞损失、亏舱费等其他事项享有留置权。但前提是船东必须合法地占有和控制货物。例如,租船合同规定运费、空舱费、滞期费在交货后结算,那么,即使合同中有留置权条款,船东也无法行使。又如,船东一般不可以留置不同航次或同一航次不同收货人的货物。

(十一)提单条款(Bill of Lading,B/L)

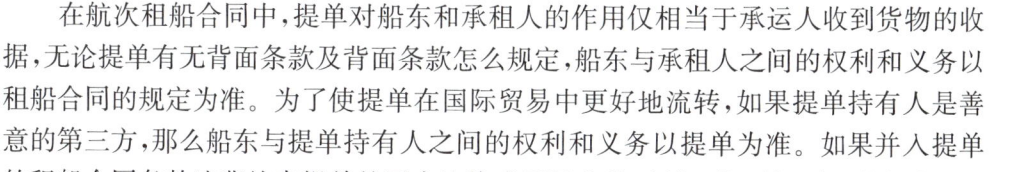

在航次租船合同中,提单对船东和承租人的作用仅相当于承运人收到货物的收据,无论提单有无背面条款及背面条款怎么规定,船东与承租人之间的权利和义务以租船合同的规定为准。为了使提单在国际贸易中更好地流转,如果提单持有人是善意的第三方,那么船东与提单持有人之间的权利和义务以提单为准。如果并入提单的租船合同条款违背约束提单的国内法律或国际公约(例如《海牙规则》)的规定,那么对善意的提单持有人来说,这些条款失效,船东对提单持有人的最低责任仍以《海牙规则》为准。如果船东因此受损失,可依据租船合同向承租人索赔。

(十二)共同海损和新杰森条款(General Average and New Jason Clause)

此条款的主要内容是关于发生共同海损时应该选用什么样的规则进行理算、在什么地点进行理算等。该条款规定共同海损应按照1994年《约克—安特卫普规则》或其随后的修订规则在伦敦进行理算,双方另有约定时除外。条款规定货物所有人须偿付货物所应分摊的共同海损费用,即使这项损失是由船东的雇员的疏忽或过失造成的。

(十三)税收和费用条款(Taxes and Dues Clause)

此条款的主要内容是关于向船舶、运费和货物征收的税收和费用由谁负担。"金康94"对此规定如下:

(1)承运人负责支付向船舶征收的税费(The Owners shall pay all dues,charges and taxes customarily levied on the Vessel);

(2)承租人负责支付向货物征收的税费(The Charterers shall pay all dues,charges,duties and taxes customarily levied on the cargo);

(3)承租人负责支付向运费征收的税费,在23栏内另有规定的除外(Unless otherwise agreed in Box 23,taxes Levied on the freight shall be for the Charterers' account)。

根据我国国家税务总局有关规定,我国向国外航运公司在我国从事海上货物运输收入的运费征收运费税,我国与该航运公司所在国或船籍国之间有"避免双重征税"海运协定的除外。运费税是就运费收入而征收的税种,按理是谁收入运费谁就支付运费税。显然,由承租人负责支付运费税,对承租人是不公平的。在租船实务中,承租人应根据具体情况与船东协商,如由船东负责支付运费税,应在23栏内作出规定。

(十四)代理和佣金条款(Agency and Brokerage)

代理条款规定,在任何情况下无论是在装货港还是在卸货港都由船东来指定代理人。佣金是付给经纪人的酬劳费用,一般为运费、亏舱费和滞期费总额的1%~5%,如果租船合同未能履行,船东最少也要向经纪人支付在合同履行情况下应付佣金的1/3。

(十五)罢工条款(General Strike Clause)

此条款是船东为了在港口爆发罢工或停工(Lock Out)时,免于对此造成的后果承担责任而列明的条款。主要是关于罢工期间装卸时间和滞期费的计算,解除合同的选择权和货物的处理等问题。

其主要规定如下:

(1)当船舶准备从装货港启航或已经在途中时,如果发现在目的港出现罢工或停工会影响到实际装货的情况,船东可以请求承租人宣布将按没有发生罢工或停工时一样计算装卸时间。如果承租人没有在 24 小时内做出宣布,船东有权选择销约。如果船舶已经部分装货,船东必须载运但有权在途中补充其他货物。

(2)如果在卸货港发生罢工或停工,影响到船舶的停靠或卸货,并且 48 小时内未能得到解决,那么承租人有权选择让船舶等待直到罢工结束,但必须按半数支付滞期费,待卸货完毕后,全额支付滞期费;或者到另一个安全港口卸货。这些权限必须在船东对承租人罢工影响到卸货的通知内 48 小时作出。

【注意】除上述约定外,不论船东或承租人对于罢工或停工而阻碍或影响货物实际装卸作业均不承担责任。

(十六)战争条款(War Risks Clause)

战争条款也是航次租船合同的重要组成部分,其作用是一旦遭遇战争风险时,如何处理船东与承租人之间的权利和义务。其主要内容如下:

此条款的"战争风险"包括任何实际存在或威胁产生的战争行为、内战、暴乱、敌对行为、军事行动、海盗行为、恐怖行为、恶意损害、封锁以及船长合理判断会危及或可能危及船舶及任何船舶所载物、人等类似的行为。

在船舶开始装货前的任何时候,在船长或船东的合理判断下,发现如果继续履行运输合同,将会遭遇战争风险,此时船长或船东可向承租人发出通知,解除或拒绝履行合同。如果全部或部分货物已经装船,船长可以将货物卸下或载货驶往任何港口,此时,船东首先应要求承租人在一系列装货港或卸货港中指定其他任何安全港。只有在承租人没有在接到通知后 48 小时内对这些安全港进行指定时,船东有权将货物卸于任何安全港并视为合同已履行。同时,在航行中,如果船长发现或合理预见合同约定的惯常航线中存在战争风险,则船东应通知承租人其将要行驶的其他的较长航线,此时,如果总的额外距离超过 100 海里,船东有权根据合同约定的费率比例,收取额外的运费。

此条款还规定船舶有权服从任何处于内战、敌对行为或类似战争行动的政府、交战方或组织等发出的强制执行有关船舶离开、到达、行驶某航线、挂靠港口、停航、护航、卸货交货等指令或建议,而不视为违反合同。并且,船东有权按货物卸于提单中指明的港口一样收取运费。

(十七)冰冻条款(General Ice Clause)

此条款主要作用是针对在发生冰冻时,明确船东和承租人的权利和义务。其主要内容如下:

1. 装货港(Port of Loading)

(1)当船舶准备从前一个港口驶往装货港或已在航程中或已到达时,船长为避免船舶被冰封时可以决定不装货而离港,租船合同也因此失效。

(2)在装货过程中,为避免船舶被冰封,船长认为离港更为有利时,可以载运已装船货物离港,并为船东利益揽货并将船舶驶往包括卸货港在内的任何港口。根据租船合同已装船的任何部分货物,在不增加承租人额外费用的前提下,由船长转运至卸货港并承担费用,运费按交货数量比例计收。

(3)如果装货港不止一个,其中一个或数个因冰冻而关闭时,船长或船东可以在不冻港装载部分货物,并为自身利益在其他地点揽货;当承租人不同意在不冻港装满货物时,可以宣布本租船合同无效。

2. 卸货港(Port of Discharge)

(1)如果因冰冻船舶不能驶入卸货港时,承租人可以选择支付滞期费并使船舶等待以恢复航行,或指示船舶驶往邻近的没有因冰冻而存在延滞风险的安全港口,但此项指示必须在船长或船东向承租人发出关于船舶不能进入目的港通知后 48 小时内作出。

(2) 如果卸货期间船长因担心船舶被冰封而认为离开该港更为有利时,他可以自由决定载运船上货物离港,并驶往最近能够安全卸货的港口。

(3) 在上述港口卸货时,提单所有条件均适用并且船东可以收到与在原来卸货港卸货相同的运费,除非实际卸货港离约定卸货港的距离超过 100 英里,此时,运费应按比例增加。

(十八)法律与仲裁(Law and Arbitration)

此条款的作用是一旦船东与承租人之间就租船合同发生争议,应该采取何种法律手段、使用何种法律、通过什么途径来解决。其主要内容如下:

"金康 94"航次租船合同就法律与仲裁问题规定了三种办法供选择:

(1) 根据英国法订立并受其管辖,一旦产生争议,则按照 1950 年和 1979 年仲裁法或任何对其进行的法律修正或因其效力期间届满而重新颁布的法律,在伦敦提交仲裁解决。如果当事各方不能协议选定一名独任仲裁员,每一方当事人应各自指定一名仲裁员,双方分别指定的仲裁员再共同指定第三名仲裁员,三名仲裁员组成的仲裁作出的决定或三人中任何两人作出的决定,构成终局裁决。

(2) 根据美国法典第九篇和美国海商法订立并受其管辖。如因本租船合同引起任何争议,争议事项应在纽约交由三名仲裁员裁决。其中,每方当事人各自指定一名仲裁员,再由选定的这两名仲裁员共同指定第三名仲裁员;他们作出的决定或他们当中任何两人作出的决定将成为终局裁决。

(3) 在合同约定另外的管辖法律和仲裁地点,并按指定的法律进行仲裁。如果在"金康 94"合同格式第 25 栏内不注明选择以上哪一种,则自动适用第一种。

任务三 定期租船合同

一、定期租船合同的概念及合同范本

我国《海商法》第 129 条规定:"定期租船合同是指船东向承租人提供约定的由船东配备船员的船舶,由承租人在约定的期间内按照约定的用途使用,并支付租金的合同。"

国际上常用的定期租船合同范本有以下几个:

(1) 纽约土产交易所期租合同(New York Produce Exchange Time Charter)。该合同简称"土产格式",由美国纽约土产交易所于 1913 年制定。由于纽约土产交易所的简称是 NYPE,所以租约代号为"NYPE"。到目前为止,该格式历经 1921 年、1931 年、1946 年、1981 年和 1993 年五次修订。现在普遍使用的是 1946 年修订的版本,据业内人士估计,大约有 90%的定期租船合同是以"NYPE 46"为蓝本的。

(2) 统一定期租船合同(Uniform Charter)。租约代号为 BALTIME。此格式由波罗的海国际航运公会(BALTIME)于 1909 年制定,历经 1911 年、1912 年、1920 年、1939 年、1950 年和 1974 年数次修改,现在普遍使用的是 1974 年修订的版本。

(3) 中国定期租船合同标准格式(China National Chartering Corporation Time Charter Party)。租约代号为 SINOTIME 1980,由中国租船公司制定,此格式较多维护承租人的利益。

二、定期租船合同的主要内容

定期租船合同的主要内容有:船舶说明条款(Description of Vessel Clause)、交船条款(Delivery of Vessel Clause)、租期条款(Charter Period Clause)、合同解除条款(Canceling Clause)、货物条款(Cargo Clause)、航行区域条款(Trading Clause)、船东提供事项条款(Owners to Provide Clause)、承租人提供事项条款(Charters to Provide Clause)、租金支付条款(Payment of Hire Clause)、还船条款(Redelivery of Vessel Clause)、停租条款(Off-hire Clause)、船东责任及免责条款(Owners Responsibilities and Exceptions Clause)、使用及赔偿条款(Employment and Indemnity Clause)、转租条款(Sub-let Clause)、共同海损条款(General Average Clause)、新杰森条款(New Jason Clause)、双方互有责任碰撞条款(Both-to-blame Collision Clause)、战争条款(War Risks Clause)、仲裁条款(Arbitration Clause)、佣金条款(Commission Clause)。

下面将结合"NYPE 46"和"NYPE 93"对定期租船合同的主要条款进行介绍。

三、定期租船合同的主要条款

(一)船舶说明条款

在定期租船合同下,有关船名、船籍、船舶吨位、船舶所处位置等事项,都与航次租船合同中船舶说明类似,而航速与燃料消耗,也是船舶说明的重要组成部分。因为在定期租船合同下,船舶的时间损失由承租人负担,同时承租人必须负责提供船舶燃料并支付费用,这两项直接影响到承租人的运营成本和经济收益,所以船东有义务提供符合合同规定的航速与燃料消耗的船舶,否则承租人有权向船舶所有人提出索赔。

"NYPE 46"在这方面的规定是"Which are of the capacity of about ×× tons of fuel, and capable of steaming, fully laden, under good weather, conditions about ×× knots on a consumption of about ×× tons of best Welsh coal, or about ×× tons of oil-fuel"。大致意思是船舶在满载、良好天气情况下,能够达到航速 ×× 节,消耗大约 ×× 吨优质威尔士煤或 ×× 燃油。在航速和燃料消耗量前面都有一个"大约"的字样,这样允许一个浮动范围,在实务中通常把这个浮动范围理解为±5%。在"NYPE 93"中,对燃油质量也作了专门规定,因为耗油量的大小不仅与航速有关,而且与油的质量也有很大关系。同时,"NYPE 93"还对"良好天气"作了解释,规定风力不超过蒲福氏 ×× 级为良好天气。

(二)租期和交船条款

租期(Duration)是合同规定承租人租用船舶的时间。期租合同对租期一般有以下几种规定方法:

(1)默示伸缩性规定,如"约一年"或"约 ×× 月"等,有时即使双方没有在租期前加上"大约"一类的字眼,法院在解释上通常会认为有一个默示的合理的宽限期。

(2)明示伸缩性规定,即在合同中明确规定有伸缩期。例如:"1 年,30 天伸缩,由承租人选择"(1 Year, 30 Days More or Less at Charterer's Option)。

(3)订明租期的最长最短期限,如"最少六个月,最多九个月",这种方法同时规定了上下限,这本身就是一个明示的宽限期,因此不允许有任何延误,如有超出,视为违约。

交船是指船东按合同规定,将合同项下的船舶交付承租人使用,这也是期租合同履行的开端。"NYPE 46"在前言部分,"NYPE 93"的第 2 条对交船分别作出了规定,主要涉及交船时间、地点、状态及交船前通知等事项。

交船日期的规定一般有以下几种方法:①特定日期;②从××日至××日;③不早于××日或不晚于××日。上述交船日期与销约(Canceling)条款紧密相连,一般情况下,销约日为交船期限的最后一天。如果船东未能按照合同的约定的日期或以前将船舶交付,承租人有权选择解除合同。

根据"NYPE 46"第 5 条规定,租期的起算时间为书面的船舶就绪通知书送达承租人之后紧接的工作日(Time to count from 7 a.m. on the working day following that on which written notice of readiness has been given to charterers or their agents)。

双方可以在合同中约定交船地点,该地点可以是指定的港口、泊位、码头或者在领航员登船时,也可以列明几个港口供承租人选择。"NYPE 46"规定:"交船地点是在承租人控制之下并由其指定的能使船舶在任何潮汐下安全停泊并永远处于漂浮状态的某一码头、泊位或地点。"

交付的船舶应该处于什么样的状态,也是期租合同中的一个重要条款。"NYPE 46"规定,交付的船舶应当是"坚实、牢固、密水、在各个方面都适于运输"(Being tight, staunch, strong and in every way fitted for the service)。在海运实务中,一般要求船东提供适航适货的船舶。对于适航,不仅要求船舶本身的适航,而且要求配备相应的船员,具备在有效期内的相关船舶证书等;对于适货,要求各个货舱都已经准备就绪、打扫干净等。同时,"NYPE 46"的第三条还对交、还船舶的剩余燃油作出了数量上的规定,同时规定接受方按当时当地的市价(Current Price)进行折算。

(三)合法货物和航行区域条款

"NYPE 46"规定:"……装载适当包装的合法货物,包括石油及石油产品;但活动物除外,除非承租人愿意自担风险和提供必要设备将少数的活动物放在甲板上……"所谓"合法货物"(Lawful Merchandise),一般来说,只要不属于船舶预定航线上的装卸港口、船籍国和合同管辖国的法律所禁运的物资都是合法货物。

"NYPE 46"在前言部分列明了承租人运营该船舶的航行范围及禁止行驶区域,如战区、冰冻区及ITF地区(容易对船舶进行刁难的地区)等。如果承租人指示船舶驶往上述区域,除非事先征得船东同意并承担相关费用,否则船长有权拒绝航行。

(四)船东和承租人提供事项

"NYPE 46"第一条规定了船东应提供的事项,主要包括船舶供应品、船员工资、保险费及船舱、甲板、机舱的备用品(包括锅炉用水)。同时,必须承担在租期保持船级状态,使船舶的主机、船壳及其他设备处于有效状态并配备充足船员的责任。这个责任是船东维持适航的义务,又称"维持条款"(Maintenance Clause),维持义务贯穿于整个租期,是对交船时适航状态的补充。如果在租期中机器或设备没有处于充分有效状态,船东应在合理时间内合理谨慎地采取措施进行补救。"NYPE 46"第二条规定了承租人应提供的事项,主要包括船舶燃料费用、港口费用、领航费、代理费、佣金、领事费、垫舱物料等;消毒熏蒸费用如果由于船员疾病引起由船东负责,如果由于货物、港口原因则由承租人负责。

(五)租金率和租金支付

"NYPE 93"第十条规定了租金率的两种计算方法:一种是每天若干美元,另一种是按船舶的载重吨(包括燃油)每吨每30天若干美元。租金从交船之日起开始计算,至还船之日为止,均以格林尼治时间计算。

"NYPE 46"第五条规定:"租金应在纽约以美元现金的方式每半月支付,对于最后半个月或不足半个月的部分时间及可能延长的时间,如经承租人请求,租金可以每日支付。"

在定期租船合同项下,承租人必须按时、足额支付租金,这项义务是绝对的,如果承租人对此规定有任何违反(Failure to Make Punctual and Regular Payment),船东有权在合理时间内撤船,从而终止合同。但这项严格的义务在近年来有所减弱,原因主要有三条:①航运市场的不景气,导致出租人议价能力减弱;②租金晚付有时并非是承租人的过错,而是由银行、通信等其他方面造成的;③在有些情况下租金的晚付并没有给船东造成重大损失。"NYPE 93"中就加入了一条"宽限期"(Grace Period)的条款,规定当承租人没有按时、足额支付租金是由于疏忽或过失时,船东应该书面通知承租人在合理时间内修正过失,如果承租人能够在规定时间内支付租金,则支付仍然有效。

(六)停租和转租

所谓停租,就是在租期内,由于合同约定的原因,导致承租人不能按合同规定正常使用船舶,在这段暂停使用的期间内,承租人可以中断继续支付租金的行为。值得注意的是,停租不以船东或其雇员的疏忽或过失为前提,只要出现了合同中约定的停租事件,船舶均应停租。"NYPE 93"规定的停租事项主要包括:

(1)船员不足、缺席或罢工(Deficiency and/or Default and/or Strike of Officers or Crew)。

(2)船舶供应不足(Deficiency of Stores)。

(3)火灾(Fire)。

(4)船体、机器或设备的故障或损坏(Breakdown of or Damage to Hull, Machinery or Equipment)。

(5)搁浅(Grounding)。

(6)船舶因检修或涂底进入干坞(Drydocking for the Purpose of Examination or Painting Bottom)。

(7)阻止船舶处于充分工作状态的任何其他类似原因(Any other Similar Causes Preventing the Full Working of the Vessel)等。

当停租事件发生时,承租人可以停付租金,至于何时开始重新支付租金,实践中有两种不同的惯例:净时间损失原则、期间停租原则。对于停租时间是否应该从租船合同的租期中扣除的问题,目前尚无一致的结论。合同双方可以对这种情况在合同中作出明确规定。

期租合同中一般都规定承租人有权转租船舶,但转租合同对原合同的船东不产生任何合同效力。"NYPE 46"规定:"……承租人有权在本租船合同的整个或部分租期内转租船舶,但承租人仍负有履行本租船合同的责任。"一般来说,承租人应在转租时及时通知原船东有关转租事宜,但转租无须得到船东的同意。

(七)还船条款

期租合同中的还船条款一般会对还船时间、地点和条件加以规定。由于天气、港口等原因,船舶的航行时间很难严格控制,所以实践中很少出现船舶最后航次的结束日恰好就是租期期满的时间,常常出现延迟还船或提前还船的情况。对于延迟还船,有必要区分最后航次的合法性。根据英国法律,如果承租人在指定最后一个航次时,能够合理预计到船舶可在租期届满之前完成的航次,即使事实上构成延迟还船,仍为合法的航次。如果最后的航次是合法航次,对于承租人所做出的指示,船长有义务服从,并且租船合同将延续至航次终了。对于延迟时间的租金率,承租人应支付合同价与市价两者中较高者。相反,如果最后的航次是非法的,船东有权视合同已终止,从而请求损害赔偿。

期租合同一般规定承租人应按交船时相同良好状态还船,正常磨损除外。当船舶遭到严重损害以至于不能达到适航状态时,船东可拒绝接收。

(八)船东责任与免责条款

在期租合同中,船东一般负有以下三项义务:一是提供一艘适航的船舶;二是不得进行不合理绕航和尽快速遣(No Unreasonable Deviation and Reasonable Dispatch);三是提供合同项下应提供的事项。

"NYPE 46"对船东的免责事项作了如下规定:"因天灾,敌对行为,火灾,政府限制或规定,与水域、机器和航行中错误有关的海难产生的灭失或损害,双方相互免责……"

(九)保护性条款

"NYPE 93"第31条列明了5项保护性条款:第1条是"首要条款",适用于提单,通过将"海牙规则"等有关的国际公约或国内法(如《哈特法》)的部分内容并入提单,从而约束并调整提单;第2

条是"双方互有责任碰撞条款";第3条是"新杰森条款";第4条是"美国毒品贸易条款";第5条是"战争条款"。

(十)佣金和仲裁条款

期租合同常常是通过租船经纪人进行的,佣金条款规定了经纪人应得的费用。"NYPE 46"第27、28条规定:根据本合同以及本合同的后续或延长时间所获得并支付的租金,船东应向××支付2.5%作为佣金。

对于船东与承租人之间发生的争议,"NYPE 46"规定应提交纽约三名仲裁员仲裁,当事双方各指定一人,被指定的两名仲裁员再确定第三名仲裁员,他们所作的裁决具有终局效力。"NYPE 93"在此基础上又提出争议可在伦敦进行仲裁,但两地的仲裁程序与效力几乎相同。

任务四 租船业务洽谈

一、租船的相关术语

(一)洽谈手段(Means of negotiation)

在当今通信技术十分发达的时代,双方当事人从事的租船业务,绝大多数是通过电话、电传、电报、传真或电子邮件等现代通信手段洽谈。

【注意】租船函电一般使用英语,通常用大写,一些专用术语还用缩写。

(二)租船市场(Chartering Market)

租船是通过租船市场进行的。船舶所有人和承租人会通过租船经纪人或其他渠道寻找适合自己的船舶和货物。船舶所有人都希望得到尽可能高的运价,以求其利润的最大化;承租人(通常是货主)则希望得到尽可能低的运价,以降低物流成本。

租船市场也存在着供求关系。船舶所有人是船舶的供给方,而承租人(货主)则是船舶的需求方。当租船市场的船舶供大于求时,运费就会下降,会对货主有利,一般称之为货方市场;当租船市场的船舶供小于求时,运费就会上升,会对船东有利,一般称之为船方市场。

(三)租船经纪人(Chartering Broker)

在国际租船市场上,租船交易通常不是由船舶所有人和承租人亲自到场直接洽谈,而是通过租船经纪人代为办理并签约的。租船经纪人非常熟悉租船市场行情,精通租船业务,并且有丰富的租船知识和经验,在整个租期交易过程中起着中间人的作用,对顺利成交起着十分重要的作用。

租船经纪人一般通过从船东那里提取总运费的百分之几的租船佣金(一般在5%以内)作为自己的营业收入。实际上,这些佣金还经常要与承租人(货主)分享。

在租船实务中,租船经纪人经常利用自己信息灵通和人缘关系好等优势,分别与货主和船东签订背靠背租船合同,即以船东的身份与货主签订一份运费较高的租船合同,同时以承租人的身份与船东签订一份运费较低的租船合同,从中赚取差价。

二、租船合同的洽谈过程

(一)租船询价(Enquiry)

询价又称询盘,通常是指租船人根据自己对船舶的特殊要求或船东根据自己对货物运输的需要,将基本租船要求和货物信息用电子邮件、电传、传真等书面形式通过经纪人或直接传送到租船市场上,寻找合适的船舶或货物,并要求感兴趣的船东或货主答复能否提供合适的船舶或货物并报价。

航次租船询价一般包括下列内容：①船人全称姓名和地址（Charterer's Full Name and Domicile）；②货物名称和数量（Cargo Description and Quantity）；③装货港和卸货港（Loading Port and Discharging Port）；④船舶受载期和解约日（Laydays and Canceling Date，LAYCAN）；⑤装卸率（Loading/Discharging Rate）；⑥卸费负担（Loading and Discharging Cost）；⑦运费率（Freight Rate）（有些询价中不报运费率，而写明请船东报运费率）；⑧对船舶类型和尺码特殊要求（Special Requirements Regarding Type or Size of Ship）；⑨租方建议的标准合同范本（Charter Party Form）（有些询价不提标准合同范本，由船东在报价时提出）；⑩佣金（Commissions）。

（二）租船报价（Offer）

报价又称发盘，当船舶所有人从船舶经纪人那里得到承租人的询价后，经过成本估算或者比较其他的询价条件，通过租船经纪人向承租人提出自己所能提供的船舶情况和运费率或租金率。报价的主要内容，除对询价的内容作出答复和提出要求外，最主要的是关于租金（运价）的水平和选定的租船合同范本及对范本条款的修改、补充条款。报价有"硬性报价"和"条件报价"之分。"硬性报价"是报价条件不可改变的报价。

航次租船报价一般包含以下内容：①船东全称（Owner's Full Style）；②船舶规范（Vessel's Particulars）；③运费率和运费支付（Freight Rate and Payment of Freight）；④受载期和解约日（LAYCAN）；⑤装卸港（Loading Port and Discharging Port）；⑥装卸率（Loading/Discharging Rate）；⑦装卸费负担（Loading and Discharging Costs）；⑧滞期/速遣费率（Demurrage and Dispatch Rates）；⑨佣金（Commission）；⑩采用的合同范本（Charter Party Form to be Used）；⑪税收条款（Taxes and Dues）；⑫船务代理（Shipping Agents）；⑬报价有效时间（Period for Which the Offer Is Valid）。

报价中船舶规范应写明船名、建造年份、船旗、总吨、净吨、载重吨、包装和散装容积、舱口数以及尺寸、装卸设备等。

（三）租船还价（Counter-offer）

还价又称还盘。在条件报价的情况下，承租人与船舶所有人之间对报价条件中不能接受的条件提出修改或增删的内容，或提出自己的条件称为还价。还价意味着询价人对报价人报价的拒绝和新的报价开始。因此，船东对租船人的还价可能全部接受，也可能接受部分还价，对不同意部分提出再还价或新报价。这种对还价条件做出答复或再次做出新的报价称为反还价（Re-counter Offer）或称反还盘。

（四）租船报实盘（Firm Offer）

在一笔租船交易中，经过多次还价与反还价，如果双方对租船合同条款的意见一致，一方可以报实盘的方式要求对方做出是否成交的决定。报实盘时，要列举租船合同中的必要条款，将双方已经同意的条款和尚未最后确定的条件在实盘中加以确定。同时还要在实盘中规定有效期限，要求对方答复是否接受实盘，并在规定的有效期限内做出答复。若在有效期限内未做出答复，所报实盘即告失效。同样，在有效期内，报实盘的一方对报出的实盘是不能撤销或修改的，也不能同时向其他第三方报实盘。

（五）接受订租与签订订租确认书

接受订租又称受盘（Acceptance），指一方当事人对实盘所列条件在有效期内明确表示承诺。接受订租是租船程序的最后阶段，一项租船业务即告成交。通常的做法是，当事人之间签署一份"订租确认书"（Fixture Note）。"订租确认书"无统一格式，但其内容应详细列出船舶所有人和承租人在洽租过程中双方承诺的主要条款。订租确认书经当事人双方签署后，各保存一份备查。

租船确认书是船东及承租人经过谈判后就洽定的主要条款所编制的文件。它的主要作用有以

下两个方面:
(1)进一步明确已经双方磋商同意的所有主要条款。
(2)作为制定租船合同条款的主要依据。没有保留条件的租船确认书对合同双方是具有法律约束力的,它是租船合同的组成部分。对这一点,实践中须加以留意。

(六)签订租船合同

正式的租船合同实际是合同已经成立后才开始编制的。双方签认的订租确认书实质就是一份供双方履行的简式的租船合同。签认订租确认书后,船东按照已达成协议的内容编制正式的租船合同,通过租船经纪人送交承租人审核。在每个租船市场上都有很多合同范本,每一租船合同范本都为范本的名称规定了代码,为每一条款编了代号,并在每一行文字前(或后)编了行次的顺号。这样在洽定租船合同的过程中,只需在函电中列明所选用的范本的代码,指明对第×款第×行的内容增、删、改的意见,就能较快地拟就双方所同意的条款。如果租船人对编制的合同没有什么异议,就可签字了。

有些航次租船合同下的装货日期较近,双方往往还未编制租约以及未在租约上签字,船已在装货港开始装货。因此,船公司管理人员和船长仅凭订租确认书内容履行合同。也有以 Fixture Note 作为合同,不再另签租船合同的。

▼ 应知考核

一、单项选择题

1. 船方提供给租方一定吨位的运力,在确定的港口之间,以事先约定的时间、航次周期和每航次较均等的运量,完成租船合同规定的全部货运量的租船方式是(　　)。
   A. 航次租船　　　　B. 包运租船　　　　C. 定期租船　　　　D. 光船租船
2. 航次租船下承运人支付的费用是(　　)。
   A. 运费　　　　　　B. 附加费　　　　　C. 租金　　　　　　D. 包干运费
3. 下列(　　)规定表明船舶出租人不承担货物装卸费用。
   A. FI、FILO   B. FIO、FIOST
   C. FO、LIFO   D. LINER TERM、GROSS TERM
4. 在规定装卸时间的办法中,使用最普遍的是(　　)。
   A. 日或连续日   B. 累计 24 小时好天气工作日
   C. 连续 24 小时好天气工作日   D. 24 小时好天气工作日
5. 租船运输中的速遣费与滞期费的大小关系是(　　)。
   A. 速遣费=1/2 滞期费   B. 速遣费=2 倍滞期费
   C. 速遣费=滞期费   D. 无关系

二、多项选择题

1. 租船运输包括(　　)。
   A. 定期租船　　　　B. 集装箱运输　　　　C. 班轮运输　　　　D. 定程租船
2. 国际货物买卖合同中比较常见的装运期的规定方法有(　　)。
   A. 规定在某一天装运   B. 规定在收到信用证后若干天内装运
   C. 笼统地规定装运期   D. 明确规定具体的装运期限
3. 根据《"金康 93"装卸时间解释规则》,下列术语概念一致的是(　　)。

A. 良好天气工作日 　　　　　　　　B. 24 小时良好天气工作日
C. 连续 24 小时良好天气工作日 　　D. 工作日

4. 某份 CIF 合同,卖方采用定程租船方式装载货物,在租船合同中规定,装货时间是 6 个 24 小时晴天工作日,该批货物于 8 月 19 日开始装船,下列不应计入装货时间的有(　　)。

A. 8 月 21 日(周六休息)　　　　　B. 8 月 24 日(暴雨无法装船)
C. 8 月 22 日(周日休息)　　　　　D. 8 月 25 日(暴雨无法装船)

5. 航次租船合同关于装卸时间的统算主要有(　　)约定方法。

A. 装卸共用时间　　　　　　　　B. 可调剂使用装卸时间
C. 装卸时间加权计算　　　　　　D. 装卸时间平均计算

三、判断题

1. 合同规定"每日每舱装货 400 吨",船舶共装载 10 000 吨货物,分别装于 5 个舱内,则装卸时间等于 5 天。(　　)
2. 受载期是船舶在租船合同规定的日期内到达约定的装货港,并装货完毕的最后期限。(　　)
3. 货物条款是航次租船合同的保证条款。(　　)
4. 航次租船合同中,FILO 术语表示船舶承租人负责货物装船费用,但不负责卸货费用。(　　)
5. 航次租船合同中有关船名、船籍、船级、船舶吨位的条款属于条件条款。(　　)

▼ 应会考核

■ 观念应用

A 公司向 B 公司购买印度铁矿石 6 万吨(±10% 卖方选择),装货港为印度的马木沟港(MORMUGAO)与启奈港(CHENNAI),卸货港为中国防城港,装运期为 2023 年 5 月,货物价格为 FOBST 每千吨 16.64 美元。

A 公司根据贸易合同,租用香港 C 航运公司所属 MV ANGELIC SPIRIT("天使精神"轮)装运该批货物。租船合同主要条款如下:船名为 MV ANGELIC SPIRIT;6 万吨铁矿石(±10% 租方选择)自印度马木沟港载运至中国防城港;运价每吨 7.15 美元;受载期 5 月 13 日至 5 月 20 日;装卸率为每晴天工作日 2 万吨,星期天、节假日包括在内,因大风、大浪引起的停装计入装卸时间,但下雨引起停装不计在装卸时间内;装港滞期费每日 8 000 美元,速遣费每日 4 000 美元。

"天使精神"轮于 5 月 13 日 20:30 抵达马木沟港,向港口当局递交了"装卸准备就绪通知书"。5 月 15 日零时,"天使精神"轮开始装货,因为 B 公司没有备足货物,"天使精神"轮仅在马木沟港装载货物 2 万多吨。5 月 30 日,B 公司要求 A 公司将船舶驶往印度启奈港,并保证在该港货物已备妥。6 月 1 日,根据 B 公司指示,"天使精神"轮转至启奈港,在该港待装数日无果,不得不于 6 月 7 日 8 时驶离该港,6 月 17 日抵达中国防城港卸货。

【考核要求】

1. 根据上述租船载运情况,香港 C 航运公司是否可以向法院状告 A 公司,要求赔偿有关损失?要求赔偿的损失包括哪些?为什么?
2. A 公司是否可向 B 公司追索以上损失?为什么?

■ 技能应用

某外贸公司委托 A 货运代理公司,帮忙办理一票 2 万吨的煤炭出口运输业务,目的国家和港口是肯尼亚蒙巴萨。

【技能要求】

货运代理公司应该如何设计运输方案?

■ 案例分析

2023 年 7 月 8 日,承租方与船方签订了由船方所属的"YUH"轮装载的两份租船合同:一份装载货物数量约 2 500 立方米/800 吨,共 19 个 UNITS 的汽车起重机前往 KUWAIT 的航次租船合同;另一份装载货物数量约 5 000MT/5 800CBM 的脚手架前往 DOHA 的一份租船合同。两票货物的受载期均为 2023 年 7 月 15 日—2023 年 7 月 25 日。由于船方的原因,船舶实际到达装货港的日期为 2023 年 8 月 11 日。造成承租方多支付仓储费用 1 000 美元。当晚船方的"YUH"轮开始装载承租方订租的两票货物。承租方在支付的租船费用里扣除了多发生的 1 000 美元的仓储费用。船方因此留置了承租方运往 KUWAIT 的 2 台汽车起重机,致使承租方多支付了 8 000 美元的运费。因为船方晚到以及留置货物导致货方交货延迟受到目的港收货人索赔金额达 4 000 美元。

【分析要求】

1. 船舶迟延到达装货港是否应由船方承担损失赔偿责任?

2. 船方是否有权在卸货港留置申请人运往 KUWAIT 的 2 台汽车起重机?承租方是否有权向船方索赔因其留置运往 KUWAIT 的 2 台汽车起重机而产生的相关损失?

3. 试分析此争议案中承租方与船方双方应对决策的不足,并提出改进建议。

▼ 项目实训

【实训项目】

租船业务函电。

【实训情境】

在老师指导下学习以下租船货物报盘函电:

TO：A. B. C. SHIPPING CO. ,LTD THAILAND.

FM：SHUNFA TRADING CO. GUANGDONG,CHINA

DD：JAN. 16TH,2022.

RE：CARGO OFFER

WE WOULD LIKE TO OFFER YOU CARGO IN HAND AS FOLLOWS：

10 000MT FERTILIZER IN BAGS 5% MOLCOP FANGCHENGGANG, CHINA/HAIPHONG, VIETNAM. FREIGHT USD9. 00/MT FIOST(OR：FREIGHT INVITED)BASSIS 1/1/SBP COMSSN 2.5% FROM TOTAL FREIGHT HERE. LOADING/DISCHARGING RATE 1000MT PER WWD SHEX UNLESS USED. PROMPT LAYCAN. PLEASE PROPOSE SUITABLE TONNAGE(OR VESSEL)WITH TERMS IN DETAILS.

BEST REGARDS.

在老师指导下学习以下租船船舶报盘函电:

TO：WHOM IT MAY CONCERN.

FM：WELLHOPE SHIPPING CO. ,LTD HK.

DD：JAN. 19TH,2023.

RE：VESSEL OFFER

WE HAVE FOLLOWING VESSEL OPEN ON 25TH/JAN 2023 IN GUANGZHOU. PLEASE PROPOSE SUITBLE CARGO. VSL NAME M/V SPRINGTIME PANAMA FLAG BUILT IN 1990. GT/NT/12 000/8 000 DWT 25 000 LOA/180M BEAM/26M MAX/DRAFT 12.5M 5/HATCHES 5/HOLDS DERRICK 5×10MT.

RGDS.

在老师指导下学习以下订租确认书：

FIXTURE NOTE

IT IS ON THIS DATE 3RD MAY 2023, MUTUALLY AGREED BETWEEN THE PARTIES UNDERSIGNING ON THE FOLLOWING TERMS AND CONDITIONS：

01. VESSEL S FULL PARTICULARS：

NAME OF VESSEL：MV VICTORIA, PANAMA FLAG, BUILT IN 1982. DWT 12 000MT ON 12M SSW 5H/5H LOA/BM 165/23M GT/NT 7 500/4 800MT DERRIK 5 x 10T SWL.

02. MIN 10 000MT PHOSPHATE ROCK IN BULK 5％ MOLCOP.

03. L/D PORT：1SBP GUANGZHOU, CHINA /1SBP AKITA, JAPAN.

04. LAYCAN：16TH—20TH MAY, 2023.

05. FRT RATE：USD 16 PER M/T ON FIOST BSS 1/1 .

06. L/D RATE：2 000 M/T PER WWD SHEX UU BASED ON FIVE HATCHES.

07. DEMURRAGE/DESPATCH：USD 6 000 AS DEMERRAGE FOR PER DAY LOST OR PRO RATA FOR ANY PART OF THE DAY. DESPATCH MONEY IS HALF OF DEMURRAGE.

08. DETENTION：USD 3 000 PER DAY OR PRO RATA TO BE PAID BY CHTRS IN THE EVENT OF CGO DOCS/CUSTOMS PROCEEDURES NOT READY UPON VSL ARRVL AT L/D PORT.

09. FREIGHT PAYMENT：FULL FREIGHT TO BE PAID IN USD CURRENCY TO THE BANK ACCOUNT NOMINATED BY OWNERS BY T/T WITHIN 3 BANKING DAYS AFTER COMPLETION OF LOADING AND AFTER OWNRS SIGN/RELEASE BS/L. FREIGHT IS DISCOUNTLESS AND NON—REFUNDABLE WHETHER CARGO OR SHIP LOST OR NOT LOST.

10. OWNERS AGENT AT LDG/DISCHG PORT.

11. IN CASE ORIGINAL BS/L NOT AVAILABLE AT DISCH PORT UPON VSL ARRVL, OWNRS/MASTER/AGENT TO DISCHARGE/RELEASE WHOLE CARGO AGAINST SHIPPER/RECEIVERS LOI.

12. ANY TAX/DUES LEVIED ON CARGO TO BE FOR CHTRS ACCOUNT, SAME ON VESSEL/FREIGHT TO BE FOR OWNRS ACCOUNT.

13. ARBITRATION：ANY DISPUTES ARISING UNDER THIS C/P ARE TO BE SETTLED BY ARBITRATION IN HONGKONG N ENGLISH LAW TO APPLY.

14. COMMISSION：2.5 PCT FROM TOTAL FREIGHT.

15. OTHER TERMS AND CONDITIONS AS PER GENCON CHARTER PARTY 1994.

MAY 3RD, 2023.

【实训任务】
1. 请在老师指导下学习上述租船函电。
2. 撰写《租船业务函电》实训报告。

《租船业务函电》实训报告		
项目实训班级：	项目小组：	项目组成员：
实训时间：　　年　　月　　日	实训地点：	实训成绩：
实训目的：		
实训步骤：		
实训结果：		
实训感言：		
不足与今后改进：		
项目组长评定签字：　　　　　　　　　　　　　　项目指导教师评定签字：		

项目九　国际陆路货运代理

● **知识目标**

　　理解：国际铁路和公路的基础知识。
　　熟知：铁路货运代理的服务内容与特点、不同组织模式下的铁路货运代理业务；国际公路货物运输合同、公路货运代理的特点。
　　掌握：国际铁路联运代理业务、国际铁路联运费用、国际铁路联运运单、国际铁路联运代理业务流程；公路运输货运单证、公路运输运作流程。

● **技能目标**

　　能够具备对国际铁路和公路进行实际操作的业务能力；能够计算国际铁路联运运费。

● **素质目标**

　　运用所学的国际陆路货运代理知识研究相关案例，培养和提高学生在特定业务情境中分析问题与决策设计的能力；结合行业规范或标准，运用本项目的知识分析行为的善恶，强化学生的职业道德素质。

● **思政目标**

　　能够按照国际陆路货运代理业务流程和实践认知，结合职业道德和企业要求，自主解决国际陆路货运代理业务中出现的常见问题；通过国际陆路货运代理知识，提升自己的业务素养，激发自己的创新能力，做到学思用贯通、知信行统一。

● **项目引例**

国际铁路货物运输的运费

　　一票从我国郑州通过国际普通列车经满洲里/后贝加尔斯克运往俄罗斯莫斯科的货物，郑州的托运人承担全程运输费用。该托运人与北京的一个国际货运代理企业订立了国际铁路货物运输委托代理协议，约定由国际货运代理企业代表托运人支付从满洲里至莫斯科区段的运费。同时，托运人与铁路承运人订立了国际联运合同。货物从郑州某车站发出，并顺利通过满洲里，不久后货物抵达莫斯科某车站。到达站通知收货人货物已到，并要求收货人支付俄罗斯区段运费，否则留置该货物。经调查得知，运单第 20 栏关于俄罗斯区段运费支付人的记载因被涂抹而模糊不清。委托人

(运输托运人)因此与国际货运代理企业发生纠纷,欲通过诉讼解决。

引例导学:国际货运代理企业有无义务支付运费,为什么?国际铁路货运运费是如何计算的?

● 知识精讲

任务一　国际铁路货运代理

一、铁路货物运输概况

铁路是世界上主要的运输工具之一。与其他运输方式相比,铁路运输的优点是运输速度快、运载量大、安全可靠、运输成本低、运输的准确性和连续性强,并且受气候因素影响较小等。

希腊是第一个拥有路轨运输的国家。1804 年,理查·特里维西克(Richard Trevithick)在英国威尔斯发明了第一台能在铁轨上前进的蒸汽机车。第一台取得成功的蒸汽机车是斯蒂芬森在 1829 年建造的"火箭号"。20 世纪 20 年代,英格兰的斯托克顿至达灵顿的铁路成为第一条成功的蒸汽火车铁路。后来的利物浦至曼彻斯特的铁路更显示了铁路的巨大发展潜力。高架电缆在 1888 年发明后,首条使用高架电缆的电气化铁路在 1892 年启用。

铁路运输在国际贸易货物运输中,尤其是在与我国内陆接壤国家之间"一带一路"合作中,起着无可替代的作用。在我国现代化的运输方式中,铁路承担的客运周转量占 60%,货运周转量占 70%。从 1909 年中国人自主设计建造第一条铁路,百余年中国铁路史,由微芒点点汇聚成耀眼高光。从时速 35 千米到 350 千米,从高铁里程 0 千米到 3.79 万千米,"中国速度"惊艳世界,而它身后是百余年的砥砺前行。2022 年,全国铁路共完成固定资产投资 7 109 亿元,投产新线 4 100 千米,其中高铁 2 082 千米。从目前全国铁路建设运营里程来看,截至 2022 年底全国铁路营业里程达到 15.5 万千米,其中高铁达到 4.2 万千米。预计到 2025 年,铁路货物周转量占比将提升至 17%,集装箱铁水联运量年均增长率超过 15%。铁路复线率为 59.5%,电化率为 73.3%。全国铁路路网密度 156.7 千米/万平方千米。满洲里作为中国最大的陆路口岸,2021 年出入境中欧班列 4 235 列,比 2020 年增加 650 列,增幅达 18%。据报道,目前,经满洲里铁路口岸进出境的中欧班列通达欧洲 13 个国家、28 个城市,出口货物有日用百货、家用电器、工业机械、金属、农副产品等,进口货物包括汽车配件、板材和食品,班列往返重箱率均达 100%。2030 年在"四纵四横"高速铁路的基础上,形成以"八纵八横"主通道为骨架、区域连接线衔接、城际铁路补充的高速铁路网。我国已经成为世界上高速铁路发展最快、系统技术最全、集成能力强、运营里程最长、运营速度最高、在建规模最大的国家。

二、铁路货物运输的基础知识

(一)铁路线路

铁路线路(Line Haul)是机车车辆和列车运行的基础。它是由路基、桥隧建筑物和轨道组成的一个整体的工程结构。铁路线路应当经常保持完好状态,使列车能按规定的最高速度安全、平稳和不间断地运行,以保证铁路运输部门圆满完成客、货运输任务。

(二)铁路轨距

铁路轨距(Rail Gauge)是指铁路上两股钢轨头部的内侧距离。由于轨距不同,列车在不同轨距交接的地方必须进行换装或更换轮对。欧、亚大陆铁路轨距按其大小不同,可分为宽轨、标准轨和窄轨三种。标准轨的轨距为 1 435 毫米;大于标准轨的为宽轨,其轨距大多为 1 520 毫米,个别国家的轨距为 1 524 毫米;小于标准轨的为窄轨,其轨距为 1 000 毫米和 1 067 毫米两种。我国铁路基本上采用标准轨距,但台湾省和海南省的铁路轨距为 1 067 毫米,昆明铁路局昆河线的轨距为 1 000 毫米。

(三)铁路机车和车辆

1. 铁路机车

铁路车辆本身没有动力装置,无论是客车还是货车,都必须把许多车辆连接在一起编成一列,由机车牵引才能运行。因此,机车(Locomotive)是铁路运输的基本动力。

铁路上使用的机车种类很多,按照机车原动力,可分为蒸汽机车、内燃机车和电力机车三种,如图 9—1 所示。

蒸汽机车 　　　　　内燃机车 　　　　　电力机车

图 9—1　铁路机车

(1)蒸汽机车。它是以蒸汽为原动力的机车。其优点是结构比较简单,制造成本低,使用年限长,驾驶和维修技术较易掌握,对燃料的要求不高。蒸汽机车的主要缺点是热效率太低,总效率一般只有 5%～9%,使机车的功率和速度的进一步提高受限;煤、水的消耗量大,沿线需要设置许多供煤和给水设施;在运输中会产生大量的煤烟,污染环境;机车乘务员的劳动条件差。因此,在现代铁路运输中,随着铁路运量的增加和行车速度的提高,蒸汽机车已不适应现代运输的要求,正逐步被淘汰。

(2)内燃机车。内燃机车是以内燃机为原动力的机车。与蒸汽机车相比,它的热效率高,一般可达到 20%～30%。内燃机车一次加足燃料后,持续工作时间长,机车利用效率高,特别适合于在缺水或水质不良地区运行,便于多机牵引,乘务员的劳动条件也大大改善。其缺点是机车构造复杂,制造、维修和运营费用都较大,对环境有较大的污染。

(3)电力机车。电力机车是从铁路沿线的接触网获取电能产生牵引动力的机车,是非自带能源的机车。它的热效率比蒸汽机车高 1 倍以上。它启动快、速度高、善于爬坡,可以制成大功率机车。它运力大、运营费用低,当利用水力发电时,更为经济;电力机车不用水,不污染空气,乘务员的劳动条件好,运行中噪音也小,也便于多机牵引。但电气化铁路需要建设一套完整的供电系统,基建投资要比采用蒸汽机车或内燃机车大得多。

从世界各国铁路牵引动力的发展来看,从货运角度,电力机车是被公认为最有发展前途的一种机车,在运营上有良好的经济效果;从客运角度,高铁、动车组所需的能源是由供电系统来提供的,高铁的全称是"高速铁路",时速可达 300～350km/h,为 G 字头列车;动车的全称是"动车组列车",时速能达到 200～250km/h,为 D 字头列车。如图 9—2 所示。

【提示】动车可以使用高铁专用铁轨,也可以使用普通火车铁轨,而高铁只能使用高铁专用铁轨。

2. 车辆

铁路车辆(Freight Cars)是运送旅客和货物的工具,本身没有动力装置,需要把车辆连挂在一

高铁-复兴号 　　　　　　　　　　　动车-和谐号

图 9－2　高铁、动车组列车

起由机车牵引，才能在线路上运行。

铁路车辆可分为客车和货车两大类。铁路货车的种类很多。截至 2022 年年末，全国铁路拥有电力机车 1.42 万台，占铁路机车总量达 64.5%；全国铁路营业里程达到 15.5 万公里，路网密度 161.1 公里/万平方公里，复线率接近六成。铁路车辆按用途或车型划分，可分为通用货车和专用货车两大类。

(1)通用货车又可分为棚车、敞车和平车三类，如图 9－3 所示。

①棚车(Covered Cars)。棚车车体由端墙、侧墙、棚顶、地板、门窗等部分组成，用于运送比较贵重和怕潮湿的货物，主要包括 P62、P64、P70 系列棚车。

②敞车(Open Cars)。敞车仅有端墙、侧墙和地板，主要装运不怕湿损的散装或包装货物，主要包括 C62、C64、C70 系列敞车。必要时也可以加盖篷布装运怕潮湿的货物。因此，敞车是一种通用性较大的货车，灵活性较大。

③平车(Flat Cars)。大部分平车车体只有一个平底板，部分平车装有很低的侧墙和端墙，并且能够翻倒，适合于装载重量、体积或长度较大的货物。也有将车体制成下弯的凹底平车或一部分不装地板的落下孔车，供装运特殊长大重型货物，因而也称作长大货物车，主要包括 N17、NX 系列平车。

棚车 　　　　　　　　　敞车 　　　　　　　　　平车

图 9－3　通用货车

(2)专用货车是专供装运某些指定种类货物的车辆，它包括冷藏车、罐车、家畜车三类，如图 9－4 所示。

①冷藏车(Cold Storage Cars)。车体与棚车相似，但其墙板由两层壁板构成，壁板间用绝缘材料填充，以减少外界气温的影响，主要包括铁路、自备系列罐车。目前，我国以成列或成组使用机械保温车为多，车内装有制冷设备，可自动控制车内温度。冷藏车主要用于运送新鲜蔬菜、鱼、肉等易腐货物。

②罐车(Tank Cars)。车体为圆筒形，罐体上设有装卸口。为保证液体货物运送时的安全，还设有空气包和安全阀等。罐车主要用来运送液化石油气、汽油、盐酸、酒精等液体货物及散装水泥等。

③家畜车(Livestock and Poultry Cars)。家畜车是运送活家禽、家畜等的专用车。车内有给水、饲料的储存装置,还有供押运人乘坐的设施。

冷藏车　　　　　　罐车　　　　　　家畜车

图 9—4　专用货车

此外,按载重量分类,铁路货车可分为 20 吨以下、25~40 吨、50 吨、60 吨、65 吨、75 吨、90 吨等不同型号的车辆。为适应我国货物运量大的客观需要,有利于多装快运和降低货运成本,目前我国以制造 60 吨车为主。按轴数分类,铁路货车可分为四轴车、六轴车和多轴车等。我国铁路货车以四轴车为主。按制作材料分类,铁路货车可分为:①钢骨车。钢骨车的车底架及梁柱等主要受力部分用钢材,其他部分用木材制成,因而自重轻、成本低。②全钢车。全钢车坚固耐用、检修费用低,适合于高速运行。此外,还有用铝合金、玻璃钢等材料制作的货车。

三、我国国际铁路运输简介

(一)铁路运输在我国对外贸易中的作用

1. 有利于发展同欧亚各国的贸易

通过铁路把欧亚大陆连成一片,为发展中近东和欧洲各国的贸易提供了有利的条件。在中华人民共和国成立初期,我国的国际贸易主要局限于东欧国家,铁路运输占我国进出口货物运输总量的 50%左右,是当时我国进出口贸易的主要运输方式。自 20 世纪 60 年代以后,我国海上货物运输开始发展,铁路运输进出口货物所占的比例虽然有所下降但其作用仍然十分重要。我国与朝鲜、蒙古、越南等国的进出口货物,绝大部分是通过铁路来运输的。在我国与东欧、西欧、北欧和中东地区一些国家之间,也可以通过国际铁路联运或西伯利亚大陆桥等运输方式来运送进出口货物。

2. 有利于开展港澳地区的贸易

通过香港特区进行转口贸易,铁路运输是内地和港澳地区开展贸易的一种运输方式。港澳地区的日用品长期以来是由内地供应的,随着内地对港澳地区供应的不断扩大,运输量也逐渐增加,保障港澳地区运输的优质、适量、均衡,在政治上和经济上都是非常重要的。香港特区是著名的自由港,与世界各地有着非常密切的联系,海、空定期航班比较多,作为转口贸易基地,开展陆空、陆海联运为我国发展与东南亚、欧美、非洲、大洋洲各国和地区的贸易,对保证我国出口创汇起着重要作用。

3. 对进出口货物在港口的集散和各省、市之间的商品流通起着重要作用

我国幅员辽阔,海运进口货物大部分利用铁路从港口运往内地,海运出口货物大部分也是由内地通过铁路向港口集中,因此铁路运输是我国国际货物运输的重要集散方式。国内各地区之间调运的外贸商品、原材料、半成品和包装物料,主要也是通过铁路运输来完成的。我国国际贸易进出口货物运输大多要通过铁路运输这一环节,铁路运输在我国国际货物运输中发挥着重要作用。

4. 利用欧亚大陆桥运输是必经之道

大陆桥运输是指以大陆上铁路或公路运输系统为中间桥梁,把大陆两端的海洋连接起来的集

装箱连贯运输方式。大陆桥运输一般是以集装箱为媒介,采用国际铁路系统来运送的。

目前,我国开办的西伯利亚大陆桥和新欧亚大陆桥的铁路集装箱运输具有安全、迅速、节省的优点。这种运输方式对发展我国与中近东及欧洲各国的贸易提供了便利的运输条件。为了适应我国经济贸易发展的需要,利用这两条大陆桥开展铁路集装箱运输,也将会促进我国与这些国家和地区的国际贸易发展。

总之,在我国对外贸易中,无论是出口或是进口货物,一般要通过铁路运输这一重要环节。如果仅以进出口货运量计算,铁路仅次于海运而位居第二,在我国对外贸易运输中的地位举足轻重。

(二)我国通往邻国的主要铁路干线

1. 中俄之间

中俄之间有滨州线、滨绥线、图珲线三条铁路线。①滨州线,在我国对外贸易中占有十分重要的地位,在集宁至二连线没有开通之前,这条铁路线是我国与欧亚国家之间进行陆运进出口货物运输的唯一的运输线。目前,这条铁路线仍然是我国通往欧亚国家陆运进出口货物以及大陆桥运输的最重要的运输线。②滨绥线,从哈尔滨起向东至绥芬河,全长545千米。该铁路线通过我国绥芬河市及俄罗斯的格罗迭科沃与俄罗斯的远东地区铁路相连,是我国与俄罗斯远东地区及库页岛地区进出口货物的重要运输线,也是我国通往日本海的最大陆路贸易口岸,还是多国商品转运中心。③图珲线,从吉林图们到珲春市长岭子,经朝鲜在俄罗斯马哈林诺与西伯利亚铁路接轨,全长80.8千米。该铁路1996年10月完成接轨,1998年12月17日经国务院批准为国家一类口岸,1999年8月底投入运营。

2. 中蒙之间

中蒙之间主要有集二线,全长333千米,是我国通往蒙古、俄罗斯乃至欧洲的另一条国际大通道。集二线于1956年通车。该线开通不仅缓和了滨州线的繁重货运任务,而且缩短了关内至俄罗斯、欧洲的路程,从北京经由二连到莫斯科比经满洲里要缩短1 000多千米的路程。

3. 中哈之间

中哈之间主要有北疆铁路。北疆铁路东起新疆乌鲁木齐,西至阿拉山口,全长477千米。该铁路线在1990年9月与哈萨克斯坦的土西铁路接轨,1991年7月开办临时营运,1992年9月正式通车。北疆铁路是我国通往哈萨克斯坦及欧、亚其他国家的另一条铁路干线,也是欧、亚第二条大陆桥的运输线。这条陆桥东起我国连云港,西至荷兰鹿特丹,全长1万多千米,横跨欧亚两大洲,途中穿行6个国家,大大缩短了欧亚一些国家之间的运程。

4. 中朝之间

中朝之间有沈丹线、长图线、梅集线三条铁路线。①沈丹线,从沈阳到丹东,全长277千米,是我国辽宁省与关内地区以及蒙古、俄罗斯通往朝鲜的主要铁路线。沈丹线越过鸭绿江与朝鲜铁路相连接。②长图线,从长春到图们,全长527千米,跨过图们江与朝鲜铁路连接。③梅集线,自梅河口至集安,全长245千米,跨过鸭绿江与朝鲜铁路连接。由于中朝之间铁路轨距相同,货车可以直接过轨,所以货物在上述国境车站不需要换装。

5. 中越之间

中越之间有湘桂线、昆河线两条铁路线。①湘桂线,从湖南衡阳起,经广西柳州、南宁至终点站凭祥,全长1 013千米,是我国通往越南及东南亚最便捷的陆路通道。虽然越南铁路轨距是1 000毫米的窄轨(又称米轨),但是越南铁路连接我国铁路凭祥一段的线路,为准轨和米轨的混合轨,我国铁路同越南铁路间经由凭祥的联运货车可以相互过轨,部分货物无须换装运送。②昆河线,从云南昆明到河口,全长468千米。山腰站是我国的国境车站,距中越国境线6.5千米。与越南的老街铁路接轨后直达河内,是中国内连西南、外连越南及东南亚的"南方丝绸之路"。我国连接越南的昆河线为窄轨铁路,两国之间的货运列车可以直接过轨,货车在国境车站不需要换装。

四、铁路货运代理的服务内容与特点

(一)铁路货运代理的服务内容

在我国,根据《国际货运代理行业管理规定》及其实施细则等法规的规定,从事国际铁路货运代理业务需要依法注册并在商务主管部门备案,取得国际铁路货运代理资质的企业,既可以代理人身份开展铁路货运业务,也可以独立经营人身份开展铁路货运业务。有关国际铁路货运代理以独立经营人身份开展业务情况,将在后续项目中专门介绍。

铁路货运代理的服务内容包括:揽货、托运、仓储、中转、集装箱拼装拆箱、结算运杂费、报关、报验、保险、相关的短途运输服务及咨询业务。其中,主要的发送作业服务内容包括:①电话受理,上门服务;②为货主提供最佳运输方案咨询服务;③按货主要求组织进货,安排货位;④检查货物包装,清点货物数量,提供改善货物包装的技术咨询服务,指导装车;⑤整车货物代填运单,零担和集装箱货物代填和拴挂货签;⑥代预算、预收和结算运杂费用;⑦安排短途运输(运费、装卸费另计)。到达交付服务内容包括:①特约到货通知方式;②为货主办理货物领取手续,检查货物、清点数量、复核运杂费、指导卸车;③为货主提供货损、货差索赔咨询服务;④安排短途运输(运费、装卸费另计)。

(二)铁路货运代理的特点

1. "门到门"全程代理服务

一些大型铁路货运代理以当事人的身份开展"门到门"全程代理服务,突破铁路货物运输的"站到站"的承运模式,改变了铁路货运传统单一式的发送代理和到达代理的角色,对代理货物运输实行一次托运、一次收费、一票到底、全程负责,并可以提供"门到站、站到门、站到站、门到门"等多样式的服务。

2. 依附性和相对垄断

追溯我国铁路货运代理业的历史,我国铁路货运代理企业大多是从铁路运输企业分离出来设立的法人实体,行政隶属和资本纽带关系使其与母体铁路运输企业有着割不断的"血缘"联系。

3. 网络优势

铁路货运代理可以充分利用铁路运输的货运网络与信息网络优势。铁路高度集中的运输调度指挥系统为铁路货运代理企业了解各类货物及品类的到、发站流向和数量,掌握市场供求信息提供了一个难得的信息平台,独到的物理性铁路网络优势和信息渠道优势是其他货运代理业无法比拟的。

4. 功能单一

目前,部分铁路货运代理企业在人员、资产、业务联系等方面仍然过多地依附于铁路,所开展的货运代理业务还是围着铁路运输转,管理者和工作人员创新能力不足,因而全方位的铁路、公路、水路、航空等多种形式的联运代理很有限。

5. 规模较小

目前,铁路货运代理业虽然呈不断发展态势,但是相对于水运代理业、航空代理业以及公路代理业而言,起步较晚,规模较小。现有的铁路货运代理企业大多只是在局部的、地区性的有限市场上开展经营活动,缺乏与国内外企业的交流合作,难以形成规模优势。

五、不同组织模式下的铁路货运代理业务

(一)铁路运输车站与列车

1. 技术站与中间站

铁路车站,又称火车站、铁路站,是从事铁路客、货运输业务和列车作业的处所。部分铁路车站除了供乘客及货物上落外,也有供机车及车辆维修或添加燃料的设施。

(1)区段站。区段站多设在中等城市和铁路网上牵引区段(机车交路)的起点或终点,多是解体与编组区段和沿零摘挂区段站的待编列车的车站。它是根据机车牵引区段的长度和路网的布局、规划而设置的。

区段站的主要任务是改编区段到发的车流,为邻接的铁路区段供应机车,或更换货运机车及乘务员,为无改编中转列车办理规定的技术作业,办理一定数量的列车编解作业和客货运业务。

(2)编组站。编组站是从事铁路货物列车编组和解体作业的车站。编组站一般设有专用的到达、发车和调车场,以及驼峰调车设备、机车整备和车辆检修设备。它通常设在有三条及以上的铁路交会点,或有大量车流集散的工矿企业、港口、大城市所在地区。位于工业区或港口附近并专为工业区或港口服务的编组站,又称工业编组站或港湾编组站。

区段站和编组站,统称为技术站。设置技术站是为满足列车技术作业。其中,区段站主要是为了更换机车和为无改编中转列车办理规定的技术作业;编组站主要为解体、编组货物列车,汇集各方向货车,集结车流,将到达的零散车流集结成列车,通过满轴满长开行,提高运输效率。

(3)中间站。中间站是为沿线城乡人民及工农业生产服务,提高铁路区段通过能力,保证行车安全而设立的车站。

中间站一般设在技术站之间区段内(或在支线上),它主要办理列车的到发、会让和越行,以及客货运业务。有些中间站还提供机车给水服务。

按运输对象划分,中间站可分为客运站、货运站、客货站。其中,铁路集装箱场站是专门处理铁路集装箱运输业务的货运车站。按照其在路网中的地位、作用及规模,可分为集装箱中心站、集装箱专门办理站和集装箱代办站三类。

2. 铁路货物列车

在铁路运输中,按照规定而编挂在一起的若干车辆,称为车组(车流)。若干个车组(车流)挂上机车,并配备列车乘务人员和列车标志,称为列车。

装车地,也称装车地区,是指有大宗直达车流产生或有条件组织阶梯直达的一个或若干个车站组成的运输组织区域。

在装车地,不同发货人的货物需要在各自的企业装卸线(如有的话)或若干个中间站装运至若干货运车辆,形成车流。这些车流如无法在始发地形成直达列车,则需要送往前方技术站,进行编组后才能形成列车。因此,始发地车流最终组织成列车,通常会涉及若干个中间站、技术站(区段站和编组站)。按装车地始发车流与其车流方向上的前方第一个技术站关系划分,装车地组织列车通常有以下两种基本方法:一是在装车地组织直达列车;二是在前方技术站编组形成列车。当装车地中间站无法组织直达列车时,则需要通过摘挂列车将车组送至该技术站作为技术车流。在技术站,还可使用管内列车将附近装车站汇集来的车辆和从其他技术站送来的中转车辆编组成列车。显然,技术站,尤其是编组站作为"货物列车的工厂",在运输组织中占有重要的地位。

3. 铁路五定班列

铁路五定班列,作为定期直达列车的特殊形式,通常具有定点、定线、定期、定车、定价特点,故称为"铁路五定班列"(以下简称"五定班列")。

所谓定车,是指车底固定循环使用的列车。为了避免传统货运列车因车底不固定开行而容易受空车不足的制约,五定班列采用客运列车运营的方式,实行车辆编组固定、不拆散,以便在装车站与卸车站之间循环往复开行。其优点是有利于集装箱车辆的集中配置,提高车辆的使用效率,也便于实现车辆的跟踪管理。

五定班列弥补了传统货物运输时间不固定、适运货物范围窄的不足,在运输组织上实行"五优先、五不准",即优先配车、优先装车、优先挂运、优先放行、优先卸车,确保班列开行;除特殊情况报批外,不准停限装、不准分界口拒接、不准保留、不准途中解体、不准变更到站。

基于不同的角度,五定班列可分为不同的种类。例如,按是否跨局,分为跨局五定班列和局管内五定班列;按经过区域不同,分为过境(国际联运)五定班列、港站五定班列、城际五定班列等。其中,过境(国际联运)五定班列主要是指大陆桥过境运输;港站五定班列是指沿海各大港口开往内陆主要城市及返回的五定班列;城际五定班列主要是指国内主要城市之间开行的五定班列。

(二)铁路整车货运代理业务

1. 铁路整车货物运输的概念与办理限制

铁路整车货物运输是指需用一辆铁路货车装载的一批托运货物的运输。由于货车标记载重量大小不一,因此必须规定以某种吨位的标记载重的货车为办理整车货物运输的基准货车。我国铁路规定以标记载重量30吨的货车为基准货车。

我国铁路规定:凡一批货物的重量、体积、形状或性质需要一辆或一辆以上的30吨货车运输的,均应按整车办理托运。以下7类货物必须按整车托运:①需要冷藏、保温或加温运输的货物;②某些危险货物;③容易污染其他货物的污秽品;④蜜蜂;⑤不易计件的货物;⑥某些未装容器的活动物;⑦单件货物重量超过2吨、体积超过3立方米或长度超过9米的货物。

2. 铁路整车货物运输服务订单

铁路货运改革前,货主发送货物要在每月10日前到车站申请次月的月计划,经批准后要到车站抄写批复的计划号和车数。发货前还要到车站提报请求车日计划、填写货物运单。即便如此,仍会出现申请到计划,而货物不能及时运出的情况。目前,根据铁路部门规定,货主可以通过登录12306网站、拨打12306客服电话、拨打货运站受理电话、到货运营业场所办理和联系铁路营销人员上门服务五种方式办理货运业务,在营业部可刷卡结账。

在办理货运业务时,需要填写铁路整车货物运输服务订单。铁路整车货物运输服务订单是托运人和承运人双方关于铁路货运的要约和承诺。它主要包括铁路货运的时限、发站、到站、托运人、收货人、品名、车种、车数、吨数等以及相关的铁路货运服务内容。铁路整车货物运输服务订单取代了传统的要车计划表,使承、托运人双方的权利、义务和责任更加明确,使用更加方便。

整车货物订单一式两份,由托运人正确填写,内容完整,字迹清楚,不得涂改。整车货物订单由铁路货运计划人员受理,并经审定合格后加盖人名章,返还托运人1份,留存1份。与铁路联网的托运人,可通过网络直接向铁路提报订单。

托运人可随时向装车站提报订单。铁路部门随时受理,随时审定。对于大宗稳定、能够提前确定运输的物资,托运人可以在每月的19日前将订单提报给装车站,铁路部门将其纳入次月计划,进行集中审定,以便统一安排,重点保证。

对抢险救灾和紧急运输物资的订单,则随时受理,立即审定,在运输上优先保证。对运力宽松方向的订单敞开受理,由计算机系统自动审定。托运人根据自己的实际情况可任意选择订单的提报时间和方式,铁路运输部门尽力满足托运人的不同需要。审定后的订单当月有效,不办理运输变更。

铁路装车站要将订单的审定结果及时通知托运人。托运人根据订单审定的车数、到站等内容按实际需要向车站提出装车请求,并同时做好装车准备,将货物搬入车站或自己选择的专用线。

(三)铁路零散快运货运代理业务

2008年铁路部门中止零担运输办理,为适应社会物流"多品种、小批量、多批次、多周期"发展的需求,新成立的中国铁路总公司于2014年9月相继推出了零散快运和批量零散快运。

1. 零散快运

铁路零散快运流程如图9—5所示。

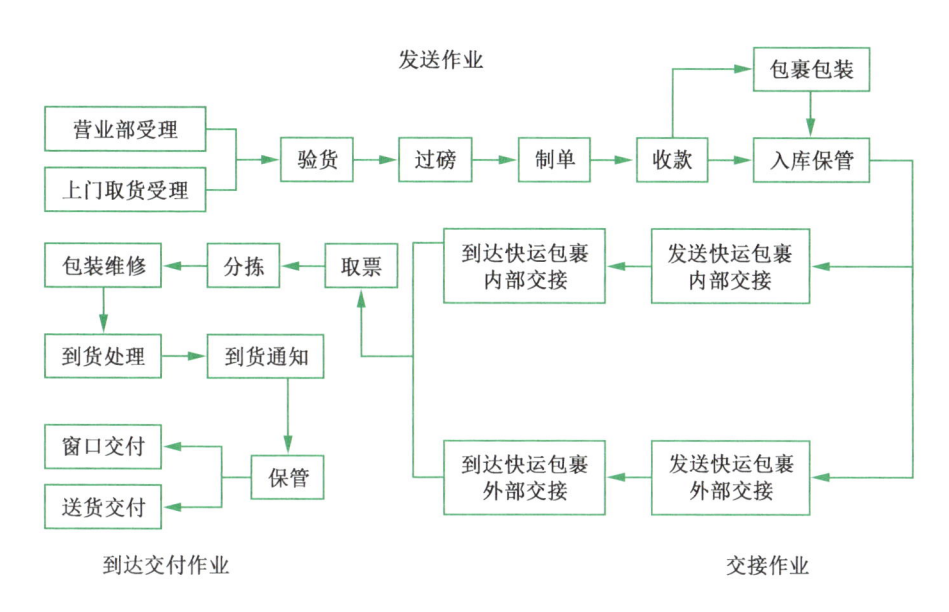

图 9-5 铁路零散快运流程

(1)受理限制。

零散货物是指一批重量不足 30 吨且体积不足 60 立方米的所有品类的货物。铁路按实重和体积收费。零散快运发运时不受品类、品名限制,适用于所有品类。轻泡货物铁路局内运输时按实重计费,跨局运输时根据要求折合重量。

零散快运不办理的货物如下:散堆装货物;危险货物、超限超重和超长货物;活动物及需冷藏、保温运输的易腐货物;易于污染其他货物的污秽货物;军运、国际联运、需在米轨与准轨换装运输的货物;在专用线(专用铁路)装卸车的货物;国家法律法规明令禁止运输的货物;其他不宜作为零散货物运输的货物。

单件货物重量超过 1.5 吨、体积超过 2 立方米或长度超过 5 米及以上或单件重量在 70 千克以上无法使用叉车作业的货物,以及有特殊运输需求的货物,由发、到站确认后受理,并明确装运条件。

发货时若办理门到门业务,需了解两端的运输距离,20 千米为基本运输里程,超过 50 千米要协商短驳价格。

零散快运可提供门到门、门到站、站到门、站到站四种物流服务方式。同时,托运方根据需要,可选择"一站直达"或"中转运输"。如选择"一站直达"(是指装运一车直接发运到对方站)方式,原则上要求单批货物在 10 吨以上,可以按列车运行图规定的时间直接到达;反之,如货物不足 10 吨,需要在中途重新换装运输,则应选择"中转运输"方式。

零散货物快运装车前,遇托运人提出取消托运时,应免费办理。零散货物快运装车后不办理变更手续。

(2)办理地点。

10 吨以上零散快运在货场进行装卸车作业;10 吨以下的零散快运在车站进行装卸车作业。轻泡货物根据规定折算重量。

(3)受理方式。

如前所述,可以通过登录 12306 网站、拨打 12306 客服电话、拨打货运站受理电话、到货运营业场所办理和联系铁路营销人员上门服务五种方式办理。

(4)费用及结算。

零散快运费用包括:运费、保价费、接取送达费。发站或到站装卸费已包括在内,不另计费。零散快运运费主要受到站、体积、重量、是否办理接取到达业务、是否保价等因素影响。一般情况下,铁路运费低于公路运输运费,相关方可以通过95306微信平台、www.95306.cn网站、95306电话以及办理站电话随时查询费用情况。

零散快运不办理提付运费业务,发站要支付全程运费。车站结算运费时可使用现金或刷卡,货场结算运费时也可以使用现金或刷卡。零散快运计算运费的起码计费重量为50千克,超过50千克的以10千克为单位累进。零散快运站到站起码运费每批为20元。卸车站发生追加服务或短驳里程与实际不符时,到达车站可根据情况补收费用,相差5千米以内不予补收。贵重物品等可以参加保价运输,保价金额率为5‰,保价金额较大时需要提供相关证明。

(5)运到时限

为确保运到时限,铁路部门制订了严格的零散快运组织方案,明确停留时间和装卸作业时间等,客户发运货物的运到时限将根据实际到站和去向确定。

【提示】一批货物"一站直达"的运输时间快于"中转运输"的时间。

(6)货物跟踪

运输途中重要时间节点的装车时间、中转装卸车情况、交付时间都有迹可循,客户可以随时通过95306微信平台、www.95306.cn网站、95306电话以及办理车站的服务电话查询。

(7)铁路部门提供的材料和器具。

铁路部门提供伸缩膜、紧固带、打包带、打包机、托盘、集装笼、小型箱等材料和器具。值得注意的是,部分办理站受条件限制,部分材料和器具可能不足,建议发运时自己先打好包装(安检时无须打开包装)。客户也可以根据需要向铁路部门提出免费使用铁路部门提供的集装笼、小型箱;发货量大且有固定货源的客户可以同铁路部门协商将集装笼、小型箱放在本单位或厂房使用。集装笼一般在铁路局内使用,跨局运输可选用小型箱。

电动车等部分货物需要搭木架子,车站外一般都有制作人员,由客户与他们协商价格,费用自付。

(8)车型限制。

零散快运装运一般采用棚车运输。采用"一站直达"装运时,经申请,对不怕湿的零散货物可使用敞车装运,发站在装运前应与到站协商确认。

(9)收货要求。

到站后发现收货人或收货人联系方式错误时,可以到发站免费办理手续,由发站更正确认。

收取货物时,应出示收货人身份证原件及货物运单客户联复印件或原件;若委托他人提货,应同时提供经办人、收货人身份证复印件;收货人为单位时,经办人应提供加盖企业公章的委托书,并出示身份证原件。

收货时发现数量不符或包装破损时,收货人应立即向铁路部门反映情况。货物破损或丢失将分保价运输和非保价运输情况赔付。

2. 批量零散快运

批量零散快运是在零散快运的基础上开办的,是一种国内铁路运输的新方式,按实际装运重量计费。对于未装满60吨的货物,批量零散快运相对于按整车办理在费用上有一定的优势,但其对于货物尺寸、体积、重量、车种、品名等也有一定限制。

(1)铁路零散快运和批量零散快运的相同点。

①定价计费方式:均为快运价格体系,实行完全的一口价,按客户选择分为站到站、门到站、站

到门、门到门四种服务方式,除铁路总公司规定允许的收费项目外,发、到站不允许加收装卸费、货车篷布使用费、装载加固材料使用费、仓储费(客户自行选择仓储服务除外)等费用。

②运价率:快运价格根据市场行情确定,按略低于公路价格,同时覆盖铁路货运单位变动成本确定运价率。

③体积折算规则:铁路运输费用,跨局运输的货物每立方米不足167千克的,按每立方米体积折合重量167千克作为计费重量;每立方米167千克以上的,按实重计费。局管内运输的轻泡货物,暂按货物实重计费。接取送达费用,每立方米不足333千克的,按每立方米体积折合重量333千克作为计费重量。

④计费要求:可以实重计费(体积),不按货车标重收费。

(2)铁路零散快运和批量零散快运的不同点。

①品类:零散快运适用于所用品类,批量快运仅限于铁路总公司公布的152个品类。

②重量:零散快运货物小于30吨且体积小于60立方米,批量快运货物大于等于30吨或大于等于60立方米。零散快运货物以50千克为起码计费重量,超过50千克的以10千克为单位累进;批量快运货物实重以100千克为单位,不足100千克时四舍五入。

③变动成本:零散快运货物变动成本比批量零散快运货物变动成本每吨公里高0.01元,这是因为零散快运货物增加了中转作业成本。

④办理地点:零散快运根据重量大小不同可以在车站或货场装卸;批量零散快运只可以在货场办理。

⑤组织方式:批量零散快运都是一站直达;零散快运除10吨(体积)以上可以一站直达,其他一般要中转运输。

⑥使用车型:零散快运一般使用棚车运输,特殊情况下,不怕湿货物可以用敞车运输;批量零散快运可以用棚车、敞车、平板车(批量入箱)运输。

⑦办理站:整车办理站理论上都能办理批量快运业务,有换线扫货的车通过的地方,都能办理零散快运和批量零散快运业务,但限于装卸能力、人力配备,有的车站只办理零散快运业务。

⑧保价运输:零散快运可以自愿参加保价运输,同一铁路局内有统一的保价率;批量零散快运按规定必须参加保价或保险运输,保价率和保额根据品名情况而定。

(四)铁路集装箱货运代理业务

1. 铁路集装箱货物托运

符合集装箱运输条件的,可以使用集装箱运输。使用集装箱运输的货物,每箱不得超过集装箱最大载重量;承运后发现超载,承运部门对超过部分按规定核收违约金;每批必须是同一箱型;至少一箱,最多不得超过铁路一列货车能装运的箱数,且集装箱总重之和不得超过货车的允许载重量,单件货物重量超过100千克时,应在货物运单上注明。以下货物不能使用集装箱装运:①易于污染和腐蚀箱体的货物,如水泥、炭黑、化肥、盐、油脂、生毛皮、牲骨、没有衬垫的油漆等;②易于损坏箱体的货物,如生铁块、废钢铁、无包装的铸件和金属块;③鲜活货物(经铁路局确定,在一定季节和区域内不易腐烂的货物除外);④危险货物(另有规定的除外)。

根据货源数量不同,铁路集装箱货源可分为拼箱货、整箱货、整车货(2个20英尺集装箱货物)、整列货。托运人在办理集装箱货物运输时,应根据货源的多少填写相应的服务订单(一式两份)报给装车站,车站随时受理并根据货场能力、运力,安排班列开行日期和在订单上加盖车站日期戳,交与托运人1份,留存1份。铁路部门据此安排运输,并通知托运人将货物搬入仓库或集装箱内。

2. 零散快运和批量零散快运集装箱货物运输

目前,中国铁路总公司已在全路范围内开办零散快运和批量零散快运集装箱货物运输业务。

(1)零散货物入箱运输。铁路部门规定,小型铁路集装箱在零散快运列车上使用时,不按集装箱办理和计费,所有费用与零散货物快运运价率和计费条件保持一致。发、到站不允许加收集装箱使用费、装卸箱费、站内装掏箱费、仓储费等任何费用。因此,零散货物跨局运输,可以选择用 1.5 吨箱运输,管内运输时使用集装笼、折叠箱、1.5 吨集装箱等运输工具,不收使用费,且所装货物以实重计费。

(2)批量货物入箱运输。办理集装箱批量零散快运,必须满足以下条件:①选择国家铁路(国铁)及其控股的标准箱办理站办理批量零散快运;②办理门到门、门到站、站到站和站到门运输;③使用 20 英尺或 40 英尺铁路通用集装箱装载;④集装箱视同集装化用具,发、到站不允许加收集装箱使用费、装卸箱费、站内装掏箱费、仓储费(客户自行选择仓储服务除外)等任何费用。

3. 铁路集装箱办理站作业流程

在铁路集装箱运输营业所或集装箱办理站之间,可办理集装箱运输。图 9-6 显示了铁路集装箱办理站作业流程。铁路集装箱办理站基本作业流程包括出发作业流程、中转作业流程和到达作业流程。

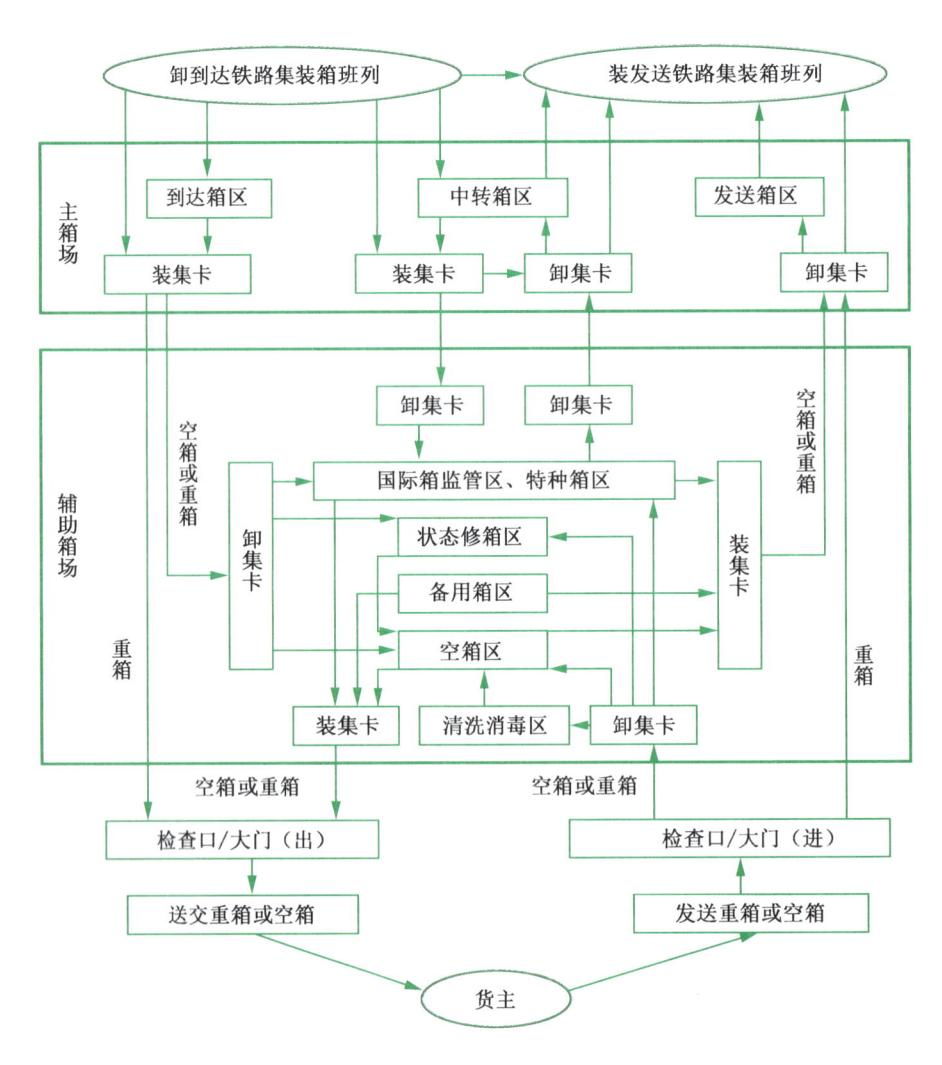

图 9-6 铁路集装箱办理站作业流程

(1)对于集装箱的取送与货物装箱作业,依据装箱人与装箱地点的不同,可以采取货主取送箱、站外装箱,办理站取送箱、站外装箱,货主送货、站内装箱,办理站取货、站内装箱四种形式。

(2)对于集装箱拆箱与货物交付作业,依据拆箱人和拆箱地点的不同,可以采取办理站取送重箱、站外拆箱,货主取送重箱、站外拆箱,站内拆箱、办理站送货,站内拆箱、货主取货四种形式。

六、国际铁路联运代理业务

(一)国际铁路联运概述

1. 国际铁路联运的概念与特点

国际铁路联运,是指使用一份统一的国际铁路联运票据,在跨及两个及两个以上国家铁路的货物运送中,由参加国铁路负责办理两个或两个以上国家铁路全程运送货物过程,由托运人支付全程运输费用,而无须收、发货人参加的铁路运输组织形式。

国际铁路联运的特点如下:

(1)涉及多个国家。每运送一批货物都要涉及两个或两个以上国家、几个国境站。

(2)需要换装作业。目前,各国铁路轨距并不完全相同,比如,俄罗斯铁路轨距为1 520mm、蒙古国铁路轨距为1 524mm、越南铁路和中国昆明铁路轨距为1 000mm,中国除昆明以外的其他铁路以及朝鲜、德国、波兰、捷克、匈牙利、罗马尼亚、保加利亚等国铁路轨距均为1 435mm。由于俄罗斯和蒙古国铁路的轨距与我国不同,因而需要换装作业或更换轮对作业(只有油品等少数货类采取换轮对作业),这也成为铁路联运方式的最大障碍。

(3)全程一份铁路联运单据。目前,国际铁路联运存在两大系统:一是依据由欧洲32个国家于1934年制定的《国际铁路货物运送公约》(简称《国际货约》)开展的国际铁路联运;二是依据由中国与苏联、东欧及亚洲周边12个国家于1951年制定的《国际铁路货物联运协定》(简称《国际货协》)开展的国际铁路联运。虽然《国际货协》在20世纪80年代末因苏联和东欧各国政体发生变化而解体,但铁路联运业务并未停止。有关铁路联运单据的具体内容将在后面予以介绍。

(4)办理手续复杂、运输条件高。货物必须由两个或两个以上国家铁路部门参与运送,在办理国际铁路联运时,其运输票据、货物、车辆及有关单证都必须符合有关规定和一些国家的正当要求。每批货物的运输条件,如包装、转载、票据的编制、添附文件及车辆使用,都要符合有关国际联运的规章、规定。

2. 国际铁路联运相关的边境站

目前,我国承担国际货运的铁路干线有10条,相应的口岸有11对,包括通往俄罗斯3条、哈萨克斯坦2条、蒙古国1条、朝鲜3条、越南2条。表9-1显示了我国与邻国的边境铁路车站的站名以及各自距国境线的距离、邻接的轨距大小。其中,霍尔果斯铁路口岸货运站2012年12月22日正式开通运营。

表9-1　　　　　　　　　　我国与邻国的边境铁路车站站名及其他

通道名称	我国国境站的站名	邻国国境站的站名	邻接轨距(mm)	距国境线的距离(km)	
				我国国境站	邻国国境站
中俄	满洲里	后贝加尔斯克	1 520	9.8	1.3
	绥芬河	格罗迭科夫	1 520	5.9	20.6
	珲春	马哈林诺	1 520	—	—
中蒙	二连浩特	扎门乌德	1 524	4.8	4.5

续表

通道名称	我国国境站的站名	邻国国境站的站名	邻接轨距(mm)	距国境线的距离(km)	
				我国国境站	邻国国境站
中哈	阿拉山口	多斯特克	1 520	4.02	8.13
	霍尔果斯	阿腾科里	1 520	0.21	14.79
中朝	丹东	新义州	1 435	1.4	1.7
	集安	满浦	1 435	7.3	3.8
	图们	南阳	1 435	2.1	1.3
中越	凭祥	同登	1 000	13.2	4.6
	山腰	新铺	1 000	6.5	4.2

(二)大陆桥运输概述

目前,亚欧大陆桥主要有西伯利亚大陆桥和新亚欧大陆桥。

1. 西伯利亚大陆桥

西伯利亚大陆桥,也称北线亚欧大陆桥,全长13 000千米,东起俄罗斯东方港,西至俄芬(芬兰)、俄白(白俄罗斯)、俄乌(乌克兰)和俄哈(哈萨克斯坦)边界,过境欧洲和中亚一些国家。

与全海运相比,这条大陆桥运输线具有三个明显的优点:一是运输距离缩短。从远东到西欧,经西伯利亚大陆桥的路程是13 000千米,比绕道非洲好望角的航程缩短约1/2,比经苏伊士运河的航程也可缩短1/3。二是途中运行时间减少。西伯利亚大陆桥不仅在过境时间上有优势,而且与多个港口和多条铁路干线相连,运输潜力巨大。途经西伯利亚大陆桥的集装箱运输,一般比全程海运可提前15天至35天到达。三是运输成本降低。一般情况下,其运输成本比全程海运便宜20%~30%。

【提示】西伯利亚大陆桥运输线有局限性。比如,冬季严寒,使运输能力受到影响;来回运量不平衡,西向大于东向;俄罗斯和中亚国家使用宽轨铁路,必须换轨才能进入欧洲其他各国。

2. 新亚欧大陆桥

新亚欧大陆桥,也称南线亚欧大陆桥,东端直接与东亚及东南亚诸国相连,进而与美洲西海岸相通;它的中国段西端,从新疆阿拉山口站换装出境进入中亚,与哈萨克斯坦多斯特克站接轨,西行至阿克斗卡站与土西大铁路相接,进而分北中南三线接上欧洲铁路网通往欧洲。

(三)中欧班列

中欧班列(CHINA RAILWAY Express,缩写CR Express)是由国铁集团组织,按照固定车次、线路、班期和全程运行时刻开行的集装箱国际铁路联运班列,往来于中国与欧洲以及"一带一路"沿线国家间的集装箱等铁路国际联运列车。

中欧班列以其海运时间的1/3、航空价格的1/5,以及班列化、客车化开行的组织方式,为客户提供了良好的物流体验,货源吸引范围已远远超出开行班列的国内城市和欧洲城市,越来越多的城市、省份乃至亚洲、欧洲国家纷纷加入中欧班列,中欧班列"快捷准时、安全稳定、绿色环保"的品牌效应逐步显现。2019年8月,中铁集装箱俄罗斯国际物流有限公司正式注册成立,公司设在俄罗斯莫斯科。2020年3月,首趟搭载出口欧洲防疫物资的中欧班列(义乌)启程,中欧班列运输防疫物资工作启动。2020年5月,中欧班列开辟俄罗斯加里宁格勒经波罗的海至德国罗斯特克港运输欧洲腹地的海铁联运线路。

(1)中欧班列通道。目前,中欧间形成了西、中、东三大铁路运输通道。西通道,在新疆阿拉山口(霍尔果斯)铁路口岸与哈萨克斯坦、俄罗斯铁路相连,途经白俄罗斯、波兰等国铁路;中通道,在内蒙古二连浩特铁路口岸与蒙古国、俄罗斯铁路相连,途经白俄罗斯、波兰等国铁路;东通道,在内蒙古满洲里铁路口岸、黑龙江绥芬河铁路口岸与俄罗斯铁路相连,途经白俄罗斯、波兰等国铁路,通达欧洲其他各国。

(2)开通城市。目前,中欧班列已在我国国内 16 个城市与欧洲 8 国 12 个城市间建立了 39 条班列运行线,班列开行范围和辐射范围正不断扩大。从地域分布看,开通中欧班列的城市多居中西部地区,这与处于内陆的中西部地区希望通过中欧班列打通对外贸易的新渠道,提升区域竞争力紧密相关。

在中欧班列集群中,渝新欧(重庆—杜伊斯堡)、蓉欧快线(成都—罗兹)、郑欧(郑州—汉堡)、苏满欧(苏州—华沙)、汉新欧(武汉—捷克、波兰)、湘欧快线(长沙—杜伊斯堡)、义新欧(义乌—马德里)、哈欧(哈尔滨—俄罗斯、汉堡)和沈满欧(沈阳—汉堡)九个班列属于"五定"班列,而"粤新欧""西新欧""洛新欧""昆新欧"等则是不定期国际班列。

(四)中亚班列

中亚班列(见图 9—7)是指自中国或经中国发往中亚五国以及西亚、南亚等国家的快速集装箱直达班列,列车编组不少于 50 车。目前中亚班列口岸有 5 个,分别是连接中亚、西亚的阿拉山口、霍尔果斯口岸,连接蒙古的二连浩特口岸,以及连接南亚的山腰、凭祥口岸。中亚班列货物主要分为两类:一类是中国的进出口货物(返向亦然),另一类是经日本、韩国、东南亚等国过境中国的过境货物(返向亦然)。

图 9—7 中亚班列

(五)国际铁路联运费用

国际铁路联运费用由发送路运送费用、到达路运送费用和过境路运送费用三部分构成。

1. 发送路运送费用与到达路运送费用的核收

根据《国际货协》及其附件《统一货价》和《清算规则》的规定:发送路、到达路的运送费用按本国铁路规章规定,以本国货币分别在发站、到站向发货人或收货人核收。因此,国际铁路联运货物国内段运输费用应按照我国 2005 年颁布的《铁路货物运价规则》的有关规定计算。

2. 过境路运送费用的核收

1991 年 9 月以后,《统一货价》不再从属于《国际货协》而成为独立的法律文件,《国际货协》成员方可以选择是否参加《统一货价》和《清算规则》,这就引致了过境运送费用计收形式的多样化。目前,过境路运送费用主要采用铁路结算制和代理结算制两类核收方式。

(1)铁路结算制。它是指过境费用的计收仍按《国际货协》的规定,通过铁路予以结算的制度,即过境路的运送费用在发站向发货人核收或在到站向收货人核收。通过几个过境铁路运送时,准许由发货人支付一个或几个过境铁路的运送费用,其余铁路的运送费用由收货人支付。

(2)代理结算制。它是指过境费用的计收不再通过铁路结算,而是通过代理予以结算的制度,即发站铁路或到站铁路不再收取过境费用,而由发货人或收货人委托的代理人直接支付给过境铁路。换言之，发货人或收货人应自行或通过代理机构将过境费用支付给过境铁路指定的收费代理机构。目前，许多国家如俄罗斯、哈萨克斯坦等独联体国家的铁路，以及蒙古国等国家的铁路要求发货人通过代理结算费用。在这种情况下，如果发货人在办理托运时未能办理委托代理手续，并且未在运单第 4 栏和第 20 栏内做相应的记载，则发站将拒绝承运，接收路国境站将拒绝接运。

过境运费按《统一货价》规定计算，其计算程序是：①根据运单上载明的运输路线，在过境里程表中，查出各通过国的过境里程。②根据货物品名，在《通用货物品名表》中查出所运货物适用的运价等级。③根据货物运价等级和各过境站的运送里程，在《统一货价》中找出符合该批货物的运价率。④《统一货价》对过境货物运费的计算是以慢车整车货物的运费额为基本运费额，其他种类的货物运费则在基本运费额的基础上分别乘以不同的加成率。

其计算公式为：

$$基本运费额 = 货物运费率 \times 计费重量$$

$$运费 = 基本运费额 \times (1 + 加成率)$$

加成率是指运费总额应按托运类别在基本运费额基础上所增加的百分比。快运货物运费按慢运运费加 100%，零担货物加 50% 后再加 100%。随旅客列车挂运整车费另加 200%。

国际铁路货物联运国内段运费的计算：根据《国际货协》的规定，我国通过国际铁路联运的进出口货物，其国内段运送费用的核收应按照我国《铁路货物运价规则》进行计算。

运费计算的程序及公式如下：①根据货物运价里程表确定从发站至到站的运价里程；②根据运单上填写的货物品名查找货物品名检查表，确定适用的运价号；③根据运价里程和运价号在货物运价率表中查出相应的运价率；④按《铁路货物运价规则》确定的计费重量与该批货物适用的运价率相乘，算出该批货物的运费。

$$整车货物每吨运价(运价率) = 发到基价 + 运行基价 \times 运价公里$$

$$运费 = 运价率 \times 计费重量$$

【做中学 9—1】 某公司从国外进口一整车矿石，该货物的品名分类代码为"04"，经查该商品的运价号为"4"，按照《铁路货物运价规则》的规定，使用矿石车、平车、沙石车。经铁路局批准的装运"铁路货物运输品名分类与代码表"，"01""0310""04""06""081""14"类货物按 40 吨计费，国内段从发站至到站的运价里程为 200 千米，试根据表 9—2 所示的运价表核算该票货物的国内段运费为多少？

表 9—2 货物运价表

办理类别	运价号	发到基价		运行基价	
		单位	标准	单位	标准
整车	1	元/吨	5.6	元/吨千米	0.028 8
	2	元/吨	6.3	元/吨千米	0.032 9
	3	元/吨	7.4	元/吨千米	0.038 5
	4	元/吨	9.3	元/吨千米	0.043 4
	5	元/吨	10.1	元/吨千米	0.049 1
	6	元/吨	14.6	元/吨千米	0.070 4

解：根据商品的运价号为"4"可以确定该批货物的发到基价为 9.3 元/吨，货物的运行基价为 0.043 4 元/吨千米。

该批货物整车货物每吨运价 = 发到基价 + 运行基价 × 运价千米 = 9.3 + 0.043 4 × 200 = 17.98（元/吨）

总运费＝运价率×计费重量＝17.98×40＝719.2(元)

故该票货物的国内段运费为719.2元。

铁路运输运到逾期罚款的计算：

第一，运到期限。铁路承运货物后，应在最短期限内将货物运送至最终到站。货物从发站至到站所允许的最大限度的运送时间，即为货物运到期限。

第二，运到逾期。货物实际运到天数超过规定的运到期限天数，即为该批货物运到逾期。如果货物运到逾期，造成逾期的铁路则应按该路收取的运费的一定比例向收货人支付逾期罚款。逾期罚款的规定及计算方法如下：

$$逾期罚款＝运费×罚款率$$

逾期百分率＝(实际运送天数－按规定计算运到期限天数)/按规定计算运到期限天数×100%

按《国际货协》规定，罚款率为：逾期不超过总运到期限1/10时，为运费的6%；逾期超过总运到期限1/10，但不超过2/10时，为运费的12%；逾期超过总运到期限2/10，但不超过3/10时，为运费的18%；逾期超过总运到期限3/10，但不超过4/10，为运费的24%；逾期超过总运到期限4/10时，为运费的30%。

自铁路通知货物到达和可以将货物移交给收货人处理时起，一昼夜内如收货人未将货物领出，即失去领取运到逾期罚款的权利。

【学中做9—1】 由兰州西站某专用线装运40t货物(家电)，用60t棚车一辆，按整车分卸办理。第一分卸站金昌卸10t，第二分卸站酒泉卸25t，最终到达柳园卸5t，派押运人2名押运，请计算运费。(路程：兰州西至柳园站运价里程1 056km；兰州西至金昌站运价里程366km；兰州西至酒泉站运价里程737km。其中，运价里程1 056，铁路基金里程1 056，电气化里程279km；发到基价14.6元/吨；运行基价0.070 4元/吨千米；铁路建设基金费率0.033元/吨千米；电气化附加费率0.012元/吨千米。押运人费每人每千米3分；分卸费每次80元。)

【做中学9—2】 某公司从保加利亚进口一批机器，该批货物按规定计算的运到期限天数为60天。保加利亚瓦尔纳港口站于某年3月10日以慢车整车承运。该批货物经由鲁塞东/瓮格尔、后贝加尔/满洲里，5月16日到达北京东站。铁路部门所收运费为8 000欧元。

请问：该批货物是否运到逾期？假如逾期，铁路部门应向收货人支付多少逾期罚款？

解：(1)该批货物的实际运送天数：3月11日至5月16日(从承运货物的次日零时起开始算，不足1天按1天计算)。实际运送天数为67天，而规定运到的期限天数为60天，因此，该批货物逾期。

(2)计算逾期百分率：

逾期百分率＝[(67－60)/60]×100%＝11.67%

(3)逾期超过总运到期限的1/10，但不到2/10，逾期罚款率按12%计算支付。

(4)按逾期罚款公式计算，

逾期罚款＝8 000×12%＝960(欧元)

因此，铁路部门应对逾期运到的该批货物支付逾期罚款960欧元。

(六)国际铁路联运运单

1. 国际铁路联运运单的种类与适用范围

(1)国际货协运单。国际货协运单是指参加《国际货协》的成员之间办理铁路联运时所使用的单据。它由5联组成，第1联和第5联，以及第2联和第4联应在左边相互连接，允许第1～5联在上边相连。另外，根据发货人的报销需要以及铁路内部交接、清算和统计等需要，还需要在发站和国境站(或港口站)填制"补充运行报单"(分为带号码和不带号码的两种)。国际货协运单的构成、功能及流转程序如表9—3所示。

表 9－3　　　　　　　　　　　国际货协运单的构成、功能及流转程序

联别与名称	主要用途	票1×据/3周转程序
1. 运单正本	运输合同凭证	发货人→发站→到站→收货人
2. 运行报单	各承运人间交接、划分责任等证明	发货人→发站→到站→到达铁路
3. 运单副本	承运人接收货的证明，发货人凭此结汇等	发货人→发站→发货人
4. 货物交付单	承运人合同履行的证明	发货人→发站→到站→到达铁路
5. 货物到达通知单	收货人存查	发货人→发站→到站→收货人

(2) 国际货约运单。国际货约运单是指参加《国际货约》的成员之间办理铁路联运时所使用的单据。例如，蓉欧快线的终点站是波兰的罗兹站，由于波兰也是《国际货协》成员，因而可以全程使用国际货协运单；如果蓉欧快线需要延伸至西欧国家，则需要在波兰进行换单操作，将其换成国际货约运单，即全程需要使用两个单证：国际货协运单＋国际货约运单。

(3) 统一运单。亚欧大陆的政府间铁路合作组织——铁路合作组织（简称"铁组"）和国际铁路货物运输政府间组织，在各自范围内分别适用不同的运输规则，即《国际货协》和《国际货约》。为解决单据的衔接问题，两个组织成立联合工作组，制定了国际货约/国际货协运单（简称"统一运单"），并在2006年7月首先在乌克兰进行了试行。此后自2007年7月1日起在乌克兰、白俄罗斯、俄罗斯等一些东欧国家正式实施。除东欧各国外，目前哈萨克斯坦、蒙古国铁路已确认适用统一运单。2011年12月，我国将《国际货约/国际货协运单指导手册》作为《国际货协》附件第22号正式颁布，并正式通知铁组委员会，自2012年1月1日起，对由中国经满洲里、二连浩特、阿拉山口三个口岸到欧洲国家的集装箱运输，试验采用国际货约/国际货协运单。

中欧班列采用的国际铁路联运运单种类通常根据货物的去向和运行线路来确定，由于途经及到达国家适用的国际联运规则不同，因而采用的联运运单也不同。以2015年中欧班列去程为例，主要有三种类型的运单：①国际货协运单（途经国家和到达国家均适用国际货协规则）；②国际货协运单＋国际货约运单（途经国家和到达国家适用两种联运规则，需要在途中更换运单）；③国际货约/国际货协运单（途经国家和到达国家适用两种联运规则，但各国铁路事先已经书面商定使用"统一运单"）。表9－4显示了3类运单的特点。

表 9－4　　　　　　　　　　　不同运单类型使用特点一览表

运单类型	优　点	缺　点
国际货协运单	无须商定；国际货协成员方一票到底	仅限于国际货协成员
国际货协运单＋国际货约运单	无须商定；覆盖国际货协和国际货约成员方	需要途中重新制票，降低运输效率，增大了录入出错概率
国际货约/国际货协运单	国际货协和国际货约成员方间一票到底	需要在每批货物发运前对外商定；运单填写要求高、难度大

2. 国际铁路联运运单的功能与内容

国际铁路联运运单属于UCP600规定的公路、铁路或内河运单的范畴，它仅具有运输合同证明和货物收据的功能，不具有物权凭证的功能，不具有流通性。因此，《国际货协》和《国际货约》均明确规定铁路联运运单中的收货人一栏必须是记名的。

以国际货协运单为例，铁路联运运单的第1~5联正面的印刷格式相同，由1~50栏构成，主要用于记载收货人、始发站、终到站，以及货物等方面的内容。至于

国联运单样本

铁路联运运单的背面项目,第1~3联背面印刷格式相同,由53~92栏构成,主要用于运输费用的计算。第4~5联背面在上述栏目基础上增加了93栏"铁路记载"、94栏"商务记录"、95栏"运到期限中止"、96栏"通过的国境站戳记"4栏。此外,第4联背面还增加97栏"关于向收货人通知货物到达的事项"、98栏"货物交付收货人和货物领取(签字、日期)"2栏。

3. 国际铁路联运运单缮制要求

以国际货协运单为例,国际铁路联运运单根据填写内容不同,分别由发货人、海关、国内铁路部门、国外铁路部门、收货人等有关方填制,在缮制时应遵循以下基本要求:①运单各张和补充运行报单,以及慢运和快运的票据,都不得相互代用。运单(包括不带号码的补充运行报单)正面未划粗线的为运送本批货物所需的各栏,由发货人填写。但第15、27、30~45及48各栏视由何人确定货物重量、办理货物装车和车辆施封来确定应由发货人或铁路填写,第26栏由海关填写。②运单中记载的事项,应严格按照为其规定的各栏和各行范围填写,但第9~11栏的"一般说明"中规定的情况除外。③中朝、中越铁路间运送的货物,可仅用本国文字填写,而与其他《国际货协》成员方铁路间运送的货物,则须附俄文译文。但我国经满洲里、绥芬河发到俄罗斯、哈萨克斯坦等独联体国家的货物,可只用中文填写,不附俄文译文。

(七)国际铁路联运通关业务

由于《国际货协》在规章、单据、交货条款、贸易术语等重要方面与现行国际惯例尚未统一,因而在国际铁路联运中的海关、商检办理手续中出现了很多特殊的要求。

1. 国际铁路联运中对海关监管的特殊规定

(1)可以在发运车站报关,报关后,以铁路车辆作为监管运输工具,加封后发往边境铁路口岸,边境铁路口岸海关及联检办在核对关封及电子数据无误后,即予交接出境;还可以在发运站按铁路国际联运货物发运,发运站使用国际货协运单施封运输,车辆到达国境站后,在边境口岸海关查验、报关后交接出境。国际铁路联运货物的进口申报手续有边境口岸报关和到达站报关两种形式。一般国际铁路联运货物在边境口岸报关和缴纳海关应收、代收的税款。如在到达站设有海关或有海关监管条件,在向海关提出申请后,可办理监管转关运输,运抵到达站报关,办理进口通关手续缴纳税费。

(2)国际铁路联运中的货物报关,以一辆铁路车辆为单位(即一车一票),每一铁路车辆使用一套报关单据(包括外汇核销单、出口合同、箱单、发票和其他单证)。这是因为铁路运输的特殊性,在我国铁路车辆的载重量一般为每车装载60吨左右,在发运超过2车以上货量的货物时,整批货物如一票报关,其报关的关封只能订在其中一车的国际联运单封套中。而在路途较长的铁路运输中,每250千米有一次技术作业,经过主要干线交叉点的编组站时,还要有不同运输去向的重新编组作业,很容易把原来一批发运的多车货物编组成两列或多列货物列车发出,造成一批发运的货物到达国境站时分成几批。这时,如加附关封的车辆晚到国境站,会造成先到的货物无法交接出境、积压车辆和海关监管不便,因此国际铁路联运货物报关一车一票。

(3)在内地发运站报关时,铁路车辆可以作为监管运输工具使用,由海关加封后准予监管运输到国境站出境。由于用铁路国境联运出口的一部分货物是无法装载在具备密封条件的棚车或集装箱中的,如大型机具、金属构架、散装货物等,所以有些内地海关往往以无密闭加封条件为由而不准予在发运车站报关。

(4)在发运站报关后海关准予放行。此时货物还在铁路车辆运至国境站途中,并未出境,由于发运站海关在未得到国境站海关货物已出境的回执前,是不会退还外汇核销单、出口退税提运单和用于收汇核销的报关单据的,因此在发运站报关并未节省海关单据核销时间。

2. 国际铁路联运报关单填报的特殊规定

为统一进出口货物报关单填报要求,海关制定了报关单填制规范。现根据关税税则将国际铁路联运与其他运输方式报关单填报的不一致和特殊要求简述如下：

第 3 栏进口口岸/出口口岸：填写货物实际进出国(关)境口岸海关名称及海关关区代码表代码。

第 6 栏进口日期/出口日期：填写运载进口货物的铁路车辆申报进境的日期和运载出口货物的铁路车辆办结出境手续的日期。

第 11 栏运输方式：铁路国际货物联运，按海关运输方式代码表填报海关运输方式代码"3"。

第 12 栏运输工具名称：填写载运该批货物进、出境的铁路车辆车号，一份报关单只允许填报一个车号。直接在进出境地办理报关；在 H883/EDI 通关系统中，填报车次＋"/"＋进、出境日期。在 H2000 通关系统中填报车号或交接单号。

进口转关运输报关单填报要求：在 H883/EDI 通关系统中，直转填报"@"＋16 位转关预录入号；中转填报铁路车辆车号＋"/"＋"@"＋8 位进境日期。在 H2000 通关系统中直转、提前报关填报"@"＋16 位转关预录入号；中转填报铁路车辆车号。

出口转关运输报关单填报要求：在 H883/EDI 通关系统和 H2000 通关系统中，均是填报"@"＋16 位转关预录入号。

第 13 栏航次号：直接在进出境地办理报关，填写载运该批货物的铁路车辆进、出境日期。转关运输进口货物报关，填报"@"＋8 位进境日期。转关运输进口货物报关，填报 6 位启运日期。

第 14 栏提运单号：填写国际货协运单单号，一份报关单只允许填报一个运单号。直接在进出境地办理报关，填报运单号。

进口转关运输报关单填报：在 H883/EDI 通关系统中，直转填报 11 位铁路运单号；中转填报"@"＋铁路运单号；提前报关免予填报。在 H2000 通关系统中直转、中转填报铁路运单号；提前报关免予填报。

第 20 栏装货港/指运港：装货港填写进口货物的境外起始发车站，指运港是指出口货物运往境外的最终运到车站。

第 21 栏境内目的地/境内货源地：境内目的地填写货物在境内的最终运到车站，境内货源地是指出口货物的始发车站。

其余各栏同其他运输方式报关单。

3. 国境站海关作业

(1) 国境站出境货物列车的海关作业

国际铁路联运的最大特点是在相邻的两国或相连的数国的铁路上，使用一份单据，办理全程运输，相邻两国边境车站由双方铁路交接货物，进出口货物的所有人只需在本国办理发货或提货手续，无须负责中途运输、过境报关等作业。

国际联运列车必须在我国境内设有海关的进出口国境站停留，接受海关监管和检查。进境列车自到达站起至海关检查完毕止，出境列车自海关开始检查起至海关放行止，未经海关许可不得移动、解体（客车换轮除外），或擅自驶离进出境站。进出境车站应向海关递交反映进出境列车载运的货物、物品，以及上、下进出境旅客等实际情况的交接单据及商务记录，同时将列车驶入或驶离进出境列车站的时间、车次、停发地点等事先通知海关。货运列车载运的货物、物品进出时，进出境列车站应向海关递交下列单据进行申报：①货物运单或行车、包裹运行报单及添附文件；②货物交接单或行李、包裹交接单；③海关需要的其他有关文件。

对海关监管货物，如需变更国内到站或出境站的，办理变更的车站应负责通知海关。变更后的指运站或出境站必须是设有海关机构的车站。有关车站应将海关的关封转交列车长，连同运单一起带交变更后的指运站或出境海关。如指运站没有设立驻在海关机构，入境地车站必须取得指运站附近海关同意后方能受理变更。

(2)海关对国际联运列车所载进出口货物、物品的监管规定

对于国际联运货物列车到达和驶离边境车站的时间、车次、停发车地点,边境车站必须事先通知海关。国际联运货物列车装卸进出口货物、物品,应接受海关监管。货物、物品装卸交接完毕,车站应向海关递交反映实际情况的交接单据及商务记录。海关查验出境货物、物品,发现有走私情形或走私嫌疑的,可以书面通知车站将货物、物品卸到海关指定地点或将有关车辆调到指定地点进行处理。

海关查验货物时,进出境车站应当派人按照海关的要求负责开拆车辆封印、开启车门或揭开篷布;货物的收、发货人或其代理人应当搬移或起卸货物,拆开或重封货物的包装。海关认为必要时,可以自行开验、复验或提取货样,并对提取货样的名称、数量出具证明。

转关运输货物在起运之前,海关对有关单证、货物、物品查核无误后,在国际货协运单上加盖"海关监管货物"戳记,连同关封一起退还车站,凭此起运。海关关封由车站交列车长,连同运单一起带交指运站或出境地海关。

为了修理进出境车辆而运进的材料、零部件、工具、轮对、转向架,在海关监管之下确实用于进出境车辆维修的,海关准予免征关税和增值税。为车辆施封用的材料和铁路运送用具(包括篷布),车站应当向海关如实申报,由海关查验免税放行。

(八)国际铁路联运代理业务流程

国际铁路联运业务流程包括发送站的发送作业、发送路国境站作业、过境路作业(如有的话)、到达路国境站作业、到达路的到发作业等环节。图9—8显示了国际铁路联运出口业务流程,至于国际铁路联运进口业务流程则是在流转方向上正好相反。

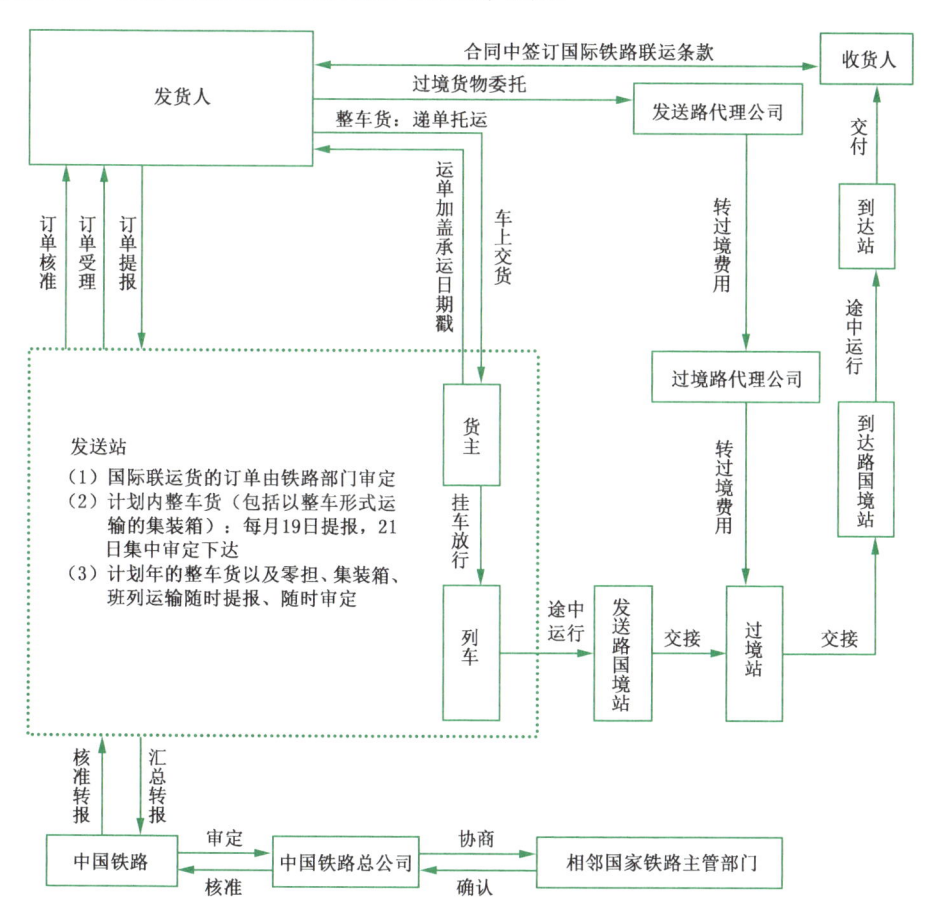

图9—8 国际铁路联运出口业务流程

在实际业务中,客户(发货人、收货人)往往委托国际货运代理办理国际铁路联运的进出口手续。以出口为例,国际货运代理需要经过接受委托—提报计划—制单(铁路联运运单)—配车—报检、报关—口岸交接(审核、换装、签署交接证件)—国外交货等业务环节。图 9—9 和图 9—10 分别显示了国际铁路联运进出口代理业务流程。

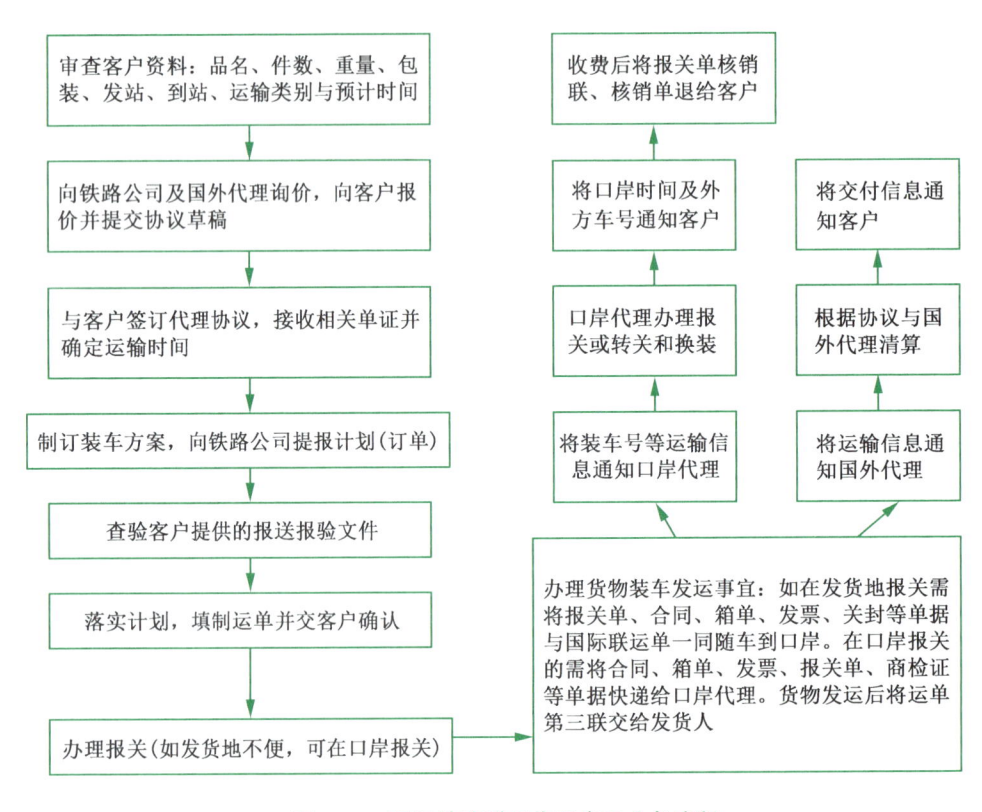

```
出口业务流程：
审查客户资料：品名、件数、重量、包装、发站、到站、运输类别与预计时间
  ↓
向铁路公司及国外代理询价，向客户报价并提交协议草稿
  ↓
与客户签订代理协议，接收相关单证并确定运输时间
  ↓
制订装车方案，向铁路公司提报计划(订单)
  ↓
查验客户提供的报送报验文件
  ↓
落实计划，填制运单并交客户确认
  ↓
办理报关(如发货地不便，可在口岸报关)
  ↓
办理货物装车发运事宜：如在发货地报关需将报关单、合同、箱单、发票、关封等单据与国际联运单一同随车到口岸。在口岸报关的需将合同、箱单、发票、报关单、商检证等单据快递给口岸代理。货物发运后将运单第三联交给发货人
  ↓
将装车号等运输信息通知口岸代理
  ↓
口岸代理办理报关或转关和换装
  ↓
将口岸时间及外方车号通知客户
  ↓
收费后将报关单核销联、核销单退给客户

  将运输信息通知国外代理
  ↓
  根据协议与国外代理清算
  ↓
  将交付信息通知客户
```

图 9—9　国际铁路联运代理出口业务流程

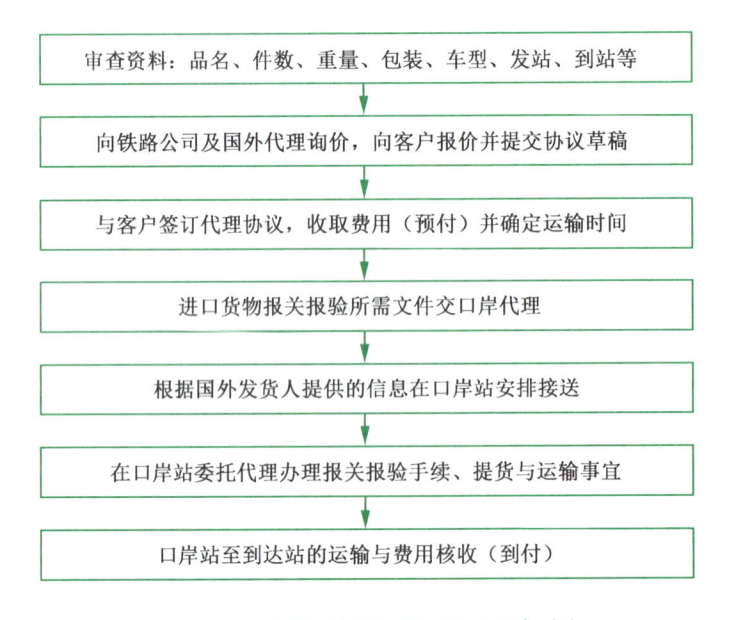

```
进口业务流程：
审查资料：品名、件数、重量、包装、车型、发站、到站等
  ↓
向铁路公司及国外代理询价，向客户报价并提交协议草稿
  ↓
与客户签订代理协议，收取费用（预付）并确定运输时间
  ↓
进口货物报关报验所需文件交口岸代理
  ↓
根据国外发货人提供的信息在口岸站安排接送
  ↓
在口岸站委托代理办理报关报验手续、提货与运输事宜
  ↓
口岸站至到达站的运输与费用核收（到付）
```

图 9—10　国际铁路联运代理进口业务流程

任务二　国际公路货运代理

拓展阅读
国际公路运输公约

一、国际公路货物运输的发展特点

(一)境内高速公路直接连接境外

高速公路具有快速、安全、经济、高效等优点,是公路运输的高级形式,其规模与质量是衡量一个国家公路交通运输和汽车工业现代化的重要标志。

(二)货运汽车大型化、重载化和专业化

在货运方面,大型拖挂车和专用车的广泛运用,有力地提高了运输效率和效益。拖挂车运载量大,油耗省,运输成本低;重载汽车、专用车可提高货运质量,减少货损货差,节省费用,运输效率高。由于这些优势,货运汽车正朝着大型化、重载化和专业化的方向发展。

(三)高新技术广泛应用于公路运输经营管理

近些年来,发达国家十分重视高新技术尤其是计算机信息技术、自动控制技术和新材料在公路运输经营管理中的应用,这是公路运输的一个重要发展趋势。

鉴于全球定位系统(GPS)定位精度高,报时准确,能提供全天候服务,又不受地理条件限制,非常适用于现代汽车运输导航。汽车运输公司引进 GPS,对货物开展在途跟踪查询,以强化车辆和货物的在途管理,有力地提高了运输的效能。

二、我国国际公路运输发展概况

公路运输不论是在我国的边境口岸的国际贸易运输中,还是在国际集装箱、超大件货物的运输中都发挥着重要作用。

自改革开放以来,中国公路建设跨入了快速发展的新时期。至 2022 年底,我国公路线路里程已达 535.48 万千米。1988 年,沪嘉高速公路和沈大高速公路的沈阳至鞍山段 90 千米建成通车,标志了我国高速公路建设实现了零的突破。截至 2022 年底,我国高速公路已达 17.73 万千米,位居世界第一位。

三、公路运输基本知识

(一)公路

公路是指经交通主管部门验收认定的城间、城乡间、乡间能行驶汽车的公共道路。公路包括公路的路基、路面、桥梁、涵洞、隧道。

1. 公路分类

公路可从不同角度进行分类:按技术等级分,公路可分为等级公路和等外公路,等级公路又可分为高速公路、一级公路、二级公路、三级公路和四级公路;按行政等级分,公路可分为国道公路、省道公路、县道公路、乡道公路和专用公路。

2. 公路口岸

公路口岸是指在国际货物公路运输中,供人员、货物和运输工具出入境的国境车站。我国国土辽阔,有 17 个国家与我国毗邻。除同俄罗斯、蒙古国、哈萨克斯坦、朝鲜、越南有铁路相通外,我国尤其是西南广大地区与周边其他国家和地区之间货物运输,因暂无铁路相通,只能通过公路运输来实现。由于铁路线路不能涵盖所有地区,即使同有铁路相连的一些国家,我们的进出口货物运输仍然难以离开公路和公路国境车站。

(二)出入境汽车运输

出入境汽车运输主要是指我国同周边陆地毗邻的国家和港澳地区之间进行的公路国际货物运输。我国与周边国家的公路货物运输，多以政府间的双边、多边汽车运输协定为依据。

对港、澳地区出入境汽车货物运输。中国内地同香港地区之间的货运，昔日以铁路为主。但近年来，由于中国内地对外贸易不断扩展，加之香港地区很多工厂不断向深圳和珠江三角洲一带转移，因此中国内地同香港地区的汽车货运量持续上升。内地同澳门地区的汽车货运量也在增加。内地同港澳地区的公路运输已日渐成为重要的交通运输方式。

深圳与香港地区的出入境运输的车辆，必须在深圳和香港两地注册，同时挂深圳车牌和香港地区车牌。按车辆的不同注册地，可分为入境车辆(指车籍注册地在香港地区，在首次经过口岸进入内地，国内车牌颜色为黑色的车辆)和出境车辆(指车籍注册地在内地，在首次经过口岸出境，国内车牌颜色为红色的车辆)。这两类车辆的运营路线及区域也不相同。出入境车辆经由的口岸须经指定。

四、国际公路货物运输方式

国际公路货物运输方式可分为以下几类：①按营运方式分类，国际公路货物运输可分为班车运输和包车运输两种。②按运输方式是否组合分类，国际公路货物运输可分为单一方式的公路运输和多种方式的联合运输。③按办理种别分类，国际公路货物运输可分为整批货物运输、零担货物运输和集装箱货物运输三种。

五、国际公路货物运输合同

汽车货物运输合同是承运人与托运人之间就货物的运输、货物交付给其他收货人、到达地等内容达成的协议，可以书面形式、口头形式或其他形式形成。由承运人和托运人本着平等、自愿、公平、诚实和信用的原则签订。

六、公路货运代理

公路货运代理是指接受发货人、收货人的委托，为其办理公路货物运输及其相关服务的人。

(一)公路货运代理的服务内容

公路货运代理的服务内容包括揽货、托运、仓储、中转、集装箱拼装拆箱、结算运杂费、报关、报检、保险、相关的短途运输服务及咨询业务。在我国，根据《国际货运代理行业管理规定》及其实施细则等法规的规定，从事国际公路货运代理业务需要依法注册并在商务主管部门备案，取得国际公路货运代理资质的企业，既可以代理人身份开展公路货运业务，也可以独立经营人的身份开展公路货运业务。

(二)公路货运代理的特点

1. 身份多重性

以上只是传统意义上关于公路货运代理的概念，在实践中，无论是公路货运代理，还是货运配载服务经营者、货运信息中心、货运咨询中心，其往往突破原有的代理人、居间人、咨询人的身份，以自己的名义开展全程运输组织，并从中赚取运费差价，从而成为承运人。有些企业甚至成为第三方物流经营人，从事现代物流服务。

2. 经营范围独特性

由于公路运输的特点，公路货运代理以从事其他运输方式的集疏运服务、海关监管运输、保税运输、仓储与配送等服务为主，并且代收货款服务往往成为业务范围的重要组成部分。实践中，货主为图方便，纷纷委托公路货运代理送货时代收货款，取货时代付货款。尤其在零担货运业，公司能否从事代收款业务甚至成为货主选择货运公司时的主要标准。一般货主会固定选择一两家货运公司长期合作,货款在运输周期内处于公路货运代理的掌控之下,有的甚至半个月或者一个月才与客户结一次货款,最长可达 3 个月。

3. 服务多元化

按照服务内容与特点,从事公路运输工作的企业可分为四类:①纯运输企业。不管是美国、日本还是西欧国家,都存在大量单纯从事运输的货运企业。这类企业一般不直接涉及货源组织,其运输业务一般来源于合同单位或广大企业的整车货物,因而在整个物流链的分工中处于末端位置。②零担、快件类物流企业。其主要是指借助于汽车运输工具和场站,为社会大众提供零担、快件运输为主要服务的物流企业。这类企业的服务对象为社会大众、企业,因而其组货和服务网络特别发达(面广、密度高、网点小)。一般来说,货源以集零为整方式组织,对仓储、加工要求不高,对服务速度、服务质量要求较高,因而在整个服务过程中对信息化管理和车辆运输也有很高的要求。③流通配送型物流企业。其主要是指为购物中心、便利店等流通企业提供商品配送的物流企业。对这类企业来说,仓库是其作业核心,一般来说,企业的网点不多,但网点仓库的面积较大,保管和出、入库货物量也相应较大,服务区域较广。④综合类物流企业。其主要是指为工矿企业提供供应链服务的物流企业,具有提供从生产物流到销售物流"一条龙"服务的能力。这类企业的业务来源于工矿企业的物流外包业务,因而这类企业具有物流服务所需的所有基本功能,供应链管理是其基本理念,同时对信息管理系统要求很高,是整个供应链管理的核心,一般都具有"一站式"服务的能力。

(三)公路运输货运单证

国际公路货运中最重要的货运单证为公路运单,俗称托运单。

自 2005 年 6 月 1 日起施行的《国际道路运输管理规定》是我国规范国际道路运输经营活动,维护国际道路运输市场秩序,保护国际道路运输各方当事人的合法权益,促进国际道路运输业的发展的规范性文件。

(1)该规定第 30 条指出:国际道路运输实行行车许可证制度。行车许可证是国际道路运输经营者在相关国家境内从事国际道路运输经营时行驶的通行凭证。

(2)该规定第 31 条指出:在我国境内从事国际道路旅客运输经营和一般货物运输经营的外国经营者,使用"国际汽车运输行车许可证"。

(3)该规定第 22 条指出:我国从事国际道路货物运输的经营者,应当使用"国际道路货物运单"。

(四)公路运送费

1. 计费重量

在计算公路货物运输费用时,需要考虑货物的计费重量。公路货物运输计费重量规定如下:

(1)一般货物。无论整批、零担,计费重量均按毛重计算。整批货物运输以吨为单位,吨以下计至 100 千克。尾数不是 100 千克的,四舍五入;零担货物运输以千克为单位,起码计费重量为 1 千克。重量在 1 千克以上,尾数不足 1 千克的,四舍五入。

(2)轻泡货物。每立方米重量不足 333 千克的货物为轻泡货物。整批轻泡货物的高度、长度、宽度以不超过有关道路交通安全规定为限,按车辆标记吨位计算重量;零担轻泡货物以货物最长、最宽、最高部位尺寸计算体积,按每立方米折合为 333 千克计算重量。

此外,还有其他几种计费重量:包车运输按车辆的标记吨位计算重量;散装货物如砂、矿石、木材等,按体积、按有关单位统一规定的重量换算标准计算重量;集装箱运输以箱作为计量单位,不按箱内货物实际重量计算。

2. 计费里程

公路货物运输计费里程按货物的装货地点至卸货地点的实际运输里程计算,以千米为单位,尾数不足1千米的,按1千米计算。

出入境汽车货物运输的境内计费里程以交通主管部门核定的里程为准。境外里程按毗邻地区交通主管部门或有权认定部门核定的里程为准。未核定里程的,由承、托双方协商或按车辆实际运行里程计算。

3. 计价单位

境内公路货物运输计价以元为单位,运费尾数不足1元时,四舍五入。

具体如下:①整批货物运输:元/吨·千米。②零担货物运输:元/千克·千米。③集装箱运输:元/箱·千米。④包车运输:元/吨位·小时。⑤出入境货物运输,涉及其他国家货币时,在无法按统一汇率折算的情况下,可使用其他自由货币作为运价单位。

(五)公路运输运作流程

1. 公路运输基本运作流程

无论是何种运输形式,其业务运作过程均由发送业务、途中业务和到达业务三部分构成。其中,发送业务主要包括受理托运、检货司磅、保管、组织装车和制票收费等内容;途中业务主要包括途中货物交接、货物整理或换装等内容;到达业务主要包括货运票据的交接、货物卸车、保管和交付等内容。公路运输的基本运作流程如图9-11所示。

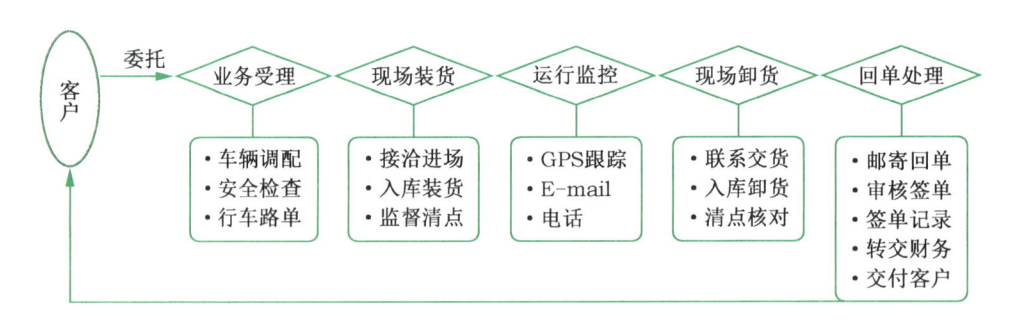

图9-11 公路运输运作流程

当然,不同运输形式也有自己的特点。为此,以下重点介绍公路零担运输、整车运输、集装箱运输的运作特点。

2. 公路零担运输运作流程

在公路运输中,零担货物是指一次托运、计费重量不足3吨的货物,零担货物运输是以零担货物受理、零担货运站经营和零担线路运输为主要内容,包括零担货物的受理、仓储、运输、中转、装卸和交付等业务的一种道路运输生产方式。公路零担货运业务流程与操作要求如表9-5所示。

表9-5 公路零担货运业务流程与操作要求

程 序	操作人员	业务操作	操作要求
业务联络	业务员	1. 预约 2. 订立合同 3. 接单(派车联系单、发货单) 4. 打电话给客户可直接传递派单 5. 将运输单分配给各调度员	1. 多种接单方式方便客户及时下达指令 2. 确保客户满意 3. 派单及时、准确

续表

程　序	操作人员	业务操作	操作要求
配载派车	调度司机	1. 接单 2. 按货物数量、品种及去向、时间要求分配配载 3. 明确货物运输清单，落实车辆安全防护工作 4. 发车至仓库或客户处提货	1. 及时、优质、高效配载 2. 确保车辆安全 3. 各项运输注意事项交代完整、清楚 4. 确保车辆准时到位
装货发运	调度司机、仓管员、现场员、卸载工	1. 凭单提货 2. 仓库核对发货并登记 3. 装车前后做好各项核对工作 4. 规范文明、准确卸载 5. 现场监督，记录作业情况	1. 单、货车相符 2. 做好运输安全措施 3. 文明卸载，按时发运 4. 出库手续齐备、统计准确
在途跟踪	客服专员	1. 主动向客户汇报货物在途状态 2. 主动向客户提供查询服务	及时妥善处理货运途中的问题
单货验收	调度司机	1. 指定仓位按时卸货 2. 单据签章及时、完整、有效 3. 签收后通知调度，回单返回及时	1. 签收单据如有破损，司机负责 2. 回单于卸货后5～7天内返回
单证处理	调度回单管理员、结算员	1. 调度将回单核对后交回单管理员 2. 回单管理员将回单交结算员 3. 结算员审核结算收支费用	1. 回单返回及时、准确 2. 统计、计价准确 3. 结算费用及时

零担运输通常采取定点、定线、定班的零担班车的运输形式。其零担货运班车主要有以下三种形式：①直达式零担班车。它是在起运站将不同发货人托运至同一到站，且性质适宜配载的各种零担货物，同时装运至到达地的运输组织形式。它是汽车零担货运班车的基本形式，其优点是节省了中转费用，减少了货物在途时间损失，有利于运输安全和货物完好。②中转式零担班车。它是指在起运站将不同发货人同一方向不同到站，且性质适宜配载的各种零担货物，同时装运至规定的中转站，以便另行配送，继续零担货物运输过程的运输组织形式。这种运输组织形式特别适用于运量零星、流向分散的零担货物运输。③沿途式零担班车。它是指在起运站将各个发货人托运同一线路、不同到站，且性质适宜配装的各种零担货物，同车装运至沿途各计划作业点，卸下或装上零担货物后继续行驶直至终到站的运输组织形式。这种运输组织形式在组织上更为复杂，车辆在途时间也较长，但它能更好地满足沿途货主的零担货物运输需求，是上述两种零担班车不可缺少的补充形式。

近年来，许多地区在零担运输的基础上推行城际快速货运模式。所谓城际快速货运，是指以高等级公路为载体，以高附加值、高时效性货物为主要对象，以先进运输工具和信息通信方式为手段，以集约化、规模化、网络化经营为主体而完成区域间运输的一种现代化货运方式。在实践中，城际快速货运是通过运输企业上门取货、集零为整、送货到门、化整为零的业务方式，实现了"门到门"运输，即整个业务活动包括了始发与终到货运站之间的干线直达运输，收发货人/收货人与始发/终到货运站之间的集散、分拨以及始发与终到货运站内的仓储、配送、流通加工等环节。

3. 公路整车运输运作流程

如果托运人一次托运货物在3吨以上（含3吨），或虽不足3吨，但其性质、体积、形状需要一辆3吨及以上的汽车运输均为整车运输。

公路整车运输与零担运输业务运作差异如表9－6所示。

表 9-6　　　　　　　　　　　公路整车运输与零担运输业务运作差异

对比项目	整车运输	零担运输
承运人责任期间	装车/卸车	货运站/货运站
是否进站存储	否	是
货源与组织特点	货物品种单一、数量大、货价低,装卸地点一般比较固定,运输组织相对简单	货源不确定、货物批量小、品种繁多、站点分散,质高价贵,运输组织相对复杂
营运方式	直达的不定期运输形式	一般定线、定班期发运
运输时间长短	相对较短	相对较长
运输合同形式	通常预先签订书面运输合同	通常托运单或运单作为合同的证明
运输费用的构成与高低	单位运费率一般较低,仓储、装卸等费用分担,需在合同中约定	单位运费率一般较高,运费中往往包括仓储、装卸等费用

4. 公路集装箱运输

目前,公路集装箱运输企业主要承担如下五个方面的经营业务:①海上国际集装箱由港口向内陆腹地的延伸运输、中转运输以及在内陆中转站进行的集装箱交接、堆存、拆装、清洗、维修和集装箱货物的仓储、分发等作业。②国内铁路集装箱由车站至收/发货人仓库、车间、堆场间的"门到门"运输及代理货物的拆装箱作业。③沿海、内河国内水运集装箱由港口向内陆腹地的延伸运输、中转运输或至货主间的短途"门到门"运输。④城市之间干线道路直达的集装箱运输。⑤我国内地与港澳之间及其他边境口岸出入境的集装箱运输、接驳运输以及大陆桥运输。

公路集装箱拖车由牵引车(拖头)和半挂车(拖架)两部分组成,称为集装箱牵引列车。采用这种形式组织的运输称为拖挂运输。根据集装箱牵引列车的运行特点和对装卸组织工作的不同要求,拖挂运输一般可分为定挂运输与甩挂运输两种。①定挂运输是指集装箱牵引列车在完成运行和装卸作业时,牵引车与半挂车一般不予分离。这种定车定挂的组织形式,在运行组织与管理工作方面基本上与单车运行相仿,易于推广。它是拖挂运输开展之初常被采用的一种主要形式。②甩挂运输是指集装箱牵引列车按照预定的计划,在各装卸作业点甩下并挂上指定的半挂车后,继续运行的一种组织方式。甩挂运输也称为甩挂装卸,这种运行组织方式可以使牵引车的停歇时间缩短到最低限度,从而充分发挥其运输效能,最大限度地利用其牵引能力。

▼ 应知考核

一、单项选择题

1. 我国经铁路运往俄罗斯的货物通常采用(　　)。
   A. 国际货协运单　　　　　　　　　　B. 国际货约运单
   C. 国际多式联运提单　　　　　　　　D. 国内铁路运单
2. 货物的"门到门"运输通常采用公路运输方式,是因为(　　)。
   A. 公路运输的灵活性大、适应性强　　B. 公路运输的速度快
   C. 公路运输的运量大　　　　　　　　D. 公路运输的运货种类多
3. 我国铁路部门目前已不再受理的类别是(　　)。
   A. 整车货物　　　　　　　　　　　　B. 零担货物
   C. 20 英尺集装箱货物　　　　　　　　D. 40 英尺集装箱货物

4. 新亚欧大陆桥全长( )千米。
A. 10 000　　　　B. 13 000　　　　C. 20 000　　　　D. 25 000
5. 国际铁路联运凭运单副本第( )向银行办理结汇或结算。
A. 一联　　　　　B. 二联　　　　　C. 三联　　　　　D. 四联

二、多项选择题

1. 我国经由西伯利亚大陆桥出口的货物,可选择的出口铁路国境站是( )车站。
A. 满洲里　　　　B. 二连浩特　　　C. 阿拉山口　　　D. 绥芬河
2. 铁路联运运单或公路运单具有( )功能。
A. 货运合同　　　B. 货运合同证明　C. 货物收据　　　D. 物权凭证
3. 等级公路可分为( )。
A. 高速公路　　　B. 一级公路　　　C. 二级公路　　　C. 三级公路
4. 按营运方式划分,国际公路货物运输可分为( )。
A. 班车运输　　　　　　　　　　　B. 包车运输
C. 单一方式的公路运输　　　　　　D. 多种方式的联合运输
5. 公路货运代理的特点有( )。
A. 市场准入门槛低　B. 身份多重性　C. 经营范围独特性　D. 服务多元化

三、判断题

1. 境内公路货物运输计价以元为单位,运费尾数不足1元时,四舍五入。　　　　( )
2. 公路运输中,每立方米重量不足333千克的货物为轻泡货物。　　　　　　　( )
3. 国际铁路联运费用由发送路运送费用、到达路运送费用和过境路运送费用三部分构成。
   　　　　　　　　　　　　　　　　　　　　　　　　　　　　　　　　　( )
4. 在我国铁路车辆的载重量一般为每车装载50吨左右。　　　　　　　　　　　( )
5. 目前,各国铁路轨距必须完全相同。　　　　　　　　　　　　　　　　　　( )

应会考核

■ 观念应用

我国某外贸公司进口一批零部件,经俄罗斯办理零担铁路货运入境。货物在我国国内到站后,外贸公司提货时发现运单中记载的货物发生部分短少。于是,该公司拒绝收货并拒绝支付到达路段的运费。

【考核要求】

该收货人的做法对吗?为什么?

■ 技能应用

甲国有5个车辆的整车货物随旅客列车挂运经我国运往乙国,已知车辆标重为16吨,按过境里程和运价等级,该货物在《统一货价》中的基本运价率为6美元/吨,而根据运价里程和运价号查得该货物在我国国内《价规》中的运价率折合美元为7美元/吨。若两个运价的计费重量均为货车标重,我国应向甲国发货人收取多少运费?

【技能要求】

请计算上述运费。

■ 案例分析

2023年7月,大连鸿瑞分公司委托原告环球公司,承担外销打火机的公路运输业务,原告转委托被告汽运公司运输,被告又委托永发公司运输,用于托运打火机的集装箱为G箱。永发公司所派的驾驶员赵昂将集装箱拖至大连鸿瑞分公司装货时,错把同一个拖卡上面的C箱(该箱本应装一批鞋子运到日本)交给厂方装了打火机,而在G箱中装入了鞋子。C箱出口通关后仍运到日本,G箱则运到了巴塞罗那。此后经有关方协商处理,打火机从日本重新运到巴塞罗那,产生了在日本的滞留费用及转运到巴塞罗那的运费,合计46 936美元。大连鸿瑞分公司则在应付给原告的运费中扣除了该笔款项。

【分析要求】

(1)本案中两票货物的法律关系应如何确定?

(2)被告是否应赔偿原告的损失?如果赔偿,之后应向谁追偿?

项目实训

【实训项目】

铁路运输运到逾期罚款的计算。

【实训情境】

保加利亚瓦尔纳港口站于2023年5月10日以慢运整车承运一批机器30吨,经由鲁塞东/翁格内、后贝加尔/满洲里国境站,于2023年7月18日到达北京东站。已知逾期铁路的运费为10 000瑞士法郎。

【实训任务】

1. 根据本项目的内容,分析这批货物是否会逾期?逾期铁路应向收货人支付逾期罚款是多少?

2. 撰写《铁路运输运到逾期罚款的计算》实训报告。

《铁路运输运到逾期罚款的计算》实训报告		
项目实训班级:	项目小组:	项目组成员:
实训时间: 年 月 日	实训地点:	实训成绩:
实训目的:		
实训步骤:		
实训结果:		
实训感言:		
不足与今后改进:		
项目组长评定签字:		项目指导教师评定签字:

项目十　国际航空货运代理

- **知识目标**

　　理解：国际航空货物运输基本知识。
　　熟知：国际航空运输组织、国际航空货物运输方式、航空货运代理的种类。
　　掌握：国际航空货物运费的计算、航空货物托运书与航空货运单、国际航空进出口货运代理流程。

- **技能目标**

　　能够计算国际航空货运运费、缮制航空货运单；具备完成国际航空进出口货运代理业务的能力。

- **素质目标**

　　运用所学的国际航空货运代理知识研究相关案例，培养和提高学生在特定业务情境中分析问题与决策设计的能力；结合行业规范或标准，运用本项目的知识分析行为的善恶，强化学生的职业道德素质。

- **思政目标**

　　能够按照国际航空货运代理业务流程和实践认知，结合职业道德和企业要求，自主解决国际航空货运代理业务中出现的常见问题；自觉学习航空相关知识，熟悉航空运输业务，为正确践行航空运输业务打好基础；不断地提高专业技能，具备外贸业务人员基本的职业道德修养和职业实践素养。

- **项目引例**

国际航空货运代理的服务范围

　　中远国际航空货运代理有限公司成立于1995年8月18日，是国家商务部（原对外经济贸易合作部）和民用航空局（原民航总局）批准的国际货运代理和一类航空货运代理公司，是中国远洋物流有限公司旗下专注于为客户提供航空物流服务的企业，是中远集团（中国远洋海运集团）旗下唯一一家聚焦航空运输的专业物流公司。该公司总部位于北京，下设11家子公司、4家分公司，在全国共设有35个服务网点，业务范围覆盖全国主要的空港。

引例导学：国际航空货运代理一般提供哪些货运服务？国际航空货物运输方式有哪些？

● 知识精讲

任务一　国际航空货物运输概述

一、国际航空货物运输概况

航空货物运输是国际贸易运输的一种运输方式。适于航空运输的商品越来越多，航空货物运输已经成为国际货运，特别是洲际货运的重要方式。

1920年，中国第一条从北京至天津的民用航空线正式通航，经营方式为不定期航线。新中国成立后，中国与苏联合资成立中苏民用航空股份公司，开通了我国第一条国际航线。自此以后，我国的民航事业不断发展壮大。2022年交通运输行业发展统计公报公布：2022年年末颁证民用航空运输机场254个，比上年末增加6个，其中定期航班通航机场253个，定期航班通航城市（或地区）249个。全年旅客吞吐量达到100万人次以上的机场69个，其中全年旅客吞吐量达到1 000万人次以上的机场18个。全年货邮吞吐量达到10 000吨以上的机场51个。截至2022年底，我国共有254座民航机场，其中15座4F级、39座4E级、37座4D级、158座4C级、4座3C级、1座1B级。

二、国际航空货物运输基础知识

（一）航空港

航空港（Airport）又称航空站或机场，是供飞机起飞、降落和停放及组织、保障飞行活动的场所。航空站通常由跑道、滑行道、停机坪、指挥调度塔或管制塔、助航系统、输油系统、维护修理基地、消防设备、货栈以及航站大楼等建筑和设施组成。

航空港按所处位置可分为干线航空港和支线航空港；按服务对象可分为军用航空港和民用航空港；按业务范围，则可分为国内航空港和国际航空港。国内航空港是指仅供国内航线的航空器使用，除特殊情况经批准外，不准外国航空器使用的航空港。国际航空港则是经政府核准对外开放，并设有海关、移民、检疫及卫生机构，供国际航线上的航空器起降和营运的航空港。

世界上现代化、专业化程度较高的大型国际航空货运机场有美国的芝加哥机场、德国的法兰克福机场、荷兰阿姆斯特丹的希普霍尔机场、英国的希思罗机场、法国的戴高乐机场、日本的成田机场以及中国香港国际机场等。这些机场有现代化的导航设备和庞大的客货运中心，以及现代化的全货机码头、仓库，专门用于货运，这些现代化的装备可大大提高货机的装卸速度。

（二）航空器

航空器（aircraft）主要是指飞机。飞机的构造包括机身、机翼、操纵装置、起落装置和推进装置。常见的飞机有螺旋桨式飞机、喷气式飞机和超音速飞机。此外，飞机还可按载量大小分为普通型飞机和高载量型飞机；按机身宽度可分为窄体飞机和宽体飞机；按用途可分为客机、全货机和客货混合型飞机。

（三）航线

航空器在空中飞行，必须有适于其航行的通路，经过批准开辟的连接两个或几个地点、进行定期和不定期飞行、经营运输业务的航空交通线即航线（Route）。航线按飞机飞行的路线可分为国内航线和国际航线。

(四)航班

根据班机时刻表在规定的航线上使用规定的机型,按照规定的日期、时刻进行的飞行称为航班(Flight)。从基地站出发的飞行为去程航班,返回基地站的飞行为回程航班。航班有定期航班和不定期航班之分。定期航班公布运价和班期,按照双边协定经营,向公众提供运输服务,对公众承担义务。

定期国际航班是指具有下列全部特征的飞行系列:①它飞经一个以上国家领土之上的空气空间。②它以航空器为取酬目的,从事旅客、邮件或货物运输,以每次飞行都对公众开放的方式经营。③就其在相同的两个或多个地点之间营运而言,它的经营依公布的班期时刻表,或者其飞行的正规性或经常性已达到公认的制度性。

【注意】不定期航班多采用包机合同运输,特别便利运输批量大的货物运输。

三、国际航空运输组织

(一)国际民用航空组织

国际民用航空组织(International Civil Aviation Organization,ICAO)是政府间的国际航空运输机构,是联合国所属的专门机构之一。1944年12月7日,近50个国家的代表在美国芝加哥举行会议,签署了《国际民用航空公约》,并达成一项临时协议,成立临时国际民用航空组织。正式的国际民用航空组织则成立于1947年4月4日,总部设在加拿大的蒙特利尔,现成员国有160多个。国际民用航空组织的宗旨是发展国际航行的原则和技术,并促进国际航空运输的规划和发展。

拓展阅读
航空货运国际公约

(二)国际航空运输协会

国际航空运输协会(International Air Transport Association,IATA)是各国航空运输企业之间的组织,会员必须是国际民用航空组织成员国的空运企业。国际航空运输协会于1945年4月16日在古巴的哈瓦那成立。协会下设财务、法律、技术和运输等委员会。国际航空运输协会总部设在加拿大的蒙特利尔,执行机构设在瑞士的日内瓦。目前,我国的国际航空公司、东方航空公司、南方航空公司等13家航空公司已成为国际航空运输协会的会员公司。

(三)国际货物运输代理人协会

国际货物运输代理人协会(International Federation of Freight Forwarders Association,FIATA)是国际发货人协会和世界上私人发运公司的组织。其会员不仅有货运代理企业,而且包括海关、船务代理和空运代理、仓库业和汽车运输业等部门。国际货物运输代理人协会于1926年5月31日在奥地利维也纳成立。其总部设在瑞士苏黎世。其创立的目的是为了解决由于日益发展的国际货运代理业务所产生的问题,保障和提高国际货运代理在全球的利益,提高货运代理服务的质量。

四、国际航空货物运输方式

(一)班机运输

班机运输(Scheduled Airline)是指在固定的航线上定期航行的航班。这种运输方式有固定的始发站、途经站和目的站。班机运输按照业务的对象不同,分为客运航班和货运航班。客运班机大多使用客货混合型飞机,以运送旅客为主,剩余舱位运送货物。货运班机大多使用全货机进行货物运输。

班机运输具有固定的航线、固定的停靠港、固定的班期、相对固定的收费标准,有利于收发货人掌握货物的起运和到达时间,并可对运输成本进行预期核算,使国际贸易货物能安全、迅速、准确地运达世界各地并投入市场。由于班机运输发送和运输快,特别适用于抢行就市的商品、紧急物资、鲜活易腐货物以及贵重货物的运送,颇受贸易界人士的欢迎。但班机运输大多使用客货混合型飞机,货物舱位有限,不能满足大批量货物的及时出运,只能分期分批运输,使得班机运输在大批量货物运输方面有一定的局限性。

(二) 包机运输

当货物发运批量大,而班机运输又不能满足需要的情况下,可以采用包机运输(Chartered Carrier)。包机运输分为整架包机和部分包机两种形式。

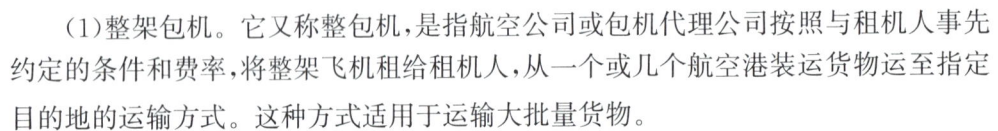

(1) 整架包机。它又称整包机,是指航空公司或包机代理公司按照与租机人事先约定的条件和费率,将整架飞机租给租机人,从一个或几个航空港装运货物运至指定目的地的运输方式。这种方式适用于运输大批量货物。

(2) 部分包机。它是指由几家航空货运代理公司或发货人联合包租一架飞机,或者是由航空公司把一架飞机的舱位分别租给几家航空货运代理公司装载货物的运输方式。部分包机适用于运送货量在1吨以上但不够装一整架飞机的货物。

(三) 集中托运

集中托运(Centralized Consignment)是指集中托运人(一般是航空货运代理公司)把若干批单独发运的货物组成一整批,集中向航空公司办理托运,采用一份航空总运单将货物发送到同一目的站,由集中托运人委托到达站当地的货运代理人负责收货、报关,并按集中托运人签发的航空分运单分拨给各个实际收货人的一种运输方式。

集中托运是航空货运代理公司的主要业务之一,也是国际航空货物运输使用比较普遍的一种方式。因为航空公司费率制定的原则是,货物重量越大,费率越低,以吸引货主采取航空运输。对货主来说,可利用集中托运人的服务,简化托运手续,节省费用。对货运代理人来说,可通过办理集中托运,收取手续费,又可从运费差价中获得利益。

(四) 航空快递

航空快递(Air Express)是指具有独立法人资格的企业将进出境的货物或物品,从发件人所在地通过自身或代理的航空网络运达收件人的一种快速运输方式。这种运输方式特别适用于急需的药品和医疗器械、贵重物品、图纸资料、货样、单证以及书报杂志等小件物品,是目前航空货物运输中最快捷的运输方式。

五、航空货运代理的种类

(一) 航协代理

航协代理是指经国际航空运输协会(International Air Transport Association,IATA,简称"国际航协")注册,取得国际航协颁发的IATA执照,可以代表IATA所属的航空公司从事货物销售等业务的国际航空货运代理。

要成为航协代理,除了应取得国际航空销售代理资格,并被IATA所属的一家航空公司指定为其代理之外,还应有一定的资信、业务量以及雇用了至少2名取得IATA的国际危险品和特殊货物运输代理证书的业务人员。

经批准成为IATA的空运代理,除了标志着实力、能力、专业水平、效率、质量及信誉等均达到国际公认标准,有助于其扩大业务和销售范围之外,还有权使用IATA代理人的专用标志、运单和信用服务,可取得世界各大航空公司的代理权,使用IATA的统一结算系统(Cargo Accounts Settlement Systems,CASS),参加IATA的各类培训计划等。

(二)销售代理

销售代理是指受航空公司的委托,在约定的授权范围内,作为他们的代理人处理国际航空客货运输销售及其相关业务。

销售代理资格分为一类航空运输销售代理资格和二类航空运输销售代理资格。一类航空运输销售代理资格是指经营国际航线或者中国香港、澳门、台湾地区航线的民用航空旅客运输和货物运输销售代理资格。二类航空运输销售代理资格是指经营国内除中国香港、澳门、台湾地区航线外的民用航空旅客运输和货物运输销售代理资格。

航空销售代理作为货主和航空公司之间的桥梁和纽带,一般具有以下两种职能:一是为货主提供服务的职能,代替货主向航空公司办理托运货物或提取货物;二是航空公司的代理职能,经航空公司授权代替航空公司接收货物,出具航空公司主单和自己的分单,或从事机场地面操作业务。

(三)空运货运代理

空运货运代理是指我国国际货运代理业管理规定中所称的空运代理,即受进出口发货人、收货人的委托,在约定的授权范围内作为他们的代理人,代为处理国际航空货物运输过程中的各项业务。

实务中,通常将航空销售代理人称为一级代理(俗称"一代"),而将空运货运代理称为二级代理(俗称"二代")。与一代相比,二代既没有领单权(即不可以向航空公司领取运单),没有订舱权(即不可以向航空公司订舱交货),也难以向海关申请监管仓库。不过,二代经营机制灵活,营运成本低,只要能开发出限时服务、等级服务等新服务产品来满足托运人不同的细分市场要求,仍然有一定的生存空间。

(四)地面代理

地面代理是指接受航空公司的委托,在装卸机场为其办理装卸货物、分解处理货物和集装箱板,为飞机加油、配餐、保洁,为旅客办理乘机手续、托运行李,提供飞机维修检查等业务。这类代理一般拥有货运站,兼有货运站和销售代理/货运代理双重职能。

六、空运代理的业务范围

空运代理除了提供订舱、租机、制单、代理包装、代刷标记、报关报检、业务咨询等传统代理业务之外,还提供以下服务:

(1)集中托运业务。在这种业务中,空运代理实际上已成为合同承运人。它是目前国际空运代理的主要业务之一。

(2)地面运输业务。它是指提供机场至机场之外的地面运输服务。在这种业务中,有些空运代理是以代理人提供地面运输服务,有些则利用自身拥有或租赁的地面运输工具以承运人身份提供地面运输服务。

(3)多式联运服务。有些大型货运代理可以提供以航空运输为主的多式联运服务。

(4)现代物流服务。目前,有些大型货运代理以航空运输为依托,为客户提供现代物流服务。

任务二　国际航空货物运费的计算

一、IATA 区域的划分与飞行时间计算

(一)IATA 区域的划分

IATA 在制定运价规章及其有关规定的过程中,考虑世界上不同地区的社会经济、贸易等状况,将世界各地区划分为 3 个航空运输业务区,即 Area TC1、Area TC2、Area TC3(TC:Traffic

Conference),简称 TC1、TC2、TC3,其下又可以进行次一级的分区,称为次区(Sub-area)。

(1)TC1 区:北美、中美、南美、格陵兰、百慕大和夏威夷群岛。该区可细分为中大西洋区、北大西洋区和南大西洋区 3 个区。

(2)TC2 区:整个欧洲(含俄罗斯的欧洲部分)、冰岛、亚速尔群岛、非洲和毗邻岛屿与中东(含伊朗)。该区可细分为非洲区、欧洲区和中东地区 3 个区。

(3)TC3 区:从巴基斯坦开始的亚洲、澳大利亚、新西兰及太平洋岛屿(夏威夷群岛除外)。该区可细分为北/中太平洋区(亚洲)、西南太平洋区 2 个区。

通过以上分区可以看出,TC1 区为西半球,TC2 区与 TC3 区为东半球。IATA 的分区与传统地理上的概念不尽一致。比如,欧洲区域不仅包括地理上的欧洲,而且包括摩洛哥、阿尔及利亚、突尼斯、土耳其等,同样,塞浦路斯、埃及和苏丹也包括在 TC2 区中的中东区域内。

为了便于有关航空运输当事人使用,IATA 出版了每个小区域内所包括国家或地区的名单和主要城市及机场,这些城市分别用 3 个字母表示,如上海用 SHA 表示,新加坡用 SIN 表示。

(二)时差与飞行时间计算

地球的自转造成了经度不同的地区时刻不同,飞机跨越经度时,就产生了时刻的不统一,当飞机东西向飞行时,必然跨越经度,从而产生时差,因此,作为空运代理必须熟悉时差计算,以便正确确定飞行时间。

在每月出版的《航运货运指南》(Official Airline Guide Cargo,OAG-CARGO)中的航班时刻表中的各个城市的时间都是当地标准时间,为了更方便地查阅与换算,该指南还公布了国际时间换算表(International Time Calculator),列出了各个国家当地的标准时间与世界标准时间的时间差。

比如,某旅客乘飞机从北京到华盛顿,飞机从北京起飞的时间为 1 月 28 日 9:44,到达华盛顿的时间为同日 15:30,根据以下步骤求出飞行时间:①找出始发站和目的站城市所在标准时间。经查北京为格林尼治时间(GMT)+08:00,华盛顿为 GMT-05:00。②将起飞时间和到达时间转换成格林尼治时间。北京的 GMT=9:44-08:00=1:44;华盛顿的 GMT=15:30+05:00=20:30。③用到达时间减去起飞时间,即飞行时间。飞行时间=20:30-1:44=18:46,即 18 小时 46 分。

二、国际航空货物运价

(一)国际航空货运费率手册(The Air Cargo Tariff Books,TACT Books)

《国际航空货运费率手册》最初是由美国、加拿大、法国、意大利、日本、荷兰、德国、比利时、瑞士、瑞典等国的 13 家航空公司于 1975 年出版发行的,后来又有 76 家航空公司参与该手册的修订与出版。中国航空运输企业尽管尚未参与此手册的出版,但包括我国在内的世界各国航空公司遵循此运价规则和运价手册来办理国际航空运输业务,因而,它已成为目前世界上一套最为完整的、统一的国际航空运价规则。它由 3 卷组成:第 1 卷为《规定手册》(TACT Rules),它包括一般的运输要求、操作程序和承运人的规定,每年 4 月和 10 月各出版一期;第 2 卷为《北美运价手册》(TACT Rates-North America),它包括与美国、加拿大、波多黎各、美属维尔京群岛、圣皮埃尔、密克隆有关的各类运价;第 3 卷为《世界运价手册》(TACT Rates-Worldwide),它是指除北美以外的世界范围内的运价。第 2、3 卷运价手册,每两月出版一期。除了上述手册外,有时还不定期地出版一些资料以对该手册内容进行补充、修改或更正。

此外,我国国际航空公司货运分公司业务规章部根据 1998 年 IATA 货物运价协调会有关决议并结合本公司实际情况于 2002 年 2 月制定了《航空货物运价》手册(第 38 期)。

(二)空运运价的构成与货币单位

空运运价是指机场至机场间的航空运费,除非运价本有特别说明,公布的运价仅指基本运费,不包括声明价值附加费和其他附加费用。当货物的价值毛重每千克超过20美元(或等值其他货币)时,托运人可办理货物声明价值,并缴纳声明价值附加费。一般此费用按超过20美元部分的0.5%计收,即附加费=(整批货物的声明价值-20美元×货物毛重×汇率)×0.5%。

(1)托运人办理声明价值时必须整批货物办理,不得办理分批声明价值或整批货物中办理两种不同的声明价值。

(2)供运输用的声明价值仅适用于货物的毛重,不包括航空公司的集装箱(器)。

(3)根据IATA规定,发货人必须在运单上对发运的货物声明其价值,若无声明价值,也要在运单上写上无声明价值(NO VALUE DECLARED,NVD)。

(4)中国民航规定,每票货物的声明价值不得超过10万美元,声明价值附加费的最低标准为10元人民币。

运价的货币单位一般以起运地当地货币单位为准,费率以承运人或其授权代理人签发空运单的时间为准。

(三)计费重量

航空运输货物与其他运输方式的计费标准相同,航空货物也是按货物的实际毛重与体积重量二者较高者作为计费重量。

(1)重货与轻泡货的划分标准。重货与轻泡货的具体界限是以6 000立方厘米/千克为基准。当货物每千克体积小于6 000立方厘米时为重货;反之,当货物每千克体积大于或等于6 000立方厘米时为轻泡货。

(2)计费重量单位。空运计费重量以0.5千克为单位,尾数不足0.5千克者,按0.5千克计费,如货物重量为300.15千克,则计费重量为300.5千克;尾数在0.5千克以上不足1千克者,按1千克计费,如货物重量为300.54千克,则计费重量为301.0千克。若用磅表示重量的话,不足1磅的尾数进为1磅。

(3)体积重量的确定。空运中的体积重量不是指货物的实际体积,而是指货物的实际体积除以6 000立方厘米/千克的值。实际体积应按货物的长、宽、高的最大值的乘积求得。比如,一批货物的毛重为250千克,体积为1 908 900立方厘米,则体积重量=1 908 900/6 000=318.15(千克),因此,计费重量是应为318.5千克。

在办理集中托运的时候,如果一张运单项下有多种不同的货物,这些货物既有重货,也有尺码货,那么货物的计费重量就按照该批货物的总毛重或总体积重量中较高的一种计算。

(四)最低运费

最低运费是航空公司办理一批货物所能接受的起码运费。最低运费不包括声明价值附加费。不同地区规定不同的最低运费,比如,从广州到香港,从福州、昆明、宁波、上海到香港的最低运费分别为35CNY和65CNY。

(五)不能采取运费到付的货物

下列情况不能办理运费到付:①到达国国家的货币管理制度不允许从收货人处收取费用;②承运人不允许运输费用到付;③收货人是托运人本人或政府临时代理机构(除非货物是由有适当证书的政府机构托运)或自由受到限制的人;④收货人所在地为机场、宾馆或其他临时性地址;⑤无价样品,报纸和其他印刷品,新闻图片、影片和电视片,礼品,酒精,饮料,尸体,骨灰,活体动物,易腐货物,私人用品及无商业价值的家具,以及本身商业价值低于运输费用的货物等。

(六)货物的声明价值

在《华沙公约》中,规定了最高赔偿责任限额,这一金额一般理解为每千克20美元或每磅9.07英镑或其他等值货币。

声明价值费＝(货物价值－货物毛重×20 美元/千克)×声明价值费的费率
声明价值费的费率通常为 0.5%。

三、IATA 运价及其计算

目前,很多国家是以 IATA 制定的运价,即 IATA 运价作为基本运价。IATA 运价(IATA Rates)可分为非公布直达运价(Unpublished Through Rates)和公布直达运价(Published Through Rates)两种。非公布直达运价是指当货物的始发地至目的地之间无公布直达运价时所采用的运价,此时可采用的运价通常为比例运价(Construction Rates)、分段相加组合运价(Combination of Rates)等;公布直达运价是在 IATA 运价中直接能够查得到的运价,即普通货物运价(General Cargo Rates,GCR)、等级货物运价(Class Commodity Rates,CCR)、指定商品运价(Specific Commodity Rates,SCR)、集中托运货物运价(Unit Load Device Rates,ULD Rates)。

(一)普通货物运价

普通货物运价(GCR),是使用最为广泛的一种运价。当一批货物不能适用特种货物运价,也不属于等级货物时,就应该使用一般货物运价。

运价的分类:①45 千克(100 磅)以下,运价类别代号为 N(Normal Rates);②45 千克以上(含 45 千克),运价类别代号为 Q(Quantity Rate);③45 千克以上的可分为 100、200、250、300、500、1 000、2 000 千克等多个收费重量分界点,但运价类代号仍以 Q 表示。

普通货物运价的计算步骤:①计算计费重量。②找出适用运价。③计算航空运费:航空运费＝计费重量×适用运价。④当计费重量接近下一个较高重量分界点时,按照较高重量分界点的较低价计算航空运费,然后与适用运价计算的运费进行比较,取低者(注意最低运费)。⑤填制货运单的运费计算栏。

【做中学 10－1】 根据以下资料计算运费:
Routing:Beijing,China(BJS)to Tokyo,Japan(TYO)
Commodity:MACHINEERY
Gross Weight:2Pieces EACH18.9kgs
Dimensions:2Pieces 70cm×47cm×35cm×2
公布运价如下:

Beijing	CNY		BJS
Y. RENMINBI	CNY		KGS
Tokyo	JP	M	230.00
		N	37.51
		45	28.13

解:(1)按实际重量计算运费:
体积重量:70cm×47cm×35cm×2/6 000＝38.38(kgs)≈38.5(kgs)
实际毛重:37.8kgs≈38(kgs)
计费重量:38.5kgs
按 N 运价计算:38.5×37.51＝1 444.135(CNY)
(2)采用较高重量分界点的较低运价计算运费:
计费重量:45kgs

运费计算:45×28.13=1 265.85(CNY)

(1)与(2)比较,取运费较低者。因此,航空运费为1 265.85(CNY)。

(二)等级货物运价

等级货物运价(CCR),适用于指定地区内部或地区之间的少数货物运输。(代号S)

适用等级货物运价的货物通常有:①活动物、活动物的集装箱和笼子;②贵重物品;③尸体或骨灰;④报纸、杂志、书籍、商品目录、盲人和聋哑人专用设备及书籍等出版物;⑤作为货物托运的行李。

其中①~③项,通常在普通货物运价基础上增加一定百分比;④~⑤项在普通货物运价的基础上,减少一定百分比。

【做中学10-2】 根据以下资料计算运费:
Routing:Beijing,China(BJS)to Vancouver,Canada(YVR)
Commodity:Panda
Gross Weight:400kgs
Dimensions:150cm×130cm×120cm
公布运价如下:

Beijing	CN		BJS
Y. RENMINBI	CNY		KGS
Vancouver	CA	M	420.00
		N	59.61
		45	45.68
		100	41.81
		300	38.79
		500	35.77

解:查找活动物运价表,从北京到温哥华,属于自三区运往一区的加拿大,运价的构成形式是"150% of Appl. GCR"。

(1)按查找的运价构成形式来计算
体积重量:150cm×130cm×120cm/6 000=390(kgs)
实际毛重:400kgs
计费重量:400kgs
适合运价:S 150% of Application GCR
即 150%×38.79=58.19(CNY/kg)
航空运费:400×58.19=23 276.00(CNY)

(2)计费重量已经接近下一个较高重量点500kg,用较高重量点的较低运价计算:
计费重量:500kgs
适合运价:S 150% of Application GCR
即 150%×35.77=53.66 (CNY/kg)
航空运费:500×53.66=26 830.00 (CNY)

对比(1)和(2),取运费较低者,因此航空运费为 23 2760CNY。

(三)指定商品运价

指定商品运价(SCR),通常是承运人根据在某一航线上经常运输某一种类货物的托运人的请求,或为促进某地区间某一种类货物的运输,经国际航空运输协会同意,所提供的优惠运价。

对于一些批量大、季节性强、单位价值小的货物,航空公司可建立指定商品运价,运价优惠幅度不限,报民用航空局批准执行。(代号 C)

指定商品运价的计算步骤:

(1)查运价表,若始发地至目的地之间有公布的指定商品运价,则考虑使用 SCR。

(2)查 TACT Books,找出指定商品的编号。

(3)计算计费重量。

(4)计算运费。

若计算重量>SCR 最低重量,则优先使用 SCR,运费=计费重量×SCR。

若计费重量<SCR 最低重量,则需要比较:

按 GCR 计算运费,运费=计算重量×GCR。

按 SCR 计算运费,运费=SCR 最低重量×SCR。

取二者中低者为最后运费。

【做中学 10-3】 根据以下资料计算运费:

Routing:Shanghai,China(SHA)to Osaka,Japan(OSA)

Commodity:FRESH APPLES

Gross Weight:EACH65.2kgs,TOTAL 5 PIECES

Dimensions:102cm×44cm×25cm×5

公布运价如下:

Shanghai	CN		SHA
Y. RENMINBI	CNY		KGS
Osaka	JP	M	230.00
		N	37.51
		45	28.13
	0008	300	18.80
	0300	500	20.61

解:体积重量:102cm×44cm×25cm×5/6 000=93.5(kgs)

实际毛重:65.2×5≈326(kgs)

计费重量:326kgs

按制定商品运价得知:SCR 0008/Q300 18.80 CNY/kg

航空运费:326×18.80=6 128.80(CNY)

(四)集中托运货物运价

集中托运货物也称混运货物,是指使用同一份货运单运输的货物中,包含有不同运价、不同运输条件的货物。

运费计算：

(1)申报方式与计算规则。其包括：①申报整批货物的总重量或总体积。计算规则：混运的货物被视为一种货物,将其总重量确定为一个计费重量。运价采用适用的普通货物运价。②分别申报每一类货物的件数、重量、体积及货物品名。计算规则：按不同种类货物适用的运价与其相应的计费重量分别计算运费。(注意：如果混运货物使用一个外包装将所有货物合并运输,则该包装物的运费按混运货物中运价最高的货物运价计收。)

(2)声明价值。混运货物只能按整票(整批)货物办理声明价值,不得办理部分货物的声明价值,或办理两种以上的声明价值。因此,混运货物声明价值费的计算应按整票货物总的毛重。

(3)最低运费。混运货物的最低运费按整票货物计收,即无论是分别申报或不分别申报的混运货物,按其运费计算方法计得的运费与起止地点间的最低收费标准比较,取高者。

【做中学 10-4】 根据以下资料计算运费：
Routing：Beijing, China(BJS) to Osaka, Japan(OSA)
Commodity：Books and Handicraft and FRESH Apple
Gross Weight：100kgs and 42kgs and 80kgs
Dimensions：4 Pieces 70cm×47cm×35cm and
1 Pieces 100cm×60cm×42cm and
2 Pieces 90cm×70cm×32cm

公布运价如下：

Beijin Y. RENMINBI	CN CNY	BJS KGS
Osaka	JP	
	M	230.00
	N	37.51
	45	28.13
0008	300	18.80
0300	500	20.61
1093	100	18.43
2195	500	18.80

解：先把这票货物作为一个整体计算运费；再按分别申报计算运费,两者比较取低者。

1. 总体申报：

Total Gross Weight：100.0kgs+42.0kgs+80.0kgs=222.0kgs

Volume Weight：70cm×47cm×35cm×4+100cm×60cm×42cm×1+90cm×70cm×32cm×2=1 115 800cm^3/6 000kgs=185.96kgs≈186.0kgs

Chargeable Weight：222.0kgs

Applicable Rate：GCR Q 28.13 CNY/kg

Weight charge：222.0×28.13=6 244.86CNY

2. 分别申报

(1)Books：

Volume Weight：70cm×47cm×35cm×4=460 600cm^3/6 000kgs=76.77kgs≈77.0kgs

Chargeable Weight:100.0kgs

Applicable Rate:R 50% of Normal GCR；50%×37.51CNY/kg＝18.76CNY/KG

Weight charge:100.0×18.76＝1 876.00 CNY

(2)Handicraft：

Volume Weight:100cm×60cm×42cm×1＝252 000cm^3/6 000kgs＝42.0kgs

Chargeable Weight:42.0kgs

Applicable Rate:GCR N 37.51CNY/kg

Weight charge:42.0×37.51＝575.42CNY

(3)Apple(FRESH)：

Volume Weight:90cm×70cm×32cm×2＝403 200cm^3/6 000kgs＝67.5kgs

Chargeable Weight:80.0kgs

Applicable Rate:GCR N 28.13CNY/kg

Weight charge:80.0×28.13＝2 250.40CNY

三种运费相加:1 876.00CNY＋575.42CNY＋2 250.40CNY＝5 392.25CNY

对比总体申报运费和分别申报运费,取低者,即运费为5 392.25CNY。

【学中做 10－1】 根据以下资料计算运费：

Commodity:PARTS；Gross Weight:38.6Kgs；

Dimensions:101×58×32cm；Routing：

BEIJING,CHINA(BJS) to AMSTERDAM,HOLLAND(AMS)；

公布运价(CNY)如下：M 320.00；N 50.22；45 41.53；300 37.52

请计算其航空运费。

任务三 航空货物托运书与航空货运单

一、航空货物托运书

下面以中国国际航空公司的托运书为例来说明托运书的缮制过程。在实际业务中,以下 1～19 项应由托运人如实填写,其他则由航空公司填写。

(1)托运人名称与地址(Shipper's Name,Address & Telephone No.):填写托运人的全称、街名、门牌号、城市名称和国名、电话号码。在到付货款的情况下,如果此栏填写不正确,承运人则难以将从收货人处收取的货款交给托运人。

(2)收货人名称与地址(Consignee's Name,Address & Telephone No.):填写收货人的全称、街名、门牌号、城市名称和国名、电话号码。由于空运单不能转让,所以此栏不得填写"TO ORDER"字样。

(3)始发站(Airport of Departure):填写始发机场的名称或所在城市全名。在该城市拥有几个机场的情况下,可让代理选择一个距托运人较近的机场,并写明该机场的名称。

(4)到达站(Airport of Destination):填写目的机场的名称。如果到达地有若干个机场,则应让代理选择对收货人最近或最方便的机场,如果到达地没有机场,应选择距目的地最近的机场。如果不知道机场名称可填写所在城市全名。

(5)操作注意事项和标记(Handling Information and Other):填写货物的包装方式、标志和号码,在运输、中转、装卸、储存时需要特别注意的事项以及在货物不能交付收货人时托运人的处理办法等。

（6）件数（No. of Packages）：填入货物的总件数并注明包装方法，如为混合托运的货物，相同运价的填在一起，不同运价的要分列。

（7）实际毛重（Gross Weight）：由承运人或其代理人填写货物总重量（千克）。一批货物按不同运价计费时，应分列重量，相加后的总重量填写在本栏下面的格内。此栏目应由承运人或其代理人在称重后填入，如果托运人已经填上重量，承运人或其代理人必须进行复核。

（8）货物品名及数量（Nature and Quantity of Goods）：对不同种类货物应详细填写货物的品名，并须与所附单据相一致，包括与出口报关发票及进出口许可证上的品名相符。包装尺寸以厘米为单位，注明最大货物的长、宽、高。运输活体动物、个人物品、机械、弹药、战争物资、贵重物品、危险物品、汽车、灵柩、具有强烈气味的货物、湿货、鲜活易腐物品以及裸露的机器、钢材、铸件等货物时，应按有关 TACT Rules2.3.3、7.3、8.3 的规定办理。比如，对于危险品货物应注明专有名称及包装级别、件数等。

（9）申请的航班（Flight/Date）：托运人可以指定运输货物的承运人、航线、航班。为保证制单承运人收运的货物可以被所有续运承运人接受，可以查阅 TACT Rules8.1 双边联运协议。有关中转站的装卸和仓储条件，可以查阅 TACT Rules7.3。

（10）航空运费及其他费用（Charges）：托运人必须说明运费支付方式是预付（PP）还是到付（CC）。

（11）供运输用声明价值（Declared Value for Carriage）：填写托运人向承运人声明的货物价值，如果托运货物的价值未超过承运人法定限额时，本栏可不填或填入"NVD(No Value Declared)"。

（12）供海关用声明价值（Declared Value for Customs）：填入托运人向目的地海关申报货物的价值。这是由于国际货物运输要接受目的地海关的检查并按此金额征税。如果目的地海关无此要求，则可填入"NCV(No Customs Value)"。

（13）保险金额（Amount of Insurance）：国内空运企业暂不代办保险业务，因此，本栏可不填。

（14）另请通知（Also Notify）：如果托运人还希望在货物到达的同时通知他人，可填入被通知人的全称，包括地址、电话号码等。

（15）所附文件（Document to Accompany Air Waybill）：填入托运人随同货物带往目的地的有关文件。

（16）收货人账号（Consignee's Account Number）：必要时填写。

（17）托运人账号（Shipper's Account Number）：必要时填写。

（18）托运人或其代理人签字盖章（Signature of Shipper or His Agent）：由托运人或其代理人签字盖章。

（19）日期（Date）：填写托运货物日期。

二、航空货运单

（一）航空货运单的概念及性质

航空货运单（简称空运单）（Air Waybill，AWB）是航空承运人签发给托运人用以证明双方之间存在运输合同和货物已装上飞机的凭证。与陆路运单一样，它也不具有物权凭证的作用，不能进行背书或转让流通。

目前，各航空承运人都是使用统一的一式 12 份的空运单，其中，3 份正本（Original）、6 份副本（Copy）和 3 份额外副本（Extra Copy），分别用不同的颜色表示。正本的背面印有运输条款。空运单的构成及用途如表 10—1 所示。

表 10—1　　　　　　　　　　　　　空运单的构成及用途

顺序	名　称	颜色	用　　途
1	正本 3	蓝	交托运人。作为承运人收到货物的证明,以及作为承托双方运输合同成立的证明
2	正本 1	绿	交承运人财务部门。除了作为承运人财务部门的运费账单和发票外,还作为承托双方运输合同成立的证明
3	副本 9	白	交代理人。供代理人留存
4	正本 2	粉红	随货物交收货人
5	副本 4	黄	交付联。收货人提货后应签字并交承运人留存,以证明已交妥货物
6	副本 5	白	交目的港机场
7	副本 6	白	交第三承运人
8	副本 7	白	交第二承运人
9	副本 8	白	交第一承运人
10	额外副本	白	
11	额外副本	白	
12	额外副本	白	

（1）航空货运单仅仅是航空货物运输合同订立和运输条件以及承运人接收货物的初步证据。《华沙公约》规定:"在没有相反的证据时,航空货运单是订立合同、接收货物和承运条件的证明。"也就是说,如果还有其他形式的与航空货运单的内容不一致的合同,就不能仅依据航空货运单来确定合同的当事人。

（2）托运人未能出示航空货运单、航空货运单不符合规定或者航空货运单遗失,如有其他证据证明运输合同成立的,不影响运输合同的效力。

（3）托运人运输中止权。航空运单并非所有权凭证,不具有可流通性和可转让性,因此托运人可在运输的全过程中行使货物的处分权,包括在出发地机场或者目的地机场将货物提回,或者在途中经停时中止运输,或者在目的地点或者途中要求将货物交给非航空货运单上指定的收货人,或者要求将货物运回出发地机场。

（4）货物交付的条件。航空运单只是用来证明托运人与承运人签订运输合同并向承运人交付货物的证据,而不具有提货凭证的法律性质,也不是可以任何形式转让的所有权凭证或债权凭证。根据《华沙公约》的有关规定,货物到达目的地点时,承运人须将货物交给收货人,或按托运人指示交给非航空运单指定收货人。因此,除非托运人有明确指示将货物交给他人,否则,只有航空运单上记载的收货人在接到承运人的到货通知后在证明其身份的情况下才有权提取货物。

（5）承运人责任限额的适用。《华沙公约》规定,承运人的责任限额为毛重每千克 250 金法郎（即为 17 特别提款权）。如果托运人在交运时曾特别声明货物运到后的价值,并交付了必要的附加费,则承运人所负的赔偿责任不超过声明的金额。除非承运人能证明托运人声明的金额高于货物运到后的实际价值。如果损失的发生是由于承运人或其代理人的有意的不良行为或过失,则无权引用公约中关于免除或限制承运人责任的规定。

（6）货损、货差的通知时限。《华沙公约》规定,如无相反证据,则收货人在收货时无异议就被认为货物已经完好地交付,并与运输凭证相符。如发现货物有短损,则至迟应在7天内提出;对于迟交的货物,至迟应在货物交由收货人支配之日起14天内提出异议。《海牙议定书》对这两项日期分别作了延长至14日和21日的规定。任何异议必须在规定期限内写在运输凭证上或另以书面方式提出。

(7)推定灭失。如果承运人承认货物已经遗失或货物在应到达的日期7天后尚未到达,则收货人有权向承运人行使运输合同所赋予的索赔权利。

(8)诉讼时效与地点。《华沙公约》规定,除非承运人有欺诈行为,否则在规定期限内不提出异议,就不能再向承运人提起诉讼。诉讼应在航空器到达目的地之日起,或从应该到达之日起,或从运输停止之日起两年内提出,否则就丧失追诉权。诉讼可由原告在缔约国的下列法院之一提出:①承运人住所地;②其总管理处所在地;③签订合同的机构所在地;④目的地。诉讼程序依受理法院国家的法律规定。

(二)航空货运单的作用

航空货运单是航空运输的承运人或其代理人收到货物以后出具的一份重要的货运单证,是承运人与托运人之间签订的运输合同。它与海运提单不同,航空货运单既不能转让,也不是代表货物所有权的物权凭证,是一种不可议付的单据。航空货运单的作用主要包括:①航空货运单是承运人与托运人之间签订的运输合同;②航空货运单是承运人签发的已接收货物的证明;③航空货运单是承运人据以核收运费的账单;④航空货运单是保险证明(如果托运人要求承运人代办保险,航空运单可作为保险证书);⑤航空货运单是报关凭证;⑥航空货运单是承运人内部办理业务的依据。

(三)航空货运单的分类

航空货运单根据签发人不同分为两种。

(1)航空主运单(Master Air Waybill,MAWB)。由航空公司签发的航空运单称为航空主运单。它是航空公司凭以办理货物运输和交接的依据,也是航空公司与托运人订立的运输合同。

(2)航空分运单(House Air Waybill,HAWB)。在办理集中托运的时候,由集中托运人签发给托运人的运单称为航空分运单。航空分运单是集中托运人或航空货运代理公司与托运人之间的运输合同。

三、航空货运单的缮制

目前,各航空公司所使用的航空运单大多借鉴IATA所推荐的标准格式,彼此差别不大。按照规定,空运单应由托运人填写,由于空运单内容填写的不正确造成的损失应由托运人承担。然而,由于空运单填写的复杂性,一般的做法是在托运人填好国际货物托运书,由承运人或其代理人按照托运人在托运书上所填内容逐项填写,以避免由于托运人的不熟悉或缺乏了解造成填写错误。空运单不得对托运书的内容有所改动,空运单的正确性仍由托运人负责。

(1)Shipper's Name and Address(托运人名称及地址):填写托运人名称、地址、国家(或国家的二字代号)以及联系电话等。IATA将其成员国国家名称用两个英文字母表示,城市名称用三个英文字母表示,即所谓的二字代号和三字代号。详细内容请见TACT Rules1.2(IATA Areas and City/Airport Codes)。

(2)Shipper's Account Number(托运人账号):一般不填,除非第一承运人需要。

(3)Consignee's Name and Address(收货人名称及地址):填写收货人名称、地址、国家(或国家的二字代号)以及联系电话等。

(4)Consignee's Account Number(收货人账号):一般不填,除非最后承运人需要。

(5)Issuing Carrier's Agent Name and City(签发空运单的承运人的代理人名称与城市):填写

向承运人收取佣金的IATA空运代理人的全名及其所在城市。

（6）Agent's IATA Code（代理人的IATA代号）：填写代理人的IATA代号。

（7）Account Number（代理人的账号）：本栏一般不填，除非签发空运单的承运人需要。

（8）Airport of Departure（Address of First Carrier）and Requested Routing（始发站机场及要求的路线）：填写IATA始发站机场三字代号，如果不知道机场名称可填写所在城市IATA三字代号。托运人要求的路线在必要时填写。IATA使用的机场代码是由三个英文字母组成的三字代号。详细内容请见TACT Rules1.2（IATA Areas and City/Airport Codes）。

（9）Account Information（会计事项）：由参加运输的有关承运人填写有关的会计事项。①填写付款方式：现金、支票或旅费证（MCO）。当承运无人押运的行李时应在此栏内注明：机票号码、航班号/日期、路线、MCO编号。②当货物无法交付而回运时，承运人应将原始空运单号填入为退运货物所填开的新空运单的本栏内。

（10）Flight/Date（for Carrier Use Only）[航班/日期（仅供承运人用）]：实务中本栏通常不填，但当承运活体动物、鲜活易腐物品、贵重物品、灵柩等特种货物时则应注明已订妥的各航段航班号/日期。

（11）Routing and Destination to/by First Carrier/to/by/to/by（路线与目的站 至/由 第一承运人/至/由/至/由）：第一承运人一般要填写，对于运费到付货物、特种货物或根据所采用的运价必须由指定的承运人运输的货物，应将运输路线和应指定的承运人全部列明。①至/由第一承运人（to/by First Carrier）：填入目的地机场或第一个转运点的三字代号。②由第一承运人（by First Carrier）：填入第一承运人二字代号。IATA使用的航空公司代码有三种：二字代号（由两个英文字母或一个英文字母与一个阿拉伯数字组成的二字代号）、三字代号（由三个英文字母组成）及三字数字代号（由三个阿拉伯数字组成）。详细内容参见TACT Rules 1.4（Coding and Decoding of Airlines）。③至（由第二承运人）（to）：填目的地机场或第二转运点的三字代号。④由（第二承运人）（by）：填入第二承运人的二字代号。⑤至（由第三承运人）（to）：填写目的地机场或第三转运点的三字代号。⑥由（第三承运人）（by）：填写第三承运人的二字代号。

（12）Airport of Destination（目的站）：填写最后承运人的目的地机场，如果该城市不止一个机场或不知道机场名称，可填写城市名称。

（13）Currency（货币）：填写运单所用货币的代号。①一般为始发国货币的三字代号。②除目的地国家收费栏外，空运单上所列明的金额均用此货币表示。

（14）Charges Code（货币代号）：仅用于承运人，一般不填写。

（15）WT/VAL（PPD COLL）—Weight Charge & Val Charge（Prepaid Collect）[运费与声明价值附加费（预付或到付）]：①PPD栏如果运费为预付者，在此栏记"x"。②COLL栏如果运费为到付者，在此栏记"x"。此种费用必须全部预付或全部到付。如果某一段免费，免费段不填。

（16）Other（PPD COLL）—All Other Charges at Origin—Other（Prepaid Collect）[始发站所有其他费用（预付或到付）]：在PPD、COLL栏填写有关费用，该费用必须全部预付或到付。

（17）Declared Value for Carriage（供运输的声明价值）：填写托运人供运输而声明的货物价值总数，如托运人不办理声明价值，则此栏内填入NVD。

（18）Declared Value for Customs（向海关声明价值）：填托运人向海关申报的货物价值总数。如符合始发站、目的站海关的规定，也可在本栏填入NCV。有关各国海关的规定可参阅TACT中"各国规定"部分。

（19）Account of Insurance（保险金额）：如果空运公司不代办保险或托运人不要求保险，此栏可不填。

(20) Handling Information(处理事项说明)：①货物上的标志、号码和包装方式。②危险品货物的记载事项。对于需要附托运人申报单的危险品货物，填写"DANGEROUS GOODS AS PER ATTACHED SHIPPER'S DECLARATION"，对于不要求附申报单的危险品货物，则填写"SHIPPER'S DECLARATION NOT REQUIRED"，对于要求装运在货机上的危险品货物，应填写"CARGO AIRCRAFT ONLY"。③另请通知人。除收货人外，当托运人要求将货物的到达通知其指定的另一通知人时，应在此栏填写通知人的名称、地址、国家以及电话等，并注明"ALSO NOTIFY"（另请通知）字样。④货物交付地址的补充说明。如果货物寄交某一空运企业转交收货人或代理人的地址为诸如宾馆等临时地址，则应在此栏写明收货人或代理人的永久地址，并注明"IN CASE OF INABILITY TO DELIVER TO CONSIGNEE CONTACT"（如不能交付，请与收货人联系）。⑤随附文件的名称和对特种货物的操作要求。⑥其他需要说明的事项。比如，在承运无人押运行李时，如果有钥匙带往目的地，则必须将钥匙装在信封内，钉在货运单后，并在此栏内注明"KEY OF UBAG ATTD TO AWB"。

(21) No. of Pieces/RCP(Rates and Charges Point)(件数/运价组成点)：填写货物的件数，如果货物运价不同，则应分列填写。如果货物运价系分段相加的组成运价，则应另起一行填写运价组成点的 IATA 城市的三字代号。

(22) Gross Weight(毛重)：在与货物件数相对应的同一行处填写货物的毛重。

(23) KG/LB(千克/磅)：以千克为单位填写"K"，以磅为单位填写"L"。

(24) Rate Class(运价类别)：填写所适用的运价类别代号（M、N、Q、C、R 或 S 等）。

(25) Commodity Item Number(指定商品品名编号)：①如果适用指定商品运价，则在与运价类别"C"代号同一行的本栏内填写商品品名编号。②如果适用等级运价，则在与运价类别相对应的"R"或"S"的行上填写相应的百分数，如 50%、100%、200%等。

(26) Chargeable Weight(计费重量)：①按最低运费计收运费时，本栏可不填。②如体积重量大于实际毛重，应填写体积计费重量。③如果采用较高的计费重量分界点的运价，则应将较高的计费分界点重量填入本栏。

(27) Rate/Charge(运价/运费)：在对应的运价类别代号同一行上填写所适用的每千克运价，如为最低运费，则在标有"M"代号同一行上填写最低运费的数额。

(28) Total(总计)：每项货物计费重量与所适用运价相乘所得运费数额应填写在对应行的本栏内，最后将这些运费数额相加得出总数。

(29) Nature and Quantity of Goods(Include Dimensions or Volume)[货物品名及数量（包括尺寸和体积）]：①货名应具体明确，当承运鲜活易腐物品、贵重物品时应在货名、数量后分别注明"PERISHABLE"字样和"VALUABLE CARGO"字样。②应按长、宽、高顺序列明货物每件或整批的最大长度、最大宽度、最大高度。③当一批货物中含有危险品货物时，必须分列，危险品货物应列在第一项，且除了写明品名外，还须有危险品级别、相应的标签及有关说明（如仅限货机载运）。④如果本栏所填的实际件数与件数栏中的件数不一致，则应在后面批注"SLAC(SHIPPER'S LOAD AND COUNT)"（由托运人装载与计数）。⑤此栏也可填入货物的产地国。

(30) Prepaid(预付)：①在 Weight Charge 栏内填写预付运费的总额。②在 Valuation Charge 栏内填写预付声明价值附加费的总额。③在 Tax 栏内填写应付税金。④在 Total Other Charges Due Agent 栏内，填写代理人代垫付款的总数。⑤在 Total Other Charges Due Carrier 栏内，填写承运人代垫付款总数。⑥在 Total Prepaid 栏内填写本项目所有预付费用的总数。

(31) Collect(到付)：项目内容与前项相同。

(32) Other Charges(其他费用)：填写运费、声明价值费、税金以外的其他费用及金额代号。

(33)for Carrier's Use Only at Destination(仅供承运人在目的地使用):本栏不填。

(34)Signature of Shipper or His Agent(托运人或其代理人签字):托运人或其代理人应予以签字,如果托运人已在托运书中委托承运人或其代理人签署,则承运人或其代理人可代表托运人签字。

(35)Executed on(date)of(place)(填开空运单的日期、地点):①按日、月、年的顺序填入空运单的填开日期,月份可用缩写或全称,但不能用数字表示。②在地点处填入空运单签署的地点(一般为始发地或承运人地址所在城市)。

(36)Signature of Carrier or His Agent(承运人或其代理人签字):承运人或其代理人应按UCP600的要求予以签字。

以下各项由最后承运人在正本空运单第二联(收货人联)上填写:

(37)Currency Conversion Rates(货币兑换比价):填写目的地货币代号及其兑换比价。

(38)Collect Charges in Destination(用目的地货币付费的到付费用额):将前述到付费用总额按所列的货币兑换比价折成目的地货币金额填入本栏。

(39)Charges at Destination(在目的地的费用):最后承运人将目的地发生的费用金额包括自然增长的利息填入本栏。

(40)Total Collect Charges(总的到付费用):将用目的地货币付费的到付费用额与在目的地的费用之和填入本栏。

当空运单有关内容较多无法在指定栏内填写时,可在相应栏底部批注"SEE EXTENSION LIST"(见续页)字样,然后另在续页上继续开列,并附在空运单每页之后。续页的份数应与空运单的份数相同,每份续页上均应填明空运单号码。

任务四 国际航空进出口货运代理流程

一、国际航空出口货运代理流程

航空货物的进出港是一个组织严密的生产过程,有严格的工序控制和定时要求,涉及的部门多,需要统一组织和协调,密切合作共同完成。有些航空公司委托航线机场进行货物进出港的组织与管理,而一些大型航空公司则在基地机场自行进行货物进出港的组织与管理。空运代理起着十分重要的作用,其出口货运代理流程包括:揽货与接受委托—预配舱、预订舱与订舱—接单接货—制单、报关、装箱与出仓—航空公司签单—货交承运人装机—办理货物发运后的事宜。图10-1显示了国际航空货物出口操作流程,图10-2显示了国际航空货物始发机场出港操作流程。

(一)托运人办理托运

托运人除了填写托运书,并附发票、装箱单、报关单、外汇核销单、进出口许可证、商检证等报关单证外,对于特种货物还需要提交额外单证。

(1)对于危险品,托运人必须填写一式两份的危险物品申报单,签字后一份交始发站留存,另一份随货物运至目的站,申报单必须由托运人填写、签字并对申报的所有内容负责,任何代理人都不可代替托运人签字。

(2)对于活体动物,托运人必须填写一式两份活体动物申报单,签字后交承运人,一份由收运货物的承运人留存,另一份随货运单运往目的地。此外,还应提交动物卫生检验证明、有关国家的进出口许可证等。

(3)对于灵柩,托运人应提交死亡证明书(Death Certificate)、入殓证明书(Certificate of Buri-

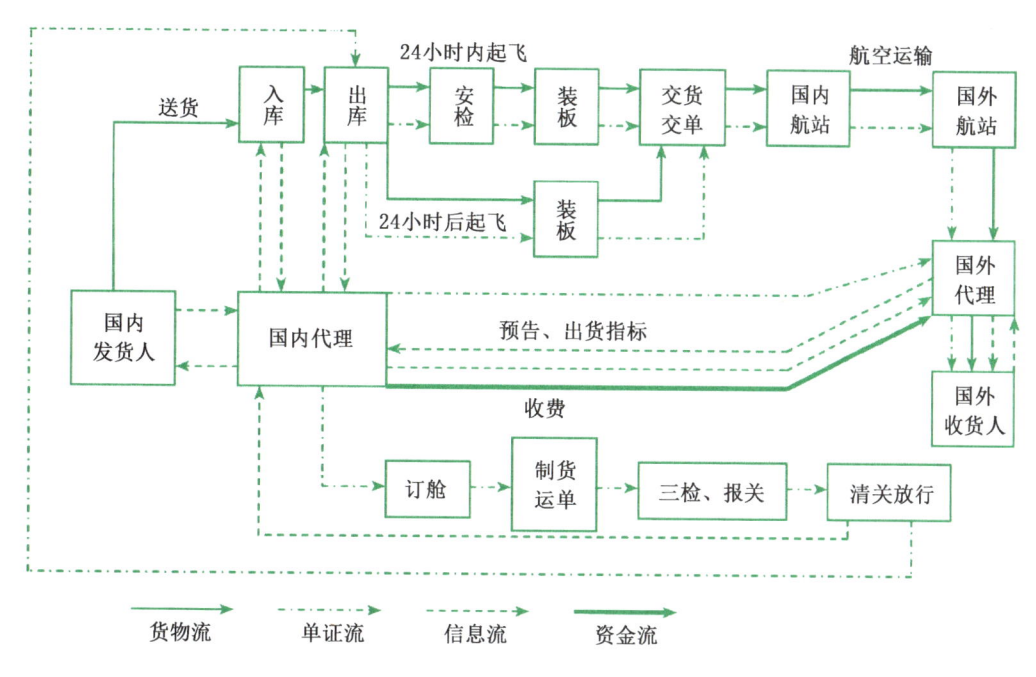

图 10-1　国际航空货物出口操作流程

al)、出境许可证(Export Permit)等。空运代理经审单后,如认为单证不符合要求或缺少必要单证,应要求托运人尽快修改或补交。

(二)货物收运

与海运货运市场不同,空运货运市场的销售较为集中,承运对象主要是一些对时间要求紧、不宜颠簸、容易受损、货价较高的货物,如海鲜、服装、鲜花、精密仪器、邮件等,加之受飞机机型及载重量等方面的限制,因此,在货物承运方面,空运比海运的限制更为严格,其主要体现如下:

(1)货物价值限制:①每次班机装载的货物总价值不得超过600万美元。②每次班机上所装载的贵重物品总价值不得超过300万美元。③每份货运单上货物的声明总价值不得超过10万美元。如果超过以上限制,则须得到有关航空公司的批准方可运输。

(2)重量和尺寸的限制:①窄体飞机承运的散装货物一般不超过150千克/件,宽体飞机载运的货物,重量不得超过集装设备的最大载量,对于有些危险品实行限量运输。②货物的尺寸三边之和不得小于40厘米。③受到舱门尺寸和货舱结构的限制。散装货物应查阅TACT Rules8.2 Loading Charts"散装货物装载表",对于集装箱货物,查阅"集装器尺寸限制表"和"集装器适配表"。

(3)付款限制:①如前所述,有些货物严禁运费到付。②运费与声明价值附加费必须全部预付或全部到付。③在始发站发生的其他费用必须全部预付或全部到付,在中转站或途中或目的站发生的其他费用应全部到付,但如果在始发站能预先确定中转站或目的站所发生的费用,则也可预付。④在目的站发生的其他费用只能全部到付。如果托运货物超出航空公司的收运限制,空运代理应及时通知托运人。

(4)特种货物限制:①活体动物、贵重物品、灵柩不得与其他货物作为一票货物交运,但必备的设备和饲料可以与活体动物作为一票货物交运。②《危险物品手册》(Dangerous Goods Regulations,DGR)、《活体动物规则》(Live Animal Regulation,LAR)、TACT Rules7.3 国家规定(Information by Countries)、TACT Rules8.3 承运人规定(Carriers Special Regulations)规定了特种货物在包装、标签、重量、装卸、存储等方面的具体要求。③需要预先办理订舱。

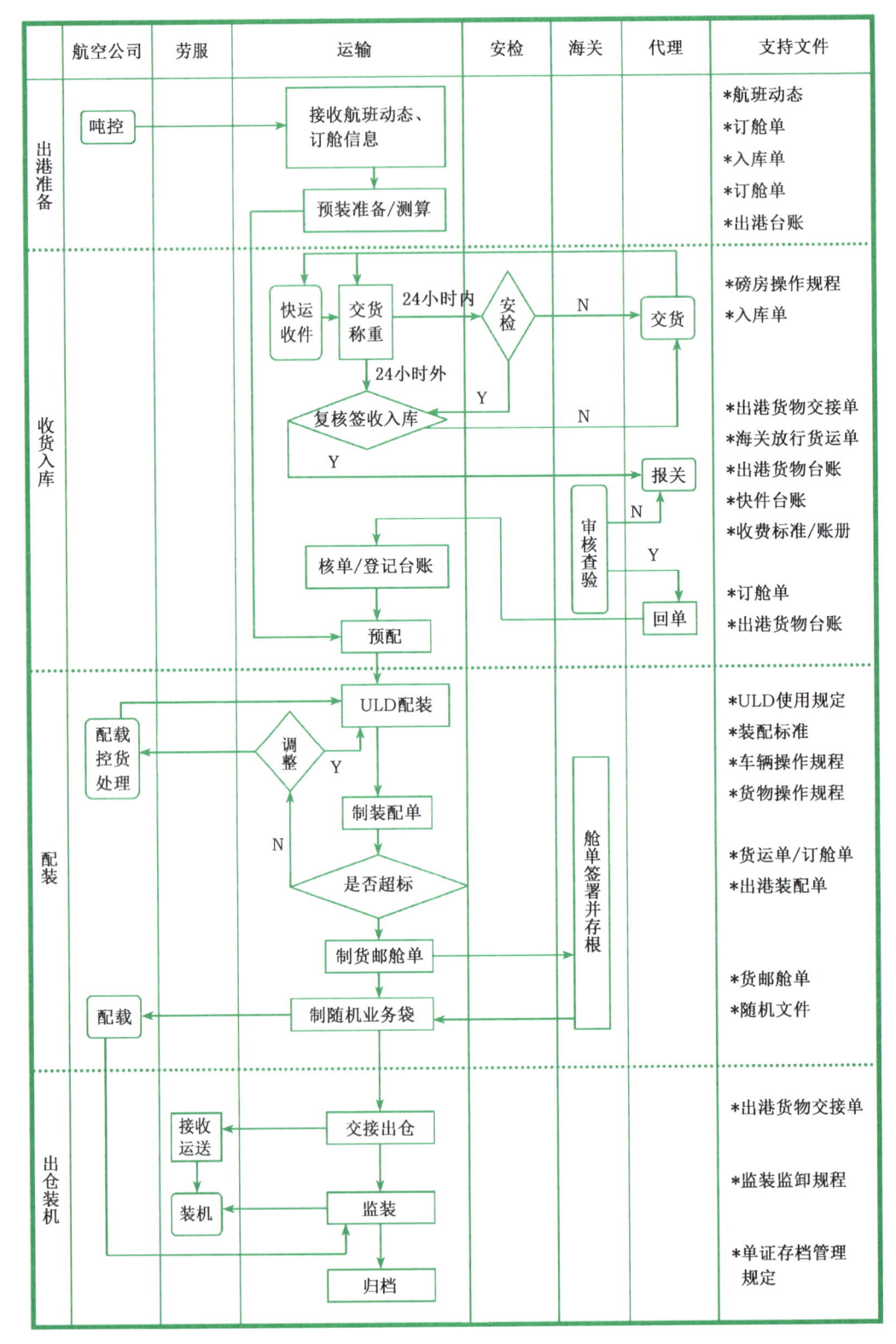

图 10—2　国际航空货物始发机场出港操作流程

(5)对于国际快件货物运输(即指定航班服务 FDS)的限制:①托运人应在指定航班起飞前 24 小时订妥舱位。②托运人最迟应在指定航班起飞前 3 小时将快件交至承运人机场收运部门。③活体动物、贵重物品、危险物品、鲜活易腐货物不适用快件运输。④每件快件货物的最大重量为 50 千克,每件快件货物的最大周边之和为 210 厘米。⑤快件货物必须实行运费预付的付款方式,其运价为普通货物运价(包括 500 千克及其以下的所有重量等级运价)和最低运费的 140%。

(三)预配舱、预订舱与订舱

(1)空运代理汇总所接受的委托,应根据托运人的要求选择最佳的航线和最理想的承运人,制订预配舱方案,为每票货物分配货运单号。

(2)预订舱与订舱。空运代理接到托运人的发货预告后,应采取合适的方式向航空公司预订舱或订舱。订舱的方式和时间应根据货物本身的特点和托运人的要求而定:①一般而言,限额(如 10 千克)以下货物,在航班离开前几小时提出订舱要求即可;②限额以内货物(如 10~100 千克),仅需用电信方式告知有关资料申请订舱;③限额以上货物以及在中转站有特殊要求的货物、大宗货、紧急货、鲜货易腐货、危险品、贵重货、尸体及包机货物等,应提前办理预订舱位手续。

对于联运货物,应该预订全程舱位,并符合承运人的有关规定,如需要变更承运人,必须重新得到续程承运人的许可。航空公司签发舱位确认书和集装器领取凭证(适用于集装器货)以示确认订舱和指示箱管部门发放集装器。

(四)接单接货

接单是指空运代理从托运人手中接过货物出口所需要的一切单证,包括商务单证和货运单证。接收文件应检查舱位预订情况、货物品名、适用的运价、运费、随附的文件、限制和禁运情况、货运单内的其他信息。

接货是指空运代理把即将发运的货物从托运人手中或托运人指定的国内段承运人手中接过来并运送到机场。空运代理可以安排车辆上门取货,也可以按照托运人提供的运单号、航班号及接货地点、接货日期,代为向有关国内段承运人提取货物。如果货物已在起运地办理了出口海关手续,托运人应同时提供起运地海关的关封。

接货时,双方应办理货物的交接、验收,并进行过磅称重入库。重点应检查数量、重量、体积、包装、标签等。货物接到机场后,或先入周转仓库,或直接装板或装箱。

一般而言,体积在 2 立方米以上并已预订舱位的大宗货物或集中托运货物,货运代理人自己安排装板、装箱,不能装板、装箱的 2 立方米以下货物作为小件货物交给航空公司拼装或单件运输。

(五)制单、报关、装箱与出仓

制单是指空运代理缮制主运单、分运单和货物交接清单等单证、标签的行为。目前,对于在机场拥有自己的仓库、自己的空运单的货运代理人,在货物交航空公司前,通常需要缮制如下货运单证:

(1)缮制主运单和分运单。空运代理根据托运人提供的托运委托书等单证缮制空运单:①如果是直接发给国外收货人的单票货物,则仅需缮制航空公司主运单即可。②如果是以国外代理人为收货人的集中托运货物,则还需要缮制分运单。

(2)制作航空货物清单。当一份主运单下有若干份分运单时,空运代理应制作航空货物清单。

(3)制作"空运出口业务日报表"。该报表主要供制作标签之用。

(4)制作航空公司主标签和空运代理分标签。空运代理必须为每一件货物粘贴或拴挂货物标签,如果某票货物,空运代理出具了分运单,则除了航空公司主标签之外,还需要加挂空运代理分标签。对于特种货物,除了识别标签外,还应加挂标签,比如,鲜活易腐货物,应拴挂"鲜货易腐"标签和向上标签;活体动物其容器应有"动物"(Live Animal)标贴和"不可倒置"(This Side Up)标贴,对危害人的有毒动物应贴"有毒"(Poisonous)标贴;贵重物品只能用挂签,货物外包装上不可有任何对内装货物作出提示的标记;尸体在外包装上应加贴"急货"及"不可倒置"标贴。

（5）制作出库仓单。空运货运代理在根据各航班机型、集装板或集装箱型号、高度、数量对货物进行配载后,应制作出库仓单,以作为仓库安排货物出库计划,以及供装箱、装板部门作为向仓库提货的凭证和仓库交货的凭证。出库仓单一般包括:出仓日期、承运航班日期、装载板箱的形式及数量、货物进仓顺序编号、主运单号、件数、重量、体积、目的港三字代号及备注等。

（6）制作装箱单。对装入集装箱的货物,空运代理应制作装箱单。

（7）制作"国际货物交接清单"。为办理与航空公司间的货物交接,空运货运代理还必须依据出库仓单制作货物交接清单。

（8）办理货物出口报关手续。在货物装箱出仓前,空运代理应向海关办理申报,海关审核无误后在用于发运的货运单正本上加盖放行章,同时在出口收汇核销单和出口报关单上加盖放行章,在托运人用于产品退税的单证上加盖验讫章,粘上防伪标志。

（六）航空公司签单

货运单加盖海关放行章后还需要到航空公司签单,主要是审核运价是否正确以及货物的性质是否适合空运、有关随附单证是否齐全等。

（七）货交承运人

只有经过航空公司地面代理签单确认后,空运代理才能将单货交承运人。

货交承运人是指空运代理与航空公司办理交单交货的过程。航空公司进行验货、核单、过磅称重,确保单单相符、单货相符后,在货物交接清单上签收。对于大宗货物、集中托运货物,以整板、整箱称重交接;对于零散小件货物,按票称重,计件交接。航空公司接单接货后,将货物存入出口仓库,单据交吨控部门,以便进行缮制舱单、吨位控制与配载。

（八）办理货物发运后的事宜

货物交接发运后,空运代理还需要做好航班跟踪、向托运人交付单证、结算费用等后续工作。

空运代理应将盖有放行章和验讫章的出口货物报关单、出口货物收汇核销单、货运单正本第3联(在集中托运情况下仅交付分运单第3联,主运单留存货运代理人手中)等单据交付托运人。

二、国际航空进口货运代理流程

国际航空货物进口操作流程,如图10—3所示。

（一）到货预报

货运代理人接受委托后,除了接收国内收货人交付的各类单证,以及国外代理人寄交的单证外,还应从多种途径(国外分支机构、代理人,国外发货人,空运公司目的港代理人等)获取有关货运单、航班、件数、重量、品名、实际收货人及其地址和联系电话、预计抵港日期等内容,以便做好接货前的所有准备。

（二）接单、接货

航空货物抵达目的机场后,航空公司安排卸机,将货物存入航空公司或机场的监管仓库,并进行进口货物舱单录入,将舱单信息传输给海关,以备报关之用。与此同时,航空公司地面代理人还根据货运单上的收货人及地址寄发提货通知。

货运代理人代为与航空公司办理货物及与货物有关单据(如货物交接清单、主运单、分运单、发票、装箱单、危险品证明等)的交接时应做到单单(主运单与交接清单)相符、单(交接清单)货相符,如存在有单无货或有货无单的情况,应在交接清单上注明,以便航空公司组织查询并通知入境地海关。如果货物交接时发现货物存在货损货差,则应要求航空公司签发商务事故记录。

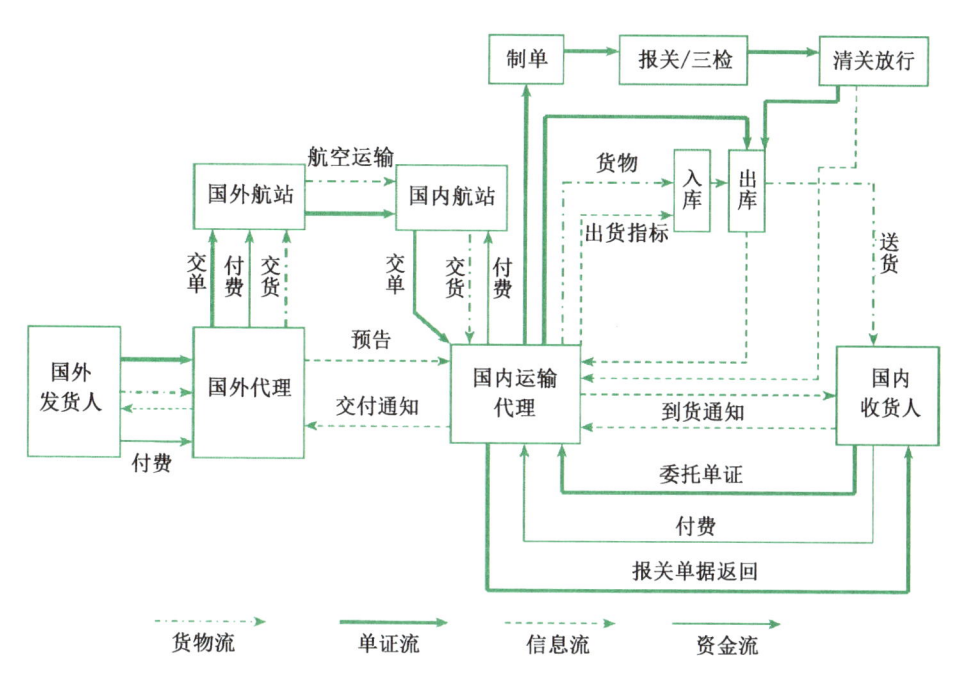

图 10—3　国际航空货物进口操作流程

(三) 理单、理货

1. 理单

理单是指货运代理人根据一定的标准和方法对取得的航空公司货运单进行分类整理并予以重新编号。

2. 理货

理货是指货运代理人对短途驳运进入自己监管仓库的货物重新进行清点、查验。

(四) 发到货通知

理单理货后,根据货运单或合同上的收货人名称及地址寄发到货通知,到货通知一般发给实际收货人,告知货物已到港,催促其速办报关、提货手续。它应包括如下内容:主运单号、分运单号、货运代理公司编号,货物品名、件数、重量、发货人、发货地,运单、发票上已编注的合同号、随机已有单证数量及尚缺少的报关单证,运费到付数额、货运代理公司地面服务收费标准,货运代理公司及仓库地址、联系人、电话等,有关提示货方未及时报关的后果。根据 1987 年 8 月 2 日国务院发布《关于加强空运进口货物管理暂行办法》的规定,货运代理人应当在报关期限内向收货人发出 3 次通知或查询函,即货到后第 1 次发到货通知或查询函;超过 1 个月未能报关的,第 2 次发催报通知或查询函;超过 2 个月未能报关的,第 3 次发催报通知或查询函。由民航部门直接交付收货人的货物,民航要在货到 3 个月内发出 3 次催报通知。

(五) 货物发送与转运

1. 货物交付方式

货物发送与转运包括货主直接到监管仓库提取货物、货运代理人安排运输工具送货上门或委托收货地货运代理人代为交货。①货方直接到仓库提货。目前,除部分进口货物存放民航监管仓库外,大部分进口货物存入各货运代理公司自有的监管仓库内,货主应在付清费用后持已加盖海关放行章的进口提货单(目前常用正本运单代替)到监管仓库提货。对于分批到达货,应收回原提货单,出具分批到达提货单,待后续货物到达后,再通知货方提取。发货时,双方应认真核对货物,并

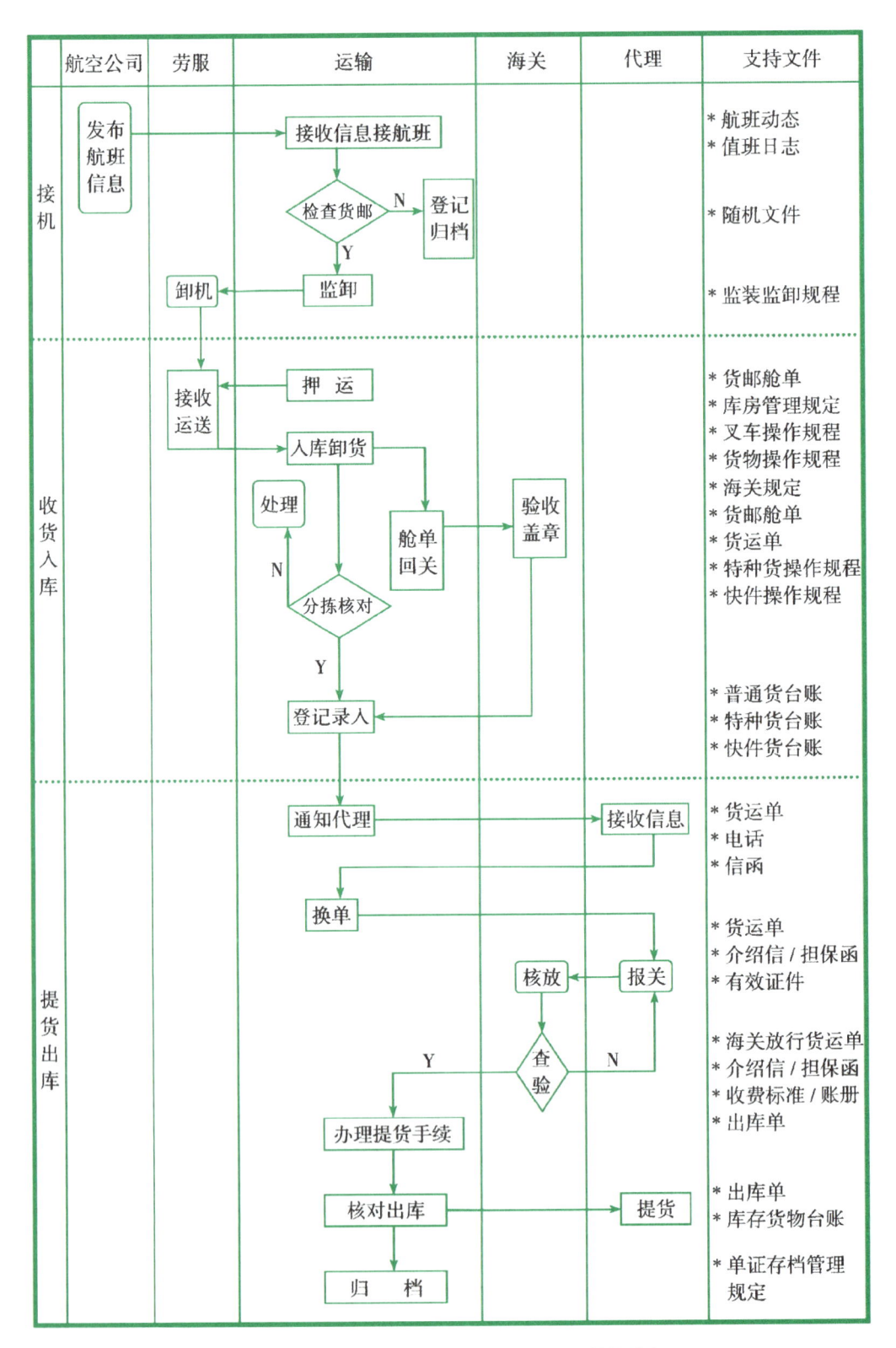

图 10-4　国际航空货物目的地机场进港操作流程

办理货物交接手续。②货运代理人送货上门。一般采用汽车运输直接将货物送至货主手中并收取相应的费用。③委托目的地代理人代为交货。有时货运代理人可先将货物发送至目的地货运代理公司，然后由该代理公司交付货主，一方面可便于同方向货物的集中转运，以节省运费，另一方面也是为了收费安全。此时，口岸货运代理人应支付一定比例的佣金给目的地货运代理人以作为代交货及协助收取有关费用的酬金。

2. 海关监管运输

对于转运或送货上门的货物，如果符合海关监管条件，可办理转关运输，在指运地海关报关。

国际航空货物目的地机场进港操作流程如图10-4所示。从中不难看出，飞机卸港后，航空公司通常先将货物卸入监管库，同时根据空运单上的收货人及地址发出取单提货通知，然后即为航空公司与收货人或其代理人的交单交货过程。一般情况下，航空公司首先将随货空运单交与收货人或其代理人，收货人或其代理人凭此空运单报关报验，通关后，收货人或其代理人持加盖海关放行章的空运单到航空公司换取提货单，然后可持提货单到监管库提取货物。如果属于集中托运货物，且空运代理人自身拥有海关监管车和监管库，则空运代理人可以在未报关的情况下先将货物从航空公司监管库转至自己的监管库，进行理单、拆单，并在代表实际收货人报关后，通知收货人提取货物，或者送货上门。在这种情况下，航空货运代理人进口（CIF）业务需要经过：到货预报—接单接货—理单与理货—发到货通知—报检报验—报关—发送货或转运—信息传递—代理费用及垫付款结算—业务归档等环节。

应知考核

一、单项选择题

1. 航空公司签发的运单为（　　）。
   A. 航空主运单　　　B. 航空分运单　　　C. 提单　　　D. 承运合同
2. 航空分运单的合同当事人包括（　　）。
   A. 航空货运代理公司和航空公司　　　B. 航空货运代理公司和发货人
   C. 航空公司和发货人　　　D. 航空公司和提货人
3. 国际民用航空组织总部设在（　　）。
   A. 纽约　　　B. 华盛顿　　　C. 蒙特利尔　　　D. 巴黎
4. 一批货物重60千克，体积为300 000立方厘米，其航空运输的计费重量应为（　　）。
   A. 30千克　　　B. 50千克　　　C. 60千克　　　D. 80千克
5. 鲜活易腐商品和贵重物品最适宜采取（　　）。
   A. 火车运输　　　B. 轮船运输　　　C. 航空运输　　　D. 邮政运输

二、多项选择题

1. 现行的国际航空运输公约主要有（　　）。
   A.《华沙公约》　　B.《海牙议定书》　　C.《国际货约》　　D.《国际货协》
2. 以下属于航空附加费的有（　　）。
   A. 起码运费　　　B. 声明价值附加费　　C. 货到付款劳务费　　D. 中转手续费
3. 下列物品中，不能办理航空集中托运的有（　　）。
   A. 贵重物品　　　B. 活动物　　　C. 危险物品　　　D. 文物
4. 航空货运代理的种类有（　　）。

A. 航协代理　　　　B. 销售代理　　　　C. 空运货运代理　　　　D. 地面代理

5. 航空运单的性质和作用主要有(　　)。

A. 承运合同　　　　B. 报关凭证　　　　C. 货物收据　　　　D. 物权凭证

三、判断题

1. 不定期航班多采用包机合同运输,特别便利运输批量大的货物运输。　　　(　　)
2. 集中托运是目前航空货物运输中最快捷的运输方式。　　　　　　　　　　(　　)
3. 重货与轻泡货的具体界限是以6 000立方米/千克为基准。　　　　　　　　(　　)
4. 航空货运单能进行背书或转让流通。　　　　　　　　　　　　　　　　　(　　)
5. 航空分运单是集中托运人或航空货运代理公司与托运人之间的运输合同。　(　　)

四、计算题

1. 根据以下资料计算运费：

Routing：Shanghai,China(SHA) to Tokyo,Japan(TYO)

Commodity：Sample

Gross Weight：25.2kgs

Dimensions：82cm×48cm×32cm

公布运价如下：

Shanghai	CN		SHA
Y. RENMINBI	CNY		KGS
Tokyo	JP	M	230.00
		N	37.51
		45	28.13

2. 根据以下资料计算运费：

Routing：Shanghai,China(SHA) to PARIS,FRANCE(PAR)

Commodity：TOY

Gross Weight：5.6kgs

Dimensions：40cm×28cm×22cm

公布运价如下：

Shanghai	CN		SHA
Y. RENMINBI	CNY		KGS
PARIS	FR	M	320.00
		N	50.37
		45	41.43

3. 一批样品,毛重25千克,体积80cm×50cm×30cm。从北京运往东京。该票货物航空运价公布如下。试计算运费。

BEIJING	CN		PEK
Y. RENMINBI	CNY		KGS
TOKYO	JP	M	230.00
	N	37.51	
	45	28.13	

应会考核

■ 观念应用

托运人赵昂准备从北京运往新加坡一只名贵犬,代理人欲向航空公司交运。

【考核要求】

(1)收运这只名贵犬各项注意事项应参照 IATA 出版的哪本手册?

(2)托运人应提交哪些文件?

(3)容器应贴有哪些标贴?

(4)能否办理运费到付?

(5)应如何注意运达目的站的时间?

■ 技能应用

一票航空运输的货物,从新加坡经北京中转到天津,运输的是机器设备,货运单号 555－89783442(Airport of destination:新加坡。Airport of destination:北京),3 件货物重 178 千克,计费重量共 206 千克,从新加坡运往北京采用的是飞机运输,再从北京转运天津时,使用卡车运输,但在高速公路上,不幸发生车祸,设备全部损坏。

【技能要求】

(1)航空公司是否应赔偿? 理由何在?

(2)如果赔偿,应赔偿多少?

■ 案例分析

2023 年 7 月,沈阳市沈河区某 A 货运代理公司空运部接受货主的委托,将一台重 12 千克的红外线测距仪从沈阳空运至香港。该批货物价值 6 万余元人民币,但货物"声明价值"栏未填写。A 货运代理公司按照正常的业务程序,向货主签发了航空分运单,并按普通货物的空运费率收取了运费。由于当时沈阳无直达香港的航班,所有空运货物必须在北京办理中转。为此,A 货运代理公司委托香港 B 货运代理公司驻北京办事处办理中转业务。但是,由于航空公司工作疏忽,致使该货物在北京至香港的运输途中遗失。

【分析要求】

(1)A 货运代理公司和 B 货运代理公司的法律地位是什么? 它们是否应对货物遗失承担责任?

(2)本案是否适用国际航空货运公约? 为什么?

(3)货主认为应按货物的实际价值进行赔偿的主张是否有法律依据,为什么?

项目实训

【实训项目】

缮制航空运单。

【实训情境】

托运人将以下所附航空货运单传真给国际货运代理人,并咨询关于货物运输的下列事宜,请你作为国际货运代理人的操作人员,给予答复(请用中文答复)。

【实训任务】

1. 请回答下列问题:

(1)该票货物的始发站机场是哪里?

(2)该票货物的目的站机场是哪里?

(3)该票货物的航空承运人是谁?

(4)该票货物的货币币种是什么?

(5)该票货物的运费支付方式是什么?

(6)该票货物的声明价值是多少?

(7)该票货物的保险金额是多少?

(8)该票货物的总运费是多少?

(9)该票货物的"Rate Class"栏的"Q"的概念是什么意思?

(10)该票货物的"Other Charges"栏的"AWC:50"的概念是什么意思?

IATA FIATA INTRODUCTORY COURSE

Shipper's Name and Address	Shipper's Account Number	Not negotiable **Air Waybill** Issued by
CHINA INDUSTRY., BEIJIN P.R. CHINA TEL: 86（10）64596666 Fax: 86（10）64598888		Copies 1, 2 and 3 of this Air Waybill are originals and have the same validity
Consignee's Name and Address	Consignee's Account Number	It is agreed that the goods described herein are accepted in apparent good order and condition (Except as noted) for carriage. SUBJECT TO THE CONDITIONS OF CONTRACT ON THE REVERSE HEREOF. ALL GOODS MAY BE CARRIED BY ANY OTHER MEANS INCLUDING ROAD OR ANY OTHER CARRIER UNLESS SPECIFIC CONTRARY INSTRUCTIONS ARE GIVEN HEREON BY THE SHIPPER. AND SHIPPER AGREES THAT THE SHIPMENT MAY BE CARRIED VIA INTERMEDIATE STOPPING PLACES WHICH THE CARRIER DEEMS APPROPRIATE. THE SHIPPER'S LIMITATION OF LIABILITY. Shipper may increase such limitation of liability by declaring a higher value for carriage and paying a supplemental charge if required. ISSUING CARRIER MAITAINS CARGO ACCIDENT LIABILITY INSURANCE
NEWYORKSPORT IMPORTERS, NEWYORK, U.S.A. TEL: 78789999		
Issuing Carrier's Agent Name and City KUNDA AIR FRIGHT CO.LTD		
Agent IATA Code	Account No.	Accounting Information

Airport of Departure (Addr. Of First Carrier) and Requested Routing
BEIJING

To NYC	By First Carrier CA	Routing and Destination	to	by	to	by	Currency CNY	CHGS Code	WT/VAL PPD / COLL	Other PPD / COLL	Declared Value for Carriage NVD	Declared Value for Carriage NCV

Airport Destination NEW YORK	Flight/Date CA921/30 JUL, 2002	For Carrier Use Only	Flight/Date		

Handing Information : 1 COMMERCIAL INVOICE KEEP UPSIDE

SCI

No. of Pieces RCP	Gross Weight	Kg lb	Rate Class / Commodity Item No.	Chargeable Weight	Rate Charge	Total	Name and Quantity of Goods (Incl. Dimensions of Volume)
4	53.8	K	Q	77.00	48.34	3722.18	MECHINERY DIMS: 70X47X35CMX4

Prepaid	Weight Charge	Collect	Other Charge
	3722.18		AWC: 50
	Valuation Charge		
	Tax		
	Total Other Charges Due Agent		Shipper certifies that the particulars on the fact hereof are correct and that insofar as any part of the consignment contains dangerous goods, such part is properly described by name and is in proper condition for carriage by air according to the applicable Dangerous Goods Regulations
	Total Other Charges Due Carrier 50		

Signature of Shipper or his Agent

Total Prepaid 3772.18	Total Collect	30 JUL 2002 BEIJING
Currency Conversion Rates	CC Charges in Dest. Currency	
For Carriers Use Only At Destination	Charges at Destination	Total Collect Charges

Executed on (date) at (Place) Signature of Issuing Carrier or its Agent

ORIGINAL 3 (FOR SHIPPER)

2. 撰写《缮制航空运单》的实训报告。

《缮制航空运单》实训报告

项目实训班级：	项目小组：	项目组成员：
实训时间：　年　月　日	实训地点：	实训成绩：
实训目的：		
实训步骤：		
实训结果：		
实训感言：		
不足与今后改进：		
项目组长评定签字：		项目指导教师评定签字：

项目十一　　国际多式联运货运代理

- **知识目标**

  理解：国际多式联运的概念、国际多式联运的条件、国际多式联运的特征。
  熟知：国际多式联运业务、国际多式联运的主要类型及与一般联运的区别。
  掌握：多式联运经营人、国际多式联运合同、国际多式联运方案设计和业务流程。

- **技能目标**

  能够具备完成国际多式联运货运代理业务的能力；能够对国际多式联运进行方案设计。

- **素质目标**

  运用所学的国际多式联运货运代理知识研究相关案例，培养和提高学生在特定业务情境中分析问题与决策设计的能力；结合行业规范或标准，运用本项目的知识分析行为的善恶，强化学生的职业道德素质。

- **思政目标**

  能够按照国际多式联运货运代理业务流程和实践认知，结合职业道德和企业要求，自主解决国际多式联运货运代理业务中出现的常见问题；通过业务流程，树立职业成就感和职业荣誉感；培养认真、细致、严谨的工作态度，形成良好的工作作风，提高分析问题和解决问题的认知涵养。

- **项目引例**

国际多式联运索赔案

根据委托，2023年6月8日，天华运输公司负责将托运人仁和贸易公司委托的货物由天津经海运运至大连后，经大连转公路运至丹东，然后由天华运输公司的丹东代理人安排货物经丹东出境由铁路运抵朝鲜新义州。在托运人仁和贸易公司向天华运输公司出具"指定朝鲜真城公司为唯一收货人，提单只作议付单据"的声明后，天华运输公司向托运人签发了国际多式联运提单，提单载明：托运人为仁和贸易公司，收货人为朝鲜真城公司，同时批注有"仅作议付用"（For Negotiable Only）。在铁路签发的运单载明装货地为丹东，卸货地为朝鲜新义州，收货人为朝鲜真城公司。

引例导学：本案是否属于《海商法》中规定的"多式联运"，为什么？国际多式联运具备的条件有哪些？

● 知识精讲

任务一　国际多式联运与多式联运经营人

一、国际多式联运概述

（一）国际多式联运的概念

国际多式联运（Multi-modal Transport 或 Inter-modal Transport）是采用一张国际多式联运合同，由一个总承运人负责全程的承运并直接对货主负责，组织两种以上的不同运输方式，跨国界进行联合运输。

我国《海商法》第102条规定：本法所称多式联运合同，是指多式联运经营人以两种以上的不同运输方式，其中一种是海上运输方式，负责将货物从接收地运至目的地交收货人，并收取全程运费的合同。

《联合国国际货物多式联运公约》第1条第1款将国际多式联运定义为："国际多式联运是指按照多式联运合同，以至少两种不同的运输方式，由多式联运经营人将货物从一国境内接管货物的地点运至另一国境内指定交付货物的地点。"

（二）国际多式联运的条件

国际多式联运应具备以下条件：①货物在全程运输过程中无论使用多少种运输方式，作为负责全程运输的多式联运经营人必须与发货人订立多式联运合同；②多式联运经营人必须对全程运输负责，因为多式联运经营人不仅是订立多式联运合同的当事人，而且是多式联运单证的签发人；③多式联运经营人接管的货物必须是不同国家（或地区）间的货物运输；④多式联运不仅是使用两种不同的运输方式，而且必须是该不同运输方式下的连续运输；⑤货物全程运输由多式联运经营人签发一张多式联运单证，且应满足不同运输方式的需要，并计收全程运费。

（三）国际多式联运的特征

1. 多式联运经营人（MTO、ITO）与发货人签订一个多式联运合同，签发一份多式联运单据

货物在运输中无论采用多少种运输方式，负责全程运输的多式联运经营人必须与发货人签订一个多式联运合同。

多式联运单据是证明多式联运合同、多式联运经营人已经接管货物并负责按照合同条款交付货物所签发的一种权利凭证。它与传统的海运提单具有相同的作用，由多式联运经营人作为全程运输的承运人向托运人签发。发货人凭多式联运单据到银行结汇，作为有价证券具有流通性质，可以进行转让和向银行抵押贷款。

2. 多式联运经营人对全程运输负责

多式联运经营人是货物全程运输的组织者，各区段的实际运输是通过多式联运经营人与实际承运人订立区段运输合同（分运合同）来完成的，各区段承运人对自己承担运输的区段负责，但无论多式联运经营人是否承担全程运输中部分区段的实际运输，其都要对全程运输负责。

3. 采用两种或两种以上不同的运输方式完成运输

根据多式联运的概念，多式联运所指的至少两种以上的运输方式，可以是海陆、陆空、海空等，但与单一的陆陆、海海、空空联运有本质区别。多式联运不仅是采用两种不同的运输方式，而且必须是不同运输方式下的连续运输。

4. 多式联运采用全程单一运费率

多式联运经营人制定一个货物从发运地至目的地全程单一的费率，并以包干形式一次向货主收取。

5. 多式联运的货物主要是集装箱货物或是集装化的货物

"集装化"未必是指用国际标准集装箱装运，而是指成组运输的方式，比如，托盘、网络等。货物的集装箱化促进了多式联运的发展，有些国际多式联运法规或惯例专门将国际多式联运货物的种类限定为集装箱货物。例如，西伯利亚大陆桥运输中的货物仅限于国际集装箱货物；我国《国际集装箱多式联运规则》中的国际多式联运货物也仅限于国际集装箱货物。

(四)国际多式联运具有的优点

国际多式联运具有的优点主要有：①责任统一；②手续简便；③降低运营成本；④加速货运周转；⑤安全准确；⑥运输合理。

(五)国际多式联运业务

1. 合同(缔约)承运人与实际承运人

合同(缔约)承运人的英文为 Contract Carrier，实际承运人的英文为 Actual Carrier，在多式联运中，MTO[①] 即为合同承运人，其与托运人签订全程运输的总包合同(Head Contract)，而拥有运输工具并承担各区段运输任务者，为实际承运人。每个实际承运人与托运人之间无合同关系，其只与 MTO 有分包(分运)(Sub-contract)合同关系。

许多打着"×××国际货运公司""×××船务公司""×××国际货代公司""×××国际物流公司""×××物流服务公司""×××物流公司"及 NVOCC(译为无船承运业务经营者或无船承运人)等公司实际上充当了合同承运人的角色，而拥有运输工具的船公司、陆运公司及空运公司则充当了实际承运人的角色。当然，拥有运输工具的船公司、陆运公司、航空公司若也对全程负责，则其既是合同承运人，又是具体负责某一区段的实际承运人。

2. 多式联运下 MTO 的责任类型

多式联运下通常采用单一责任制，即是说在运输全程中，由 MTO 就全程运输对货主承担责任。在单一责任制下，因各运输区段的责任内容不同，又可分为网状责任制(Network Liability System)和统一责任制(Uniform Liability System)。

(1)网状责任制。网状责任制是指承运人在各个运输区段中所承担的责任内容并不相同，而需根据各个运输区段适用的法规所规定的责任来确定。例如，在海上运输区段适用海牙规则，而在欧洲铁路运输区段则适用国际铁路货物运输公约(CIM)。

【提示】在网状责任制下，对于发生区段无法明确的箱内货物的灭失或损坏，一般将其看作是在海上运输区段发生的，可按照海上运输区段适用的责任原则来确定承运人的责任。

(2)统一责任制。统一责任制是指在运输全程中由 MTO 按同样的责任内容对货主承担全程责任的制度。

3. 多式联运单证的种类

多式联运单证的英文表达通常是 Multimodal Transport B/L 或 Intermodal Transport B/L，很多人将多式联运单证也称为多式联运提单。

在没有可适用的国际公约的情况下，并不存在国际上认可的作为多式联运单证的合法单证。现在多式联运中使用的单证在商业上是通过合同产生，目前，可分为以下 4 类。

---

① 多式联运经营人：MTO=Multimodal Transport Operater 或 ITO=Intermodal Transport Operator。注意，有些人用 CTO=Combined Transport Operator 表示多式联运经营人。

(1)Combidoc。Combidoc 是由 BIMCO(波罗的海国际航运公会)制定的多式联运单证,通常为经营船舶的多式联运经营人所使用。

(2)FBL。FBL 是 FIATA 联运提单。FIATA 是指国际货运代理协会联合会(FIATA 为国际货运代理协会联合会的法文缩写而非英文缩写)。FBL(FIATA B/L)是 FIATA 制定的,是供作为多式联运经营人的货运代理人所使用的。

(3)Multidoc 或 MTD。MTD 的全拼是 Multimodal Transport Document,是由 UNCTAD(United Nations Committee of Trade and Development,联合国贸易与发展会议)为便于《国际多式联运公约》得以实施而制定的多式联运单证。

(4)多式联运经营人自行制定的多式联运单证。目前几乎所有的多式联运经营人都制定自己的多式联运单证。但考虑到适用性,与 Combidoc、FBL 单证一样,绝大多数单证并入或采用"ICC 联运单证统一规则",即采用网状责任制,从而使现有的多式联运单证趋于标准化。

【提示】我国使用 C. T. B/L(Combined Transport B/L),其功能、作用、性质类似于上述的几种单据。

(六)我国国际多式联运的发展概况

目前,中外运系统、中远系统、中国铁路系统、中国海运集团(CHINA SHIPPING)系统以及地方国际航运公司、国际货运代理企业、中外合资与中外合作企业等都在不同程度上开办了国际集装箱多式联运业务。

我国已经开展起来的国际集装箱多式联运线路主要有如下几条:

(1)我国内地—我国港口—日本港口—日本内地(或反向运输)。

(2)我国内地—我国港口—美国港口—美国内地(或反向运输)。

(3)我国港口—肯尼亚的蒙巴萨港—乌干达内地(或反向运输)。

(4)我国内地—我国港口—德国汉堡或比利时安特卫普港—西欧、北欧内地(或反向运输)。

(5)我国内地—我国港口—科威特—伊拉克(或反向运输)。

(6)我国东北地区—图们—朝鲜清津港—日本港口(或反向运输)。

(7)我国港口—日本港口—澳大利亚港口—澳大利亚内地。

(8)我国内地接转西伯利亚大陆桥运输(或反向运输)。

(七)国际多式联运的主要类型及与一般联运的区别

1. 国际多式联运的主要类型

(1)海陆联运。国际海陆联运是国际多式联运的主要方式,又可分为船舶与汽车联运、船舶与火车联运两种。由于汽车的运费较高,经济运距较短,对于陆运距离长的货物运输,其竞争力不如船舶和火车的联运,但是它可以实现门到门的运输;对长距离的陆上运输则主要采用海铁联运,这种组织形式多以航运公司或国际货运代理为主体,签发多式联运提单。距海运口岸较近的货物始发地多采用集装箱汽车运输的陆海联运,而距海运口岸较远的始发地多采用铁海联运。大陆桥运输则多采用铁海联运,实际上为了实现门到门运输,则是陆海陆联运。

(2)海空联运。海空联运又被称为空桥联运,在运输组织的方式上与陆桥运输不同,陆桥运输在整个货运过程中使用的是同一个集装箱,不用换装;而空桥运输的货物通常要在航空港装入航空集装箱。不过,两者的目标是一致的,即以低费率提供可靠的运输服务,但是由于航空、海运的局限性,所谓的海空联运很难离开陆运,这种联合运输方式确切来说,应该是陆海空陆联运才能实现货物的门到门运输。

(3)江(河)海联运。江海联运或河海联运,是利用发达的内陆水系进行的国际集装箱联合运输。目前,许多国家利用国内既有的内陆河运系统,因地制宜地开展江(河)海集装箱联运。近年来，我国长江沿岸的集装箱货物通过上海或上海附近的口岸由太平洋航线运往世界各地,珠江下游中小城市的集装箱通过深圳、香港、珠海口岸由太平洋航线运往世界各地的货运量在逐年增加,从而分别拉动了长江中下游、珠江下游地区的经济发展。

2. 国际多式联运与一般联运的区别

(1)概念界定不同。国际多式联运是在两国之间使用两种以上不同运输方式的联运,而一般联运是指同一种运输工具多家经营的两程或两程以上的运输衔接。例如,铁路转铁路的运输,通常称为国际铁路联运;船转船的运输,通常称为转船运输(水水联运)。全程运输仅使用一种运输方式,货物全程运输要由多家企业采取分程接力方式完成,这种联运一般是同一运输方式下两程或两程以上运输的衔接,通常称为单一方式联运。多式联运是指两种或两种以上运输方式的联运,因而称为多式联运。

(2)责任关系不同。国际多式联运经营人承担全程运输责任,需要组织不同国家(或地区)间的多种运输工具来完成货物运输。因此,实际上往往是多式联运经营人在接受发货人托运后,自己承运一部分,而其余的由其他承运人进行运输(当然,多式联运经营人也可不参与任何区段运输)。它与单一方式联运不同的是,这些接受多式联运经营人委托的实际区段承运人,只是与MTO有合同关系,对多式联运经营人负责,与实际(真实、真正)的托运人(货主)没有合同意义上的承托关系。因此,在实际业务中通常把多式联运经营人称为总承运人或总运人、总包人,把承担分段运输的实际承运人称为分承运人或分运人、分包人,而分段承运人只对其本身承运的区段负责。

(3)责任期间不同。国际多式联运的出现,从根本上改变了传统运输的交接界限。货物的交接地点突破了以往"港到港(PORT TO PORT 或 CY TO CY)"界限而向两端内陆延伸。多式联运经营人接管货物的地点可能在某个港口的堆场(CY),也可能在港口以外某个内陆地点的发货人工厂、仓库或集装箱中转站(INLAND DEPOT)或内陆货运站(INLAND CFS);货物的交付地点也同样延伸至内陆某地、某内陆中转站或内陆货运站。因此,多式联运经营人的承运责任也由传统的"钩至钩"扩大到"从货物被多式联运经营人接管时起至在指定地点交货时止(即从接货到交货)"的全程运输责任。货物在运输过程中不论其灭失、损坏发生在哪一个运输区段,货主只要向多式联运经营人提出索赔要求,多式联运经营人就有责任处理或赔偿。

(八) 多式联运索赔与诉讼

货物在多式联运过程中发生损害,受损人按照国际公约和有关法规规定可以进行索赔。实际业务中,一般做法是,收货人发现货物损害后,先向多式联运经营人或区段承运人进行书面通知,同时通知货物投保公司,根据货物本身的保险范围,向保险公司索赔;保险公司赔付后凭由权益转让书所取得的代位权责任范围向责任区段的承运人或分合同方追偿。多式联运经营人若已投保货物责任险,则在赔付后可向所投保的保险公司索赔,其中如有属区段承运人或分合同方责任者,保险公司再向他们追偿。

索赔不成可以按规定进行诉讼。依照公约与法规规定,索赔和诉讼都有一定程序和时效。我国《海商法》第81条和《集装箱多式联运管理规则》第33条的规定是,货损不明显时,整箱货自交付次日起连续15天内,拼箱货自交付次日起连续7天内提交书面索赔通知,否则,所做的货物交付被视为多式联运经营人已经按照多式联运单据的记载交付以及货物状况良好的初步证据。关于诉讼,应依照公约或法规规定在具有管辖权或双方协议地点的法院进行。关于诉讼时效,多式联运公约的规定是两年,与汉堡规则规定相同但与海牙规则和维斯比规则的规定不同。如果自货物交付之日起6个月内没有提出书面索赔通知,则会失去诉讼时效。我国《集装箱多式联运管理规则》规定了对多式联运经营人诉讼的时效期间,若多式联运全程包括海运段的为1年;若多式联运全程未包括海运段的,则按《民法典》的规定为两年。时效时间从多式联运经营人交付或应当交付货物的次日起计算。

二、多式联运经营人

(一)多式联运经营人的概念与特征

1980年《联合国国际货物多式联运公约》第1条第2款规定:"多式联运经营人(MTO)是指本人或通过其代表订立多式联运合同的人,他是事主,而不是发货人的代理人或代表,也不是参加多式联运的承运人的代理人或代表,并且他负有履行合同的责任。"由此可见,国际多式联运经营人是指本人或者委托他人以本人名义与托运人订立一项多式联运合同并以承运人身份承担完成此项合同责任的人。

拓展阅读
国际货物多式联运经营主体资格

从以上的概念中,不难发现国际多式联运经营人具有如下基本特征:

(1)多式联运经营人是多式联运合同的主体。国际多式联运经营人是"本人"而非代理人。他既对全程运输享有承运人的权利,又负有履行多式联运合同的义务,并对责任期间所发生的货物的灭失、损害或迟延交付承担责任。

(2)多式联运经营人的职能在于负责完成多式运输合同或组织完成多式运输合同。国际多式联运经营人既可以拥有运输工具从事一个或几个区段的实际运输,也可以不拥有任何运输工具,仅负责全程运输组织工作。当国际多式联运经营人以拥有的运输工具从事某一区段运输时,他既是合同承运人,又是该区段的实际承运人。

(3)多式联运经营人是"中间人"。国际多式联运经营人具有双重身份,他既以合同承运人的身份与货主(托运人或收货人)签订国际多式联运合同,又以货主的身份与负责实际运输的各区段运输的承运人(通常称为实际承运人)签订分运输合同。由此可见,国际多式联运经营人不同于无船承运人、传统货运代理,他们之间的异同如表11-1所示。

表11-1 国际多式联运经营人、无船承运人和传统货运代理的异同

比较项目		多式联运经营人	无船承运人	传统货运代理
相同之处		他们均属于运输中间商,其主要业务是为供需双方提供运输服务或代理服务,以赚取运费或代理费		
不同之处	涉及运输方式	至少两种运输方式	海运	海、陆、空
	法律地位	对货主而言是承运人,对各区段承运人而言是货主	对货主而言是承运人,对船公司而言是货主	代理人
	资金占用	很大	较大	很少
	是否拥有船舶	必要时可以拥有	禁止拥有	禁止拥有
	是否拥有陆运与空运工具	必要时可以拥有	必要时可以拥有	禁止拥有
	是否有自己的提单	有	有	无
	是否有自己的运价表	有	有	无
	收入性质	运费(差价)	运费(差价)	代理费或佣金

(二)多式联运经营人的责任

多式联运经营人责任是指其按照法律规定或运输合同的约定对货物的灭失、损害或延迟交付所造成损失的违约责任。它由责任期间、责任基础、责任形式、责任限额、免责等部分构成。

我国关于多式联运的法律规定主要体现在《海商法》第四章第八节"多式联运合同的特别规定"

和《民法典》第十九章第四节"多式联运合同"中。

表 11-2 显示了有关的多式联运公约与规则在承运人责任限额、诉讼时效等方面的规定。表 11-3 显示了我国有关法律法规关于多式联运经营人责任的规定。如果某一多式联运合同同时属于《海商法》和《民法典》的适用范围，而两者又有不同规定的，应首先适用《海商法》的规定，其次适用《民法典》。

表 11-2　　　　有关多式联运国际公约与规则对承运人责任等方面的规定

公约或法律名称		责任基础	责任形式	责任期间	货损、货差责任限额		迟延交付损失		货损、货差通知时限		诉讼时效
					SDR/件	SDR/千克	责任限额	推定灭失	显而易见	非显而易见	
联合国多式联运公约	含水运	完全过失责任	修正统一责任制	接货/交货	920	2.75	迟延货2.5倍运费，不得超过总运费	90天	1个工作日	6个连续日	2年，3个月追偿期；迟延交付：60天
	不含水运					8.33					
					如区段适用法律规定限额高，则适用该法						
1973年联合运输单证统一规则		确定区段：等同区段适用运输公约/法规；非确定区段：完全过失责任	网状责任制	接货/交货	确定区段：等同区段适用运输公约/法规规定；非确定区段：2SDR/千克		确定区段：取决于适用运输公约规定，且不得超过运费；非确定区段：不赔	90天	交付之前或当时	7个连续日	9个月
1991年多式联运单证规则	含水运	完全过失责任，但水运段仍实行不完全过失责任	网状责任制	接货/交货	666.67	2	不超过运费	90天	交付之前或当时	6个连续日	9个月
	不含水运					8.33					
					如区段适用法律规定了限额，则适用该法						

表 11-3　　　　我国有关法律法规关于多式联运经营人责任的规定

		《海商法》	《民法典》
运输方式限定		多式联运必须包含海运	海陆空均可
责任形式		网状责任制	网状责任制
责任免除	货损区段确定	适用调整该区段运输方式的有关法律规定	适用调整该区段运输方式的有关法律规定
	货损段未确定	实行不完全过失责任即享有《海商法》第51条规定的12项免责	实行严格责任，即仅在不可抗力时才可免责
责任限额	货损区段确定	适用调整该区段运输方式的有关法律规定	适用调整该区段运输方式的有关法律规定
	货损段未确定	适用海运规定，即《海商法》第56(1)条规定	不享受责任限额，即按全额赔偿
延迟交付责任		未规定（参见《海商法》第105条规定）	承担责任，并按实际损失给予赔偿（参见《民法典》第三编合同第八章违约责任第583条和第19章运输合同第4节多式联运合同

目前，多式联运责任形式主要有以下几种：

1. 责任分担制（Dispersion of Liability）

责任分担制是指多式联运经营人和各区段的实际承运人仅对自己完成区段的货物运输负责，各区段的责任原则上按该区段适用的法律予以确定。在这种责任形式下，多式联运经营人并不承担全程运输责任，这显然与多式联运的基本特征相矛盾，故目前很少被采用。另外，在许多情况下，只要多式联运经营人签发全程多式联运单据，即使在多式联运单据中声明采取这种形式，也可能会被法院判定此种约定无效而要求多式联运经营人承担全程运输责任。

2. 网状责任制(Network System of Liability)

网状责任制是指多式联运经营人对全程运输负责,货物的灭失或损坏发生于多式联运的某一区段的,多式联运经营人的赔偿责任和责任限额,适用调整该区段运输方式的有关法律规定。如果货物的灭失、损坏发生的区段不能确定(俗称为"隐藏损害"),多式联运经营人则按照海运法规或双方约定的某一标准来确定赔偿责任和责任限制。目前,大多数国家的多式联运经营人采用网状责任制。我国《海商法》《民法典》均采纳了该责任制。

3. 统一责任制(Uniform Liability System)

统一责任制是指多式联运经营人对货主赔偿时不考虑各区段运输方式的种类及所适用的法律,而是对全程运输按一个统一的原则并一律按约定的责任限额进行赔偿。统一责任制是与多式联运的基本特征最为一致的责任形式,然而,由于适用于各运输区段的国际公约或者法律所确定的区段承运人的责任不同,可能低于多式联运经营人根据统一责任制所承担的责任,这意味着多式联运经营人向货方承担赔偿责任后,面临着不能向造成货物损害的区段承运人全额追偿的危险,从而无法预见其最终承担的责任,因此,目前尚没有多式联运经营人愿意采用这种责任形式。

4. 经修正的统一责任制(Modified Uniform Liability System)

经修正的统一责任制是指多式联运经营人对全程运输负责,并且原则上全程运输采用单一的归责原则和责任限额,但保留适用于某种运输方式的较为特殊的责任限额的规定。这种修正通常针对多式联运的海运阶段,且有利于多式联运经营人。经修正的统一责任制在最大限度上保留统一责任制的优点,同时通过对其加以修正,缓和统一责任制下各区段运输方式责任体制之间存在的差异和矛盾,较好地适应运输法律发展的现状,使多式联运中的运输风险在承托双方间得到较为合理的分配。《国际多式联运公约》采用的是此种责任制。

(三)多式联运经营人的类型

1. 承运人型

这类国际多式联运经营人拥有船舶、汽车、火车、飞机等运输工具。他与货主订立国际多式联运合同后,除了利用自己拥有的运输工具完成某些区段的实际运输外,对于自己不拥有或经营的运输区段则需要通过与相关的承运人订立分包合同来实现该区段的运输。这类国际多式联运经营人既是合同承运人又是某个或几个区段的实际承运人。此外,他们也可能不拥有场站设施,而是与相关场站经营人订立装卸与仓储合同来安排相关的装卸与仓储服务。

2. 场站经营人型

这类国际多式联运经营人拥有货运站、堆场、仓库等场站设施。他与货主订立国际多式联运合同后,除了利用自己拥有的场站设施完成装卸、仓储服务外,还需要与相关的各种运输方式的承运人订立分合同,由这些承运人来完成货物运输。

3. 代理人型

这类国际多式联运经营人不拥有任何运输工具和场站设施,需要通过与相关的承运人、场站经营人订立分合同来履行其与货主订立的国际多式联运合同。

(四)多式联运经营人的业务范围

多式联运经营人既可以从事代理业务,也可以从事当事人业务,因而,其业务范围非常广泛。按国际多式联运经营人在提供服务中所起的作用和所扮演的角色,其业务范围可以分成如下六大类:咨询业务、货运代理业务、运输经纪业务、承运人或场站经营人业务、国际多式联运业务、运输延伸服务——物流服务。

(五)多式联运经营人的必备条件

从经营的角度来看,多式联运应被划归在定期运输之列。因此,为了确保多式联运业务的稳定性，多式联运经营人必须具备如下基本条件：①取得从事国际多式联运的资格；②拥有国际多式联运线路以及相应的经营网络；③与有关的实际承运人、场站经营人建立长期合作关系；④拥有必要的运输设备，尤其是场站设施和短途运输工具；⑤拥有雄厚的资金和良好的资信；⑥拥有符合要求的国际多式联运单据；⑦具备自己所经营的国际多式联运线路的运价表。

（六）多式联运经营人的经营方式

在业务经营过程中，国际多式联运企业需要根据自己的经济实力、业务量大小采取合适的经营方式。目前，国际上通用的业务活动经营方式主要有如下三种：

(1) 企业独立经营方式，即所有业务完全由国际多式联运企业及其附属机构独立经营。

(2) 两企业间联营方式，即国际多式联运企业与其他独立经营企业联合经营国际多式联运业务。

(3) 代理方式，即委托国内外同行作为联运代理，办理或代安排分承运工作和交接货物，签发或收回联运单证，制作有关单证，处理信息，代收、支付费用和处理货运纠纷等。代理关系可以是相互的，也可以是单方的。

【提示】在实际业务中，几乎所有的国际多式联运企业都是三种经营方式组合运用，其中以第一种与第三种的结合最为常见。大多数无船承运人型的多式联运企业采用后两种形式。

三、国际货物多式联运合同

我国《海商法》第102条将多式联运合同（MTC）定义为："多式联运经营人以两种以上的不同运输方式，其中一种是海上运输方式，负责将货物从接收地运至目的地交付收货人，并收取全程运费的合同。"《海商法》调整的货物多式联运法律关系中必须有一种运输方式为海上运输关系。

国际货物多式联运一般具备使用两种或两种以上运输工具、签发多式联运单证和由多式联运经营人对全程运输负责的特征。与传统的运输方式相比，具有一次托运、一次签单、一次投保的优势，因而具有强大的生命力。

国际货物多式联运单证，是多式联运经营人接管货物后，由其或经其授权的人签发给发货人，表明其收到货物并与之成立国际货物多式联运合同关系，保证向单证持有人交付货物的运输单据。

当国际货物多式联运的运输方式之一是海运，尤其是第一种运输是海运时，国际货物多式联运单证多表现为多式联运提单。对于国际货物多式联运单证的效力，因货物交接方式的不同而有所不同：在拼箱货交接的情况下，达到目的后，多式联运经营人根据货物的外表状况对收货人负责；在整箱货交接的情况下，达到目的后，多式联运经营人仅凭集装箱的外表状况交付货物。无论是拼箱货还是整箱货，单证属于多式联运经营人按照单证记载收到货物的初步证据，但是一旦被转让给善意的第三人后，便成为绝对证据。

【学中做11-1】 某货主委托承运人的货运站装载1 000箱小五金，货运站在收到1 000箱货物后出具仓库收据给货主。在装箱时，装箱单上记载980箱，货运抵进口国货运站，拆箱单上记载980箱，由于提单上记载1 000箱，同时提单上又加注"由货主装箱、计数"，收货人便向承运人提出索赔，但承运人拒赔。

根据题意分析回答下列问题：提单上类似"由货主装载、计数"的批注是否适用于拼箱货，为什么？承运人是否要赔偿收货人的损失，为什么？

任务二　国际多式联运方案设计

一、国际多式联运方案设计的概念

国际多式联运方案设计(International Multimodal Transport Planning),也称为国际多式联运解决方案(International Multimodal Transport Solution),是指国际多式联运企业针对客户的运输需求,运用系统理论和运输管理的原理与方法,合理地选择运输方式、运输工具与设备、运输路线以及货物包装与装卸等过程。

二、国际多式联运方案设计的影响因素

国际多式联运方案设计的最终目的在于满足客户的需求,因此,以下客户需求特征应该成为国际多式联运方案设计时应考虑的主要因素:

(1)物品特征方面。这主要包括产品的种类、单件体积与毛重、外包装规格与性能、可堆码高度、货物价值,以及是否为贵重、冷藏、危险品等特种商品等。

(2)运输与装卸搬运特征。这主要包括每次发运货物数量(数量有无增减)、装运时间、发运频率、到达时间、可否拼装及分批装运与转运、装货与卸货地点是否拥挤或罢工、运输距离的长短等。

(3)储运保管特征。这主要是指货物的物理与化学性质对储运与保管的要求等。

(4)客户其他要求。比如,对运输价格、运输方式、运输工具、运输线路、装卸搬运设备、运输时间、运输单证等有无具体要求。

三、国际多式联运方案设计的内容与程序

国际多式联运方案设计主要包括运输方式、运输工具与设备、运输路线、自营与分包四个方面的决策。国际多式联运方案设计是一项复杂的系统工程,最佳的设计方案往往是通过对各种方案的多次修正与调整后获取的,如图11-1所示。

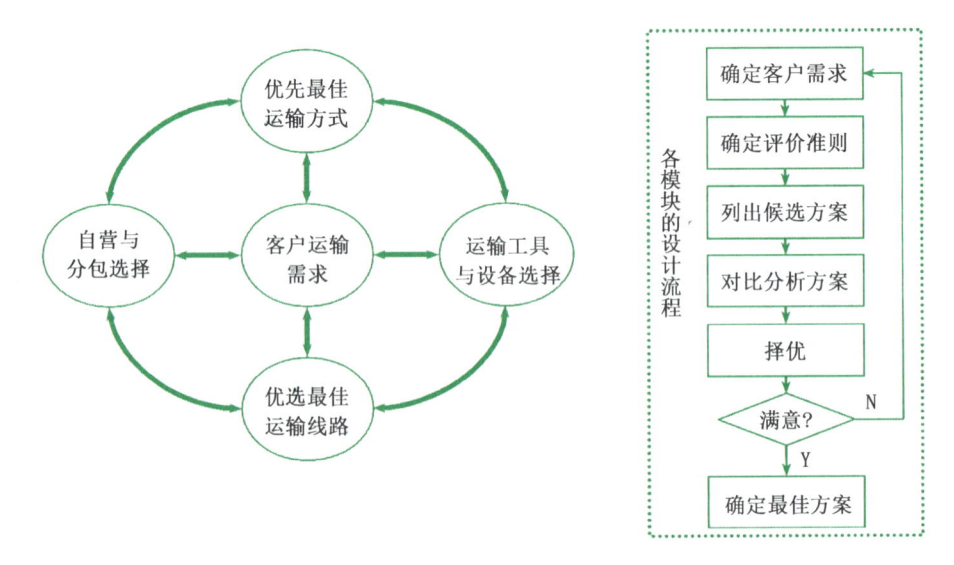

图11-1　国际多式联运方案设计内容与流程

(一)客户运输需求分析

国际多式联运企业应以客户的需求为导向,为客户"量身定做"国际多式联运运作方案。一个好的方案,必须得到客户的认可,因而方案设计时,应首先分析客户的需求,并在此基础上设计出初步方案,同时与客户不断沟通、交流,这样做出的方案才能在运行中达到预期的目标和效果。

(二)运输方式的选择

运输方式的选择实际包括两个方面的选择:一是单一运输方式与多式联运之间的选择,表11—4显示了铁路、公路、水路、航空、管道五种基本运输方式的优缺点及适用范围;二是各种货运形式的选择,比如,对铁路运输下的整车运输、零担运输、集装箱运输、特种货物运输等货运形式的选择,比如,集装箱多式联运下就包括九种交付方式,因而显现出不同的运输组织形式。

表 11—4   各种运输方式的优缺点及适用范围

运输方式	优　点	缺　点	主要运输对象
铁路	1. 大批量货物能一次性有效运送 2. 运费负担小 3. 轨道运输,事故相对少,安全 4. 铁路运输网完善,可达各地 5. 受自然和天气影响小,运输准时性较高	1. 近距离运输费用高 2. 不适合紧急运输要求 3. 由于需要配车编组,中途停留时间较长 4. 非沿线目的地需汽车转运 5. 装卸次数多,货损率较高	长途、大量、低价、高密度商品,比如,采掘工业产品、重工业产品及原料、制造业产品及原料、农产品等
公路	1. 可以进行门到门运输 2. 适用于近距离运输,较经济 3. 使用灵活,可以满足多种需要 4. 输送时包装简单、经济	1. 装载量小,不适合大量运输 2. 长距离运输运费较高 3. 环境污染较严重 4. 燃料消耗大	短距离具有高价值的加工制造产品和日用消费品,比如,纺织和皮革制品、橡胶和塑料制品、润滑金属产品、通信产品、零部件、影像设备等
水路	1. 运量大 2. 成本低 3. 适用于超长、超宽笨重的货物运输	1. 运输速度慢 2. 港口装卸费用较高 3. 航行受天气影响较大 4. 运输时效性和安全性较差	主要是长途的低价值、高密度大宗货物,比如,矿产品、大宗散装货、化工产品、远洋集装箱等
航空	1. 运输速度快 2. 安全性高	1. 运费高 2. 重量和体积受限制 3. 可达性差 4. 受气候条件限制	通常适用于高价、易腐烂或急需的商品
管道	1. 运量大 2. 运输安全可靠 3. 连续性强	1. 灵活性差 2. 仅适用于特定货物	石油、天然气、煤浆

一般情况下,考察运输方式服务性的内容主要有以下 10 个方面:运费的高低、运输时间的长短、可以运输的次数(频率)、运输能力的大小、运输货物的安全性、运输货物时间的准确性、运输货物的适用性、能适合多种运输需要的伸缩性、与其他运输方式衔接的灵活性、提供货物所在位置信息的可能性。上述影响因素中,突出的决定因素是运输成本、运输时间、可靠性、运输能力、可用性和安全性。

(三)运输工具与设备的选择

1. 运输工具的选择

在同一运输路线上使用技术性能与经济性能不同的运输工具,将会产生不同的经济效果;同一运输工具在不同的运输路线上营运,其经济效果也会不同。因此,研究各类运输工具在运输路线上的合理配置是国际多式联运方案设计的重要内容之一。运输工具选择主要是指对运输工具的类型、吨位(载重量)、国籍、出厂日期等有关指标的选择。

2. 装卸搬运设备的选择

选用合理的装卸搬运设备，对于提高装卸搬运效率、加速运输工具的周转以及最大限度地防止货运事故的发生，有着极其重要的意义，尤其是对于那些超长、超宽、超高、超重、移动困难、易损坏的货物，装卸搬运设备的选择就更为重要。

3. 集装箱的选择

在货物装箱前，针对所运货物的实际情况和运输要求、运输线路和港口、内陆场站条件及经济合理等因素，选择合适的集装箱，对保证运输质量、提高运输效率、减少运输时间、降低运输成本都有着重要意义。对集装箱的选择主要是指集装箱种类（箱型）的选择、集装箱规格尺度的选择以及所需集装箱数量的计算。

4. 运输包装的设计

运输包装的方式和造型多种多样，包装用料和质地各不相同，包装程度也有差异，这就带来运输包装的多样性。在设计运输包装时要考虑对运输方式的适应性和方便性，以及何时、何地将运输包装转换为销售包装，以实现货物运输既安全又快捷。

（四）运输路线的选择

运输路线的选择应注意以下三点：

1. 运输路线选择与运输方式选择的协同

实际上，同一路线上可以选择不同的运输方式和运输形式。同样，两点间同一运输方式和运输形式下也可能存在不同的运输路线。最好是将运输路线选择与运输方式选择结合在一起，因为路线选择的可行性在很大程度上取决于运输方式等其他环节。

2. 注重装卸地点的选择

以海上运输为例，一般来说，应尽量安排直达运输，以减少运输装卸、转运环节，缩短运输时间，节省运输费用。必须中转的进出口货物，也应选择适当的中转港、中转站。进出口货物的装卸港，一般应尽量选择班轮航线经常停靠的自然条件和装卸设备较好、费用较低的港口。进口货物的卸港，还要根据货物流向和大宗货物用货地来考虑，出口货物的装港，还应考虑靠近出口货物产地或供货地点，以减少国内运输里程，节约运力。此外，港口还有基本港和非基本港的区别，有些港口可能发生罢工与拥挤。

3. 注重不同装货量的拼装，以实现集运、拼装模式，从而影响运输路线选择

随着跨国经营和货运"批多量少"趋势的发展，有时货源与目的港都很分散，必须采用另一种运输方式。有时没有现成的运输方式可用，就要作出特别的运输安排，把小批量货物集中起来进行集运。图11-2是以海运为干线运输的集装箱多式联运集疏运形式示意图。

（五）自营与分包的选择

实际上，任何一个国际多式联运企业都不可能具备最完备和最经济的海、陆、空运输资源和最合适的仓储资源，加之全球运力普遍过剩，对应于某个特定的国际多式联运任务，总存在多个分包商愿意成为完成该任务的合作伙伴，因此必须从其中找到最合适的一个或几个。国际多式联运企业在选择合适的分包商时，往往要使用多个目标准则对各个企业进行评价，因此，国际多式联运企业分包商选择问题往往是多目标决策问题。一方面，运输方式、运输工具与设备、运输路线、自营与分包四个方面的决策都应以客户的运输需求为中心，并依此确立的评价准则为依据；另一方面，运输方式、运输工具与设备、运输路线、自营与分包四个方面的决策也可能会影响到客户的运输需求，从而引起客户运输需求的调整。同时，运输方式、运输工具与设备、运输路线、自营与分包之间也需要相互协调、相互调整。

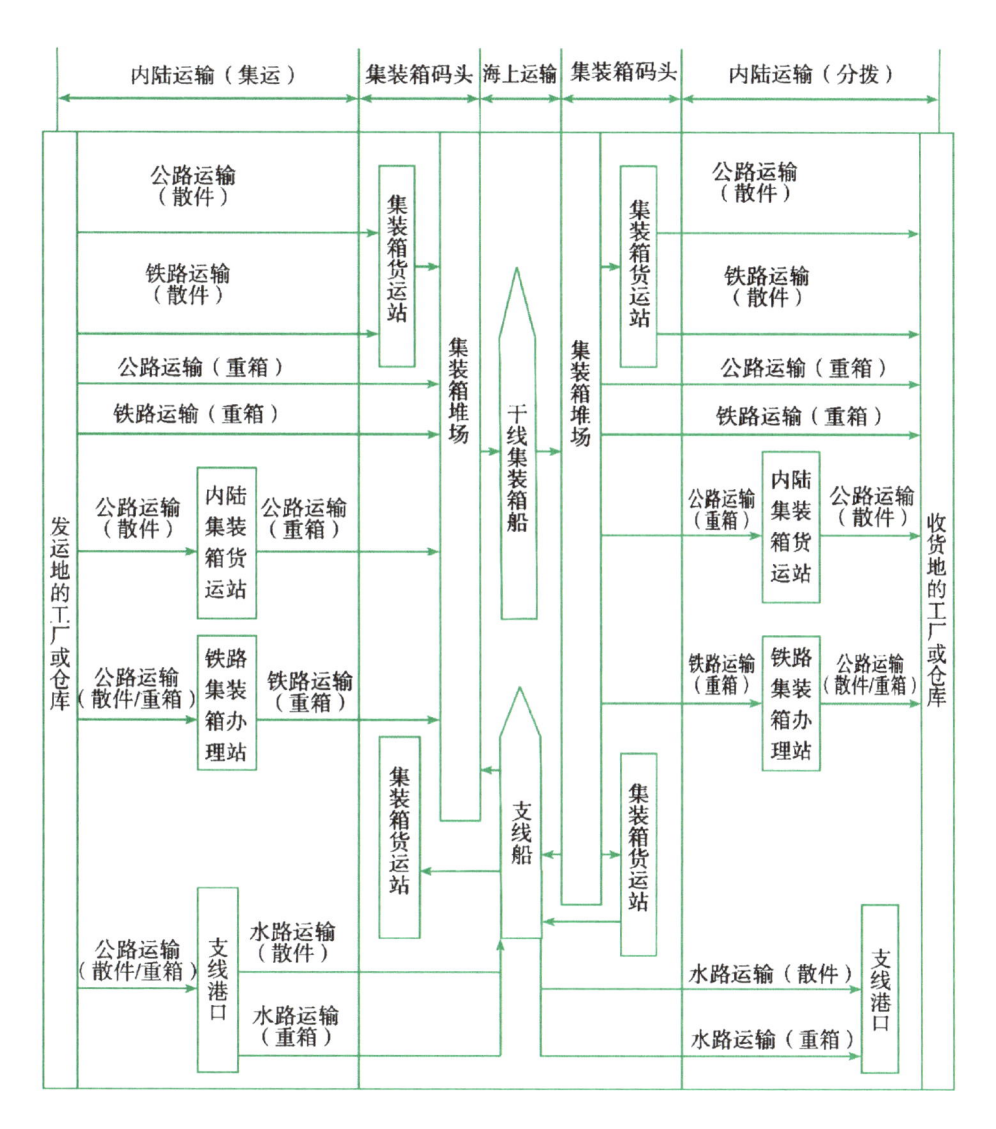

图 11－2　以海运为干线运输的集装箱多式联运集疏运形式

任务三　国际多式联运业务流程

一、国际多式联运单证与计费业务

（一）国际多式联运单证业务

由于没有可适用的国际公约，世界上并不存在国际上公认的、统一的多式联运单证。不过，目前以使用可转让的多式联运提单最为常见。

多式联运提单是指多式联运经营人对经由两种以上的不同运输方式运输的货物所出具的全程提单。在多式联运业务中，由多式联运经营人签发的多式联运提单与各运输区段的接运承运人（实际承运人）签发的运输单据（提单或货运单等）在缮制上既有一定的联系，又有一定的差别。其具体内容可参见无船承运人提单的缮制。

(二)国际多式联运计费业务

国际多式联运运价构成应包括运输总成本、经营管理费用和经营利润三项。

(1)运输总成本,包括集疏运费、港区服务费、海运运费、集装箱租赁费和保险费,至于具体费用项目的构成则主要与集装箱交接方式和采用的运输方式有关。

(2)经营管理费用,包括多式联运经营人与货主、各派出机构、代理人、实际承运人之间信息和单证传递费用、通信费用,单证成本和制单手续费,以及各派出机构的管理费用。这部分费用也可分别加到不同区段的运输成本中一并计算。

(3)经营利润是指多式联运经营人预期从该线路货物联运中获得的毛利润。

目前,多式联运运费的计收方式主要有单一运费制、分段运费制和混合计费制。

(1)单一运费制是指集装箱从托运到交付,所有运输区段均按一个相同的运费率计算全程运费。

(2)分段运费制是按照组成多式联运的各运输区段,分别计算海运、陆运(铁路、汽车)、空运及港站等各项费用,然后合计为多式联运的全程运费,由多式联运经营人向货主一次计收。各运输区段的费用,再由多式联运经营人与各区段的实际承运人分别结算。目前,大部分多式联运的全程运费采用这种计费方式,如欧洲到澳大利亚的国际集装箱多式联运和日本到欧洲内陆或北美内陆的国际集装箱多式联运等。

(3)混合计费制。理论上讲,国际多式联运企业应制定全程运价表,且应采用单一运费制。然而,由于制定单一运费率是一件较为复杂的问题,因此,作为过渡方法,目前有的多式联运经营人尝试采取以下混合计收办法:从国内接收货物地点至到达国口岸采取单一费率,向发货人收取(预付运费);从到达国口岸到内陆目的地的费用按实际成本确定,另向收货人收取(到付运费)。

二、国际多式联运运作流程

(一)国际多式联运运作的基本流程

基于不同的角度,多式联运可分为不同的形式。从运输方式的组成看,多式联运必须是两种或两种以上不同运输方式组成的连贯运输。按这种方法分类,理论上多式联运可有海—铁、海—空、海—公、铁—公、铁—空、公—空、海—铁—海、公—海—空等多种类型(如图11-3所示)。由于内河与海运在航行条件、船舶吨位、适用法规上有所不同,因此,通常习惯将其视为两种不同的运输方式。目前,大多数多式联运仍需在不同运输方式之间进行换装作业,同时出现了货物中途无换装作业的多式联运组合形式,如驼背运输、滚装运输、火车轮渡等。

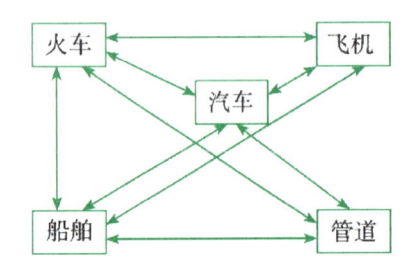

图11-3 国际多式联运服务可能的组合方式

国际多式联运运作流程通常包括以下环节:

(1)多式联运路线和运输方式的确定,与分包方签订分包合同等。

(2)出运地作业。这里既包括通知相应承运人及场站安排接货装货,也包括货物交接,即托运人根据合同的约定把货物交至指定地点。多式联运经营人接管货物时,应签发一份多式联运单据给发货人。单据可以是可转让的,也可以是不可转让的,由发货人选择。

(3)转运地作业。比如,通知转运地代理人,与分包承运人联系,及时做好货物过境、进口换装、转运等手续申办和业务安排。

(4)目的地作业。比如,通知货物抵达目的地时间,并要求目的地代理人办理货物进口手续等。

(5)货物运输过程中的跟踪监管,定期向发货人或收货人发布货物位置等信息,以及计算运输费用、箱子跟踪管理、租箱与归还业务、货运事故索赔与理赔业务等。

(二)以海运为核心的多式联运运作流程

这种模式是指以海运为核心,同时借助于公路运输或铁路运输的衔接而形成的国际多式联运形式,即通常所称的陆海联运,具体包括海铁联运、公海联运等。

图11-4、图11-5分别是国际集装箱陆海联运进口、出口运作流程。

(三)以空运为核心的多式联运运作流程

这种模式是指以空运为核心,同时借助于陆运或海运的衔接而形成的国际多式联运形式,即通常所称的海空联运、陆空联运等。

1. 海空联运运作流程

海空联运是指把空运货物先经由船舶运至拟中转的国际机场所在港口,然后安排拖车将货物拖至拟中转的国际机场进行分拨、装板、配载后,再空运至目的地的国际多式联运形式。

海空联运的特点如下:

(1)海空联运是以航空运输为核心的多式联运,通常由航空公司或航空运输转运人或专门从事海空联运的代理人来制订计划,以便满足许多货主对海运联运货物的抵达时间要求与一般空运一样精确到"×日×时×分"的需要。由于空运在运输能力、运输方法上有其独有的特点,同时,绝大多数飞机是无法实现海空货箱互换的,货物通常要在航空港换入航空集装箱,再加上海空货物的目的地是机场,货物运抵后是作为航空货物处理的,因此,如何在中转时快速、安全地处理货物以及像一般空运那样按时抵达目的地已成为海空联运的关键。

(2)目前国际上对海空联运还没有相应的规定和法律,运价可自由制定。

(3)运输时间比全程海运少,运输费用比全程空运便宜。

(4)可以解决旺季时直飞空运舱位紧张的问题。

(5)托运货品的限制。基于海空运输规则及设施限制,有些货物暂不收运。

2. 陆空联运运作流程

陆空(陆)联运较之海空联运而言,更普遍地被世界各国所采用,尤其是工业发达国家、高速公路较多的国家,这种方式更能彰显其效能。陆空货物联运具有到货迅速、运费适中、安全保质、手续简便和可以提前结汇等优点。国际陆空联运主要有空陆空联运(Air-Train/Truck-Air,ATA)、陆空陆联运(Train-Air-Truck,TAT)和陆空联运(Train-Air or Truck-Air,TA)等形式。目前,接受这种联运方式的国家和地区有数十个。

目前,经中国香港空运的陆空联运货物的主要业务程序如下:

(1)货主在签署贸易合同、制作发票和货物明细单时应注明联运方式,比如,"由发货地至香港特区装火车,由香港特区至中转地装飞机,由中转地至目的地装汽车",并在唛头上列明目的地,注明转口货,以避免香港特区征税;有关单据上要加盖"陆空联运"字样,以示区别、加速中转。

(2)货主向陆空联运经营人办理委托,并提供有关单证资料,包括安排货物在香港特区转运业务的运输委托书或出口货物报关单。

(3)货物在内地装上火车后,陆空联运经营人签署航空货运分运单或承运货物收据交付货主,

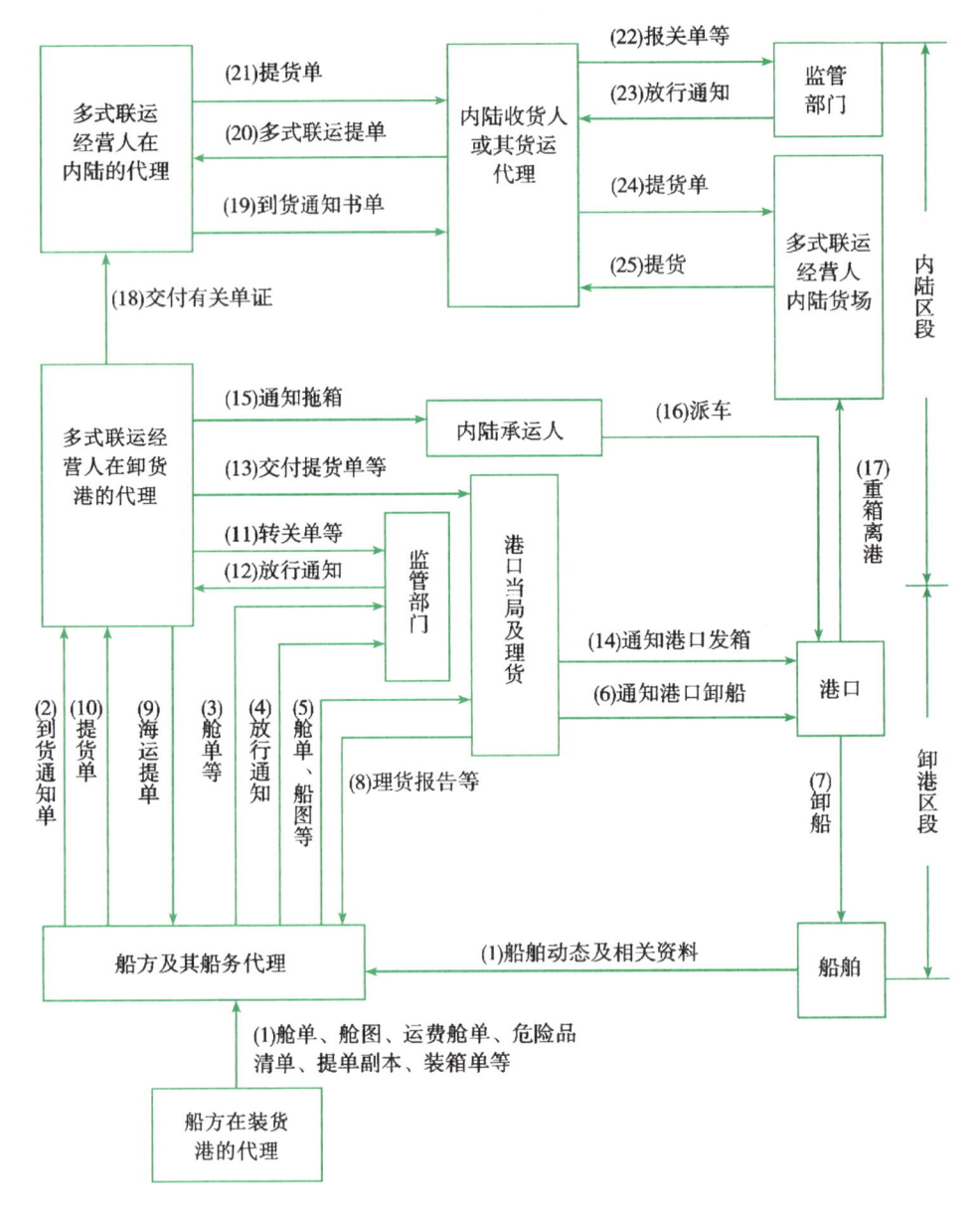

图 11—4 国际集装箱陆海联运进口运作流程

以便货主结汇。

(4)陆空联运经营人向在香港特区的收转人(目前主要有香港中国旅行社、华厦空运公司、合力空运有限公司等)提供货物装上火车离站信息,以便转运人办理货物在香港特区的中转事宜。

(5)陆空联运经营人委托在中转地的代理人,负责从航空公司接收货物,并安排汽车转运至目的地,交付收货人。

(四)以陆运为核心的多式联运运作流程

这种模式是指以铁路运输为核心,同时借助于公路或海运的衔接而形成的国际多式联运形式,具体包括公铁联运、大陆桥运输等。由于前面已介绍过西伯利亚大陆桥和新亚欧大陆桥,因此,以下仅对北美陆桥运输作简要介绍。

北美地区的陆桥运输不仅包括大陆桥运输,而且包括 MBL、IPI、OCP 等其他运输组织形式。

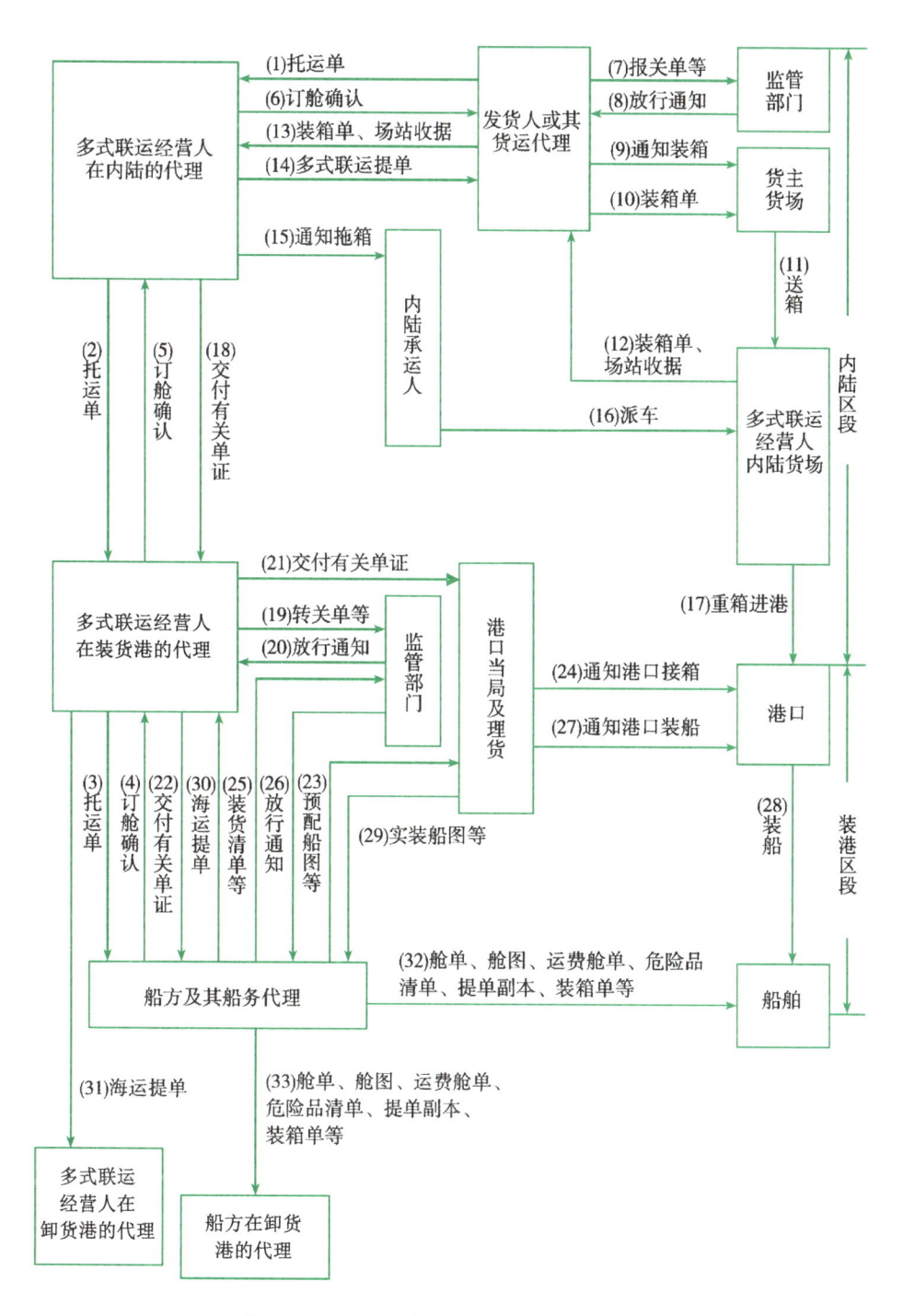

图 11-5　国际集装箱陆海联运出口运作流程

北美大陆桥由于海陆竞争和经济效益等不利关系而萎缩,实际上已名存实亡,但是,由此派生而成的小陆桥和微型陆桥运输方式却在不断发展。

一是小陆桥(Mini Land Bridge,MLB)运输,比大陆桥的海/陆/海形式缩短一段海上运输,成为海/陆/或陆/海形式。目前,北美小陆桥运送的主要是远东、日本经美西海岸(W/C),尤其是美太平洋岸西南向(PSW)港口、墨西哥湾海岸(G/C)到美东海岸(E/C)的集装箱货物,如大连—长滩—休斯敦,当然也承运从欧洲到美西及海湾地区各港的大西洋航线的转运货物。

二是美国内陆点多式联运(Interior Point of Intermodal,IPI),是指使用联运提单,经美国西海岸和美国湾沿海港口,利用集装箱拖车或铁路运输将货物运至美国内陆城市。由于IPI运输向货方征收包括装运港至美国西海岸或东海岸的基本港口的运费加上由基本港口至内陆城市的运费在内的全程运费,并由1个或多个承运人提供或执行在起始点至目的地之间的连续运输,因而,有的船公司将其称为直达服务(Through Service),也有的为了区别于大陆桥运输、小陆桥运输,将其称为微型陆桥运输或半陆桥运输。实际上,由于IPI并不像大陆桥、小陆桥那样利用横贯美洲的铁路"桥梁",因而,"微型陆桥"的称法有些牵强。

三是美国内陆公共点(Overland Common Points,OCP)运输,是指使用两种运输方式将卸至美国西海岸港口的货物通过铁路转运抵美国的内陆公共点地区,并享有优惠运价。所谓内陆公共点地区,是指从美国的北达科他州(North Dakota)、南达科他州(South Dakota)、内布拉斯加州(Neberaska)、科罗拉多州(Colorado)、新墨西哥州(New Mexico)起以东各州,约占美国全国的2/3地区。所有经美国西海岸转运至这些地区的(或反向的)货物均称为OCP地区货物,并享有OCP运输的优惠费率,一般商品比当地地区费率每运费吨要节省2~3美元。

表11-5显示了SLB运输与北美OCP、MLB、IPI运输的区别。限于篇幅,以下仅对它们的运作要点作简要介绍。

表11-5 SLB、OCP、MLB、IPI 四种运输组织方式的区别

比较项目	SLB	OCP	MLB	IPI
货物成交价	采用FCA或CIP应视为合同中约定	卖方承担的责任、费用终止于美国西海岸港口	卖方承担的责任、费用终止于最终交货地	与MLB相同
提单的适用	全程运输	海上区段	全程运输	全程运输
运费计收	全程	海、陆分段计收	全程	全程
保险区段	全程投保	海、陆段分别投保	全程投保	全程投保
货物运抵区域	不受限制	OCP内陆公共点	美东和美国湾港口	IPI内陆点
多式联运	是	不是	是	是

MLB运输与IPI运输运作要点如下:①在成交订约方面:在MLB运输和IPI运输下,发货人应采用CIF或CFR价交易。②贸易合同、信用证及货物运输标志方面:在MLB运输和IPI运输下,在贸易合同和信用证目的地一栏应加注MLB或IPI字样,在货物的运输标志内,应把卸货港和MLB或IPI的最后目的地同时列明,如"LONG BEACH MLB HOUSTON"。③订舱与运输单证制作方面:申请订舱时,应说明MLB或IPI运输,并在货运单证中将卸货港和MLB或IPI的最后目的地同时列明。在提单制作时,提单上的交货地栏中应加注"MLB"或"IPI"字样。比如,MLB运输下,卸货港为长滩(LONG BEACH),目的地为休斯敦(HOUSTON),则提单上的卸货港和交货地分别填写"LONG BEACH"和"MLB HOUSTON"。IPI运输下,卸货港为长滩(LONG BEACH),目的地为孟菲斯(MEMPHIS),则提单上的卸货港和交货地分别填写"LONG BEACH"和"IPI MEMPHIS"。TNTN是孟菲斯所在州的州名简写,因美国重名现象较普遍。

OCP运输运作要点如下:①在成交订约方面:如果收货人的最终目的地是在OCP区域的,如芝加哥(CHICAGO),则原来的成交价为CIF或CFR CHICAGO可改为CIF或CFR美国西海岸指定港口,如西雅图(SEATTLE),并在贸易合同中明确货物的运输方式是从中国口岸到美国西海岸指定港口转运至OCP最后目的地的,即写明"Shipment from China to Seattle West Coast OCP

Chicago"。②贸易合同、信用证及货物运输标志方面：OCP 运输条件下，在贸易合同和信用证目的地一栏应加注 OCP 字样，在货物的运输标志内，应把卸货港和 OCP 的最后目的地同时列明，如"SEATTLE OCP CHICAGO"。③订舱与运输单证制作方面：申请订舱时，应说明 OCP 运输，并在货运单证中将卸货港和 OCP 的最后目的地同时列明。在提单制作时，提单上的交货地栏中应加注"OCP"字样，同时在提单正面的货物内容一栏内加注"转运至内陆点"字样。比如，卸货港为西雅图，目的地为芝加哥，则应在卸货港栏内填写"SEATTLE"，目的地栏内填写"OCP CHICAGO"，货物内容栏加注"转运至芝加哥"(In Transit to CHICAGO)。④保税运输申请手续方面：货物抵达美国西海岸后，收货人应及时凭船公司签发的 OCP 提单等单据委托铁路公司代办"保税运输申请手续"。在美国，由集装箱海运至港口的货物，收货人在收到货物舱单后 10 天内，必须申请进口或要求保税运输将货物运至最终目的地，否则货物就会转到保税仓库，从而增加转仓费用等。⑤收货人应提交的单证：为了防止在西海岸销售和使用的货物假借 OCP 名义享受优惠条件，收货人应在卸船后 45 天内向铁路部门提供有关证明，如陆运运输单证、转运单、海关转口申报单等。如不在规定期限内提交上述证明，铁路部门要按当地费率调整运费。

应知考核

一、单项选择题

1. 国际多式联运是在(　　)基础上产生和发展起来的运输组织方式。
   A. 综合运输　　　　　B. 海运集装箱运输　C. 联合运输　　　　　D. 一体化运输
2. 《联合国国际货物多式联运公约》的责任基础是(　　)。
   A. 网状责任制　　　　　　　　　　　B. 分割责任制
   C. 统一责任制　　　　　　　　　　　D. 经修正的统一责任制
3. 国际货物多式联运下的网状责任制是指(　　)。
   A. 对全程运输负责，且对各运输区段承担的责任相同
   B. 对全程运输负责，且对各运输区段承担的责任不同
   C. 对全程不负责任，由实际承运人负责
   D. 仅对自己履行的运输区段负责
4. 多式联运经营人对货物承担的责任期限是(　　)。
   A. 自己运输区段　　　　　　　　　　B. 全程运输
   C. 实际承运人运输区段　　　　　　　D. 第三方运输区段
5. 国际货物多式联运是指(　　)。
   A. 同一种运输方式之间　　　　　　　B. 必须是海、陆、空三种运输方式之间
   C. 不同运输方式之间　　　　　　　　D. 海与海运输方式之间

二、多项选择题

1. 国际货物多式联运应具备的条件有(　　)。
   A. 多式联运经营人必须与发货人订立多式联运合同
   B. 多式联运经营人必须对全程运输负责
   C. 必须是不同国家(或地区)间的货物运输，且必须是该不同运输方式下的连续运输
   D. 不仅仅使用两种不同的运输方式
2. 国际货物多式联运具有的优点主要有(　　)。

A. 责任统一　　　　　B. 手续简便　　　　　C. 降低运营成本　　　　D. 加速货运周转
3. 国际货物多式联运单证的种类有(　　)。
A. Combidoc　　　　　B. FBL　　　　　　　C. Multidoc 或 MTD　　D. B/L
4. 国际货物多式联运的主要类型有(　　)。
A. 海陆联运　　　　　B. 海空联运　　　　　C. 江(河)海联运　　　　D. 铁路运输
5. 目前,国际货物多式联运责任形式主要有(　　)。
A. 责任分担制　　　　B. 网状责任制　　　　C. 统一责任制　　　　　D. 经修正的统一责任制

三、判断题
1. 关于诉讼时效,国际货物多式联运公约的规定是6个月。（　　）
2. 国际货物多式联运方案设计主要包括运输模式、运输工具与设备、运输路线、自营与分包四个方面的决策。（　　）
3. 目前,国际货物多式联运运费的计收方式主要有单一运费制、分段运费制和混合计费制。（　　）
4. 从运输方式的组成看,国际货物多式联运必须是两种或两种以上不同运输方式组成的连贯运输。（　　）
5. 北美地区的陆桥运输仅适用于大陆桥运输。（　　）

应会考核

■ 观念应用

2023年5月我国重庆某出口企业同某国A公司达成一笔交易,买卖合同中规定:支付方式为即期付款交单;装运自重庆至汉堡,多式运输单据可以接受;禁止转运。我方按期将货物委托B外运公司承运,货物如期在重庆被装上火车经上海改装轮船运至香港,再在香港转船至汉堡,并由B外运公司于装车日签发多式运输单据。但货到目的港后,A公司已宣布破产倒闭。当地C公司竟伪造假提单向第二程船公司在当地的代理人处提走了货物。我方企业装运货物后,曾委托银行按跟单托收(付款交单)方式收款。但因收人已倒闭,货款无着落,后又获悉货物已被冒领,遂我出口企业与B外运公司交涉,凭其签发的多式联运单据要求其交出承运货物。B外运公司却借以承运人只对第一程负责,对第二程不负责为由,拒绝赔偿,于是诉至法院。

【考核要求】
对此案件,你认为法院应如何判决?理由何在?

■ 技能应用

2023年6月5日,A货主与B货代公司签订一份关于货物全程运输的协议,约定由B货代公司承运A货主的货物,包括从A货主所在地汽车运输至中国香港、中国香港至新加坡的海上船舶运输,A货主一次性支付全程运费。该协议并无关于运输烟花等危险品的约定,且B货代公司的经营范围仅为普通货物运输服务。在A货主处装车时,B货代公司发现所运货物为16 000箱烟花并表示拒绝运输,但A货主坚持要B公司承运,B货代公司遂接受了运输任务。在汽运工程中,由于司机违章抢道行驶与火车相撞,导致货物发生爆炸全损。A、B双方当事人就有关责任和索赔发生纠纷并诉至法院。

【技能要求】
(1)本案是否属于国际货物多式联运合同纠纷?为什么?

(2)A货主对此是否有责任？为什么？

(3)B货代公司是否有责任？为什么？

■ 案例分析

发货人将500包书委托给伦敦一经营国际货物多式联运业务的货运代理，货物自伦敦运抵曼谷。该批货物装入一集装箱，且由货运代理自行装箱，然后委托某船公司承运。承运人接管货物后签发了清洁提单。货物运抵目的港曼谷，铅封完好，但箱内100包书不见了。发货人向货运代理起诉，诉其短交货物。

【分析要求】

请问：作为国际货物多式联运经营人是否应全程负责？本案的索赔性质是否属于责任保险的范围？请分析此案例。

项目实训

【实训项目】

国际货物运输方案的设计。

【实训情境】

2023年6月，青岛海尔冰箱厂计划每月从青岛工厂将1 000台冰箱运往荷兰鹿特丹的某商品经销中心，现寻找合适的运输承运商。假设你是一家国际货运代理企业，想承包此项业务。

【实训任务】

1. 请回答下列问题：

(1)简要说明运输方案设计的影响因素。

(2)列出可能的运输方案并给出你认为最佳的答案。

(3)简要说明整个运输的实施程序。

2. 撰写《国际货物运输方案的设计》实训报告。

《国际货物运输方案的设计》实训报告		
项目实训班级：	项目小组：	项目组成员：
实训时间： 年 月 日	实训地点：	实训成绩：
实训目的：		
实训步骤：		
实训结果：		
实训感言：		
不足与今后改进：		
项目组长评定签字：		项目指导教师评定签字：

第三篇

货运创新

项目十二　物流与供应链管理

● **知识目标**

　　理解：物流的概念、物流的价值、物流的分类。
　　熟知：物流与商流、资金流、信息流和电子商务；供应链的概念、特征及类型。
　　掌握：物流活动过程、供应链的构成要素及流程、物流管理与供应链管理的关系、第三方物流。

● **技能目标**

　　能够在掌握国际货运代理业务的基础上，分析物流活动的过程，以及第三方物流的发展趋势。

● **素质目标**

　　运用所学的物流与供应链管理知识研究相关案例，培养和提高学生在特定业务情境中分析问题与决策设计的能力；结合行业规范或标准，运用本项目的知识分析行为的善恶，强化学生的职业道德素质。

● **思政目标**

　　能够按照物流与供应链管理业务流程和实践认知，结合职业道德和企业要求，自主解决物流与供应链管理业务中出现的常见问题；培养认真、细致、严谨的工作态度，形成良好的工作习惯；夯实专业实践技能，具备外贸业务人员最基本的职业道德修养与业务创新能力。

● **项目引例**

以供应链优化为目标，打造智能型物流企业

　　安吉天地汽车物流有限公司（以下简称"安吉天地"）是一家专业化运作，能为客户提供一体化、技术化、网络化、可靠的、独特解决方案的第三方物流供应商。安吉天地自成立以来，就提出以供应链管理的理念和先进技术打造现代智能型物流企业的目标，定位于拥有供应链管理者（第四方物流）管理能力的第三方物流供应商。其主要客户包括上海大众、上海通用、上汽通用五菱、一汽、二汽等知名汽车厂商。

安吉天地具体实践包括以下几个方面：

1. 提出战略目标和定位

在上汽集团公司一体化管理的战略中，对安吉天地的物流业务提出了发展愿景及目标：成为"国际一流的专业合同物流解决方案提供商"。"国际一流"与上汽集团"成为国际性企业，进入世界500强"的战略一致，"专业合同"体现了精益化和一体化特色，"物流解决方案提供商"差异化、高端化地定位于知识型、智能型企业。

2. 从组织形式上予以保障

安吉天地在企业组织结构、制度和企业文化方面为构建智能型企业所做的工作主要有：①在企业的各个管理层次设立专门的机构保证物流智能化进程；②建立了完善的绩效考核机制，应用平衡记分卡的绩效考核方法；③企业文化与员工培训。

3. 智能型物流企业的软硬件基础

它包括：①奠定硬件基础：资源整合化与网络基地化。②构筑软件基础：流程标准化与信息集成化。

4. 面向供应链的决策优化技术的应用

决策优化技术、流程再造技术、数据挖掘技术是实现物流智能化的重要手段。物流决策优化主要包括网络布局优化、多式联运的装载与运输路径优化、库存优化三个方面。

5. 利用数据挖掘技术建立数据统计平台

建立了基于安吉天地数据仓库的统计信息应用系统：数据统计平台，着眼于有效地抽取、综合、集成和挖掘已有数据资源，以及最有价值的信息，为公司提供日常数据统计报表以及有效的决策支持，建立综合信息发布服务平台，为公司领导层及各业务部门提供决策信息查询服务和统计信息发布服务。

引例导学：什么是物流？什么是供应链？如何理解物流与供应链之间的关系？

● 知识精讲

任务一　物流概述

一、物流的概念

2001年4月17日，国家质量技术监督局在批准颁布的《中华人民共和国国家标准——物流术语》(以下简称《物流术语》)中给出了我们现在普遍接受并使用的物流定义："物流是指物品从供应地向接收地的实体流动过程。根据实际需要，将运输、储存、装卸、搬运、包装、流通加工、配送、信息处理等基本功能实施有机结合。"

这一定义突出强调了物流的八项基本功能要素，如图12-1所示。随着物流的发展，相信物流的定义也会随之更新，但就目前来看，这一定义被普遍接受。

二、物流的价值

(一)时间价值

物流在从供应者到需求者之间的时间差内创造的价值称为时间价值。时间价值的获得方式主要有以下三种。

(1)缩短物流时间，创造时间价值。通过运用良好的物流技术和物流管理方法，来尽量缩短物流的时间，达到减少物流损失、降低物流消耗、加速资本流转的目的，一般表现为资本的增值速度

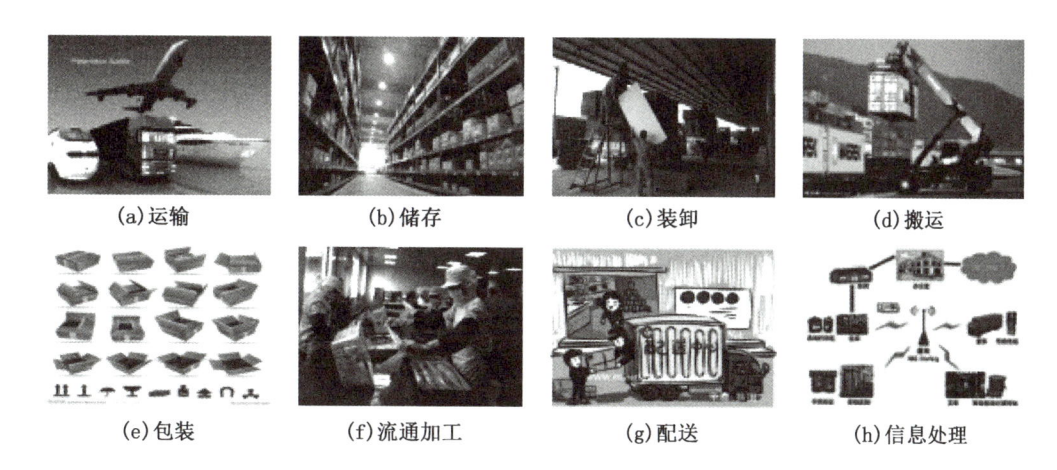

图 12－1　物流基本功能实施有机结合

(a)运输　(b)储存　(c)装卸　(d)搬运
(e)包装　(f)流通加工　(g)配送　(h)信息处理

快,节约资金。

(2)弥补时间差,创造时间价值。供需之间的时间差一直都存在,季节性生产常年销售和常年生产季节性销售的情况比比皆是。物流可以通过改变供需之间的时间差来实现物流的时间价值。

(3)延长时间差,创造时间价值。虽不常见但也存在一种特殊情况,就是在某些具体物流活动中能动地延长物流时间,比如等待共同配送就是一种有意识地延长时间差来创造时间价值。

(二)空间价值

供给者与需求者之间处于不同的场所,改变这一场所的差别所创造的价值称为空间价值。空间价值的获得方式主要有以下三种。

(1)商品或原材料、半成品从集中生产地向分散需求地流动所创造的价值。很多商品的生产厂商通过规模生产来提高生产效率从而降低成本,但是产品往往不会在生产地直接进行销售,而是通过运输或配送等方式流动到其他地区的需求者手中。厂家通常会采取这种通过集中生产、分散销售获得高额的利润。

(2)商品或原材料、半成品从分散生产场地流入集中需求场地所创造的价值。这一种方式与第一种类型刚好相反,生产地遍布各地,而销售地却比较集中于某一个范围或很小的区域。

(3)附加价值所创造的价值。现代物流区别于传统物流的一个重要特征就是根据不同的客户需求而提供差别化的服务,其中附加价值的创造更是提供差别化服务的关键。

三、物流的分类

(一)从空间活动角度来看,物流可以分为国际物流、国内物流、区间物流和区内物流

1. 国际物流

国际物流(International Logistics)是指世界各国(或地区)之间,由于进行国际贸易而发生的商品实体从一个国家(或地区)转移到另一个国家(或地区)的物流活动。国际贸易的发展促进了国际物流的发展,同时国际贸易的发展也离不开相应的国际物流的支撑。国际物流需要国际上的良好协作,同时也需要国内各方面的重视和参与,因此相对国内物流而言,国际物流要更为复杂。

2. 国内物流

国内物流(National Logistics)是指为了国家的整体利益,在一国领域内开展的物流活动。国内物流作为国民经济的一个重要方面,应该纳入国家总体规划的内容。

3. 区间物流

区间物流(Interval Logistics),又称区域物流,是区域经济的重要组成部分。区域物流是指全面支撑区域可持续发展总体目标而建立的适应区域环境特征,提供区域物流功能,满足区域经济、政治、自然、军事等发展需要,具有合理空间结构和服务规模,实现有效组织与管理的物流活动体系。区域物流主要由区域物流网络体系、区域物流信息支撑体系和区域物流组织运作体系组成。

4. 区内物流

区内物流(Regional Logistics),又称地区物流,是指在一国疆域内,根据行政区域或地理位置划分的一定区域内的物流。所谓地区,有不同的划分原则:首先,按行政区域划分,我国可以划分为东北、华北、西北、西南、华南、华东、华中等区;按省区来划分,可划分为北京、山东、宁夏等30多个省、直辖市和自治区。其次,按经济圈划分,如苏锡常经济区等;按地理位置划分,如长三角地区、环渤海地区、珠三角地区等。

相关内容如图12-2所示。

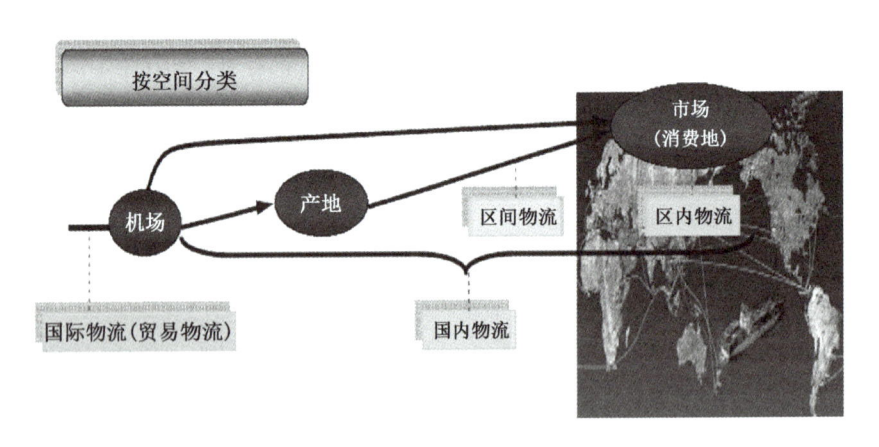

图12-2 空间角度的物流分类

(二)从性质角度来看,物流可以分为社会物流、行业物流和企业物流

1. 社会物流

社会物流(Social Logistics)一般是指流通领域内所发生的物流,是全社会物流的整体,也称为大物流或宏观物流。社会物流把伴随商业活动的发生而发生作为一个标志,也就是说,社会物流是与物流过程、所有权的变更相关的物流。

2. 行业物流

行业物流(Industrial Logistics)是指在一个行业内部所发生的物流活动。同一行业中的企业虽然在市场上是竞争对手,但是在物流领域中通常也是互相合作的关系,参与到物流系统内的所有企业都会得到相应的利益。

3. 企业物流

企业物流(Enterprise Logistics)是指企业内部的物品实体流动。它是从企业的角度研究与之有关的物流活动,是具体的、微观的物流活动的典型领域。从本质上说,企业物流是企业的产品或服务的一种存在与表现形式。概括来说,企业物流包含采购、运输、仓储、装卸搬运、生产计划、订单处理、包装、客户服务和存货预测等若干项功能,它是一个综合管理的过程。

(三)从物流研究范围角度来看,物流可以分为宏观物流、中观物流和微观物流

1. 宏观物流

宏观物流(Macroscopical Logistics)是指从社会再生产总体角度认识和研究的物流活动。宏观物流活动的参与者是大产业、大集团。宏观物流研究的是社会再生产总体物流,研究产业或集团的物流活动和物流行为。宏观物流还可以从空间范畴来理解,在很大空间范畴的物流活动,往往带有宏观性。宏观物流研究的主要特点是综观性和全局性的。宏观物流主要研究内容包括物流的总体构成、物流在社会中的地位、物流与经济发展的关系、社会物流系统和国际物流系统的建立与运作等。

2. 中观物流

中观物流(Medium View Logistics)是社会再生产过程中的区域性物流,可以理解为中观物流是从区域上的经济社会的角度来认识和研究物流的。从空间位置来看,一般是较大的空间。比如,一个国家的经济区的物流,即特定经济区物流;一个国家的城市经济社会的物流,即城市物流等。

3. 微观物流

微观物流(Microscopic Logistics)是指消费者、生产者、流通企业所从事的实际的、具体的物流活动。此外,在整个物流活动中的一个局部、一个环节的具体物流活动也属于微观物流的范畴。另外,在一个小地域空间发生的具体的物流活动也属于微观物流。针对某一种具体产品所进行的物流活动也是微观物流。经常涉及的微观物流活动包括企业物流、生产物流、供应物流、销售物流、回收物流、废弃物物流、生活物流等。因此,微观物流是更贴近于具体企业的一种物流。

(四)从物流过程和作用角度来看,物流可以分为供应物流、生产物流、销售物流、回收物流和废弃物物流

1. 供应物流

供应物流(Supply Logistics)又称采购物流,是指生产企业、流通企业或用户购入原材料、零部件或商品的物流过程。也可以将其视为物资生产者、持有者到使用者之间的物流。

2. 生产物流

生产物流(Production Logistics)是指从工厂的原材料购进入库起,直到工厂成品库的成品发送为止,这一全过程所发生的物流活动。生产物流是制造企业所特有的,它与生产流程同步。

3. 销售物流

销售物流(Sales Logistics)是指生产企业、流通企业将生产的商品或产品售出到用户或消费者手中这一过程中所发生的物流过程。销售物流包括将生产的商品送到外单位仓库的运输和配送。

4. 回收物流

回收物流(Recycling Logistics)是指不合格物品的返修、退货以及伴随货物运输或搬运中的包装容量、装卸工具及其他可再用的旧杂物等,经过运输、回收、验收、分类、再加工、使用的流动过程。

5. 废弃物物流

废弃物物流(Waste Material Logistics)是指将经济活动中失去原有使用价值的物品,根据实际需要进行收集、分类、加工、包装、搬运、储存等,并分别送到专门处理场所时所形成的物品实体流动。

具体如图 12-3 所示。

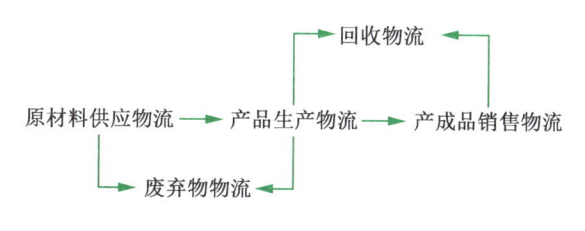

图 12-3 制造企业物流的分类

（五）从物流所涉及的领域角度来划分，物流可以分为军事领域的物流、生产领域的物流、流通领域的物流和生活领域的物流

1. 军事领域的物流

军事领域的物流是指用于满足军队平时与战时需要的物流活动。军事领域的物流概念是现代物流概念的来源之一。在军事上，物流是支持战争的一种后勤保障手段，军用物资是伴随战争和战场的转移而转移的。最初的军事物流活动本身完全不是经济活动，因此，经济活动的"物流"完全不同于军事物流。

2. 生产领域的物流

对于物流的研究并非始于流通领域，而是始自生产领域，是以生产企业为中心形成对物流系统的认识。无论是在传统的贸易方式下，还是在电子商务下，生产都是流通之本，而生产的顺利进行则需要各类物流活动支持。

3. 流通领域的物流

物流与流通领域有天然不解之缘，流通领域的物流是典型的经济活动，这个经济活动的重要特点是购销活动、商业交易、管理与控制等活动与物流活动密不可分。在网络化时代，电子商务发展迅速，由此产生的企业对企业（B to B）、企业对消费者（B to C）的电子交易行为必然产生大量的商品实体的物理性的位移，使物流主体更趋向于流通领域。

4. 生活领域的物流

在生活消费领域也存在着物流活动，这种物流活动对支撑日常的生活是不可少的，也是使生活更为科学化，并创造一个良好的生活环境，保证现代化生活节奏不可少的组成部分。现在随着企业对消费者（B to C）的电子商务的开展，物流已进入个人生活领域成为现代物流越来越重要的组成部分。

（六）从物流作业执行者的角度来看，物流可以分为企业自营物流和第三方物流

1. 企业自营物流

企业自营物流是指生产制造企业自行组织的物流。一般来说，工业企业自营物流包含三个层次。

（1）物流功能自备。就如同在传统企业中看到的那样，企业自备仓库、自备车队等，拥有一个自我服务的体系。物流功能自备其中又包含两种情况：一是企业内部各职能部门彼此独立地完成各自的物流使命；二是企业内部设有物流运作的综合管理部门，通过资源和功能的整合，专设企业物流部或物流公司来统一管理企业的物流运作。

（2）物流功能外包。一是将有关的物流服务委托给物流企业去做，即从市场上购买有关的物流服务，如由专门的运输公司负责原料和产品的运输；二是物流服务的基础设施为企业所有，但委托有关的物流企业来运作，如请仓库管理公司来管理仓库，或请物流企业来运作管理现有的企业车队。从产业发展的角度来看，这是一个进步。

（3）物流系统组织。企业自己既不拥有物流服务设施，也不设置功能性的物流职能部门，而是通过整合市场资源的办法获得相应的物流服务。物流服务包括供应链的设计、物流服务标准的制定、供应商和分销商的选择等，直至聘请第三方物流企业来提供一揽子的物流服务。

2. 第三方物流

所谓第三方物流（Third Party Logistics），是指生产经营企业为集中精力致力于核心业务，把原来属于自己处理的物流活动，以合同方式委托给专业物流服务企业，同时通过信息系统与物流企业保持密切联系，以达到对物流全程管理控制的一种物流运作与管理方式。

第三方物流是相对"第一方"发货人和"第二方"收货人而言的。它既不属于第一方，也不属于

第二方,而是通过与第一方或第二方的合作来提供其专业化的物流服务。它不拥有商品,不参与商品的买卖,而是为客户提供以合同为约束、以结盟为基础、系列化、个性化、信息化的物流代理服务。

最常见的第三方物流服务包括设计物流系统、EDI能力、报表管理、货物集运、选择承运人与货代人、海关代理、信息管理、仓储、咨询、运费支付、运费谈判等。由于服务业的方式一般是与企业签订一定期限的物流服务合同,因此有人称第三方物流为"合同物流"。

四、物流活动过程

(一)运输

运输(Transport)是指运用设备和工具,将物品从一个地点向另一个地点运送的物流活动。其中包括集货、分配、搬运、中转、装入、卸下和分散等一系列操作。

运输是物流的主要功能要素之一。运输是改变物品空间状态的主要手段,与装卸搬运、配送等活动结合,完成物品空间状态的改变。人们最初常将运输视为物流,其原因就是运输承担了物流中很大一部分责任,是物流的主要部分。

运输是"第三利润源"的主要源泉。运输不改变物品的实物形态,不增加产品产量,但运输过程消耗大量的人力、物力、财力等,运费在全部物流费用中占有最高的比例,一般综合分析计算社会物流费用,运费在其中占将近50%的比例,有些产品的运费甚至高于产品的生产费用。因此,合理组织运输能有效地节约物流费用。

(二)储存

储存(Depot)是对物品进行保存及对其数量、质量进行管理控制的活动。储存是包含库存和储备在内的一种广泛的经济现象,是任何社会形态都存在的经济现象。与运输概念相对应,储存是以改变"物"的时间状态为目的的活动,以克服产需之间的时间差异而获得更好的效用。

储存在物流体系中是唯一的静态环节。在社会生产与生活中,由于生产与消费的节奏不统一,总会存在暂时不用或留待以后使用的物品,因此,在生产与消费或供给与需求的时间差异里,需要妥善地保持物质实体的有用性。储存是物流中的重要环节,既有缓冲与调节作用,也有创造价值与增加效用的功能。

(三)装卸搬运

装卸(Handling)是物品在指定地点以人力或机械装入运输设备或卸下;搬运(Transporting)是指在同一场所,对物品进行以水平移动为主的物流作业。在实际操作中,装卸与搬运是密不可分的,两者往往相伴而生。搬运与运输的区别在于:搬运是在同一地域的小范围内发生的,而运输则是在较大范围内发生的。

在物流过程中,装卸活动是不断出现和反复进行的,它出现的频率高于其他各项物流活动。每次装卸活动都需花费较长时间,因此它往往成为影响物流速度的关键。装卸活动消耗的人力、物力也很多,装卸费用在物流成本中所占比例较高。此外,在装卸过程中,也可能造成货物破损、散失、损耗等,因此,装卸是物流中的重要环节。

(四)包装

包装(Packaging)是指为了在流通过程中保护商品、方便储运、促进销售,按一定技术要求而采用的容器、材料及辅助物等的总称,也是指为了达到上述目的而在采用容器、材料和辅助物的过程中施加一定技术方法等的操作活动。

包装处于生产过程的终端和物流过程的开端,既是生产的终点,又是物流的始点。包装与运输、搬运、保管关系密切。如运输件杂货时,若用货船载运,则必须用木箱包装;而用集装箱装运时,则用纸箱包装就可以了。

现代物流条件下，包装对物流服务的成本和效率影响也较大，如对存货盘存的控制主要依赖于人工或自动化的识别系统，与商品的包装密切相关，因为商品分选的速度、准确性和效率都要受包装识别、包装形状和作业简便性的影响。

（五）流通加工

流通加工（Circulation Processing）是指物品在从生产地到使用地的过程中，根据需要施加包装、分割、计量、分件、刷标志、拴标签、组装等简单作业的总称。

流通加工有效地完善了流通。尽管流通加工不如运输和储存两个要素重要，但它起着补充、完善、提高、增强的作用，是提高物流水平，促进流通向现代化发展的不可缺少的环节。

流通加工是物流中的重要利润源。流通加工可以达到低投入、高产出的效果，以简单加工解决大问题。实践证明，有的流通加工通过改变外包装使商品档次提升，售价提高，有的流通加工（如批量套裁）可将产品利用率提高 20%～50%，从而获得较大利润。

（六）配送

配送（Distribution）是指在经济合理区域内，根据用户要求，对物品进行拣选、加工、包装、分割、组配等作业，并按时送达指定地点的物流活动。

配送是直接与用户相连的活动，服务对象满意与否，与配送质量直接相关，只有在用户希望的时间内，以其希望的方式，配送送达所需要的物品，用户才会满意。因此，整个物流系统的意义和价值的体现，最终完全依赖于配送功能的价值实现程度。

配送活动大多以配送中心为始点，而配送中心本身大多具备储存的功能。配送活动中的分货和配货作业是为了满足用户要求而进行的，因此经常要开展拣选、改包装等组合性工作，必要的情况下还要对货物进行流通加工。配送的最终实现离不开运输，人们经常把面向城市或特定区域范围内的运输也称为配送。

（七）物流信息

物流信息（Logistics Information）是指反映物流各种活动内容的知识、资料、图像、数据、文件的总称。物流信息分为系统内信息与系统外信息。系统内信息对各种物流活动起着相互联系、相互协调的纽带作用，如车辆选择、线路选择、库存决策、订单管理等。而系统外信息有市场信息、商品交易信息等。要提高物流服务水平，必须有准确的信息保证。现代物流信息以网络和计算机技术为手段，为实现物流的系统化、合理化、高效率化提供了技术保证。

五、物流与商流、信息流、资金流和电子商务

（一）物流

物流（Physical Distribution 或 Logistics）是指实物从供给方向需求方的转移，这种转移既要通过运输或装卸搬运来解决空间位置的变化，又要通过储存、保管来调节双方在时间节奏方面的差别。物流中的"物"泛指一切物资资料，有物质、物体、物品的概念；而物流中的"流"泛指一切运动形态，有移动、运动、流动的概念，特别是把静止也作为一种形态。物流克服了供给方和需求方在空间和时间方面的距离，创造了空间价值和时间价值，在社会经济活动中起着不可或缺的作用。

（二）商流

物品所有权转移的活动称为商流。在商流中的物资也称为商品，商流活动一般称为贸易或交易。商品通过交易活动由供应方转让给需求方，这种转让是按价值规律进行的。商流的研究内容是商品交换活动的全过程，具体包括市场需求预测、计划分配与供应、货源组织、订货、采购调拨和销售等，其中既包括贸易决策，也包括具体业务及财务的处理。

拓展阅读

商流与物流的关系

（三）信息流

信息流(Information Flow)是在空间和时间上向同一方向运动中的一组信息,它有共同的信息源和信息接收者,即是由一个分支机构(信息源)向另一个分支机构(地址)传递的全部信息的集合。各个信息流组成了企业的信息网,称为企业的神经系统。信息流畅与否,决定着企业生产经营活动是否能正常运行。

（四）资金流

资金流(Capital Flow)是指用户确认购买商品后,将自己的资金转移到商家账户上的过程。作为电子商务"三流"中最特殊的一"流",资金流扮演着重要的角色。在电子商务中,顾客通过浏览网页的方式选购商品或服务,在选购完成后进行在线支付。顾客支付的款项能否安全、及时、方便地到达商家,关系到交易的最后成败。因此,在线支付不论是对于顾客,还是对于商家,都具有非常重要的意义,而在线支付的关键就是资金流平台的建设。

（五）物流与电子商务

电子商务(Electronic Commerce,EC)是将电子信息技术和商务活动相结合、基于互联网的商务运行方式。从涵盖范围方面看,交易各方是通过电子交易方式而不是通过当面交换或直接面谈方式进行商业交易;从技术方向看,电子商务是多技术的集合体,包括数据交换、数据获取和数据处理等。电子商务必须通过计算机网络和通信网络将交易各方的信息、产品和服务相关联。

供货方将商品信息通过网络展示给客户,需求方通过浏览器访问网站,选择所需商品,组织订单;供货方通过订单确认客户,同时通知自己的应用系统组织货源;需求方通过电子结算方式付款;供货方组织货物并送到客户手中。

电子商务＝网上信息传递＋网上交易＋网上结算＋配送

电子商务是由网络经济和现代物流共同创造的,是两者一体化的产物。电子商务的任何一笔交易,都包含着以下几种基本的"流",即信息流、商流、资金流和物流,交易过程的实现也需要这"四流"的协调和整合。其中,物流是电子商务的重要组成部分,当信息流、资金流在电子工具和网络通信技术支持下,可通过点击鼠标完成时,物流——物质资料的空间位移,即具体的运输、储存、配送等各种活动,作为电子商务实现过程中的一个必不可少的实物流通环节,是不可能通过网络传输来完成的,物流过程的逐步完善需要经历一个较长的成长时期。

六、物流的作用

物流在整个社会是一个不可省略或者说不可跨越的过程,同时,随着这个过程的发生,就会产生费用、时间、距离以及人力、资源、能源、环境等一系列问题。我们只有客观地认识这些问题,正确地对待、科学地解决好这些问题,才是唯一的选择,因此物流在国民经济中的地位越来越重要,具体来说物流的实质和作用主要表现为:①物流活动有保值的作用;②物流活动可以节约资源;③物流活动可以缩短物品之间的距离;④物流活动可以增强企业竞争力、提高其服务水平;⑤物流活动可以加快商品流通、促进经济发展;⑥物流活动可以保护环境;⑦物流活动可以创造社会效益和附加价值。

任务二　供应链概述

一、供应链的概念

关于供应链(Supply-chain)的概念,目前国际上还没有统一的概念,各国相关机构及学者的表述也各不相同,如表12-1所示。

表 12-1 供应链的概念描述

专家或机构	供应链概念
美国供应链协会	供应链是指涵盖从原材料的供应商经过开发、加工、生产、批发、零售等过程到达用户之间有关最终产品或服务的形成和交付的每一项业务活动
英国著名物流专家马丁·克里斯多弗（Martin Christopher）	供应链是指涉及将产品或服务提供给最终消费者的过程和活动的上游及下游企业组织所构成的网络
美国学者史蒂文斯（Stevens）	通过增值过程和分销渠道控制从供应商的供应商到用户的用户的流程就是供应链，它开始于供应的原点，结束于消费的终点
美国著名战略学家迈克尔·波特（Michael E. Porter）	供应链即"附加价值链"（Value Chain），是指商品进入消费者手中之前行业与行业之间的联系。因为一件产品从原材料经过加工、流通等最终到达消费者手中的这段过程中，零件供货商、厂家、批发商和零售商等相关企业将通过某种附加的价值进行连锁
中国国家标准《物流术语》(GB/T 18354—2006)	供应链（Supply Chain）是指生产及流通过程中，涉及将产品或服务提供给最终用户活动的上游与下游组织所形成的网链结构

通过上述分析，本书将供应链的概念定义为：供应链是围绕核心企业，通过对信息流、物流、资金流的控制，从采购原材料开始，制成中间产品以及最终产品，最后由销售网络把产品送到消费者手中的将供应商、制造商、分销商、零售商，直到最终用户连成一个整体的网链结构和模式。它是一个范围更广的企业结构模式，包含所有加盟的节点企业，从原材料的供应开始，经过"链"中不同企业的制造加工、组装、分销等过程直到最终用户。

二、供应链的构成要素及流程

（一）供应链的构成要素

一般来说，构成供应链的基本要素包括如下几个方面：①供应商（原材料或零部件供应商）：为生产厂家提供原材料或零部件的企业。②厂家（产品制造业）：产品生产的最重要环节，负责产品开发、生产和售后服务。③分销企业：为实现将产品送到经营地范围每一角落而设的产品流通代理企业。④零售商：将产品销售给消费者的企业。⑤物流商：上述企业之外专门提供物流服务的企业。

【提示】批发、零售、物流业也可以统称为流通业。

（二）供应链的流程

供应链一般包括物资流通、商业流通、信息流通、资金流通四个流程。四个流程有各自不同的功能以及不同的流通方向。

(1)物资流通。这个流程主要是物资（商品）的流通过程，这是一个发送货物的程序。该流程的方向是由供货商经由厂家、批发与物流、零售商等指向消费者。由于长期以来企业理论都是围绕产品实物展开的，因此目前物资流程被人们广泛重视。许多物流理论涉及如何在物资流通过程中在短时间内以低成本将货物送出去。

(2)商业流通。这个流程主要是买卖的流通过程，这是接受订货、签订合同等的商业流程。该流程的方向是在供货商与消费者之间双向流动的。目前，商业流通形式趋于多元化，既有传统的店铺销售、上门销售、邮购的方式，又有通过互联网等新兴媒体进行购物的电子商务形式。

(3)信息流通。这个流程是商品及交易信息的流程。该流程的方向也是在供货商与消费者之间双向流动的。过去人们往往把重点放在看得到的实物上，因而信息流通一直被忽视。甚至有人认为,国家的物流落后同它们把资金过分投入物质流程而延误对信息的把握不无关系。

(4)资金流通。这个流程就是货币的流通,为了保障企业的正常运作,必须确保资金的及时回收,否则企业就无法建立完善的经营体系。该流程的方向是由消费者经由零售商、批发与物流、厂家等指向供货商。

(三)供应链的主要活动

供应链的主要活动如表12-2所示。

表12-2　供应链的主要活动

主要内容	具体包括
商品的开发和制造	商品的规划、设计、商品化 需求预测和生产计划 商品生产和质量管理
商品的配送	确保销售途径 按时配送 降低物流成本
商品的销售和售后服务	销售 品种齐全、及时的商品补充 销售数据和销售额的管理,了解问题,确定活动方针

三、供应链组织

供应链组织由人构成,人对供应链的成功非常重要。他们需要有实用的专业知识和技能,需要了解仓库、库存、运输和采购的管理与运作方法。他们对每天的作业应该有战术上的见解,而针对他们在供应链上的作用、如何适应供应链,以及如何促进供应链发展,他们应有战略眼光。组织文化可以是流程的推动力,也可能是抑制剂。如果公司目光短浅,就会对公司的响应能力产生消极的影响。同样地,如果组织的设置是层级式的,那么就会给水平式的供应链流程制造障碍。组织模块会使供应链流程产生中断。每个模块都有其内部目标,并共同来完成供应链流程。

四、供应链的特征

(一)网链结构

供应链的特点在于:①网链结构由顾客需求拉动;②高度一体化地提供产品和服务的增值过程;③每个节点代表一个经济实体以及供需的两个方面;④具有物流、资金流和信息流三种表现形态,如图12-4所示。

供应链是由供应商组成的网链结构,供应商是产品或服务的供应商,如原材料供应商、产品供应商、物流供应商(如第三方、第四方等)、信息供应商(如网站、媒体、信息发布机构等)、资金供应商(如银行等)。各自用户处在供应链不同的位置,供应商对各自不同位置的用户来说提供的是产品或服务,对终端需求(最终用户)来说,不同位置的供应商提供的是半成品或中间服务。

(二)增值性

依照产品实体在价值链各环节的流转程序,企业的价值活动可分为上游环节和下游环节两大类。企业的基本价值活动中,原材料供应、产品开发、生产运行可被称为上游环节;成品储运、市场营销和售后服务可称为下游环节。上游环节增值活动的中心是产品生产,与产品的技术特性密切相关;下游环节的中心是满足顾客,与市场紧密相连。任何企业都只能在"价值链"的某些环节上拥有优势,而不可能拥有全部

拓展阅读

价值链、价值链管理、价值链管理目标

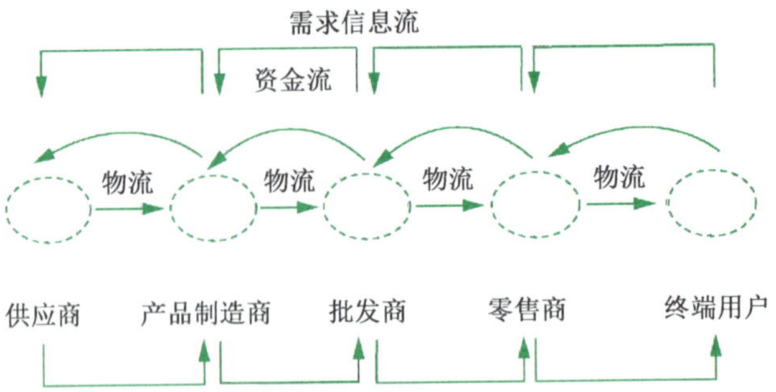

图 12—4　供应链中的物流、资金流和信息流

的优势,在某些价值增值环节上本企业拥有优势,而在其余的环节上其他企业可能拥有优势。为达到双赢乃至多赢的协同效应,企业之间彼此在各自的关键成功因素——价值链的优势环节上展开合作,可以求得整体收益的最大化,这就是企业建立战略联盟的原动力,而循着价值链上溯,以原材料及产品供应和业务外包为特征的企业间的纵向联盟即可称为供应链或供应链网络。

价值链概念已经成为企业进行竞争性分析与战略决策的工具。出货物流与进货物流是价值链重要的基本组成部分,是为企业客户提供价值并使企业财务具有生存能力。其他有关销售、生产与物流的整合同样是价值链的重要方面。供应链管理从 20 世纪 90 年代开始流行,并成为组织机构在全球市场更具竞争力的关键。供应链管理被认为是通过各种中介公司有效地将供应商的产品流或物资流、服务流、信息流、资金流输送到用户的渠道,或是联结卖方和最终用户的物流网络系统。供应链管理概念的扩展代表了物流概念在逻辑上的延伸。

它不仅是一条连接供应商到用户的物流链、信息链、资金链,而且是一条增值链,物料在供应链上因加工、包装、运输等过程而增加其价值,给相关企业带来收益。

(三) 整合性

供应链本身就是一个整体合作、协调一致的系统。它有多个合作者,像链条似的环环连接在一起,为了一个共同的目的或目标,协调动作,紧密配合。每个供应链成员企业都是"链"中的一个环节,都要与整个链的动作一致,绝对服从于全局,做到方向一致,动作也一致。

在供应链竞争中,企业的竞争模式是这样的:企业处于相互依赖的网络中心,这个网络中的参与者通过优势互补结成联盟,供应链之间的竞争是通过这种网络进行竞争的。因此,为了在供应链竞争中处于领导地位,必须在内部整合的基础上,集中于供应链的网络管理。供应链时代的网络竞争的建立依赖于高水平的、紧密的战略发展规划,这就要求供应链中各合作者必须共同讨论网络的战略目标和实现战略目标的方法及手段,在相互合作中,共同提高绩效,获得双赢。这里的双赢不是指参与双方各取盈利的 50%,而是指所有的合作者都从合作中受益。

(四) 复杂性

供应链事实上不可能是单一链状结构,而是交错链状的网络结构。不少供应链是跨国、跨地区和跨行业的组合。各国的国情、政体、法律、人文、地理、习惯、风俗不尽相同,经济发达程度、物流基础设施、物流管理水平和技术能力等也有不同;而供应链操作又必须保证其目的的准确性、行动的快速性和服务的高质量,这便不难看出供应链复杂性的特点。

(五) 虚拟性

虚拟性主要表现在供应链是一个协作组织,而并不一定是一个集团企业或垄断企业。这种协作组织以协作的方式组合在一起,依靠信息网络的支撑和相互信任关系,为了共同的利益,强强联合,优势互补,协调运转。由于供应链需要保持高度竞争力,必须是优势企业之间的连接,所以组织内的优胜劣汰是必然的。供应链犹如一个虚拟的强势企业群体,在不断地优化组合。

(六) 动态性

现代供应链的出现就是因为企业战略适应市场需求变化的需要,供应链中的企业都是在众多企业中筛选出的合作伙伴,合作关系是非固定性的,供应链需要随目标的转变而转变,随服务方式的变化而变化。无论是供应链结构,还是其中节点企业都需要动态地更新,这就使得供应链具有明显的动态性。

(七) 交叉性

交叉性是指供应链节点企业既可以是这个供应链的成员,也可以是另一个供应链的成员,众多的供应链形成交叉结构,增加了协调管理的难度。

(八) 面向用户需求

供应链的形成、存在、重构,都是基于最终用户的需求,并且在供应链的运作过程中,用户的需求是供应链拉动信息流、物(产品/服务)流、资金流运作的驱动源。

五、供应链的类型

(一) 稳定的供应链和动态的供应链

根据供应链存在的稳定性划分,可以将供应链分为稳定的供应链和动态的供应链。基于相对稳定、单一的市场需求而组成的供应链稳定性较强,而基于相对频繁变化、复杂的需求而组成的供应链动态性较强。在实际管理运作中,需要根据不断变化的需求,相应地改变供应链的组成。

(二) 平衡的供应链和倾斜的供应链

根据供应链容量与用户需求的关系划分,可以将供应链分为平衡的供应链和倾斜的供应链。一个供应链具有一定的、相对稳定的设备容量和生产能力(所有节点企业能力的综合,包括供应商、制造商、运输商、分销商、零售商等),但用户需求处于不断变化的过程中,当供应链的容量能满足用户需求时,供应链处于平衡状态,而当市场变化加剧,造成供应链成本增加、库存增加、浪费增加等现象时,企业不是在最优状态下运作,供应链则处于倾斜状态。平衡的供应链可以实现各主要职能(采购/低采购成本、生产/规模效益、分销/低运输成本、市场/产品多样化、财务/资金运转快)之间的均衡。

(三) 发散型的供应链网、会聚型的供应链网和介于上述两种模式之间的供应链网

根据供应链网状结构划分,可以将供应链分为三种类型:发散型的供应链网(V型供应链网)、会聚型的供应链网(A型供应链网)和介于上述两种模式之间的供应链网(T型供应链网)。

(四) 内部供应链和外部供应链

根据活动范围划分,可以将供应链分为内部供应链和外部供应链。内部供应链是指企业内部产品生产和流通过程中所涉及的采购部门、生产部门、仓储部门、销售部门等组成的供需网络。而外部供应链则是指企业外部的,与企业相关的产品生产和流通过程中涉及的原材料供应商、生产厂商、储运商、零售商以及最终消费者组成的供需网络。

内部供应链与外部供应链的关系:二者共同组成了企业产品从原材料到成品到消费者的供应链。可以说,内部供应链是外部供应链的缩小化。如对于制造厂商,其采购部门就可看作是外部供应链中的供应商。它们的区别只在于外部供应链范围大,涉及企业众多,企业间的协调更困难。

(五) 高效率供应链、快速反应供应链和创新供应链

从服务对象的物流特性来划分,则可以分为三种类型,即高效率供应链、快速反应供应链和创新供应链。

(1)高效率供应链是指在满足了产品或服务供给要求的同时,成本能达到最低的供应链。它在

设计时以如何降低成本为主题,应用的对象大多为产品差异性小、竞争激烈、利润率不高的企业。最典型的例子如连锁超市,它的目标是对每个门店的货物配送做到准确、及时,并力求让成本达到最低。这要求供应链的各个环节,包括搜寻产品、采购、运输、货物接收、库存、销售、退货等环节,都要在不影响销售额的条件下,进行低成本运作。

(2)快速反应供应链是以快速地响应客户的需求为宗旨的供应链。它的应用对象包括设备维修、电信维修所需要的紧急零部件供应等,其目标是要在短时间内满足客户提出的要求。它与客户的联系比较紧密,需要具备额外的生产能力和运输能力,以满足应急要求。除了维修外,还有医疗紧急救助所需产品和器材等也需要应用快速反应的供应链。

(3)创新供应链则是以如何满足客户不断变化的需要为重点,它与客户的关系更加紧密,强调灵活性。它主要应用在市场产品变化较快的行业,如时装、手机等。其目标是以最大限度满足客户不断变化的需求为主,对供应链考虑更多的是如何针对多变的市场需求进行及时灵敏的反应。

(六)以客户要求为核心构筑的供应链、以销售为核心构筑的供应链和以产品为核心构筑的供应链

(1)以客户要求为核心构筑的供应链。根据客户的要求标准,以客户满意为目标来设计和组合的供应链。这种类型的供应链,一是考虑该企业的实际需要和现有条件;二是考虑该企业的外围条件和环境;三是考虑该企业的可操作性。例如,为一个汽车制造企业设计一个汽车零配件的采购与供应系统。首先,要对该汽车制造企业每年、每月、每天的汽车零配件的使用量,企业内汽车零配件的存放容量,生产线上汽车零配件的使用数量、使用频率等情况做充分的了解。如果采用零库存管理系统,该企业的管理水平能否达到要求,物流管理人才以及能力是否符合标准,该企业的汽车零配件运输条件、装卸条件、场地条件如何等都是设计中考虑的要素。其次,要考虑外购零配件的供应企业和零配件生产企业的供货率、信誉度以及零配件运输能力、配送方式、交通运输路线与路况等情况。最后,还要考虑如果采取零库存供货方式,相关的条件能否配套和协调运转,是否符合该汽车制造企业的现有条件,配套能力能不能达到预定目标等。

(2)以销售为核心构筑的供应链。在买方市场的条件下,销售是生产企业的主要矛盾。以销售为核心构筑的供应链往往是众多生产企业的客观需求,并且这方面的需求在不断增加,其重点在于销售的数量、时间、成本和服务水平。

(3)以产品为核心构筑的供应链。其重点是各供应链企业的产品质量保证和各供应链企业的服务水平,在提高产品质量和服务的同时,还要降低成本,增加效益。构筑这种类型的供应链往往要涉及从最初的原材料采购开始,到加工、制造、包装、运输、批发、零售为止的全过程。

任务三 物流管理与供应链管理的关系

一、物流管理在供应链管理中的地位和作用

物流指的是供应链范围内企业之间的物资转移活动(不包括企业内部的生产活动)。现代企业物流管理已经把采购与分销两个为生产服务的领域统一在一起,形成物流供应链,这就是现代物流管理的概念。因此国外有人认为,供应链管理实际就是物流管理的延伸和扩展。如果从社会大范围的角度看,物流可以理解为是所有为最终消费者提供商品和服务的活动网络,即供应网络(Supply Network)。而供应链则是其中的一个通道(Channel),它关联着几个不同的管理概念。

(1)供应管理(Supply Management):如采购、库存、运输、订单处理等,与供应商的业务有关,处理企业与供应市场之间的各类业务活动,但不包括供应商的供应商。

(2)物流管理(Logistics Management)：指经过分销渠道到达最终用户的物料管理和信息管理。

(3)配送管理(Physical Distribution Management)：处理与企业最直接的用户，主要是一级用户，不涉及二级用户间的业务关系，而把产品销售给用户并非直接的用户。

(4)物料管理(Materials Management)：供应链的中间部分物流和信息流，包括采购、库存管理、仓储管理、生产作业计划与控制、分销配送管理。即从原料的采购进厂、生产再到产品交给用户（第一级用户），不包括供应商的供应商和分销商的分销商及最终用户。

(5)供应链管理(Supply Chain Management)：跨企业范围的比物料管理更广泛的管理。它从战略层次上把握最终用户的需求，通过企业之间的有效合作，获得成本、时间、效率、柔性等的最佳效果。它包括从原材料到最终用户的所有活动，是对整个供应链的过程管理。

一般认为，供应链是物流、信息流、资金流的统一，那么，物流管理很自然地成为供应链管理体系的重要组成部分。供应链管理与物流管理的区别在哪里？一般而言，供应链管理涉及制造和物流两个方面，物流涉及的是企业的非制造领域。

物流管理在供应链管理中有着重要的作用，可以通过价值分布来考查。物流价值（采购和分销之和）在各种类型的产品和行业中都占到了整个供应链价值的一半以上，制造价值不到一半。在易耗消费品和一般工业品中，物流价值的比例更大，达80%以上。这说明供应链是一个价值增值过程，应有效地管理好物流过程，提高供应链的价值增值水平。物流管理不再是传统的保证生产过程连续性的问题，而是要在供应链管理中发挥重要作用：创造用户价值，降低用户成本；协调制造活动，提高企业敏捷性；提供用户服务，塑造企业形象；提供信息反馈，协调供需矛盾。

实现以上几个目标，物流系统应做到准时交货、提高交货可靠性、提高响应性、降低库存费用等。现代市场环境的变化，要求企业加速资金周转、快速传递与反馈市场信息、不断沟通生产与消费的联系、提供低成本的优质产品，生产出满足顾客需求的产品，提高用户满意度。因此，只有建立敏捷而高效的供应链物流系统才能达到提高企业竞争力的要求。供应链管理是21世纪企业的核心竞争力，而物流管理又成为供应链管理的核心能力的主要构成部分。

二、物流管理与供应链管理的联系

(一)物流管理是供应链管理的一个子集或子系统

从各种关于物流管理和供应链管理的概念来看，有一点是一致的，即物流管理承担了为满足客户需求而对货物、服务从起源地到消费地的流动和储存进行计划与控制的过程。它包含了内向至外向、内部至外部流动，物料回收以及原材料、产成品的流动等物流活动的管理。而供应链管理的对象涵盖了产品从产地到消费地传递过程中的所有活动，包括原材料和零部件供应、制造与装配、仓储与库存跟踪、订单录入与订货处理、分销管理、商品交付、客户关系管理、需求管理、产品设计与预测，以及相关的信息系统等。它连接了所有的供应链成员企业。从这个意义上讲，物流管理是供应链管理的一种执行职能，即对供应链上物品实体流动的计划、组织、协调与控制。也就是说，物流管理与供应链管理所涉及的管理范畴有很大不同，物流管理是供应链管理的一个子集或子系统，供应链管理将许多物流管理以外的功能跨越企业间的界限整合起来。

(二)物流管理是供应链管理的核心内容

物流贯穿整个供应链，是供应链的载体、具体形态或表现形式（供应链的载体还包括信息流、资金流）。物流衔接供应链的各个企业，是企业间相互合作的纽带，没有物流，供应链中生产的产品的使用价值就无法得以实现，供应链也就失去了存在的价值。物流管理是供应链管理的核心，有效地管理好物流过程，对于提高供应链的价值增值水平有举足轻重的作用。

三、物流管理与供应链管理的区别

（一）存在基础和管理模式不同

任何单个企业或供应链，只要存在物的流动，就存在物流管理；而供应链管理必须以供应链导向为前提，以信任和承诺为基础。物流管理主要以企业内部物流管理和企业外部物流管理这两种形式出现，主要表现为一种职能化管理模式；供应链管理则以流程管理为表现形式，它不是对多个企业的简单集合管理，而是对多个企业所构成的流程进行管理，是一种流程化的价值链管理模式。

（二）导向目标不同

物流管理的目标是以最低的成本产出最优质的物流服务，在单个企业战略目标框架下实现物流管理目标；对于供应链管理环境，物流管理是指供应链物流管理，以供应链目标为指导，实现企业内部物流和接口物流的同步优化。而供应链管理是以供应链为导向，目标是提升客户价值和客户满意度，获取供应链整体竞争优势。

（三）管理层次不同

物流管理对运输、仓储、配送、流通加工及相关信息等功能进行协调与管理，通过职能的计划与管理达成降低物流成本、优化物流服务的目标，属于运作层次的管理；而供应链管理聚焦于关键流程的战略管理，这些关键流程跨越供应链上所有成员企业及其内部的传统业务功能，供应链管理站在战略层次的高度设计、整合与重构关键业务流程，并作出各种战略决策，包括战略伙伴关系、信息共享、合作与协调等决策。

（四）管理手段不同

物流管理与供应链管理在存在基础、管理模式、导向目标、管理层次以及管理手段等方面都存在较大的差别，但从管理范畴与内容上来说，物流管理是供应链管理的一个子集或子系统，也是供应链管理的核心内容。

任务四　第三方物流

一、第三方物流的概念

第三方物流（Third Party Logistics，TPL）是指生产经营企业为集中精力搞好主业，把原来属于自己处理的物流活动，以合同方式委托给专业物流服务企业，同时通过信息系统与物流服务企业保持密切联系，以达到对物流全程的管理和控制的一种物流运作与管理方式。

第三方物流给企业（顾客）带来了众多益处，主要表现在：聚焦主业，企业能够实现资源优化配置，将有限的人力、财务集中于核心业务，进行重点研究，发展基本技术，努力开发出新产品参与世界竞争；节省费用，减少资本积压；减少库存；提升企业形象。

二、第三方物流的分类

（一）按照物流企业完成的物流业务范围的大小和所承担的物流功能分类

（1）功能性物流企业，也称单一物流企业，是指那些仅承担和完成某一项或少数几项物流功能，按照其主要从事的物流功能可将其进一步分为运输企业、仓储企业、流通加工企业等。

（2）综合性物流企业，是指那些能完成和承担多项或全部物流功能的企业，企业一般规模较大、资金雄厚，并且有着良好的物流服务信誉。它包括从配送中心的规划设计到物流的战略策划、具体业务功能等。

(二)按照物流企业是自行完成和承担物流业务还是委托他人进行操作分类

(1)物流运营企业,是指实际承担大部分物流业务的企业。它们可能有较好的物流环境和大量的设备支持物流运作,如配送中心、自动化仓库、交通工具等。

(2)物流代理企业,是指接受物流需求方的委托,运用自己的物流专业知识、管理经验,为客户制定最优化的物流路线、选择最合适的运输工具等,最终由物流运营企业承担具体的物流业务。

物流代理企业还可以按照物流业务代理的范围,分成综合性物流代理企业和功能性物流代理企业。功能性物流代理企业包括运输代理企业(货代公司)、仓储代理公司(仓代公司)和流通加工代理企业等。

(三)按照第三方物流业务分类

(1)第三方物流仓储服务,包括入库、上门收货服务、包装/次级组装、完善分货管理、存货及管理、位置服务等。

(2)第三方物流特别服务,包括逆向物流、直接配送到商店、进/出口通关、ISO认证、直接送货上门等。

(3)第三方物流国际互联网服务,包括搜寻跟踪、电子商务、电子执行、通信管理、电子供应链等。

(4)第三方物流的技术服务,包括GIS技术、GPS技术、EDI技术、条码技术、RFID技术等。

三、第三方物流的特征

(一)第三方物流是建立在现代电子信息技术基础上的

信息技术的发展是第三方物流出现的必要条件,信息技术实现了数据快速、准确地传递,提高了库存管理、装卸运输、采购、订货、配送发运、订单处理的自动化水平。使得订货、包装、运输、流通加工实现一体化;企业可以更方便地使用信息技术来实现与物流企业间资源共享;TPL已渗透到客户企业的生产或销售领域,成为客户企业生产或销售活动在流通领域中的延续。同时,电子商务软件和平台的开放,使得其他业务中的物流活动的成本能够精确地计算出来,还能有效管理物流渠道中的商流,这就使企业有可能把原来在内部完成的作业交给物流公司运作。

(二)第三方物流提供个性化的服务

TPL具有明显的刚性和弹性。所谓刚性,是指按照适时(Right Time)、适地(Right Place)、适质(Right Quality)、适量(Right Quantity)、适价(Right Price),即"5R"的要求提供优质的服务。所谓弹性,是指TPL活动必须与客户企业生产或销售保持同步,即必须具有高度的实时性、动态性和灵活性。

(三)企业之间是合作伙伴关系

依靠现代的电子商务技术的支撑,第三方物流企业之间、第三方物流企业与客户之间充分地共享信息,并以合同为纽带,共同承担风险、共享收益,形成亲密的合作伙伴关系,达到双赢的目的。

(四)以合同为导向,按系统工程运作

第三方物流根据合同条款规定而不是根据临时需求的要求,提供多功能甚至全方位的物流服务。第三方物流把客户企业的物流当作系统工程来运作,把涉及物流的各个相关要素全部纳入物流系统,分析系统中各个要素相互之间的作用和每个要素对系统功能的独立作用,使整个物流系统达到最优化。

四、第三方物流发展趋势

(一)物流提供商与分销商之间的协作增加

随着全球第三方物流服务的增长,物流服务提供商发现客户变得越来越挑剔。过去一套标准

的服务就能满足需求,而如今复杂的供应链却常常要求他们能提供客户化解决方案。为客户提供个性化服务、承诺IT投资以及与其客户协同合作成为物流服务提供商赢得市场的关键。客户越来越高的要求使两个曾是竞争对手的角色(物流提供商和电子分销商)结为合作伙伴。

(二)服务内容日趋复杂

客户对供应链和物流服务的要求越来越高。他们希望第三方物流服务提供商能开发出先进软件,部署全球的ERP和EDI系统,还能创建简单标准的IT接口,自动提交海关和出口申报单证,并能对全球各地的仓库实行JIT交货。OEM公司希望能以最低的成本获得全套方案。

(三)服务需求存在地区差异

不同地区的制造商对物流服务的需求存在差异。比如北美大部分制造商偏向能够提供整体供应链管理服务的元器件分销商,而不是那些专业从事运输和仓储服务的物流公司。如今对供应链服务的许多咨询来自元器件供应商,他们希望整体供应链管理服务商能预测物料需求,平衡库存和保持合理的安全库存,并为世界各地的生产线提供准时的物料运送。这些服务是分销业务模式中的核心内容。没有物料管理和部分物流服务的分销业务并不多见。

(四)物流提供商更多介入

为获得更大的市场,规模较大的物流公司不断开发新的物流和供应链服务。例如,联邦快递供应链服务公司(Fed Ex SCS)是联邦快递的子公司。该公司与德勤公司搭建了一个全新的按需付费技术,使Fed Ex SCS的客户能够实时查看订单状态和来自多家公司的运输日程安排。

▼ 应知考核

一、单项选择题

1. 物流是指物品从供应地向接收地的(　　)流动过程。
   A. 物品　　　　B. 商品　　　　C. 实体　　　　D. 实物
2. 社会物流、企业物流和行业物流是从(　　)角度对物流进行的分类。
   A. 空间活动　　B. 性质　　　　C. 研究范围　　D. 物流过程和作用
3. 生产制造企业自行组织的物流称为(　　)。
   A. 企业自营物流　B. 流通领域的物流　C. 生产领域的物流　D. 生产物流
4. 生产经营企业为集中精力搞好主业,把原来属于自己处理的物流活动,以合同方式委托给专业物流服务企业的物流称为(　　)。
   A. 生产物流　　B. 供应物流　　C. 流通物流　　D. 第三方物流
5. (　　)是指生产及流通过程中,涉及将产品或服务提供给最终用户活动的上游与下游组织所形成的网链结构。
   A. 供应链　　　B. 商流　　　　C. 物流　　　　D. 资金流

二、多项选择题

1. 物流主要创造了(　　)。
   A. 时间价值　　B. 空间价值　　C. 立体价值　　D. 纵向价值
2. 从空间活动角度来看,物流可以分为(　　)。
   A. 国际物流　　B. 区域物流　　C. 国内物流　　D. 地区物流
3. 从物流研究范围角度来看,物流可以分为(　　)。
   A. 宏观物流　　B. 中观物流　　C. 生产领域的物流　D. 微观物流

4. 从物流过程和作用角度来看,物流可以分为( )。
   A. 供应物流　　　　B. 生产物流　　　　C. 销售物流　　　　D. 回收和废弃物物流
5. 按照从物流作业执行者的角度来看,物流可以分为( )。
   A. 企业自营物流　　B. 军事领域的物流　C. 生产领域的物流　D. 第三方物流

三、判断题
1. 我国从国外引进物流的概念始于20世纪90年代末期。（　　）
2. 区域物流主要由区域物流网络体系、区域物流信息支撑体系和区域物流组织运作体系组成。（　　）
3. 企业物流是具体的、宏观的物流活动的典型领域。（　　）
4. 宏观物流是更贴近于具体企业的一种物流。（　　）
5. 第三方物流是相对于"第一方"发货人和"第二方"收货人而言的。（　　）

应会考核

■ 观念应用

2021年是"十四五"规划开局之年,对中国物流企业来说,政策"红包"不断。3月12日,《国民经济和社会发展第十四个五年规划和2035年远景目标纲要》(简称《规划》)正式发布。《规划》作为指导今后5年及15年国民经济和社会发展的纲领性文件,明确指出要建设现代物流体系,为行业高质量发展指明了方向。《规划》中15处提到"流通",20处提到物流,13处提到供应链。这也是中国历史上五年规划中首次如此高频部署物流与供应链。《规划》对物流发展、供应链创新高度重视,提出要"强化流通体系支撑作用""提升产业链供应链现代化水平""深化流通体制改革""建设现代物流体系""交通强国建设助推物流强国""构建现代能源体系助推能源物流""乡村振兴战略与新农村物流""构建双循环新格局与大物流体系""完善现代商贸流通体系""加快发展冷链物流""加快建立应急物流体系""培育数智物流新增长点""推动供应链金融创新发展""新型城镇化战略与城配物流布局""建立重要资源和产品全球供应链风险预警系统"等。此外,《规划》在制造业优化升级、产业数字化、企业数智化等方面提出的任务,也将更进一步推动物流业发展。

【考核要求】
谈谈面对新一轮政策红利释放,物流企业该如何有所作为?物流投资重点有哪些?

■ 技能应用

京东物流上线了全球首套机器视觉批量入库系统——秒收。相比传统的繁重人工操作方式,秒收系统的作业效率提升了10倍以上。此后,由京东物流自主研发的国内首套IoT分拣系统曝光,该系统每小时能够完成4 000个集包袋的分拣任务,分拣准确率达到99.99%……京东物流在过去6个月技术不断有新突破。而最值得行业关注的或许是其将率先建设5G智能物流示范园区的动作。与AI、IoT、自动驾驶等一样,5G未来将成为智能物流发展必不可少的技术前提。根据设计规划,京东物流5G智能物流园区将实现高智能、自决策、一体化,推动所有人、机、车、设备的一体互联,包括自动驾驶、自动分拣、自动巡检、人机交互的整体调度及管理,搭建5G技术在智能物流方面的典型应用场景。首个5G智能物流示范园区位于上海嘉定,包含智能人员管理与智能车辆管理系统的一期工程已经上线交付使用。除此之外,京东物流还将同时在北京亚一、物流全链路可视化监控、机器人智能配送等多个物流场景进行5G应用部署。

【技能要求】

请问,京东的创新举措能给物流行业发展带来哪些新突破?

■ 案例分析

美团推出国内首个全自动"无人微仓"

美团闪购正式对外发布面向商超、生鲜等零售行业的全新解决方案——无人微仓。该解决方案通过微型前置仓的形式自动化完成零售到家场景订单的拣选和打包问题,从商品推荐、线上下单、智能货架拣货、AGV机器人运输、自动核验、打包到配送实现全自动流程化,完成对商户服务的整体闭环,提升效率、降低成本。消费者只需在美团或美团外卖App闪购入口下单后,无人微仓的人工智能分拣系统安排订单。由运输机器人开始在不同货架间收集订单商品,自动打包后交付给骑手,完成最后的配送。美团方面称,运营此解决方案将使经营效率得到极大的提升,拣货效率是传统模式的7倍,用机械臂代替人工,多订单并行在高峰时段优势更加明显,空间利用率达到传统模式的4倍,这得益于无人化流程使得货架高度间距进一步优化,支持24小时不间断运行。

【分析要求】

请问,物流行业技术创新带给我们什么启示?

项目实训

【实训项目】

区域物流企业参观。

【实训情境】

通过参观区域物流企业,使学生了解物流的主要功能要素,增强学生对物流的感性认识,了解物流企业的生产经营流程。

【实训任务】

1. 安排学生参观某物流企业,然后根据参观内容学生按组制作参观情况汇总的PPT,并在课堂上交流分享;根据PPT情况和讲解情况按组评分存档。

2. 撰写《区域物流企业参观》实训报告。

《区域物流企业参观》实训报告		
项目实训班级:	项目小组:	项目组成员:
实训时间: 年 月 日	实训地点:	实训成绩:
实训目的:		
实训步骤:		
实训结果:		
实训感言:		
不足与今后改进:		
项目组长评定签字:		项目指导教师评定签字:

参考文献

[1] 孙家庆.国际货运代理[M].5版.大连:东北财经大学出版社,2017.
[2] 孙家庆,孙倩雯.国际货运代理[M].3版.北京:中国人民大学出版社,2022.
[3] 李贺.国际货物运输与保险[M].4版.上海:上海财经大学出版社,2021.
[4] 李贺.报检与报关实务[M].5版.上海:上海财经大学出版社,2022.
[5] 李贺.报关实务[M].上海:上海财经大学出版社,2022.
[6] 李贺,蒙聪慧等.国际贸易实务[M].2版.上海:上海财经大学出版社,2020.
[7] 李贺.外贸单证实务[M].4版.上海:上海财经大学出版社,2022.
[8] 张清,皇甫艳东.国际物流与货运代理[M].2版.大连:东北财经大学出版社,2018.
[9] 赵加平.国际货运及代理实务[M].4版.北京:中国海关出版社,2017.
[10] 中国国际货运代理协会.国际货运代理理论与实务[M].北京:中国商务出版社,2012.
[11] 鲁广斌.国际货运代实务与集装箱运输业务[M].北京:清华大学出版社,2010.
[12] 李凌.国际货运代理实务[M].3版.北京:对外经济贸易大学出版社,2018.
[13] 顾永才,王斌义.国际货运代理实务[M].5版.北京:首都经济贸易大学出版社,2020.
[14] 李勤昌.国际货物运输[M].6版.大连:东北财经大学出版社,2022.
[15] 苏波辉.国际货物运输[M].2版.大连:东北财经大学出版社,2011.
[16] 李贺,王俊峰.国际贸易理论与实务[M].2版.大连:东北财经大学出版社,2020.
[17] 中国国际货运代理协会网(http://www.cifa.org.cn).
[18] 中国船舶代理与无船承运人网(http://www.casa.org.cn).
[19] 中国航空运输协会网(http://www.cata.org.cn).
[20] 国际货运代理综合服务网(http://www.ciffic.org).
[21] 中国国际海运网(http://www.shippingchina.com).